Georg Weißeno (Hrsg.)

Europa verstehen lernen

Eine Aufgabe des Politikunterrichts

Reihe Politik und Bildung • Band 29

Georg Weißeno (Hrsg.)

Europa verstehen lernen

Eine Aufgabe des Politikunterrichts

WOCHENSCHAU VERLAG

Bibliografische Information der Deutschen Bibliothek

Die Deutsche Bibliothek verzeichnet diese Publikation in der Deutschen Nationalbibliografie; detaillierte bibliografische Daten sind im Internet über http://dnb.ddb.de abrufbar.

www.wochenschau-verlag.de

Sie wollen mehr Informationen zu unseren Büchern? Zu jedem Titel finden Sie Autorenangaben, Inhaltsverzeichnis, Übersichtstexte im Internet. Sie wollen sich zu einem bestimmten Sachgebiet informieren? Klicken Sie auf die Themenstichwörter: So erhalten Sie einen guten Überblick. Wollen Sie alle Veröffentlichungen eines bestimmten Autors finden? Gehen Sie in die Autorenauskunft. Wollen Sie sich über einen Arbeitsbereich informieren? Nutzen Sie unsere Spezialkataloge. Alle Titel können Sie einfach im Shop gegen Rechnung bestellen.

Redaktion: Franz Kiefer (verantw.), Georg Weißeno
Produktion: Heinz Synal
Satzherstellung: Medienhaus Froitzheim AG, Bonn, Berlin
Druck: Bercker, Kevelaer

Gedruckt auf chlorfreiem Papier
Printed in Germany
ISBN 3-89974110-2

Inhalt

Anhang

Vorwort

Im Jahr 2004 rückt Europa wieder ein Stück näher zusammen: Am 1. Mai erfolgt die Aufnahme von zehn weiteren Ländern und sechs Wochen später werden dann im Juni die Abgeordneten des neuen größeren Parlaments gewählt. Die Diskussion um die Rahmenbedingungen dieser Osterweiterung hat deutlich gemacht, dass sich die Europäische Union permanent weiterentwickelt. Die Umsetzung der Ergebnisse des Verfassungskonvents und die Vorstellungen über den weiteren Weg zur europäischen Union stehen in jüngster Zeit auf dem Prüfstand. Die deutsche Öffentlichkeit vergewissert sich gegenwärtig des Europagedankens. Unterschiede in den politisch – philosophischen Grundhaltungen werden in den zahlreichen aktuellen Diskursen über einen Beitritt der Türkei deutlich. Namhafte Wissenschaftler/innen und Autor/innen haben sich an den Debatten beteiligt.

Neue Entwicklungen und Kontroversen sind Anlass genug über die Vermittlung der Thematik im Politikunterricht neu nach zu denken. Die Europäische Union ist schon lange ein wichtiges Thema. Die Kultusministerkonferenz hat mit ihrem Beschluss »Europa im Unterricht« im Jahre 1978 und seither mit den Fortschreibungen dieses Beschlusses die Grundlage geschaffen. Die veränderte europäische Einigungspolitik macht indessen eine Überprüfung gängiger Lernkulturen und Lernmuster erforderlich. Der Politikunterricht muss die aktuellen Entwicklungen einbeziehen und die Auswahl der Gegenstände neu bedenken. Dies gilt um so mehr, als das europäische Mehrebenensystem mittlerweile zahlreiche Rückwirkungen auf die nationale Politik hat. Dosenpfand und Autobahnmaut sind hierfür aktuelle sichtbare Beispiele.

Die politischen Umorientierungen in Europa und die fortschreitende Globalisierung erfordern einen Politikunterricht, der den Schüler/innen Sachinformationen zusammenhängend und gewichtend darbietet, damit sie sich ein eigenes Urteil bilden können. Viele Themen lassen sich ohne einen Bezug zur europäischen Ebene nicht mehr zureichend bearbeiten und oftmals muss auch die Perspektive der anderen Mitgliedsstaaten ausreichend berücksichtigt werden. Für viele politische Inhalte gilt, dass im Unterricht die nationale Sichtweise um eine europäische Perspektive zu erweitern ist.

Das 9. Werkstattgespräch der Bundeszentrale für politische Bildung im Februar 2003 stand unter dem Titel »Neue Zugänge zu Europa im Politikunterricht« und behandelte Fragen der Vermittlung und unterrichtlichen Bearbeitung europäischer Themen. In Zusammenarbeit von Vertreterinnen und Vertretern der Didaktik an Hochschulen und Studienseminaren mit Kolleginnen und Kollegen der verschiedenen Schularten wurden der Stand der Forschung und die praktischen Erfahrungen im Unterricht gesichtet und auf ihre Verwertung in der politischen Bildungsarbeit untersucht.

Die Bundeszentrale für politische Bildung dankt allen, die an dem Werkstattgespräch teilgenommen haben. Die Diskussionen auf dieser Tagung sind bearbeitet, fortgeführt und ergänzt worden. Das Ergebnis liegt mit diesem Band vor.

Unser Dank gebührt dem Arbeitskreis »Theorie und Praxis der politischen Bildung« in der DVPB und allen Autorinnen und Autoren, die engagiert und kompetent die Fragen der Bearbeitung europäischer Themen im Unterricht weiter bearbeitet haben. Die fachwissenschaftlichen Ausführungen werden ergänzt durch ein Dossier zur Frage »Was ist Europa?«, mit dem versucht wird, die Diskussion in überregionalen Zeitungen abzubilden. Wir danken den Autoren und den Zeitungen für die Möglichkeit, die aus dieser Debatte ausgewählten Artikel ungekürzt so abzudrucken, wie sie erschienen sind. Dies eröffnet den Lehrer/innen die Möglichkeit, zusätzlich methodisch – medienkundliche Fragestellungen in den Politikunterricht mit ein zu beziehen.

Franz Kiefer

Koordinierungsstelle Didaktik

Georg Weißeno

Einleitung

Europa verstehen lernen – der Titel des Bandes verweist auf eine sehr bedeutsame wie aktuelle Bildungsaufgabe. Europäische Entscheidungen beeinflussen zunehmend die nationale Politik, aber auch das Alltagsleben der in der Europäischen Union lebenden Bürger/innen. Daraus ergibt sich für den Politikunterricht und die Politikdidaktik die Verpflichtung, sich mit europäischen Fragen zu befassen. Theorie und Praxis sind hier gleichermaßen gefordert. Neue theoretische und praktische Anstrengungen sind auf breiter Basis notwendig, um die permanenten Veränderungen aufzugreifen und zu verarbeiten. Das Buch will einen Überblick über mögliche Wege der Modernisierung geben und eine Lücke auf dem Publikationsmarkt schließen.

Inhaltlich haben sich eine Reihe von Lücken in der bisherigen unterrichtlichen Darstellung Europas aufgetan. Folgende Gesichtspunkte können den fachlichen Kern des aktuellen Diskussionsstandes nur andeuten: Die Entwicklung des Kontinents um den integrierten Kern der Europäischen Union ist voller Widersprüche und Unsicherheiten. Das sind zum einen die Unsicherheit des Raumbildes von Europa und zum anderen die normative Begründung Europas. Sicherheit und Frieden, Freiheit und Mobilität, wirtschaftlicher Wohlstand sind Motive, die die Europäische Union zusammenhalten. Die Erwartung gemeinsamer Macht im Konzert der Weltmächte und der Hypermacht der USA erfüllt sich noch wenig. Gleichwohl wird der Euro allmählich zur Münze der Identität. Kooperation und Vielfalt werden die Modernisierung der Union weiter voranbringen und die Zusammengehörigkeit der Europäer positiv erfahrbar machen.

Die immer umfassender werdenden Politikgestaltungskompetenzen der EU führen in den Mitgliedsstaaten zur Veränderung existierender politischer Institutionen, Prozesse und Politikinhalte. Die Integration in ein Mehrebenensystem hat Auswirkungen sowohl auf die Handlungsfähigkeit des Staates als auch auf die Möglichkeit demokratisch organisierter nationalstaatlicher Politik. Damit stellt sich die Frage nach der Organisation von Politik schlechthin. Möglicherweise gerät die Handlungsfähigkeit der

Politik durch die funktionalen Differenzierungen zunehmend in Legitimationsnöte.

Politikdidaktisch von Bedeutung sind der Realität angemessene Konzeptualisierungen des Unterrichts. Eine europazentrierte Politikdidaktik muss sich von einer staatfixierten Perspektive, die schon für den Nationalstaat zunehmend inadäquat wird, verabschieden. Allgemeinpädagogische Hinweise auf eine wie auch immer zu definierende Europäische Dimension taugen nicht dazu, die entstandene Integration zu fassen und im Unterricht handhabbar zu machen. Die Entwicklungen im Gegenstandsbereich können zwar durch Aktualisierungen des Themas Europa aufgefangen werden, doch berücksichtigt dies die Entwicklungen auf nationalen Feldern keineswegs. Auf einer Vielzahl von Politikfeldern müssen neue Antworten gegeben werden – europazentrierte Antworten. Sowohl die Zielbeschreibung als auch die normative Grundlegung sowie die Praxis des Politikunterrichts haben mit den Entwicklungen im Gegenstandsbereich Schritt zu halten.

Die politikwissenschaftlichen und – didaktischen Implikationen erfordern kein neues Methodensetting. Wichtig ist es, die veränderten Inhalte mit adäquaten Methoden zu vermitteln. Der Einsatz der Methoden ist danach zu bewerten, inwieweit mit ihnen die Ziele der demokratischen Handlungskompetenz und der politischen Urteilsbildung erreicht werden können. Mit der Motivationskraft einer handlungsorientierten Methode lässt sich kein Ziel hinreichend begründen. Der Gegenstand Europäische Union ist aber auch nicht abstrakter und komplexer als andere. Allerdings sollten die Methoden soviel europäischen Alltag ins Klassenzimmer holen wie möglich. Die traditionelle Institutionenkunde leistet dies nicht. Die Darstellung der Arbeitsweisen und Zusammenhänge europäischer Politik erfordert einen Methodenmix zwischen darstellenden und handlungsorientierten Methoden. Auf diesem Feld kann der Politikunterricht weiter modifiziert werden, denn es ist die besondere Aufgabe des Politikunterrichts, kritisches und vergleichendes Arbeiten zu initiieren. Hierzu benötigen die Schülerinnen und Schüler Impulse aus dem Unterrichtsprozess. Aufklärung stellt sich selten von alleine ein, sondern bedarf des Anstoßes und des Austausches mit anderen.

Der vorliegende Band will versuchen, einige grundsätzliche Fragen des europazentrierten Politikunterrichts zu klären. Aus politikwissenschaftlicher und politikdidaktischer Perspektive werden theoretische Probleme angesprochen und Lösungsansätze aufgezeigt. Verschiedene Lernformen werden in den Praxisbeispielen aufgezeigt und materialgestützt präsentiert. Vielfältige unterrichtliche Komplexe sollen Antworten auf Praxisprobleme geben. Insofern wird in diesem Band ein breites Spektrum an Fragen zu einem europazentrierten Politikunterricht einerseits durch Beispiele aus der Praxis und andererseits durch theoretische Reflexionen verdeutlicht.

Die *fachwissenschaftlichen Beiträge* beleuchten aktuelle Tendenzen, können und wollen jedoch nicht die Breite der politikwissenschaftlichen Debatten nachzeichnen. *Alparslan Yenal* gibt einen Überblick über einige aktuelle Herausforderungen bei der Vertiefung und der Erweiterung der EU. Während wichtige Integrationsziele wie Frieden, Fortentwicklung einer Wertegemeinschaft, Steigerung des wirtschaftlichen Wohlstands bereits erreicht sind, besteht weiterhin Reformdruck in vielen anderen politischen Bereichen. Jeder Schritt in der Integrationstiefe verändert die supranationalen und intergouvernementalen Komponenten der EU. Des Weiteren beschäftigt er sich mit Folgeproblemen der Osterweiterung und kommt zu der Schlussfolgerung, dass die EU die grundlegenden Fragen nach ihrer Finalität und Identität noch zu klären hat. Angesichts der größeren EU wird dies nicht leicht sein.

Mit der Osterweiterung haben sich auch Modalitäten und Bedingungen der Wahlen zum Europäischen Parlament verändert. *Wichard Woyke* gibt einen umfassenden Überblick über das für Lehrerinnen und Lehrer notwendige Grundlagenwissen. Dabei geht er auf die Funktionen und Aufgaben des Europäischen Parlaments genauso ein wie auf die Wahlbeteiligung und die Wahlergebnisse. Abgerundet wird dies durch die Skizzierung der europäischen Parteienzusammenschlüsse und einige ihrer Besonderheiten.

Die Brücke zur Politikdidaktik schlägt der Beitrag von *Gotthard Breit*. Er sucht am Beispiel der Kontroverse um eine Aufnahme der Türkei eine Antwort auf die Frage nach einer gemeinsamen europäischen Identität. Hierfür zeigt er die Problematik einer Mitgliedschaft auf, um sich dann dem Wissenschaftlerstreit über die Integrationsfähigkeit der Türkei zuzuwenden. Darin geht es um den Stellenwert gemeinsamer Geschichte, Kultur und Religion. Diese Kontroversen sind didaktisch aufbereitet und erläutert, so dass sie der Lehrende für den Unterricht nutzen kann und wichtige Anregungen erhält. Im anschließenden Dossier hat er einige wichtige Äußerungen zusammengestellt.

In dem Einleitungsbeitrag zur Politikdidaktik zeichnet *Georg Weißeno* die Überlegungen zum Gegenstand Europäische Union ab den 70er-Jahren nach. Seit dieser Zeit wird Europa als eigenständiges Thema des Politikunterrichts gesehen. Im Fachunterricht wird der Gegenstand bis heute immer an die zeitgeschichtlichen Entwicklungen angepasst. Dies reicht – so die These – aber nicht aus, da die Europäische Union heute als institutionelles Mehrebenensystem konzipiert ist. Deshalb muss der Politikunterricht die europäischen Zusammenhänge in die Aufarbeitung »nationaler« Themen integrieren und multinationale Interpretationen einarbeiten.

Joachim Detjen schließt hier an und stellt seinerseits die These auf, dass die EU ein schwer zu überblickendes und zu vermittelndes Terrain ist. Er setzt sich intensiv mit den Institutionen der EU, ihrem verwirrenden rechtlichen und politischen Status, der Kompliziertheit der Entscheidungsverfahren und dem Mehrebenensystem auseinander, um auf die Intransparenz hinzuweisen. Die Lehrpläne und untersuchten Schulbücher gehen auf diese Gesichtspunkte nicht ein. Hier wird ein unkritisches Bild der EU gezeichnet. Er fordert, dass sich die politische Bildung der Vermittlung des komplizierten Systems stellen muss und schlägt die Bearbeitung eines politischen Problems mit Hilfe des europäischen Politikzyklus vor.

Peter Massing beschäftigt sich mit der Zielvorstellung des demokratiekompetenten Bürgers, die er auf das Konzept einer aktiven Bürgerschaft der EU überträgt. Er geht von der These aus, dass die Anknüpfung an die Bürgerleitbilder politikdidaktisch keine neue Qualität bedeutet, sondern bloß ein Additivum an Aufgaben. Dies belegt er durch die Anknüpfung an die Diskussion um ein europäisches Bewusstsein, an den Stand der aktuellen politikdidaktischen Diskussion zu den Bürgerleitbildern und an der politikwissenschaftlichen Diskussion zu Europa.

Mit dem Konstrukt Europa beschäftigt sich *Wolfgang Sander*, indem er die Begriffsgeschichte von der Antike bis zur Gegenwart nachzeichnet. Er kommt zu dem Schluss, dass Europa kein geschlossenes Konzept repräsentiert. Es gelte, die Differenzen als Merkmal gemeinsamer Identität der Europäer anzuerkennen. Europa ist aber inzwischen zur Provinz geworden und wird seine eigene Erneuerung anstreben müssen. Deshalb muss die junge Generation in den Diskurs über die künftige Rolle Europas und die Frage, was es heute heißt als Europäer/in zu leben, einbezogen werden.

Mit der europäischen Identität beschäftigt sich des Weiteren der Beitrag von *Dagmar Richter*. Allerdings taugt der Begriff ihrer Meinung nach nicht für die politische Bildung, da er unterschiedlich definiert wird und ein Zugehörigkeitsgefühl weder empirisch messbar ist noch durch politische Bildung erzeugt werden darf. Deshalb schlägt sie den Begriff »Doing European« vor, der als Handlungsbegriff neben den individuellen Verhältnissen der Person zur geschichtlich-kulturellen Umgebung zugleich das gezeigte Verhalten in einer konkreten Situation akzentuiert. Ziel der politischen Bildung ist dann ein Reflektieren der Konstruktionsprozesse von »Doing European«.

Mit den kulturtheoretischen Voraussetzungen europapolitischen Lernens beschäftigt sich der Beitrag von *Carla Schelle*. Das Verstehen fremder Kulturen kann auf Europa bezogen von der Politikdidaktik als Kompetenz- und Bildungsproblem thematisiert werden. Sie fordert, dass Jede und Jeder in einer entgrenzten Welt kulturelle Schemata deuten und interpretieren lernen muss, um sich selber im sozialen Raum positionieren zu können.

Tilmann Grammes legt eine kleine themenbezogene Stoffgeschichte zum Thema Europa im Politikunterricht vor. Er blickt auf die ersten Versuche von Didaktikern zurück, über Europa zu unterrichten oder es durch Studienfahrten zu erfahren sowie auf die ersten Versuche von Lehrer/innen mit Planspielen. Er diagnostiziert seit den 50er-Jahren Schülerorientierung, emphatisch – gesinnungsethische Zielsetzung, Klärung von Inhaltsfragen. Darin dokumentiert sich das Ringen der Didaktik zwischen »Erziehung zu« und »Reflexion über« Europa.

Bodo von Borries geht das Thema Europa im Geschichtsunterricht aus drei Perspektiven an. Zunächst fasst er empirisches Material zu den Europa- und Nationsbegriffen bei Jugendlichen zusammen, um dann zu fragen, was Schüler/innen im Geschichtsunterricht über Europa lernen sollen. Aus 10 Thesen zum Zusammenhang von Europäischer Integration und Geschichtslernen ergeben sich eine Reihe von Themen, die er zur Diskussion stellt. Schließlich berichtet er von amerikanischen und britischen Standards im Fach Geschichte.

Im Teil Unterrichtspraxis wird ein Mix unterschiedlicher Praxiserfahrungen vorgestellt und reflektiert. *Holger Müller* setzt sich mit einer Konferenzsituation auseinander. Er rekonstruiert den Unterricht und macht auf strukturelle Probleme bei der Anwendung dieser Methode aufmerksam. Indem er alternativ an der Realität der europäischen Entscheidungsfindung ansetzt, zeigt er Wege eines modernen europazentrierten Politikunterrichts.

Sabine Manzel zeigt in ihrem Vorschlag für eine Unterrichtsreihe zur Europawahl Wege einer europazentrierten Reflexion zentraler Gegenstände. Dabei versucht sie unterschiedliche Perspektiven in den Mitgliedstaaten genauso zu berücksichtigen wie das Handeln europäischer Institutionen. Sie zeigt, dass auch in einem europazentrierten Politikunterricht aktivierende Methoden einsetzbar sind.

Die Fallanalyse von *Ingo Juchler* zur europäischen Außenpolitik will Wege einer transnationalen politischen Urteilsbildung aufzeigen. Der Vergleich der europäischen und amerikanischen Positionen zum internationalen Strafgerichtshof ermöglicht es, eigene Standpunkte zum Ausdruck und Austausch zu bringen.

Dirk Weller hat ein webquestbasiertes Konferenzspiel zur Osterweiterung der EU entwickelt. Weitere Spielgruppen können sich der umfänglichen Materialien im Internet bedienen. Er zeigt die Chancen und Risiken eines modernen institutionenkundlichen Politikunterrichts auf und verweist dabei auf die Besonderheiten der EU.

Frank Langner berichtet von einer durchgeführten Zukunftswerkstatt, in der sich die Schüler/innen aktiv am Bau des Hauses Europa beteiligt haben. Er hat sie über die Unionsbürgerschaft als Integrationsmittel nachdenken und dabei an ihre Vorerfahrungen anknüpfen lassen.

Anhand einer Befragung von Lehrer/innen und Schüler/innen einer Europaschule kommt *Karin Kroll* zu dem Ergebnis, dass ein fächerübergreifender Ansatz nicht notwendigerweise politisches Wissen vermittelt. Die sprachlich-kulturellen Konzepte dieser Schulen fördern nicht das politische Lernen und das Verstehen politischer Prozesse in der Demokratie und der EU.

Wie man mehr über Jugendliche in anderen Ländern erfahren kann, zeigt der Bericht über die Beteiligung an einem Comenius-Projekt von *Reinhard Neebe* und *Gabriele Schreder.* Die Unterrichtsskizze von *Volker Meierhenrich* schließlich beschäftigt sich mit der zukünftigen Außen- und Sicherheitspolitik im Kontext des EU-Konvents.

Alle Beiträge zeigen in der Sache, dass die oftmals beklagten Verständigungsschwierigkeiten zwischen Theoretikern und Praktikern nicht bestehen müssen. Allen Autorinnen und Autoren geht es darum, den Gegenstand Europa zeitgemäß für den Unterricht zu gestalten. Die Werkstattgespräche der Bundeszentrale für politische Bildung, die für den Austausch von Theorie und Praxis einen organisatorischen Rahmen bereitstellen, haben dazu beigetragen, dass die Vielzahl der in diesem Band abgedruckten Ideen und Diskussionen Lösungsansätze für Praxisprobleme aufzeigen. Die gemeinsame Erarbeitung auf einem Werkstattgespräch hat die Ergebnisse erst ermöglicht.

Karlsruhe, Oktober 2003

I.
Fachwissenschaft

Alparslan Yenal

Europäische Integration: Ein problemorientierter Überblick

I. Die Europäische Union: Ein Integrationsprozess sui generis

1. Die Europäische Integration hat eine Erfolgsgeschichte

Die Kritik an der Entwicklung und dem heutigen Zustand der EU ist weit verbreitet und überwiegend berechtigt. Das Demokratiedefizit, die fehlende Transparenz sowie mangelnde Effizienz des politischen Handelns sind die wesentlichen Kritikpunkte. Das primäre Gemeinschaftsrecht (völkerrechtliche Verträge wie die von Maastricht und Amsterdam zwischen den Mitgliedstaaten) und die daraus abgeleiteten unzähligen Verordnungen, Richtlinien, Entscheidungen (das sekundäre Gemeinschaftsrecht, das von den EG-Organen gesetzt wird) bilden die unmittelbar geltende vorrangige Rechtsordnung gegenüber dem nationalen Recht. Dieses komplexe Europarecht »gemeinschaftlicher Besitzstand« oder »Acquis communautaire« genannt, ist ein enges Reglungsnetz für die Menschen und für die politische Gestaltung in den Mitgliedstaaten. Die überwiegende Mehrheit der Bürgerinnen und Bürger der EU kann den tieferen Sinn und Zweck dieses gemeinschaftlichen Handelns »der fernen Brüsseler Politik« nicht nachvollziehen, so dass ihre Betroffenheit zu resignativer Distanz und politischem Desinteresse gegenüber der gemeinschaftlichen Kompetenz der Organe der Europäischen Union führt. Die Mitgliedschaft ihres Landes in der EU beurteilen 55 % der Bürgerinnen und Bürger im Durchschnitt der EU der 15 als eine gute Sache, in Großbritannien lediglich 31 % (Eurobarometer, Umfrage Herbst 2002).

Die Kritik an der EU und die Skepsis der Unionsbürger haben gute Gründe; Dies darf jedoch nicht den historischen Erfolg der Europäischen Integration in Frage stellen. Die Etappen der Europäischen Einigung von der Gründung der Europäischen Gemeinschaft für Kohle und Stahl (EKGS; »Montanunion«) 1951, der Europäischen Wirtschaftsgemeinschaft (EWG) und Euratom 1957 (»Römische Verträge«) und die darauf folgenden wichtigsten Integrationsschritte wie die ersten Direktwahlen zum Europäischen Parlament 1979, Einheitliche Europäische Akte im Juli 1987, der Europäische Binnenmarkt und Maastrichter Vertrag 1992, der Vertrag von Amsterdam 1997, die Europäische Währungsunion 1999 und der Vertrag von Nizza im Dezember 2000 bis zum Reformentwurf des EU-Konvents Juli 2003 sind Zeugnisse des außerordentlich erfolgreichen Integrationsprozesses.

Auch die bisher fünf Erweiterungen seit 1972, insbesondere die »stille Auflösung« der Europäischen Freihandelszone (EFTA), die parallel zur EWG von Großbritannien initiiert, als »Alternativmodell« gegründet worden ist und die letzte und größte Erweiterung mit den Staaten in Mittel- und Osteuropa, die ihre umfassende Systemtransformation mit der Integration in die EU verbunden haben, beweisen die auf wirtschaftlichen und politischen Erfolgen beruhende Attraktivität der europäischen Integration, der Europäischen Union überhaupt.

Der Erfolg der europäischen Einigung liegt auch darin, dass die Integrationsziele erreicht wurden. Die gesetzten Ziele wie die Sicherung des Friedens in dem durch Kriege und tiefe Feindschaft erschütterten Kontinent, Bildung und Fortentwicklung einer Wertegemeinschaft, Steigerung des wirtschaftlichen Wohlstandes, Lösung der gemeinsamen und grenzüberschreitenden Problemfälle, nicht zuletzt das Ziel, eine beachtete, gewichtigere Position in der Weltwirtschaft zu übernehmen, sind weitgehend erreicht worden. Die Friedenssicherung ist unbestritten der größte Integrationserfolg, der auf Grund wirtschaftlicher und politischer Interdependenzen in der Europäischen Union ungefährdet bleiben wird. Die sozioökonomisch-politische Verflechtung zwischen den Mitgliedsländern, das erreichte Vertiefungsniveau der Integration machen auch eine integrationsgefährdende Zurückentwicklung unwahrscheinlich. Dies wird von der Öffentlichkeit immer seltener wahrgenommen. Hier scheint ein Vermittlungsproblem der europäischen Politik zu bestehen.

2. Die Europäische Integration ist ein Prozess mit kleinen, pragmatischen Schritten und nicht ohne Rückschläge

Die Europäische Integration begann ohne einen definitiven Fahrplan und ohne eine genaue Definition des bindenden Abschlusses, der Finalität. Die Perspektive der Vereinigung bis zur Tiefe einer politischen Union zu verfolgen war zwar fest geschrieben, aber nicht wie diese Zielvorstellung zu erreichen ist; welche Abfolge von Integrationsschritten nicht nur im Bereich der wirtschaftlich regionalen Integration zu verwirklichen ist, war nicht vorgezeichnet. Die Integration erfolgte eher funktionalistisch, von konsensfähigen Problemlösungen ausgehend und mit pragmatischen, umsichtigen Schritten. Die Integrationspolitik konzentrierte sich auf die Gründung (1957) und Fortentwicklung der Europäischen Wirtschaftsgemeinschaft mit den sechs Staaten, Bundesrepublik Deutschland, Frankreich, Italien, Belgien, Niederlande und Luxemburg.

Die ersten zwei Erweiterungen, 1973 Beitritt der drei EFTA Mitgliedsstaaten Großbritannien, Dänemark, Irland und 1981 Beitritt des seit 1962 in der EWG assoziierten Mitglieds Griechenland, wurden nicht mit den erforderlichen institutionellen Anpassungen der Europäischen Gemeinschaft begleitet. Zeitgleich mit der dritten Erweiterungsrunde, 1986 wurden Spanien und Portugal Mitglieder der Europäischen Gemeinschaft, erfolgten die ersten wichtigeren Reformen. Die Einheitliche Europäische Akte brachte Aufwertung des Europäischen Parlaments, Änderung der Entscheidungsverfahren durch häufigere Mehrheitsabstimmungen im Ministerrat und Verwirklichung des Binnenmarktes, eindeutige Kompetenzzuweisung an die EG in Bereichen des Umwelt- und Verbraucherschutzes sowie der Forschung und Technologie.

Erst in den 90er-Jahren gelang es den Regierungskonferenzen, deren Ergebnisse sich in den Verträgen von Maastricht 1992, Amsterdam 1997 und Nizza 2000 niederschlugen, eine Reihe zukunftsweisender institutioneller Reformen wie Ausdehnung der Parlamentsrechte u. a. sowie wesentliche Änderungen in den Politikfeldern, wie die gemeinschaftliche Geldpolitik in der Europäischen Währungsunion, zu verwirklichen. Der Reformdruck besteht weiterhin. Die Osterweiterung der Union ist eine große Herausforderung, die nur durch mutige Reformschritte im Sinne der Vertiefung zu bewältigen sind.

Die europäische Integration ist ein Prozess der pragmatischen Entscheidungen, die jeweils im Spannungsfeld der Stärkung der Gemeinschaftsstrukturen und der intergouvernementalen Zusammenarbeit getroffen werden. Die unterschiedlichen politischen Zielvorstellungen und Interessen, erhebliche integrationspolitische Zielkonflikte, lassen nur Kompromisse zu, die nicht immer sachgerechte und wirksame Problemlösungen erzeugen. »Politische Tauschgeschäfte« zwischen den Regierungen, »Paketlösungen«, bei denen alle Beteiligten etwas gewinnen, dominieren die Entscheidungsfindung.

II. Eine problemorientierte Bestandsaufnahme

1. Grundlegende Probleme: aktuelle Herausforderung

Erstens: Die EU hat seit den 90er-Jahren zwei komplexe Probleme gleichzeitig zu lösen: »Vertiefung und Erweiterung«. Alle aktuellen Sachprobleme wie die Gemeinsame Agrarpolitik, Finanzen der EU sowie die intensive Debatte über die Neu-Strukturierung der EU-Organe im Zusammenhang mit der Arbeit des »Verfassungskonvents« sind die wichtigen Teilaspekte des Problemkomplexes »Vertiefung und Erweiterung«. Ob und wie die Vertiefung, d. h. der EU-interne Integrationsprozess, wie er in den Verträgen von Maastricht und Amsterdam vorgezeichnet wurde, fortzusetzen und zugleich diese höchst problematische Erweiterung zu realisieren ist, wurde nicht rational diskutiert und stringent beantwortet. Auf die revolutionären Veränderungen, auf den umfassenden Systemwechsel in den mittel- und osteuropäischen Ländern (MOEL) wurde letztlich mit dem Angebot der EU-Mitgliedschaft reagiert. Alternative Gestaltungsideen wie flexible Anbindung und differenzierte Integration fanden keine politische Beachtung.

Zweitens: Der Problemkomplex »Vertiefung und Erweiterung« wird durch die grundsätzliche Frage, in welchem Politikbereich und wieweit die Mitgliedsstaaten ihre souveräne Entscheidungskompetenz auf die Gemeinschaftsebene zu delegieren bereit sind, überlagert. Dieses Grundproblem der Vertiefung im Integrationsprozess, »Vergemeinschaftung durch Souveränitätsabgabe« ist zwar nicht neu und auch nicht abschließend zu beantworten, wurde aber mit der Osterweiterung dringlich und kam erneut auf die Tagesordnung der Reformdebatte. Der Verfassungskonvent hatte dieses Grundproblem als eine seiner komplizierten Aufgaben zu lösen. Unter den heutigen Mitgliedstaaten gibt es jedoch welche, die entschieden gegen den Souveränitätsverzicht in bestimmten »sensiblen« Politikbereichen sind:

Beispielsweise sind Deutschland in den Fragen der Einwanderungspolitik, Großbritannien, Spanien u. a. in der Steuer-, Außen- und Verteidigungspolitik strikt gegen die Gemeinschaftslösungen, also gegen die Mehrheitsentscheidungen; d. h. das Vetorecht, Beibehaltung der Einstimmigkeitsregel in nationalstaatlich wichtig erachteten Politikfeldern bleibt. Nicht nur bei den alten, sondern auch unter den neuen Mitgliedsstaaten ist die Frage, welcher Politikgegenstand und wie er zur Gemeinschaftsaufgabe werden soll, mit welchen Mehrheiten im Ministerrat zu entscheiden ist oder was der intergouvernementalen Zusammenarbeit überantwortet wird, im hohen Maße umstritten. Dies hat zur Konsequenz, dass die konstitutionelle Struktur der Europäischen Union, wie sie im Maastrichter Vertrag entstanden ist, prinzipiell erhalten wird. In der drei Säulenkonstruktion der EU sind also weiterhin die Europäische Gemeinschaft (EG) und Euratom gemeinschaftspolitisch (supranational) auf der Grundlage der Gemeinschaftsverträge (EGV und Euratom V) und die beiden anderen Säulen Gemeinsame Sicherheits- und Sicherheitspolitik (GASP) und Polizeiliche und Justizielle Zusammenarbeit (PJZ) in Form der Regierungszusammenarbeit (intergouvernemental) gestaltet. Jeder weitere Schritt in der Integrationstiefe verändert die supranationale und intergouvernementale Komponente der EU. Dies ist ein grundlegendes Gestaltungsproblem der europäischen Integrationspolitik.

Der Konflikt zwischen Intergouvernementalisten und Supranationalisten war seit der ersten Erweiterung 1973 mit den »Euroskeptikern« Großbritannien und Dänemark stets aktuell. Er wurde aber sehr intensiv in der Debatte über die »Vertiefung und/oder Erweiterung« ausgetragen und geschlichtet durch die grundsätzliche Anerkennung der »differenzierten Integration«. Dies ermöglichte den Mitgliedsstaaten, die einen Integrationsschritt nicht mitmachen wollten, ausscheren zu dürfen, wie dies bei der Europäischen Währungsunion der Fall war. Die Methode der differenzierten Integration wird nach der Osterweiterung, in der EU mit 25 und mehr Mitgliedern, wahrscheinlich öfter Anwendung finden (s. Deubner 2003).

Drittens: Subsidiarität, Effizienz und demokratische Legitimation sind Kriterien für das Europäische Regieren. Die Reformansätze der 90er-Jahre sind Versuche diese Kriterien inhaltlich eindeutiger und praxisorientierter zu definieren. Es gilt demnach, die Aufgabenbereiche auf der Politikebene anzusiedeln und auf die Entscheidungsträger zu übertragen, die dafür Gewähr bieten, dass die anstehenden Aufgaben problemlösungswirksam erfüllt werden. Das Kernproblem dabei ist die Sicherstellung der Problemlösungsfähigkeit der politischen Entscheidungsträger. Ist diese Bedingung erfüllt und damit eine Aufgabenlösung auf der nationalstaatlichen, d. h. auf einer unteren politischen Entscheidungsebene effizient realisierbar, so soll sie dort erfolgen.

Unter diesem Gesichtspunkt könnte es sinnvoll sein, manche Aufgaben von der Gemeinschaftsebene auf die Mitgliedsstaaten zurück zu delegieren, d. h. zu »renationalisieren«, beispielsweise in Bereichen der Gemeinsamen Agrarpolitik (GAP) oder der Regionalpolitik.

Viertens: Die Ausdehnung der Mitbestimmungsrechte und der Kompetenzen des Parlaments ist ein wichtiger Reformschritt im Regierungssystem der EU. Die Rechte des durch Direktwahlen legitimierten Parlaments wurden seit der Einheitlichen Europäischen Akte 1986 kontinuierlich erweitert. Auch im Verfassungsentwurf des EU-Konvents Juli 2003 werden zusätzliche Parlamentsrechte vorgeschlagen. Die demokratische Legitimation der anderen EU-Organe, des Ministerrates, Gerichtshofs und der Kommission ist eine mittelbare, von den Regierungssystemen der Mitgliedsstaaten abgeleitete, eine »geliehene« Legitimation. Die Kommission ist als »Hüterin der Verträge« und auf Grund ihrer Exekutiv- Kontrollaufgaben, ihres Initiativrechts ein zentraler und den Integrationsprozess bewegendes Entscheidungsorgan. Sie ist auf eine Legitimation durch ihre Problemlösungsfähigkeit angewiesen. Wachsende Komplexität der Gemeinschaftsaufgaben und damit einher gehender Verlust an Effizienz und Effektivität der Arbeit der Kommission erfordern institutionelle Änderungen, die die Problemlösungsfähigkeit erhöhen.

Fünftens: Die Einstimmigkeit ist nunmehr auf wenige für die Mitgliedstaaten »sensiblen« Gegenstände beschränkt. Diese Entwicklung wird im Verfassungsentwurf des EU-Konvents fortgesetzt. Der Regelmodus für die Entscheidungen im Ministerrat, der in neun unterschiedlichen Zusammen-

Tab. 1: Beschlussfassung mit qualifizierter Mehrheit

Kriterien	Status quo EU-15 (EGV Amsterdam)[1]	EU-15 EGV Nizza[2]	EU-25 EGV Nizza[3]	EU-27 EGV Nizza[4]
Mehrheit der Mitgliedstaaten	X	min. 8	min. 13	Min. 14
– erforderliche Stimmen für qualifizierte Mehrheit	62 von 87	169 von 237	234 von 321	255 von 345
– Schwellenwert in %	71,26	71,31	72,90	73,40[5]
Bevölkerungskriterium in %	X	62	62	62

x Kriterium nicht existent.

1 Art 205 EGV in der Fassung von Amsterdam.

2 Art. 3 des Protokolls über die Erweiterung des Vertrags von Nizza, anzuwenden in der EU-15 ab dem 1. Januar 2005.

3 Erklärung Nr. 20 zur Erweiterung der EU, Vertrag von Nizza. Die Schwellenwerte für die qualifizierte Mehrheit werden für alle Konfigurationen der Union mit mehr als 15 und weniger als 27 Mitgliedern erst in den Beitrittsverträgen verbindlich festgesetzt. Die hier angeführten Werte für die Sperrminorität respektive einen Beschluss mit qualifizierter Mehrheit und dem Anteil der gewichteten Stimmen spiegeln eine mögliche und zugleich die wahrscheinlichste Variante wider.

4 Erklärung Nr. 20 zur Erweiterung der Europäischen Union, Vertrag von Nizza und Erklärung Nr. 21 zur Schwelle für die qualifizierte Mehrheit und zur Zahl der Stimmen für die Sperrminorität in einer erweiterten Union.

5 Der mathematische Wert für den Anteil der gewichteten Stimmen beträgt 73,9 %.

Quelle: Lippert 2002: 17

setzungen der Fachminister bis 75 mal im Jahr tagt, ist die qualifizierte Mehrheitsentscheidung. Das wichtige und umstrittene Problem jedoch ist, wie die qualifizierte Mehrheitsentscheidung durch die gewichteten Stimmen der Mitgliedsstaaten im Rat definiert werden soll. Auf dem Nizza-Gipfel im Dezember 2000 wurden die Stimmverteilug für die EU-27 und die Kriterien für die qualifizierte Mehrheit neu geregelt (s. Tab. 1). Im Ministerrat sind demnach die vier großen Mitgliedstaaten, Deutschland Frankreich, Italien und Großbritannien mit je 29 Stimmen, Spanien und Polen mit je 27 und die weiteren Mitgliedsstaaten abgestuft bis auf Malta mit 3 Stimmen vertreten, (s. vollständige Stimmenverteilung in: Piepenschneider 2003: 20). Für die qualifizierte Mehrheit sind drei Kriterien zu erfüllen:

1. muss die Mehrheit der gewichteten Stimmen erreicht werden. Diese liegt bei 25 Mitgliedstaaten bei 72,4 Prozent der Gesamtstimmen.
2. muss die Mehrheit der Mitglieder, d. h. 13 Staaten zustimmen, und
3. muss diese Mehrheit 62 Prozent der EU-Bevölkerung repräsentieren.

Auf dieser Grundlage wird es in der erweiterten Union unterschiedlichste politische Interessen- und Abstimmungskoalitionen sowie Entscheidungsblokaden geben (Lippert 2002: 17). Das Regieren in der EU wird dadurch wesentlich komplizierter, die Legitimation der Problemlösungen, die eher faule Kompromisse sein könnten, fragwürdig.

Der Vorschlag des EU-Konvents, Kriterien für die qualifizierte Mehrheit auf die einfache Staaten- und Bevölkerungsmehrheit (»doppelte Mehrheit«) zu reduzieren, wird in der Regierungskonferenz im Herbst 2003 schwer durchzusetzen sein. Widerstände wurden schon angekündigt, auch von den neuen Mitgliedern, die dem Verfassungsvertrag zustimmen müssen.

2. Osterweiterung und Folgeprobleme

Erstens: Die Beitrittsverhandlungen, die seit dem Frühjahr 1998 mit Polen, Tschechien, Ungarn, Slowenien, Estland und Zypern und seit Februar 2000 mit den weiteren sechs Kandidatenstaaten Lettland, Litauen, Slowakei, Bulgarien, Rumänien, Malta geführt wurden, sind mit zwei Ausnahmen, Bulgarien und Rumänien, erfolgreich beendet. Mit der Türkei werden Verhandlungen frühestens Anfang 2005 beginnen. Im Laufe der Verhandlungen wurden die Kandidatenländer durch eine Heranführungsstrategie der EU zur Vorbereitung auf den Beitritt unterstützt. Diese bestand aus drei Programmen (Übersicht 1; Delhey 2002). Die finanzielle Heranführungshilfe im Rahmen dieser Programme beträgt im Zeitraum 2000 bis 2006 jährlich 3,12 Mrd. EUR.

Übersicht 1: Strukturpolitik der EU (Ziele gemäß Planungsperiode 2000–2006)

<table>
<tr><th colspan="4">① Strukturfonds</th></tr>
<tr><td>Europäischer Fonds für regionale Entwicklung (seit 1975)</td><td>Europäischer Sozialfonds (seit 1958)</td><td>Europäischer Agrarfonds (seit 1964)</td><td>Finanzinstrument für die Ausrichtung der Fischerei (FIAF) (seit 1994)</td></tr>
<tr><td colspan="4">Ziel 1 Regionen mit großem Entwicklungsrückstand
(Kriterium: regionales BIP pro Kopf < 75 % des EU-Durchschnitts)
Ziel 2 Hilfen zur Bewältigung des Strukturwandels in industriellen Krisenregionen, ländlichen Problemgebieten und städtischen sozialen Brennpunkten
Ziel 3 Ausbau der Humanressourcen: Anpassung der Modernisierung von Bildung, Ausbildung und Beschäftigungssystemen</td></tr>
<tr><th colspan="4">② Kohäsionsfonds (seit 1993)</th></tr>
<tr><td colspan="4">Umweltschutz und Verbesserung der Verkehrsinfrastruktur in unterdurchschnittlich entwickelten Mitgliedstaaten
(Kriterium: nationales BIP pro Kopf < 90 % des EU-Durchschnitts)</td></tr>
<tr><th colspan="4">③ Strukturelle Hilfen für die Beitrittsländer</th></tr>
<tr><td colspan="4">Strukturpolitisches Instrument zur Vorbereitung auf den Beitritt (ISPA)
Sonderprogramm für die Vorbereitung auf den Beitritt in den Bereich Landwirtschaft und ländliche Entwicklung (SAPARD)
PHARE (Stärkung der staatlichen Verwaltung und Institutionen, Anpassung an Gemeinschaftsrecht, Förderung des wirtschaftlichen und sozialen Zusammenhalts)</td></tr>
</table>

Quelle: Delhey 2002: 33

Im Mai 2004 wird die EU mit 10 neuen Mitgliedsstaaten erweitert, wenn der Ratifikationsvorgang bis Ende 2003 abgeschlossen wird. Das Europäische Parlament hat den einzelnen Beitrittsverträgen zugestimmt. Die Ratifikation durch die Beitrittsstaaten ist bereits erfolgt. Die Osterweiterung könnte aber scheitern, wenn ein Mitgliedstaat der EU-15 die Beitrittsverträge nicht ratifiziert (Es gilt Einstimmigkeit). Wenn dies eintreten sollte, müsste der ablehnende Staat einen zweiten Anlauf zur Ratifikation nehmen. Die Beitrittsfähigkeit der einzelnen Kandidaten wurde in den insgesamt 31 Verhandlungskapiteln (Politikbereichen) überprüft.

Die Beitrittsverträge bestätigen den Beitrittsländern, dass sie die Kopenhagener Kriterien (Beitrittskriterien) erfüllen (Delhey 2002: 34) und die Verwaltungskapazität zur Übernahme des EU-Besitzstandes von 14 000 Rechtsakten weitgehend aufgebaut haben. Die EU-Kommission hat allerdings in den letzten Fortschrittsberichten auf die Defizite insbesondere in der Rechtsprechung, Verwaltung und in der Umsetzung des EU-Rechts hingewiesen. Diese Mängel sollen bis zum Beitritt im Mai 2004 beseitigt werden. Die Beitrittsverträge enthalten über 250 Übergangsregelungen, die hauptsächlich Landwirtschaft, Umwelt und Landerwerb der EU-Bürger betreffen. Die Freizügigkeit der Arbeitnehmer aus den neuen Mitgliedsländern wird erst nach siebenjähriger Übergangsfrist realisiert. Übergangszeiträume sind teilweise sehr lang, z. B. für Umwelt bis 2015. Die neuen Mitgliedstaaten dürfen auch Gegenmaßnahmen ergreifen, wenn ihre Wirtschaft in ein schweres Ungleichgewicht geraten sollte. Dies sind auch in Zukunft Konfliktthemen: »Ausnahmen von heute könnten sich verewigen.«

Zweitens: Auf die Herausforderung der Erweiterung hat die EU nicht mit den erforderlichen institutionellen Reformen reagiert. Substantielle Reformen sind auch in Politikbereichen wie der Gemeinsamen Agrar- und Regional- und Strukturpolitik, der Finanzen nicht realisiert. Die guten Absichten der Agenda 2000 auf dem Berliner Gipfel 1999 blieben in wesentlichen Teilen unerfüllt. Die EU ist deshalb auf diese Erweiterung nicht hinreichend vorbereitet. Über den nächsten Finanzrahmen 2007 bis 2013 werden die Beitrittsstaaten mitentscheiden. Hier sind verteilungspolitische Konflikte vorprogrammiert. Die Versäumnisse und Fehlentwicklungen der Integrationspolitik vergangener Jahre werden in der erweiterten EU mit 25 und mehr Mitgliedern schwer zu korrigieren sein.

Drittens: Die Unterschiede zwischen den Ländern und Regionen in der EU-25 hinsichtlich der Wirtschafts- und Beschäftigungsstruktur sind gravierend (EZB, Jahresbericht 2002:126). Die derzeit bestehenden regionalen Entwicklungsunterschiede werden zunehmen und wirtschaftliche Heterogenität wird zu einem schwer lösbaren Problem. Das durchschnittliche Bruttoinlandsprodukt (BIP) pro Kopf der 10 Beitrittsländer beträgt 43 %, in Rumänien als Schlusslicht 25 % des Durchschnitts der EU-15 (in Kaufkraftparitäten 2001; EU-Kommission 2002). Die schwächsten Regionen der EU-25 liegen mit unter 7 000 EUR (Lubelskie in Polen 5 600 EUR) BIP pro Kopf (in Kaufkraftparitäten) gegenüber der stärksten Region London-Zentrum mit 50 100 EUR (z. B. Bremen 28 900) weit zurück, mit allen wirtschaftlichen Folgeproblemen.

Die regionalen Unterschiede sind eine Herausforderung für die EU-Strukturpolitik (s. Übersicht 1). Der Finanzbedarf für strukturpolitische Maßnahmen in den 10 neuen Mitgliedsländern beträgt im Zeitraum 2004–2006 nach dem Beschluss des Europäischen Rats im Dezember 2002 insgesamt 21,85 Mrd. EUR (s. Tab. 2). Die EU fördert mit den Strukturfonds in erster Linie solche Regionen, deren BIP pro Kopf weniger als 75 % des Durchschnitts der EU beträgt.

Diese Regionen werden Ziel I Gebiete genannt. Heute sind es 45 von insgesamt 211 Regionen der EU-15. In den geförderten Gebieten leben

Tab. 2: Finanzrahmen für die Erweiterung 2004–2006 (Mio. € in Preisen von 1999)

Szenario Beitritt von 10 neuen Mitgliedstaaten im Jahr 2004	2004–2006		
	Szenario Europäischer Rat Berlin 1999[1]	Szenario der Kommission Januar 2002[2]	Europäischer Rat Kopenhagen Dezember 2002[3]
Obergrenzen Verpflichtungsermächtigungen			
Landwirtschaft	8 780	9 577	9 791
Strukturpolitische Maßnahmen	30 000	25 567	21 847
Interne Politikbereiche	2 460	3 343	4 256[4]
Verwaltung	1 350	1 673	1 673
Mittel für Verpflichtungen insgesamt	42 590	40 160	37 567[4]
Rubrik X[5]			3 285
Obergrenzen Verpflichtungen + Heading X			40 852

1 Die Agenda 2000 ging zunächst von einem Beitritt von 6 Ländern im Jahr 2002 aus; für die Periode 2002–2006 war eine Gesamtsumme von 58,1 Mrd. € vorgesehen; *Quelle:* Europäischer Rat Berlin, Schlussfolgerungen des Vorsitzes, 24./25. März 1999.

2 *Quelle:* Informationsvermerk: Gemeinsamer Finanzrahmen 2004–2006 für die Beitrittsverhandlungen, Mitteilung der Kommission, SEK (2002), 102 endg., Brüssel, 30. Januar 2002.

3 *Quelle:* Europäischer Rat Kopenhagen, Schlussfolgerungen des Vorsitzes, 12./13. Dezember 2002, Anlage I.

4 Rechnerische Größe; in Anlage I beträgt die Summe 4 139.

5 Zusätzliche Ausgaben für besondere Cashflow-Fazilitäten und vorübergehenden Haushaltsausgleich.

Quelle: Lippert 2003: 13

67 Millionen Menschen. Durch die Erweiterung mit 10 ärmeren Ländern sinkt der Durchschnitt BIP pro Kopf in der EU-25. Dies hätte zu Folge, dass 15 von 45 bisher geförderten Regionen rechnerisch über die 75 Prozentgrenze kommen und keine Fördermittel mehr erhielten. Davon wären 21 Millionen Menschen in der alten EU vor allem in Griechenland, Italien, Ostdeutschland und Spanien betroffen. Um dies zu vermeiden, wird an die Erhöhung der 75 %-Grenze auf 80 oder 90 % gedacht oder es müssen Übergangsregelungen getroffen werden. Dies liegt nicht im Interesse der neuen Mitglieder. Der Finanzrahmen 2007–2013 wird daher in der EU-25 schwer zu gestalten sein.

Die Osterweiterung bringt 50 neue Förderregionen (neue Ziel I Gebiete) mit etwa 100 Millionen Einwohnern zusätzlich. Würde die bisherige durchschnittliche Förderung auch für diese neuen Ziel I Gebiete uneingeschränkt gelten, müssten jährlich etwa 22 Mrd. EUR aufgebracht werden. Da die Obergrenze der jährlichen strukturpolitischen Förderung auf 4 % des BIP des Empfängerlandes beschränkt wurde, wird die jährliche Unterstützung der neuen Förderregionen etwa 13 Mrd. EUR kosten.

Viertens: Der Anteil des Landwirtschaftssektors am BIP in den mittel- und osteuropäischen Beitrittsländern ist wesentlich höher als in EU-15; in Bulgarien 21,7 %, in Rumänien 17,6 in Litauen 10,1 % und in den anderen unter 6 %, in der El hingegen nur 2,3 %. Auch die Beschäftigungstruktur in diesem Sektor unterscheide sich wesentlich von der EU-15. In Rumänien sind 40 %, in Bulgarien 25,7 % und in Polen, Litauen, Lettland um 20 % der Erwerbstätigen in der Landwirtschaft beschäftigt und nur 5,2 % im Durchschnitt der EU-15. Daran ist auch die erheblich niedrigere Produktivität der Landwirtschaft in MOEL zu erkennen. Die Integration dieses Sektors in die EU wird besonders schwierig und konfliktträchtig, weil die Agrarreform der EU nicht weit genug ging, zumal sich die EU in der Welthandelsorganisation (WTO) für die Agrarreformen, für den Subventionsabbau verpflichtet hat.

Der Europäische Rat in Kopenhagen Dezember 2002 hat beschlossen, dass die Bauern der Neumitglieder 2004 Direktzahlungen (Einkommensbeihilfe, ein produktionsbezogenes Instrument der GAP) in Höhe von 25 % und 2006 von 35 % der in EU-15 geltenden Unterstützung bekommen. Diese werden bis 2006 aus dem Strukturfonds der EU auf 65 % aufgestockt und danach aus den nationalen Haushalten. Bis 2006 müssen insgesamt 9,8 Mrd. EUR aufgebracht werden (in Preisen von 1999, s. Tab. 2). Dies alles bleibt weit hinter den Erwartungen der Beitrittsländer zurück. Der Kopenhagener Gipfel hat den Finanzrahmen 2004 bis 2006 für die Erweiterung mit insgesamt 40,8 Mrd. EUR festgelegt. Dies ist weniger als die Agenda 2000 vorgesehen hatte, aber doch viel, weil zunächst ja gar keine Direktzahlungen an Neumitglieder erfolgen sollten. Aus EU-rechtlichen Gründen (Binnenmarkt, Diskriminierungsverbot) konnte der Beschluss des Rates »keine Direktzahlungen« nicht gelten.

Fünftens: Die Osterweiterung ist finanzierbar. Dies setzt aber substanzielle Reformen voraus, die den Abbau der Einkommensunterstützung im Agrarsektor und die strikte Einschränkung der strukturpolitischen Maßnahmen auf die ärmeren Mitgliedsländer durchsetzen. In der EU-25 wird wirtschaftlicher und sozialer Zusammenhalt ohne solidarisches Handeln nicht zu erreichen sein. Nur weit reichende Reformen werden auch Mittel zur Finanzierung anderer Gemeinschaftsaufgaben wie Forschung und Technologie, Sicherheits- und Verteidigungspolitik, freisetzen.

Tab. 3: Kosten für die Agrar- und die Strukturpolitik in verschiedenen Szenarien 2007 und 2013

	EU 15		BK 10		EU 25		EU	
	2007	2013	2007	2013	2007	2013	2007	2013
	in Mrd. Euro, zu Preisen von 1999						in % des EU-BIP	
Status quo EU 15								
Agrarpolitik	42,0	38,3	–	–	–	–	–	–
Strukturpolitik	29,6	22,4	–	–	–	–	–	–
Summe	71,6	60,7	–	–	–	–	0,77	0,58
Status quo EU 25								
Agrarpolitik	41,8	38,2	10,1	8,5	51,9	46,7	–	–
Strukturpolitik	22,3	11,8	11,1	18,4	33,4	30,2	–	–
Summe	64,1	50,0	21,2	26,9	85,3	76,9	0,88	0,70
Moderate Reform EU 25								
Agrarpolitik	30,0	27,7	7,2	5,9	37,2	33,6	–	–
Strukturpolitik	17,0	9,1	11,3	18,4	28,1	27,5	–	–
Summe	47,0	36,8	18,3	24,3	65,3	61,1	0,67	0,56
Mittlere Reform EU 25								
Agrarpolitik	37,7	24,3	7,2	4,6	44.9	29,0	–	–
Strukturpolitik	17,0	9,1	11,1	18,4	28,1	27,5	–	–
Summe	54,7	33,4	18,3	23,0	73,0	56,5	0,75	0,51
Substantielle Reform EU 25								
Agrarpolitik	37,7	24,3	7,2	4,6	44,9	29,0	–	–
Strukturpolitik	16,0	5,5	11,2	18.6	27,1	24,1	–	–
Summe	53,7	29,8	18,4	23,2	72,0	53,1	0,74	0,48

Quelle: Christian Weise: How to Finance Eastern Enlargement of the EU. DIW Discussion Paper No. 287. Berlin, Juni 2002.

Die Kosten für die Agrar- und Strukturpolitik in der EU-25 für die Jahre 2007 und 2013 betragen für Fall Status quo 85,3 Mrd. (2007) und 76,9 Mrd. EUR (2013, zu Preisen von 1999). Davon entfallen auf die 10 Neumitglieder 21,2 bzw. 26,9 Mrd. EUR. (s. Tab. 3: BK 10). Wenn substanzielle Reformen gelingen, sinken die Kosten auf 72,0 (2007) und auf 53,1 Mrd. EUR im 2013. Darunter ist der Anteil der Neumitglieder 18,4 bzw. 23,4 Mrd. EUR. Die Gesamtkosten in % des EU-BIP bleiben in allen Szenarien weit unter der festgelegten Ausgabenobergrenze des EU-Haushaltes mit 1,27 % des EU-BIP (s. Tab. 3). Damit sind diese durchaus finanzierbar.

Die schiefe Diskussion der vergangenen Jahre über den Finanzbedarf der Osterweiterung ist zunächst abgeschlossen. Das Problem der Lastenverteilung jedoch bleibt. In der Haushaltsperiode 2007–2013 wird die Lastenverteilung, d. h. die Höhe der Nettobeiträge der Mitgliedstaaten, neu zu regeln sein.

III. Ausblick

Es hängt sehr viel davon ab, was aus dem Verfassungsentwurf des EU-Konvents am Ende der Regierungskonferenz 2003 wird. Es ist zu befürchten, dass manch guter Reformvorschlag nicht wieder zu erkennen sein wird. Das würde letztlich das Übergewicht der intergouvernementalen Komponente des Europäischen Regierens bestätigen.

Der Reformdruck der Osterweiterung ist eine Chance für Erneuerung. Status quo ist kein möglicher Zustand. Der institutionelle Aufbau der EU entspricht weder dem parlamentarischen noch dem präsidentiellen System. Die Vorschläge des EU-Konvents allerdings, einen EU-Präsidenten neben dem der Kommission sowie einen EU-Außenminister, der auch Kommissionsmitglied ist, zu bestellen, machen das bestehende System komplizierter. Dadurch würden eher Kompetenzkonflikte entstehen, nicht aber höhere Effizienz und Transparenz. Die EU wird die grundlegenden Fragen nach ihrer Finalität und Identität noch zu klären haben. Es wird in der größeren EU nicht leicht sein, diese Fragen konsensfähig zu beantworten.

Literaturhinweise

Brunn, Gerhard 2002: Die Europäische Einigung. Von 1945 bis heute, Ditzingen.

Brücker, Herbert/Weise, Christian 2002: Die EU vor der Osterweiterung: Reformchancen im Europäischen Konvent nutzen, in: DIW Wochenbericht Nr. 48, 381–839.

Dauderstädt, Michael 2002: Anpassungszwänge und Legitimationsverlust: das europäische Dilemma, in: Internationale Politik und Gesellschaft H. 2.

Delhey, Jan 2002: Entwicklung der Lebensqualität nach dem EU-Beitritt, in: Aus Politik und Zeitgeschichte B 1–2, 31–38.

Deubner, Christian 2003: Differenzierte Integration: Übergangserscheinung oder Strukturmerkmal der künftigen Europäischen Union?, in: Aus Politik und Zeitgeschichte B 1–2, 24–32.

Höreth, Marcus 2002: Das Demokratiedefizit lässt sich nicht weg reformieren, in: Internationale Politik und Gesellschaft, H. 1, 11–38.

Höreth, Marcus: Die Europäische Union im Legitimationstrilemma: Zur Rechtfertigung des Regierens jenseits der Staatlichkeit, Baden-Baden.

Koenig, Christian/Haratsch, Andreas 1998: Europarecht, Tübingen

Lippert, Barbara 2002: Eine neue Agenda 2007 für die erweiterte EU, Politikinformation Osteuropa Nr. 97 der Friedrich-Ebert-Stiftung, Bonn.

Lippert, Barbara 2003: Von Kopenhagen bis Kopenhagen: Eine erste Bilanz der EU-Erweiterungspolitik, in: Aus der Politik und Zeitgeschichte B 1–2, 7–15.

Piepenschneider, Melanie 2003: Vertragsgrundlagen und Entscheidungsverfahren, in: bpb (Hrsg.), Europäische Union, Informationen zur politischen Bildung 279, Bonn.

Schmuck, Otto 2001: Die Diskussion um die europäische Verfassung, in: Zeitschrift für Politikwissenschaft, H. 1, 105–124.

Schmuck, Otto 2003: Motive, Leitbilder und Etappen der Integration, in: Europäische Union, Informationen zur politischen Bildung H. 279, 5–15.

Weidenfeld, Werner/Wessels, Wolfgang (Hrsg.) 1980 fortlaufend: Jahrbuch der Europäischen Integration, Bonn.

Weise, Christian/Banse, Martin, u. a. 2002: Die Finanzierung der Osterweiterung der EU, Baden-Baden.

Wichard Woyke

Wahlen zum Europäischen Parlament

1. Einführung

Zwischen dem 10. und 13. Juni 2004 wählen zum 6. Mal Bürgerinnen und Bürger aus nunmehr 25 Staaten der Europäischen Union ihre Abgeordneten. Gemäss dem Vertrag von Nizza soll sich das Europäische Parlament, mit Hauptsitz in Straßburg, durch die Erweiterung um acht mittel- und osteuropäische Staaten sowie Malta und Zypern aus insgesamt 732 Mitgliedern zusammensetzen (Verteilung vgl. Tab. 1). Maßgebend für die Verteilung der Sitze auf die Mitgliedstaaten ist zum einen die Bevölkerungsgröße eines Landes sowie zum anderen die politische Ausgewogenheit in der Repräsentanz der einzelnen Mitgliedstaaten. Daher entsenden die kleineren Länder, bezogen auf die Zahl der Einwohner, vergleichsweise mehr Abgeordnete nach Straßburg als die großen Staaten.

2. Wahlen im demokratischen Staat

Durch Wahlen werden in einem Staat auf unterschiedlichen Ebenen - z. B. Bund, Land, Gemeinde - Repräsentationsorgane gebildet und Personen ermittelt, die ein Wahlamt - z. B. Abgeordneter, Bürgermeister - ausüben. Meistens wird mit den Wahlen nicht nur eine Personalentscheidung getroffen, sondern gleichzeitig auch eine Sachentscheidung über politische Grundpositionen und Programme von Parteien oder Wählervereinigungen. Bürgerinnen und Bürger nehmen mit ihrer Wahlentscheidung eine wichtige Mitwirkung im politischen Geschehen in ihrem Land wahr. Sie beeinflussen somit auch die Gesellschaft, in der sie leben. Wähler können Personen und Programme wählen, die von Parteien oder Wählervereinigungen aufgestellt bzw. erarbeitet werden. Im politischen System Deutschlands erfüllen Parteien eine herausragende Funktion. Parteien wie auch Wählervereinigungen bündeln die vielen politischen Vorstellungen von Millionen von Wählern und vertreten diese. Parteien haben sich im demokratischen Staat zu unverzichtbaren Institutionen entwickelt. Sie nehmen die Rekrutierung des poli-

Tab. 1: Sitze im Europäischen Parlament

Land	Anzahl der Sitze vor Nizza	Anzahl der Sitze nach Nizza	Land	Anzahl der Sitze vor Nizza	Anzahl der Sitze nach Nizza
Bundesrepublik Deutschland	99	99	Österreich	21	17
Frankreich	87	72	Bulgarien	–	17
Italien	87	72	Dänemark	16	13
Großbritannien	87	72	Finnland	16	13
Spanien	64	50	Slowakische Republik	–	13
Polen	–	50	Irland	15	12
Rumänien	–	33	Litauen	–	12
Die Niederlande	31	25	Lettland	–	8
Belgien	25	22	Slowenien	–	7
Griechenland	25	22	Zypern	–	6
Portugal	25	22	Estland	–	6
Ungarn	–	20	Luxemburg	6	6
Tschechische Republik	–	20	Malta	–	5
Schweden	22	18	Total	626	732

Quelle: http://www.europarl.eu.int/presentation/15plus/default_en.htm#II

tischen Personals vor, stellen also Kandidatinnen und Kandidaten für Wahlämter auf, artikulieren gesellschaftliche Interessen und bieten dem Wähler Alternativen.

2.1 Wahlfunktionen

Ganz allgemein leisten Wahlen einen Beitrag zur Strukturierung der Gesellschaft, des politisch-institutionellen Systems (Regierungssystems) und des Parteiensystems. Je nach Ausprägung der gesellschaftlichen, politisch-institutionellen und parteipolitischen Bedingungen können Wahlen gemäss dem Heidelberger Politikwissenschaftler Dieter Nohlen folgende Funktionen haben:

- Legitimierung des politischen Systems und der Regierung einer Partei oder Parteienkoalition;
- Übertragung von Vertrauen an Personen und Parteien;
- Rekrutierung der politischen Elite;
- Repräsentation von Meinungen und Interessen der Wahlbevölkerung;
- Verbindung der politischen Institutionen mit den Präferenzen der Wählerschaft;

- Mobilisierung der Wählerschaft für gesellschaftliche Werte, politische Ziele und Programme, parteipolitische Interessen;
- Hebung des politischen Bewusstseins der Bevölkerung durch Verdeutlichung der politischen Probleme und Alternativen zu ihrer friedlichen Beilegung;
- Integration des gesellschaftlichen Pluralismus und Bildung eines politisch aktionsfähigen Gemeinwillens;
- Herbeiführung eines Konkurrenzkampfes um politische Macht auf der Grundlage alternativer Sachprogramme;
- Herbeiführung einer Entscheidung über die Regierungsführung in Form der Bildung parlamentarischer Mehrheiten;
- Einsetzung einer kontrollfähigen Opposition;
- Bereithaltung des Machtwechsels

Für die Wahlen zum Europäischen Parlament sind die Funktionen der Übertragung von Vertrauen an Personen und Parteien, die Integrations-/ Repräsentationsfunktion (Integration von Wählern und ihren gewählten Repräsentanten), die Kontrolle der Kommission und die Hebung des politischen Bewusstseins der Bevölkerung von besonderer Bedeutung.

2.2 Grundtypen von Wahlsystemen

Die Wahlsysteme lassen sich in die Grundtypen Mehrheits- und Verhältniswahl einteilen. Bei den Wahlen zum Europäischen Parlament (EP) findet vor allem das Verhältniswahlsystem Anwendung. Bei der Verhältniswahl erhält jede Partei so viele Mandate, wie dies ihrem prozentualen Anteil an Wählerstimmen entspricht. Idealerweise erhält eine Partei bei 39 % der Stimmen auch 39 % der Parlamentssitze. Bei der Mehrheitswahl erhält derjenige Kandidat das Mandat, der in einem Wahlkreis die meisten Stimmen erzielt hat. Die für die Unterlegenen abgegebenen Stimmen finden keine Berücksichtigung.

Die beiden Grundtypen Mehrheitswahl und Verhältniswahl unterscheiden sich darin, auf welche Weise die Verwandlung von Wählerstimmen in Mandate erfolgt. Die Beschaffenheit dieser Regelungen im Einzelnen ist von großer Bedeutung. Wahlsysteme unterliegen daher immer wieder Veränderungen, wobei diese oft mit politischen Veränderungen einhergehen, um politische Macht zu erhalten oder zu vergrößern. Wahlsysteme sind also hochpolitisch, denn sie beeinflussen vor allem

- die Zusammensetzung des zu wählenden Organs;
- die Struktur des Parteiensystems;

- die Meinungs- und Willensbildung der Bürgerinnen und Bürger;
- die Stellung von Interessenverbänden;
- die politische Kultur.

3. Wahlen in der Europäischen Union

Zwischen dem 7. und 10. Juni 1979 wurden die Abgeordneten des Europäischen Parlaments (EP) zum ersten Mal in direkter Wahl von der Bevölkerung in den damals neun Mitgliedstaaten gewählt. Bis zu diesem Zeitpunkt übten Abgeordnete aus den nationalen Parlamenten ihre Funktion in Form eines doppelten Mandats aus. Verschiedene Anläufe zur Direktwahl wurden von unterschiedlichen Akteuren immer wieder unternommen – so erarbeitete das EP schon 1960 einen Entwurf zur Direktwahl – doch blockierten die Mitgliedstaaten diesen Ansatz, da sie einen zu großen Kompetenzverlust befürchteten.

Für die Direktwahlen besteht kein einheitliches Wahlsystem. Die am 26. April 1976 unterzeichnete Rechtsakte zur »Einführung allgemeiner, unmittelbarer Wahlen der Abgeordneten der Versammlung« (Direktwahlakt) legt nur einige wenige Gemeinsamkeiten fest wie etwa Wahldatum, Mandatsdauer und Unvereinbarkeit des Mandats mit anderen Aufgaben. Die Mitgliedstaaten haben somit das Recht der eigenen Ausgestaltung des Wahlsystems unter Beachtung dieser Grundsätze. Die Wahlperiode beträgt fünf Jahre. Seit 1999 wenden die 15 Mitgliedstaaten ein einheitliches Wahlsystem an. Listen, die keine 5 % der Stimmen in Deutschland und Frankreich bzw. 4 % der Stimmen in Österreich und in Schweden erhalten haben, werden von der Sitzverteilung ausgeschlossen. In elf Mitgliedstaaten (Dänemark, Deutschland, Finnland, Frankreich, Griechenland, Luxemburg, Niederlande, Österreich, Portugal, Schweden und Spanien) bildet das gesamte Staatsgebiet einen Wahlkreis. In Belgien, Irland, Italien und im Vereinigten Königreich ist das Staatsgebiet in mehrere Wahlkreise aufgeteilt. In Deutschland haben die Parteien die Möglichkeit, Kandidatenlisten auf Länderebene oder nationaler Ebene vorzulegen. Unvereinbar ist das Mandat im EP z. B. mit nationalen Regierungsämtern oder der Mitgliedschaft in der EU-Kommission. Dagegen ist die Doppelmitgliedschaft im EP und in einem nationalem Parlament möglich; sie wird jedoch nur von einer ganz kleinen Zahl von Abgeordneten wahrgenommen. Gewählt wird von Donnerstag bis Sonntag, um die verschiedenen Wahltraditionen in den Mitgliedstaaten zu berücksichtigen. Das EP hat bereits mehrfach, zuletzt 1998, einen Vorschlag für ein einheitliches Wahlsystem zu den Direktwahlen an den Rat der EU (Ministerrat) überwiesen; jedoch ist dort noch keine Entscheidung gefallen, so dass auch die sechsten Direktwahlen nach unterschiedlichen, nationalen Verfahren stattfinden werden.

3.1 Europawahlsystem in Deutschland

Für die sechsten Direktwahlen zum EP 2004 gilt das Europawahlgesetz vom 16. Juni 1978, in der Neufassung vom 8. März 1994. Die 99 deutschen Abgeordneten des EP werden in allgemeiner, unmittelbarer, freier, gleicher und geheimer Wahl gewählt. Die Wahl zum EP erfolgt nach den Grundsätzen des Verhältniswahlsystems mit Listenvorschlägen. Im Gegensatz zur Bundestagswahl verfügt die Wählerin/der Wähler nur über eine Stimme, mit der sie/er eine Partei oder eine Wählervereinigung wählen kann. Listenwahlvorschläge (Landeslisten) können auch als verbundene Listen, also faktisch als Bundesliste, eingereicht werden. Bundeslisten von Wählervereinigungen benötigen 4 000 Unterschriften, Landeslisten 2 000 Unterschriften, um kandidieren zu können. Die Abgeordneten werden nach dem *Hare/Niemeyer-System* entsprechend den für die Parteien abgegebenen Stimmen ermittelt. Es werden nur Wahlvorschläge berücksichtigt, die mindestens 5 Prozent der abgegebenen Stimmen erhalten haben. Die auf die Wahlvorschläge entfallenden Sitze werden in der auf der Liste festgelegten Reihenfolge besetzt. Freiwerdende Sitze gehen an Ersatzkandidaten. Steht kein Ersatzkandidat zur Verfügung, so wird die Reihenfolge der Kandidaten auf den Listen berücksichtigt. Die Möglichkeit der Aufstellung von Ersatzbewerbern soll dazu beitragen, die regionale Ausgewogenheit der deutschen Europavertretung auch im Falle des Ausscheidens von Parlamentariern zu gewährleisten.

Wahlberechtigt sind alle Deutschen im Sinne des Art. 116,1 GG, die am Wahltag das Wahlrecht zum Deutschen Bundestag besitzen. Darüber hinaus sind auch all jene Deutschen wahlberechtigt, die seit mehr als drei Monaten in den europäischen Gebieten der übrigen Unionsländer einen Wohnsitz haben und mindestens 18 Jahre alt sind. Neben deutschen Unionsbürgern sind auch alle Staatsangehörigen der EU wahlberechtigt, die am Wahltag in Deutschland gewöhnlichen Aufenthalt oder Wohnung haben und bestimmte weitere Bedingungen wie z. B. das notwendige Alter erfüllen. Der Anteil der in die Wählerverzeichnisse zur Europawahl eingetragenen EU-Bürger, die in einem anderen Land als ihrem Herkunftsland ansässig waren, lag 1999 bei 9 %. Die Stimmabgabe erfolgt persönlich im Wahlbezirk oder durch Briefwahl. EU-Bürger besitzen auch das passive Wahlrecht: Beispielsweise kann ein

Deutscher, der in Frankreich seinen Wohnsitz hat und die übrigen rechtlichen Voraussetzungen (z. B. Alter) erfüllt, auf einer französischen Liste kandidieren und gewählt werden. Bei der Europawahl 1999 traten lediglich 62 Kandidaten aus anderen Mitgliedstaaten an, von denen nur vier (zwei in Belgien, einer in Frankreich und einer in Italien) gewählt wurden.

4. Europäisches Parlament

Neben Kommission, (Minister-)Rat, Europäischem Gerichtshof und Europäischem Rechnungshof ist das EP das fünfte Organ der Europäischen Union. Während die anderen Organe indirekt, also ohne direkte Wahl der Völker der Mitgliedstaaten, legitimiert werden, erhält das EP als einziges Organ eine direkte Legitimation durch die Wahl.

4.1 Funktionen und Aufgaben des Europäischen Parlaments

Die Funktionen des EP sind mit denen von nationalen Parlamenten nicht vergleichbar, da es keine europäische Regierung gibt, die das Parlament einsetzen und kontrollieren könnte. Die Befugnisse des EP lassen sich einteilen in Gesetzgebungsrechte, Haushaltsrechte, Kontrollrechte und Rechte in den Außenbeziehungen. Daneben nimmt das EP Einfluß auf die Politikformulierung, die Ausgestaltung der EU und versteht sich als Sprachrohr der Wählerinnen und Wähler.

4.1.1 Rechtsetzungsfunktion

Ursprünglich besaß das EP laut Römischen Verträgen, d. h. den 1957 in Rom unterzeichneten Abkommen über die Europäische Wirtschaftsgemeinschaft und die Europäische Atomgemeinschaft, keine Rechtssetzungsfunktion. Es mußte nur zu bestimmten Gesetzesvorhaben »angehört« werden. Kommission und Rat sollten seinen Standpunkt berücksichtigen.

Das EP hatte zwar das Recht, sich zu den von Kommission und Rat vorgelegten Maßnahmen zu äußern und eventuell Gegenvorschläge zu machen. Rat und Kommission waren durch die Verträge aber nicht verpflichtet, vom EP geäußerte Bedenken zu berücksichtigen. In der politischen Praxis übernahmen sie aber immer mehr den Standpunkt des EP. Im Verlauf des europäischen Integrationsprozesses erstritt sich das EP zunehmend Kompetenzen, so dass in der Einheitlichen Europäischen Akte 1987 das Verfahren der Zusammenarbeit von Rat und EP eingeführt wurde. Im Maastrichter Vertrag wurden 1992 durch das Mitentscheidungsverfahren die Kompetenzen des EP erweitert. Bei Themen wie Binnenmarkt, Freizügigkeit der Arbeitnehmer, Niederlassungsfreiheit, transeuropäische Netze, Forschung, Gesundheitswesen, Bildung und Kultur arbeiten Rat und EP zusammen. Danach kommen Gesetze nach einem mehrstufigen Verfahren zwischen Rat der EU und EP zustande. Besteht zwischen den Auffassungen beider Organe nach der zweiten Lesung des EP Uneinigkeit, kann der Rat einen paritätisch besetzten Vermittlungsausschuss einberufen. Kommt auch hier keine Einigung zustande, kann gegen den Willen des EP kein Rechtsakt erlassen werden. Im Amsterdamer Vertrag von 1997 (1999 in Kraft getreten) wurde das Mitentscheidungsverfahren auf ca. weitere 20 Anwendungsfälle (z. B. in den Bereichen Sozialpolitik, Beschäftigung, Gesundheitswesen, Verkehrspolitik, berufliche Bildung, Umwelt, Entwicklungszusammenarbeit) ausgedehnt.

4.1.2 Haushaltsrechte

Das EP übt zusammen mit dem Rat die Entscheidungsbefugnis über den Haushalt aus, wobei folgende Aufteilung vorgenommen wird: Dem Rat steht das »letzte Wort« bei den sogenannten obligatorischen Ausgaben (fest nur der Agrarbereich, etwa 48 Prozent der Gesamtausgaben) zu. Das EP hat das »letzte Wort« bei den »nichtobligatorischen Ausgaben«, also den übrigen Ausgaben, der Union. Zur Kontrollfunktion im Haushaltsbereich gehört auch die Entlastung der Kommission, wofür das EP seit 1975 allein zuständig ist. Es kann also den Haushalt aus wichtigen Gründen ablehnen (so geschehen 1979 und 1984) und einen neuen Entwurf verlangen. Durch den Präsidenten des EP wird der Haushalt »festgestellt«, d. h. er lässt ihn als Gesetz in Kraft treten. Ende 1998 hat das EP der Kommission die Entlastung für den Haushalt 1996 versagt und damit die Kommission wegen ihrer nicht zufriedenstellenden Haushaltspolitik gerügt. Auch das Haushaltsgebaren war ein Grund für den vorzeitigen Rücktritt der Kommission Santer.

4.1.3 Kontrollrechte

Die Kontrollrechte des EP betreffen vor allem Kommission und Rat. Gegenüber der Kommission hat das EP ein unmittelbares Kontrollrecht. So muss das EP seit dem Maastrichter Vertrag der Ernennung der Kommission zustimmen. Auch kann das EP durch einen Misstrauensantrag mit mindestens zwei Dritteln der abgegebenen Stimmen und der Mehrheit seiner Mitglieder die Kommission zum Rücktritt zwingen. Gegenüber dem Rat hat das EP kein unmittelbares Kontrollrecht, aber das Recht auf Information und Anhörung. Es übt mit Hilfe von schriftlichen und mündlichen Fragen an Kommission und Rat seine Kontrollfunktion aus. Eine weitere Kontrollmöglichkeit besteht in der Klagemöglichkeit vor dem Europäischen Gerichtshof (EuGH), wenn das EP durch die anderen Organe seine Befugnisse missachtet sieht.

4.1.4 Recht bei Außenbeziehungen

Nur mit Zustimmung des EP können völkerrechtliche Verträge der Europäischen Union bzw. der EG, die im Gegensatz zur EU Völkerrechtssubjekte sind, wie Beitrittsbeschlüsse und Assoziierungsabkommen in Kraft treten. Auch ist seit dem Maastrichter Vertrag das EP eng an der Gemeinsamen Außen- und Sicherheitspolitik (GASP) beteiligt. Die GASP wurde im EU-Vertrag zur Wahrung der Identität der EU im internationalen System vereinbart. Ziele der GASP sind Wahrung der gemeinsamen Werte, der grundlegenden Interessen und der Unabhängigkeit der EU, Stärkung der Sicherheit der EU und ihrer Mitgliedstaaten, Wahrung des Friedens und Stärkung der internationalen Sicherheit, Förderung der internationalen Zusammenarbeit, Entwicklung und Stärkung der Demokratie und Rechtsstaatlichkeit sowie Achtung der Menschenrechte und Grundfreiheiten. Das EP muss zu Fragen der GASP angehört werden. Seine Stellungnahmen müssen gebührend beachtet werden. Maßnahmen von Rat und Kommission werden dem EP vorgelegt, das darüber diskutiert und Entschlüsse und Empfehlungen abgibt. Diese sind nicht bindend, werden aber von Rat und Kommission zunehmend berücksichtigt. Zuletzt kam die besondere Funktion des EP bei den Außenbeziehungen im April 2003 zum Tragen, als das Parlament dem Beitritt der acht mittel- und osteuropäischen Staaten sowie Zyperns und Maltas zustimmte und damit von seinem Recht der Mitsprache bei Erweiterung Gebrauch machte.

4.1.5 Politikgestaltung

Im Bereich der Politikgestaltung versucht das EP zunehmend, seine Vorstellungen in den verschiedenen Politikbereichen stärker durchzusetzen. War in den ersten Wahlperioden die Tätigkeit des EP durch unkoordiniertes Vorgehen gekennzeichnet, so lassen sich in wachsendem Maße Schwerpunktbildungen im Bereich des Binnenmarktes und der Außenbeziehungen erkennen. So hat sich z. B. angesichts der anhaltend hohen Arbeitslosigkeit das EP in letzter Zeit intensiv mit beschäftigungspolitischen Fragen auseinandergesetzt. Die Vorschläge der Kommission über die Weiterentwicklung der EU (Agenda 2000) sowie die damit verbundene Osterweiterung wurden vom EP besonders ausgiebig beraten.

4.1.6 Systemgestaltungsfunktion

Die Systemgestaltungsfunktion zielt auf die Weiterentwicklung der EU. Als dem gewählten Vertretungsorgan der Bürgerinnen und Bürger kommt dem EP eine wichtige, wenn nicht sogar die zentrale Entscheidungsrolle zu. Gleichzeitig versteht sich das EP als Motor der Veränderung. So kamen aus seinen Reihen zahlreiche Vorschläge über die zukünftige Gestalt einer stärker demokratisch ausgerichteten und handlungsfähigeren Gemeinschaft. 1984 verabschiedete das EP einen »Vertragsentwurf zur Gründung der Europäischen Union«, der faktisch das Grundgerüst einer europäischen Verfassung darstellt. Mit dem am 1. November 1993 in Kraft getretenen Maastrichter Vertrag konnte das EP seine Rolle deutlich verstärken. Auch der am 2. Oktober 1997 unterzeichnete Amsterdamer Vertrag erbrachte eine weitere institutionelle Stärkung und damit Aufwertung des Parlaments.

Sprachrohr der Wähler

Das EP artikuliert Wählerinteressen, fasst unterschiedliche Positionen zusammen und mobilisiert Bürgerinnen und Bürger für wichtige Anliegen. Im Zusammenwirken mit den Bürgern hat das EP noch eindeutige Defizite, die aber u.a. auch von seinem Bild in der Öffentlichkeit herrühren. Es ist noch zu unbekannt und findet auch in den Medien zu wenig Beachtung. Seine Rolle im Integrationsprozess ist noch nicht hinreichend bekannt, sollte aber mit der Funktion eines Mitgestalters des europäischen Integrationsprozesses beschrieben werden.

5. Wahlergebnisse

5.1 Wahlbeteiligung

An den 5. Direktwahlen beteiligten sich nur 49,4 % der Wahlberechtigten, was einen Rückgang von 7,4 %-Punkten bedeutete. Das war die niedrigste Wahlbeteiligung seit Einführung der Direktwahlen. Allerdings war die

Wahlbeteiligung in den einzelnen Mitgliedsstaaten sehr unterschiedlich. So lag in Ländern mit Wahlpflicht wie Belgien, Griechenland und Luxemburg die Wahlbeteiligung recht hoch; dagegen war sie mit 24 % in Großbritannien, 29,9 % in den Niederlanden und 30,1 % in Finnland sehr niedrig. In Deutschland war der Rückgang der Wahlbeteiligung von 60,0 % (1994) auf 45,2 % besonders stark.

Der extreme Rückgang mag mit dem Rücktritt der Kommission zusammenhängen, wobei das Parlament für ein Fehlverhalten eines anderen Organs praktisch bestraft worden ist. Auch mögen die bevorstehende Osterweiterung der Union und die damit zusammenhängenden Ängste bei nicht wenigen Deutschen zum Rückgang der Wahlbeteiligung beigetragen haben. Europawahlen werden darüber hinaus von vielen Wählern als sogenannte Sekundärwahlen bewertet, die in der Bedeutung also weit unter Bundes- und Landtagswahlen rangieren. So machte eine im Mai 1999 in acht EU-Staaten durchgeführte Umfrage deutlich, dass 44 % der Befragten bei der Stimmabgabe zur Europawahl in erster Linie eine Möglichkeit sahen, sich zu nationalen Themen zu äußern, während ein Drittel (34 %) seine Stimme vorrangig aus europäischen Erwägungen abgeben wollte (vgl. Die Zeit v. 2. 6. 1999). Besonders niedrig war die Wahlbeteiligung bei den jungen Wählern, von denen nur ein Drittel der unter 30-Jährigen zur Wahl ging. Bei den über 60-Jährigen lag die Wahlbeteiligung bei über 55 %. Europawahlen werden aber auch zur nationalen politischen Bekundung genutzt. Da die Regierung Schröder in der Anfangsphase ihrer Regierungszeit eine schlechte Bewertung erhielt, gingen die Unzufriedenen, die früher die Regierungsparteien gewählt hatten, zwar nicht zu einer Oppositionspartei, sondern sie enthielten sich bei der Wahl. Auf den ersten Blick wirkt die geringere Wahlbeteiligung legitimationsmindernd, was aber nicht unbedingt gleichbedeutend mit einer Schwächung des EP sein muss.

5.2 Das europäische Wahlergebnis

Stärkste Fraktion im Europäischen Parlament wurde die Europäische Volkspartei, die mit 225 von 626 Sitzen die meisten Abgeordneten auf sich vereinigen konnte (vgl. Tab. 2). Sie errang 24 Mandate mehr als bei der Wahl von 1994. Inzwischen hat sich die Fraktion der EVP auf 233 Abgeordnete vergrößert. Zweitstärkste Fraktion wurde die Sozialdemokratische Partei Europas mit 180 Sitzen, die insgesamt 34 Mandate verlor. Die Verluste der Sozialdemokraten sind aber vor allem auf die Verluste der britischen Labour Party zurückzuführen. Da in Großbritannien das Wahlsystem von der relativen Mehrheitswahl auf die Verhältniswahl bei der Europawahl umgestellt worden war, ging der Anteil der Mandate der Labour Party von 63 Sitzen im Jahr 1994 auf 30 Sitze in 1999 zurück. Die Liberalen (ELD) wurden wiederum drittstärkste Partei und konnten auch gerade aufgrund der Wahlen in Großbritannien zulegen, so dass sie nun mit 51 Abgeordneten die drittstärkste Fraktion im Europäischen Parlament bilden. Die Europäischen Grünen wurden viertstärkste Fraktion, wobei ihre meisten Abgeordneten aus Deutschland und Frankreich kommen. Die Konföderale Fraktion der Vereinigten Europäischen Linken/Nordische Grüne Linke mit 42 Abgeordneten wurden fünfstärkste Fraktion. Des Weiteren sind noch Fraktion der Unabhängigen für das Europa der Nationen – hauptsächlich französische Neogaullisten und irische Vertreter –, die Technische Fraktion der Unabhängigen Abgeordneten, insbesondere aus Italien – sowie 16 fraktionslose Abgeordnete im EP vertreten.

In den einzelnen Mitgliedstaaten führte die Europawahl zu keinen größeren Überraschungen. Fast überall konnten die Parteien ihr 1994 erzieltes Ergebnis mehr oder weniger erreichen. Lediglich der Anstieg der Grünen in den Niederlanden und in Finnland sowie der Zuwachs der Liberalen Volkspartei Finnlands ragen hier besonders heraus. Hinsichtlich der Verluste ist der Rückgang der britischen Labour Party von 42,7 % in 1994 auf 28 % im Jahr 1999 besonders auffällig.

5.3 Das Wahlergebnis in Deutschland

Auch in Deutschland war die Wahl zum Europäischen Parlament weitgehend eine Funktion der nationalen Politik. Ohne Zweifel schlug sich bei der Europawahl die schlechte Beurteilung der Bundesregierung nieder, wie dies auch bei den wenigen Wochen später folgenden Landtagswahlen im Saarland, Brandenburg, Sachsen, Thüringen und Berlin der Fall gewesen war. CDU/CSU wurden eindeutiger Gewinner der Europawahl und konnten 48,7 % der Wählerstimmen auf sich vereinigen, was einen deutlichen Zugewinn von 9,9 %-Punkten bedeutete. Besonders hervorgehoben werden muss der starke Zuwachs der CSU, die sich von 48,9 % im Jahr 1994 auf 64,0 % im Jahr 1999 steigern konnte. Dagegen musste die SPD einen leichten Rückgang um 1,3 %-Punkte von 32,2 auf 30,9 % hinnehmen. Größter Verlierer war die Partei von Bündnis 90/Die Grünen, die um ein Drittel reduziert wurde und von 10,1 % auf 6,4 % zurückging. Der starke Verlust der Partei erklärt sich aus ihrer Regierungsbeteiligung, auf den von März bis kurz vor der Wahlentscheidung geführten Krieg der NATO ge-

Tab. 2: Sitzverteilung im 5. Europäischen Parlament nach Fraktionen und Mitgliedsländern

Mitgliedstaat	EVP	SPE	LIBE	GRÜNE/ EFA	KVEL/ NGL	UEN	TUA	EDU	FL	insgesamt	dar. Frauen
Belgien	6	5	5	7	–	–	2	–	–	25	8
Bundesrepublik Deutschland	53	33	–	7	6	–	–	–	–	99	38
Dänemark	1	3	6	–	1	1	–	4	–	16	6
Finnland	5	3	5	2	1	–	–	–	–	16	7
Frankreich	21	22	–	9	11	12	5	6	1	87	37
Griechenland	9	9	–	–	7	–	–	–	–	25	4
Irland	5	1	1	2	–	6	–	–	–	15	5
Italien	34	17	8	2	6	9	11	–	–	87	10
Luxemburg	2	2	1	1	–	–	–	–	–	6	2
Niederlande	9	6	8	4	1	–	–	3	–	31	11
Österreich	7	7	–	2	–	–	–	–	5	21	8
Portugal	9	12	–	–	2	2	–	–	–	25	5
Schweden	7	6	4	2	3	–	–	–	–	22	9
Spanien	28	24	3	4	4	–	–	–	1	64	21
Vereinigtes Königreich	37	30	10	6	–	–	–	3	1	87	21
EP insgesamt	233	180	51	48	42	30	18	16	8	626	192

Quellen:
1. EP WAHLEN - Juni 1999 – Wahlergebnisse und gewählte Mitglieder – revidierte Ausgabe – 28. Juli 1999 Generaldirektion für Information und Öffentlichkeitsarbeit – Europäisches Parlament.
2. Berichte der Botschaften.
3. Europäisches Parlament, Bürger-Handbuch, 5. Wahlperiode 1999–2004, Stand Februar 2000

gen Jugoslawien sowie aus der mangelnden Mobilisierung der Wähler der Grünen. Die PDS übersprang die 5 %-Sperrklausel und zog aufgrund ihrer 5,7 % Stimmen mit 6 Abgeordneten in das Europäische Parlament ein. Dagegen verlor die FDP weitere Stimmen und scheiterte mit 3 % der Stimmen deutlich an der Sperrklausel. Die Republikaner, die 1994 noch 9,4 % der Stimmen erreicht hatten, kamen auf lediglich 1,7 %. Mit 8,3 % stieg der Anteil für die restlichen Parteien von 6,2 % deutlich an. Das Wahlergebnis spiegelte auch die unterschiedliche Struktur des Parteiensystems in der alten Bundesrepublik und in den neuen Ländern wider. So konnte die PDS in den neuen Ländern 23,0 % der Stimmen auf sich vereinigen, während der Anteil in der alten Bundesrepublik lediglich 1,3 % ausmachte. Dennoch verbesserte sie sich im Westen deutlicher, da sie hier ihren Anteil mehr als verdoppeln konnte, im Osten lediglich einen Zuwachs von 2,4 %-Punkten erzielte. Die SPD erreichte in den neuen Ländern lediglich 23,6 %, dagegen in der alten Bundesrepublik immerhin 32,6 %. Auch bei der CDU/CSU zeigten sich die Unterschiede zwischen Ost und West. Im Osten erreichte die Union 40,6 %, während sie im Westen mit 50,8 % auf die absolute Mehrheit der Stimmen kam. Dies war natürlich um so überraschender, als die Unionsparteien bei der Bundestagswahl 1998 auf 35,1 % abgesackt waren. Auch wenn die Wahlen miteinander nicht vergleichbar sind, darüber hinaus die Wahlbeteiligungen sich fundamental unterschieden, ist doch der Sieg der Unionsparteien in dieser Höhe sehr überraschend ausgefallen.

Das Wahlergebnis passte sich ein in die allgemeine politische Landschaft, die nach der Bundestagswahl 1998 durch Verluste der Regierungsparteien, der Liberalen und Zugewinne der Oppositionsparteien CDU/CSU und PDS auf der Länderebene gekennzeichnet war. Die Europawahl konnte ihren eigenen Stellenwert nicht deutlich machen.

6. Europäische Parteienzusammenschlüsse

Internationale Zusammenarbeit politischer Parteien ideologisch gleicher Herkunft hat in Europa Tradition. So reicht sie bei den Parteien der Arbeiterbewegung aufgrund des Klassen- und Gesinnungsinternationalismusses bis ins vergangene Jahrhundert zurück. 1884 wurde die (erste) *sozialistische Internationale* gegründet und 1889 als *Zweite Internationale* neu etabliert. Die *Liberale Internationale* (LI) wurde 1947, die Internationale der Christdemokraten, die *Christlich-Demokratische Weltunion* (CDWU) wurde 1961 gegründet. Zur Gründung regionaler, auf Westeuropa bezogener Parteienföderationen kam es erst im Zusammenhang mit den ersten Direktwahlen. Jedoch konnten sich die Parteienföderationen bisher nicht zu schlagkräftigen, transnationalen Akteuren im europäischen Integrationsprozess entwickeln, da sowohl äußere wie auch innere Faktoren solch eine Entwicklung verhinderten. Die Gemeinschaftsentwicklung verlief im ersten Jahrzehnt nach der Gründung der Parteienföderation nicht in Richtung »Integrationsvertiefung«; vielmehr beförderten die Weltwirtschaftskrise und die Erfordernisse des industriellen Strukturwandels nationale Handlungsweisen und Strategien der Krisenbewältigung. Parteien der selben Parteienfamilie verfolgten unterschiedliche Lösungsmuster, z. B. die Sozialisten unter Mitterrand und die deutschen Sozialdemokraten, wobei die Bandbreite für eine gemeinsame europäische Politik äußerst schmal blieb. Innenpolitische Prioritäten und Kalküle der Parteien, z. B. Rücksichtnahme auf den Koalitionspartner, machten immer wieder die Grenzen der transnationalen Parteienzusammenarbeit deutlich. So bestand bis zur Verabschiedung des Maastrichter Vertrags das wichtigste Ziel der Parteienföderationen in der Formulierung gemeinsamer Wahlprogramme bzw. inhaltlich weniger aussagekräftiger Wahlplattformen zu den jeweiligen Direktwahlen des Europäischen Parlaments.

Durch den Maastrichter Vertrag ist die Position der Parteien auf europäischer Ebene gestärkt worden. In Art. 138 a EGV heißt es: »Politische Parteien auf europäischer Ebene sind wichtig als Faktor der Integration in der Union. Sie tragen dazu bei, ein europäisches Bewusstsein herauszubilden und den politischen Willen der Bürger der Union zum Ausdruck zu bringen«. Diese Absicherung, die dem Parteienartikel des Grundgesetzes entspricht, schafft die rechtliche Grundlage für die Etablierung europäischer Parteien und legitimiert sie als verfassungsmäßige Akteure im europäischen Integrationsprozess. Die nationalen Parteien erhalten damit neben dem nationalen auch ein europäisches Bezugssystem, um somit auf europäischer Ebene ebenfalls den politischen Entscheidungsprozeß beeinflussen zu können.

6.1 Sozialdemokratische Partei Europas (SPE)

Die *Sozialdemokratische Partei Europas* (SPE) wurde im November 1992 in Den Haag als Nachfolgerin des *Bundes der sozialdemokratischen Parteien in der EG* gegründet. Mit der Gründung der SPE wurde sowohl den neuen Herausforderungen als auch dem Maastrichter Vertrag Rechnung getragen. In der SPE sind 20 sozialdemokratische bzw. demokratisch-sozialistische Parteien aus den 15 EU-Staaten sowie aus Norwegen und Zypern vertreten. Hinzu kommen 14 assoziierte sowie fünf Parteien mit Beobachterstatus, die überwiegend aus jenen mittel- und osteuropäischen Staaten kommen, die sich um eine Mitgliedschaft in der EU beworben haben. All diese Parteien bekennen sich zum europäischen Integrationsprozess; jedoch hat die umfassende Repräsentation der europäischen sozialdemokratischen und sozialistischen Parteien eine relativ große inhaltlich-programmatische Heterogenität zur Folge. So gab es vor allem Unterschiede in der Wirtschaftspolitik, einerseits Verstaatlichungs- und Planwirtschaftsforderungen, andererseits Bekenntnisse zur Marktwirtschaft. Auch in der Sicherheitspolitik wurde kontrovers argumentiert. Während die französischen Sozialisten den Nato-Doppelbeschluss unterstützten, lehnte ihn die SPD ab. Bei dem 1979 verabschiedeten NATO-Doppelbeschluss handelte es sich um das Festhalten an einer Raketennachrüstung, falls die UdSSR bis 1983 ihre bereits installierten, besonders Westeuropa bedrohenden, Mittelstreckenraketen nicht zurückgezogen hätte. Wenngleich die SPE noch keine gemeinsame, umfassende, programmatische Basis in einem Grundsatzprogramm festgeschrieben hat, kommen ihre Ziele in den seit 1984 regelmäßig verabschiedeten Wahlplattformen zum Ausdruck. Die SPE verfolgt vor allem folgende Ziele:

- die Stärkung der sozialistischen und sozialdemokratischen Bewegung in der Union und in ganz Europa;
- die Entwicklung enger Arbeitsbeziehungen zwischen den einzelnen Mitgliedsparteien, den Fraktionen in den nationalen Parlamenten sowie mit der Parlamentarischen Fraktion der SPE im Europäischen Parlament;
- die Festlegung gemeinsamer Politiken für die Europäische Union und
- die Verabschiedung eines gemeinsamen Manifests für die Wahlen zum Europäischen Parlament.

6.2 Europäische Volkspartei

Die christlich-demokratischen Parteien, die sich die Überwindung der konfessionellen Spaltung zum Ziel gesetzt haben, entstanden erst nach dem Zweiten Weltkrieg. Sie begannen ihre übernationale Zusammenarbeit 1947 mit der Gründung der »Nouvelles Equipes Internationales«. Im Zusammenhang mit den für 1978 avisierten ersten Direktwahlen zum Europäischen Parlament wurde 1976 die *Europäische Volkspartei – Föderation der Christlich-Demokratischen Parteien der Europäischen Gemeinschaft* (EVP) gegründet. Mit der Namensgebung sollte signalisiert werden, dass die EVP auch jenen politischen

Parteien offen steht, die nicht unmittelbar das christlich-demokratische Gedankengut in den Vordergrund ihrer Programmatik stellten. Gedacht war hierbei vor allem an konservative Parteien, mit denen christlich-demokratische Parteien im Europäischen Parlament bereits eine Fraktion bildeten.

Nach dem Beitritt Schwedens, Österreichs und Finnlands 1995 hat die EVP 22 Parteien als Vollmitglieder, acht assoziierte Mitgliederparteien und zehn Beobachterparteien. Sie ist in allen EU-Staaten außer in Großbritannien vertreten. Der Aufnahme britischer Konservativer steht das EVP-Mitgliedschaftskriterium einer positiven Grundorientierung gegenüber der europäischen Integration entgegen, wenngleich die EVP-Fraktion im EP 1992 beschloss, den Mitgliedern der Europäischen Demokraten (ein Zusammenschluss vornehmlich britischer konservativer EP-Abgeordneter) auf individueller Grundlage einen Beitritt zu ermöglichen. Als Ziele ihrer Arbeit haben diese Parteien in Artikel 2 ihrer Satzung formuliert (Die Europäische Volkspartei):

- sichert eine enge, ständige Zusammenarbeit zwischen den Mitgliedern, um ihre gemeinsame Politik zu verwirklichen;
- fördert und organisiert die europäische Aktionseinheit ihrer Mitglieder;
- setzt sich ein für die Verwirklichung einer freiheitlichen und pluralistischen Demokratie auf der Grundlage eines gemeinsamen Programms;
- führt den Prozess der Einigung und der föderativen Integration in Europa fort und trägt bei zur Schaffung der Vereinigten Staaten von Europa.

Die nachhaltige Unterstützung des europäischen Integrationsprozesses auf föderaler Basis bildet die einigende Klammer der in der EVP zusammengeschlossenen Parteien. Im 1992 verabschiedeten Grundsatzprogramm wie auch in ihren Aktionsprogrammen und Wahlmanifesten entwickelt die EVP eine Art Verfassung für eine föderale und demokratische Europäische Union. Für die EVP bedeutet Europa eine politische, geistige und kulturelle Wertegemeinschaft, in der jeder einzelne in Verantwortung entsprechend dem Subsidiaritätsprinzip für den Nächsten seine Persönlichkeit frei entfalten kann. Das Prinzip besagt, daß in den Bereichen, die nicht in die ausschließliche Kompetenz der EU fallen, die Gemeinschaft nur tätig wird, sofern und soweit die Ziele der in Betracht gezogenen Maßnahmen auf der Ebene der Mitgliedstaaten nicht ausreichend erreicht werden können und daher wegen ihres Umfangs oder ihrer Wirkungen besser auf Gemeinschaftsebene erreicht werden können. Die Grundwerte Freiheit, Solidarität und Gerechtigkeit werden als gemeinsames Gedankengut und Maßstab jeder christlich-demokratischen Politik verstanden. Die EVP setzt sich für den »entschiedenen Ausbau der Europäischen Gemeinschaft zu einer echten Politischen Union mit föderalem Charakter« (Grundsatzprogramm) ein.

6.3 Europäische Liberale, Demokratische und Reform Partei (ELRD)

Die erste organisatorische Zusammenarbeit liberaler Parteien über Ländergrenzen hinweg erfolgte 1947, als die *Liberale Weltunion* – heute *Liberale Internationale* – gegründet wurde. Die für 1978 avisierten ersten Direktwahlen führten bereits im Vorfeld zu intensiveren Kooperationsbemühungen der Parteiführer der im Europäischen Parlament vertretenen liberalen Parteien, so dass 1976 zunächst die *Föderation der liberalen und demokratischen Parteien der Europäischen Gemeinschaft* (FLIDPEG) gegründet wurde, die ein Jahr später ihren Namen in *Europäische Liberale Demokraten* (ELD) änderte. Vor dem Hintergrund der inneren Herausforderungen Europas, nicht zuletzt durch den Maastrichter Vertrag sowie den geplanten Erweiterungsrunden der EU, wurde im Dezember 1993 formell die *Europäische Liberale, Demokratische und Reformpartei* (ELDR) gegründet. 2003 gehören der ELDR 42 Vollmitgliedparteien und sieben affilierte Parteien aus der EU an.

Programmatisch vertreten die europäischen liberalen Parteien die Intensivierung des Integrationsprozesses sowie die Forderung nach einer Demokratisierung des Entscheidungsprozesses in der EU. Die ELDR spricht sich für eine Stärkung der Funktionen des Europäischen Parlaments aus. In den einzelnen Politikfeldern favorisiert die ELDR eine Stärkung des Marktmechanismus und einen Abbau von dirigistischen Eingriffen. In der Umweltpolitik strebt die ELDR durch eine gezielte Steuerpolitik eine Sensibilisierung für dieses bedeutsame Politikfeld an. In der Innen- und Rechtspolitik wird die allgemeine Ausweitung bürgerlicher Freiheitsrechte betont, und in der Landwirtschaftspolitik wird ein umweltgerechtes und landschaftspflegerisches Vorgehen gefordert.

Die Programmatik der ELDR ist nicht ohne Widersprüche zur realen Praxis liberaler Parteien. Da liberale Parteien aber »klassische« Koalitionspartner sind, was bedeutet, dass sie aufgrund ihres Wahlergebnisses in jedem EU-Land allenfalls als kleiner Partner Regierungspolitik betreiben und damit ihre Vorstellungen allein nicht durchsetzen können. Als Ziele nennt die ELDR:

- Die Erweiterung der Europäischen Union ist ein *moralischer Imperativ, eine politische Notwendigkeit* und *eine wirtschaftliche Chance* zur Förderung der Demokratie, lang anhaltender Stabilität, sowie Frieden in Mittel- und Osteuropa.
- Dieser Erweiterungsprozess muss mit einer *Reform der EU-Institutionen einhergehen, die vollkommen transparent sein muss.* Das demokratisch gewählte Parlament sollte mehr Gewicht erhalten, einschließlich der Haushaltskontrolle über die gesamten EU-Ausgaben.

- Der Demokratisierungsprozess muss modernisiert werden, und zwar durch die Einführung einer *proportionalen Vertretung* und durch *mehr Dezentralisierung.* Europäische Politik muss die Wichtigkeit des Bürgerrechts wiederspiegeln.
- Die wichtigste Rolle der Regierung ist die des *Garanten für soziale Gerechtigkeit und Wettbewerb.* Die Vollendung des Binnenmarkts im Bankgewerbe und im öffentlichen Dienst ist für die *Entwicklung einer dynamischen, auf Wissen basierten Wirtschaft, die den Bürgern Gewinne und Chancen bietet,* unerlässlich.
- Kleine und mittelständische Unternehmen (KMU) tragen entscheidend zur Schaffung von Arbeitsplätzen bei. Investitionen in Forschung und Entwicklung müssen gefördert werden. Neue Chancen könnten entstehen, wenn die Besteuerung sich *weg von Arbeit und Einkommen, hin zu Umweltverschmutzung und dem Raubbau an Ressourcen entwickeln würde.*
- Durch die Einführung von EU-weiten steuerlichen Maßnahmen sollte eine nachträgliche Entwicklung gefördert werden, die der *Umweltverschmutzung und der Vergeudung von natürlichen Ressourcen entgegentritt.*

Europa sollte entschieden handeln, wann immer Recht missachtet wird, Menschenrechte verletzt werden oder der Frieden in Gefahr ist

6.4 Europäische Föderation Grüner Parteien (EFGP)

Die ersten Versuche zur grenzüberschreitenden Zusammenarbeit wurden von einigen exponierten Umwelt-Aktivisten deutscher, französischer und schweizerischer Herkunft Mitte der 70er-Jahre vorgenommen. Es sollte jedoch noch einige Jahre dauern, ehe ein offizielles Bündnis grüner Parteien und Listen entstehen konnte. Die 1980 gebildete *»Koordination grüner und radikaler Parteien in Europa«* wurde bereits zwei Jahre später wegen unaufhebbarer Widersprüche und Spannungen, besonders zwischen den »radikalen« Parteien auf der einen und den mehr »real« ausgerichteten grünen Parteien auf der anderen Seite aufgelöst. 1983 unternahmen die grünen Parteien einen neuen Versuch der transnationalen Kooperation, der mit der Schaffung der *»Europäischen Grüne Koordination«* begann und 1993 in die *»Europäische Föderation Grüner Parteien«* mündete. 2003 zählt die EFGP 31 Mitgliedsparteien und sechs Parteien mit Beobachterstatus. Hinsichtlich ihrer Programmatik unterscheiden sich die Grünen von den anderen Parteienföderationen, da sie die heutige EU als zu undemokratisch ansehen und ein »Europa der Regionen« anstreben. Die sehr heterogenen Parteien in der EFGP sind sich einig, dass eine Kooperation zwischen den Nationalstaaten auf europäischer

Ebene zwar erforderlich ist, dass aber über die Frage des Souveränitätstransfers keine Einigung erzielt werden kann.

6.5 Die übrigen Parteien

Im EP sind Vertreter von mehr als 80 Parteien aus 15 Ländern vertreten, von denen sich außerhalb des EP in transnationalen Parteienbünden die christlichen Parteien, die Sozialdemokraten/Sozialisten, die Liberalen und die Grünen zusammengeschlossen haben. Die anderen Parteien haben lediglich im EP eine Zusammenarbeit in Form von Fraktionen verabredet. So sind neben den o.a. vier Parteienfamilien noch folgende Fraktionen im EP vertreten: Konföderale Fraktion der Vereinigten Europäischen Linken, Fraktion der Union für Europa, Fraktion der Unabhängigen für ein Europa der Nationen und Fraktion der Radikalen Europäischen Allianz. In ihr sind vor allem die Vertreter der rechtsextremen Nationalen Front vertreten. Besonders auffällig ist der Anteil der fraktionslosen Abgeordneten aus Frankreich und Italien.

6.6 Auf dem Weg zu europäischen Parteien?

Die vier Parteienbünde sind noch weit entfernt, europäische Parteien zu werden. Zwar sind EVP und ELRD hinsichtlich ihres Integrationsgrades weiter vorangeschritten als die SPE und die EFGP, doch ist für die Mitgliedsparteien aller Parteienbünde das nationale politische System weiterhin das entscheidende Bezugssystem. Nach wie vor versteht eine Partei ihre primären Aufgaben im Nationalstaat. Die auf die EU bezogene Untergliederung der Grünen, das 1993 gegründete »Standing Comittee on European Affairs« (SCEUA), verfügt noch über keine vergleichbare Organisationsstrukturen wie SPE, EVP und ELDR. Mit 30 Mitgliedsparteien hat die EFGP die größte Zahl an Mitgliedsparteien, so daß neben der großen Mitgliedszahl auch ihre breite ideologische Differenzierung den Handlungsspielraum des Parteienbunds der grünen Parteien erheblich einschränkt. Die grenzüberschreitende Parteienkooperation wird erst dann einen qualitativen Sprung erhalten, wenn die Parteien auch die Europäische Union als weiteren wichtigen Bezugsrahmen neben dem nationalen politischen System für ihre politische Anliegen begreifen werden.

Gotthard Breit

Was ist »Europa«?

»Europa« in der Argumentation für und gegen eine Aufnahme der Türkei in die Europäische Union (EU)

Was ist Europa (vgl. Schröder 2002: 26)? Diese Frage macht auf ein Problem aufmerksam: Es gibt gegenwärtig keine gemeinsame europäische Identität. Europa ist aber mehr als eine Verwaltungseinheit. Was hält Europa zusammen? Der Konvent für eine europäische Verfassung hat 2003 die EU als eine Union der »Bürger und Staaten Europas« bezeichnet. In den Mitgliedstaaten der EU ist ein europäisches Bewusstsein bis heute nur gering ausgebildet. Kaum jemand kann sagen, was den inneren Zusammenhalt der Union ausmacht und wie er gestärkt werden kann (Weidinger 2002).

Die Diskussion um die Aufnahme der Türkei in die EU macht dieses Defizit deutlich. Wer sich mit den Pro- und Contra-Argumenten auseinander setzt, wird auf das Problem aufmerksam und nach Antworten auf die Frage nach einer europäischen Identität suchen.

I. Die Entscheidung über die Aufnahme der Türkei in die EU

Bei der Unterzeichnung der Beitrittsverträge von zehn neuen Mitgliedsstaaten in Athen wurde im April 2003 festgelegt, dass Ende 2004 auf einem EU-Gipfel über die Aufnahme von Beitrittsverhandlungen mit der Türkei ein Beschluss gefasst werden soll. Der Ausgang dieser Entscheidung ist offen. Eine Zustimmung kann als Zusicherung der Integration angesehen werden; sie würde der Türkei die Bahn frei für eine Aufnahme in die EU machen. Doch der Weg ist noch weit und das Ende höchst unsicher. Die Enttäuschung über die Athener Ankündigung war in der Türkei dementsprechend groß; doch hat damit die EU zu erkennen gegeben, dass sie die Türkei nicht aus geografischen Gründen ausgrenzen oder als einem mehrheitlich von Muslimen bewohnten Land aus prinzipiellen Bedenken heraus eine Aufnahme verweigern möchte.

Seit Jahrzehnten bemüht sich die Türkei um die Zugehörigkeit zur EU. Dabei hat das Land einen mächtigen Helfer. Unstrittig scheint zu sein, dass die USA Druck ausüben, um die Mitgliedschaft der Türkei zu fördern. Die USA sind aus geostrategischen Gründen an einer festen Einbindung der Türkei in den Westen interessiert. Das Land ist von Krisenregionen umgebeben: Balkan, Kaukasus, Naher Osten. Die Türkei bildet eine wichtige Verteilerstelle für Öl- und Gasvorräte; die Transportwege müssen geschützt werden. Die Türkei ist in ihrer Region ein mächtiger politischer Akteur. Diese Bedeutung hat nach der Zeitenwende von 1989 eher noch zugenommen. Wird der NATO-Partner Türkei durch eine EU-Mitgliedschaft fest in den Westen eingebunden, dann stärkt diese Entwicklung in einer weltpolitisch und weltökonomisch wichtigen Region die Position des Militärbündnisses und die seines mächtigsten Mitgliedes, der USA.

Schon 1963 erhielt die Türkei in dem Assoziationsvertrag mit der damaligen EWG eine Beitrittsoption. Damals ließ der Bundeskanzler der Bundesrepublik Deutschland Adenauer keinen Zweifel daran aufkommen, dass von ihm die Türkei als europäischer Partner angesehen werde, dem eine Vollmitgliedschaft nicht verweigert werden dürfe. 1987 wurde ein Beitragsantrag gestellt, der 1989 aus politischen Gründen abgelehnt wurde (Europäische Union 2003: 47). Prinzipiell stehen der Aufnahme der Türkei keine Hindernisse im Wege, wenn sich die EU zur positiven Klärung folgender Fragen bereit finden kann:

- Ist die Türkei »reif« für eine Aufnahme? Erfüllt die Türkei die Aufnahmekriterien?
- Ist die EU in der Lage, die Aufnahme der Türkei zu bewältigen? Liegt die Aufnahme der Türkei im wirtschaftlichen und politischen Interesse der EU?

1.1 Erfüllt die Türkei die Aufnahmekriterien der EU?

Besitzt die Türkei schon heute EU-Reife oder muss sie die Demokratisierung in Staat und Gesellschaft noch weiter vorantreiben? Für die Antwort ist die Anerkennung der Menschenrechte ausschlaggebend. Für eine Bejahung gibt es ebenso überzeugende Argumente wie für eine Verneinung. Trotz vieler Lockerungen wird die kurdische Minderheit immer noch diskriminiert und unterdrückt. Ihre Behandlung zeigt, dass in der Türkei die Menschenrechte nach wie vor missachtet werden. Zur EU kann ein Land aber nur dann gehören, wenn es gemeinsame Werte wie Menschenwürde und Freiheit, die davon abgeleiteten Verfassungsprinzipien wie Rechtsstaatlichkeit und Demokratie sowie die Grundrechte seiner Bürger mit Europa teilt (Kocka 2002). Die Prüfung der EU kann durchaus ergeben, dass die Türkei in die Wertegemeinschaft der EU gegenwärtig noch nicht hineinpasst.

Andererseits ist nicht zu übersehen: Die Türkei unternimmt gegenwärtig große Anstrengungen, die europäischen Standards von Demokratie, Rechtsstaat und Zivilgesellschaft zu erreichen und zu verwirklichen. Seit 2001 hat die türkische Regierung eine ganze Reihe von Verfassungsänderungen auf den Weg gebracht. Um europäischen Maßstäben gerecht zu werden, wurden in der Türkei Todesstrafe und Folter offiziell abgeschafft, doch herrschen Zweifel an einer ausreichenden Rechtsstaatlichkeit. In der Bundesrepublik werden Menschen an die Türkei nicht ausgeliefert, da nach Ansicht deutscher Gerichte auf sie in der Türkei die Folter wartet. So verhinderte im Mai 2003 ein Gericht in Düsseldorf die Auslieferung des als »Kalif von Köln« bekannt gewordenen Extremistenführers Metin Kaplan an die Türkei, da dem Islamisten dort politische Verfolgung drohe. Den nichtmuslimischen Minderheiten sind neue Rechte eingeräumt worden, und die Unterdrückung der Kurden wurde gelockert. Eine neue Meinungsfreiheit lässt auch Äußerungen von Kurden in den Medien zu. Die Türkei hat zwar in den letzten Jahren große Anstrengungen unternommen, die Demokratisierung voran zu treiben, und Erfolge sind nicht ausgeblieben. Sieben EU-Reformpakete wurden verabschiedet, um das Land aufnahmereif zu machen, doch sind die Widerstände im Militär und in der Bürokratie unübersehbar. Noch immer besitzt die Armee eine Stellung, die mit einer demokratischen Verfassung nicht vereinbar erscheint. Immerhin wird erstmals die starke Stellung der Streitkräfte offen diskutiert und eine Änderung eingefordert. Und noch immer sind die Menschenrechte nicht hinreichend gesichert. Diese Zweifel werden durch das türkische Geschichtsverständnis gestärkt, das sich noch immer nicht von dem Völkermord an den Armeniern während des Ersten Weltkrieges distanziert hat. Eine intensive Auseinandersetzung mit diesem Teil der türkischen Vergangenheit könnte das Entstehen eines europäischen Menschenrechtsbewusstseins verstärken.

Fehlende Rechtsstaatlichkeit, ein unzureichender Grad der Demokratisierung und die Schwäche der demokratischen Institutionen können die EU durchaus veranlassen, Ende 2004 den Beginn der Beitrittsverhandlungen zu verschieben bzw. hinauszuzögern.

1.2 Ist die EU in der Lage, die Aufnahme der Türkei zu bewältigen? Liegt die Aufnahme der Türkei im wirtschaftlichen und/oder politischen Interesse der EU?

Die Türkei ist ein armes Land mit großen wirtschaftlichen Problemen (umfassende Informationen zur Geschichte, Wirtschaft, Gesellschaft und dem politischen System in: Türkei 2002; ebenfalls ausgezeichnet: Die Türkei vor den Toren Europas, Bürger im Staat 1/2000) . Das Pro-Kopf Einkommen beträgt nur 22 % des EU-Durchschnitts. Trotz großer Anstrengungen um die Modernisierung der Wirtschaftsordnung verfügt die Türkei noch nicht über eine marktwirtschaftliche Ordnung. Wirtschaftlich würde die Aufnahme zu einer enormen Belastung der EU führen.

Auch die immer noch ungelöste Zypern-Frage steht einem Aufnahmeverfahren im Wege. Vor allem aber sind es vorhersehbare politische Probleme, die nach einer Integration auf die EU zukommen (Landfried 2002). Soll die EU mehr als eine erfolgreiche Wirtschaftsgemeinschaft sein und sich zu einer handlungsfähigen politischen Gemeinschaft entwickeln, dann sind der Zuschnitt der Institutionen und deren Entscheidungsverfahren von entscheidender Bedeutung (Stabenow 2002). Wer den politischen Zusammenhalt verbessern, die europäische Einigung vertiefen, die Demokratie stärken und die EU handlungsfähig erhalten möchte, darf die EU nicht ohne Maß erweitern (Winkler 2002). Ob bereits mit der Hinzunahme der Türkei die demokratische Handlungsfähigkeit der EU in Frage gestellt wird, muss die EU 2004 entscheiden. Zumindest der Zeitpunkt für die Aufnahme der Türkei erscheint gegenwärtig nicht glücklich. Nach der Osterweiterung mit dem Beitritt von zehn neuen Staaten muss sich die EU erst einmal stabilisieren. Da kommt die Türkei mit all ihren Problemen als neuer Beitrittskandidat nicht gerade gelegen.

Dagegen kann eingewandt werden. Die Politik einer Erweiterung der EU ist bereits jetzt an die Grenzen politischer und administrativer Steuerung (Zimmermann-Steinhart 2003) gestoßen. Nach der Osterweiterung kann die EU in der bisherigen Form nicht länger aufrechterhalten werden. Die Entscheidungsprozeduren müssen grundlegend geändert werden. Es müssen Mehrheitsbeschlüsse eingeführt und durchgesetzt werden. Gelingt dies, dann kann in eine so veränderte EU auch die Türkei integriert werden (Schönbohm 2002).

Bei einer Ablehnung von Aufnahmeverhandelungen kann vorhergesehen werden, dass dies für die Türkei nicht nur eine schwere wirtschaftliche Belastung zur Folge haben wird. Eine politische Destabilisierung kann prognostiziert werden; die Türkei wird auf dem Weg zur Demokratie einen Rückschlag erleiden. Als Folge davon wird sich der Einwanderungsdruck auf die Bundesrepublik erhöhen. Ob die vorhersehbaren politischen und wirtschaftlichen Nachteile die Vorteile einer Aufnahmeverweigerung aufwiegen, muss die EU ebenso entscheiden wie die Frage, ob mit einem besonderen Status für die Türkei eine Ablehnung gemildert werden kann. Wohlmeinende Beitritts-Gegner schlagen eine privilegierte Partnerschaft vor (Winkler 2002). Dies würde es der Türkei erleichtern, ihren eigenen, selbst bestimmten Weg in die Moderne zu gehen und damit ihr Nation-Building, ihre Demokratisierung und Pluralisierung ohne europäische Vormundschaft voranzubringen. Und der EU würde es ohne die Türkei mit Sicherheit nicht schwerer fallen, sich zu einer politischen Einheit zu entwickeln.

1.3 Ängste der Bürger vor einer Aufnahme der Türkei

Viele Bundesbürger/innen lehnen eine türkische Mitgliedschaft ab. Sie befürchten, dass nach einem EU-Beitritt der jetzt schon große türkische Anteil an der Bevölkerung noch einmal deutlich zunehmen wird. In der Türkei herrscht eine Arbeitslosigkeit von über 30 % des Arbeitskräftepotenzials. Die Prognose liegt nahe, dass die mit einer Aufnahme in die EU verbundene Freizügigkeit einen Zug von Millionen Türken nach Deutschland in Bewegung setzen wird. Bereits heute sei es nur unzureichend gelungen, die türkischstämmigen Mitbürger/innen in die Gesellschaft der Bundesrepublik zu integrieren. Muslimische Minderheiten seien nur schwer assimilierbar; sie igelten sich in einer Subkultur ein. In Deutschland seien über 32 000 türkische Muslime in radikalen Organisationen organisiert und bedeuteten eine Gefahr für die innere Sicherheit des Landes (Wehler 2002).

Die Befürchtungen verstärken sich angesichts des starken Bevölkerungswachstums in der Türkei (1963 40 Millionen Einwohner; zur Zeit 70 Millionen Einwohner) bei gleichzeitiger Bevölkerungsabnahme in EU-Staaten wie der Bundesrepublik Deutschland. Bei diesem raschen Bevölkerungswachstum werde sich die Türkei bald zum bevölkerungsreichsten Land Europas entwickeln. Damit gewinne es einen Einfluss in der EU, den es von seiner Wirtschaftskraft her nun wirklich nicht verdiene. Besorgte Bundesbürger/innen sehen voraus, dass es bei einer Aufnahme der Türkei noch in der ersten Hälfte des 21. Jahrhunderts zu einer moslemischen Mehrheit und damit zu deren Vorherrschaft in der EU kommen könne (Benhabib 2002).

Diese Ängste müssen ernst genommen werden. Zu einem abgewogenen Urteil gehört aber auch die Prüfung der Befürchtungen. Vorhersehbar ist, dass zumindest in den ersten Jahren nach der Aufnahme der Türkei die Zuwanderung nicht außer Kontrolle geraten wird; sie lässt sich durch Sonderbestimmungen eingrenzen. Nach dem Best-Case-Szenario wird europäisches Kapital in das Land fließen, Arbeitsplätze schaffen und den Grund für die Abwanderung nach Deutschland hinfällig machen (Benhabib 2002). Eine klare EU-Perspektive wird das steile Gefälle ebnen, das heute noch viele Türken nach Deutschland treibt. Je besser sich das Land in Zukunft wirtschaftlich und bildungsmäßig entwickeln wird, desto mehr wird sich das Bevölkerungswachstum verlangsamen. Der Vergleich mit Spanien und

Portugal ist erhellend. Seitdem diese beiden Länder Mitglieder in der EU geworden sind, drängen ihre Bürger nicht mehr so nach »Europa« wie vorher (Thumann 2002).

In Deutschland und in anderen EU-Ländern bestehen Vorurteile gegenüber den türkischen Mitbürger/innen. Von den Einwanderern aus der Türkei stammt die Mehrzahl aus den ländlichen Gegenden Anatoliens. Von ihnen schließen viele Bundesbürger auf alle Türken. Sie nehmen nicht wahr, dass die Mehrzahl der Bevölkerung in den großen Städten ein anderes Bildungsniveau und einen anderen Lebensstil aufweist als die Menschen auf dem Lande. Die Vorurteile erschweren eine rationale Auseinandersetzung um einen EU-Beitritt.

2. Der Streit um die Integrationsfähigkeit der Türkei

Intellektuelle streiten gerne. »Europa« bildet einen attraktiven und für die Zukunft bedeutsamen Streitgegenstand. In Deutschland nehmen sich neben Politikern vor allem Geschichtswissenschaftler (Dan Diner 2002, Jürgen Kocka 2002, Heinrich-August Winkler 2002) der Aufgabe an, die Frage nach einer europäischen Identität zu klären. 2002 hat der bekannte Historiker Hans-Ulrich Wehler die Debatte um die europäische Debatte angestoßen. Er fordert die Festlegung einer europäischen Identität ein, die eine Aufnahme der Türkei in die EU von vornherein verbietet. Sein Beitrag (Wehler 2002: 9) löste einen heftigen Streit aus. 2003 hat sich der Philosoph Jürgen Habermas ebenfalls in einem vielbeachteten Beitrag (2003: 33) mit Europa beschäftigt und damit die Auseinandersetzung um eine europäischen Identität fortgesetzt (Seibt 2003).

In beiden Diskussionsrunden geht es um eine Selbstverständigung über gemeinsame geschichtliche, religiöse und kulturelle Anknüpfungspunkte für alle Bürgerinnen und Bürger in der sich ständig erweiternden Europäischen Union.

3. Argumente, die gegen eine Aufnahme der Türkei angeführt werden

Mit Vorurteilen und Ängsten lässt sich im Meinungsstreit um die Aufnahme der Türkei eine ablehnende Position nur schwer verteidigen; andere Argumente werden ins Feld geführt. Zur Legitimation einer integrationsfeindlichen Haltung wird versucht, die Einheit und Grenzen Europas zu bestimmen und dafür kulturelle Begründungen zu liefern (Decker 2003: 78 f.). Diese Stellungnahmen rufen Gegenmeinungen hervor. Wer wissen will, was heute »Europa« bedeutet bzw. wie schwierig es ist, Europa als Einheit zu definieren, der tut gut daran, diesen Streit näher zu untersuchen. Drei Argumentationsmuster können unterschieden werden:

1. Europa bildet eine geographische Einheit .
2. Europa bildet eine kulturelle Einheit.
3. Europa stellt das Ergebnis von Kriegen dar.

Diese drei Beschreibungsversuche sollen näher untersucht werden.

3.1 Europa als geographische Einheit

Lässt sich die Frage einer Zugehörigkeit der Türkei zu Europa mit Hilfe der Geographie beantworten? Nur 5 % der türkischen Landfläche zählt zu Europa; der Rest von 95 % ist Asien zuzurechnen. Die Antwort scheint eindeutig zu sein. Aus geographischer Sicht gehört die Türkei nicht zu Europa. Das klingt plausibel, doch erweist sich die Geographie bei der Eingrenzung Europas insbesondere im Osten keineswegs als geeignet für verlässliche Antworten. Moskau, Kiew, Minsk und St. Petersburg sind von der Geographie, der Religion, der Geschichte und der Kultur her europäische Städte; doch mit einer Aufnahme Russlands, Weißrusslands und der Ukraine tut sich Europa schwer; es würde dann bis zum Pazifik reichen. Das Beispiel zeigt: Es ist nicht leicht, Europa als geographische Einheit festzulegen. Der Hinweis auf die geringe bzw. unzureichende geographische Zugehörigkeit stellt daher nur bedingt ein überzeugendes Argument gegen die Aufnahme der Türkei in die EU dar. Anderseits muss gesehen werden, was eine Hinzunahme der Türkei zu Europa bedeutet. Die Union gehört danach zum Nahen und Mittleren Osten. Zu ihren Nachbarstaaten zählen dann auch der Irak, Iran, Armenien und Georgien.

3.2 Europa als Ergebnis gemeinsamer Geschichte, Kultur und Religion

Nach anderer Auffassung wird Europa durch eine gemeinsame Geschichte, Religion und Kultur zu einer Einheit. Als muslimischer Staat erscheint danach die Türkei durch einen tiefen kulturellen Graben von Europa getrennt. Wegen dieser Kulturgrenzen könne eine Verbindung »Europa – Türkei« keinen Bestand haben. Für Hans-Ulrich Wehler bilden die griechisch-römische Antike, das Christentum, die protestantische Reformation, die Renaissance, die Aufklärung und die Wissenschaftsrevolution Bausteine, mit denen das Haus Europa errichtet worden sei. Keiner dieser Bausteine habe etwas mit der Türkei zu tun; daher könne die Türkei auch nicht in dieses Haus aufgenommen werden.

Aus dem Mund eines namhaften Historikers erhält diese Begründung Gewicht. Aber bei näherem Hinsehen entstehen Zweifel. Zum einen zeigt sich deutlich, dass Identität von der Abgrenzung des Nicht-Identischen lebt. Und bei der Abgrenzung schwingt für viele Ohren auch Herabsetzung mit. Angesichts der vielen »Errungenschaften« Europas wirkt im Vergleich dazu die Türkei rückständig und nicht ebenbürtig. Die Religion erscheint auf den ersten Blick für eine Abgrenzung sehr geeignet. Europa ist vom Christentum, die Türkei vom Islam geprägt. Die Religion bildet daher für eine Integration ein ernsthaftes, für viele unüberwindbares Hindernis.

Beim näheren Hinsehen wachsen Zweifel an dieser Argumentation. Europa kann für sich weder die christliche Religion noch die Menschenwürde und die demokratischen Grundwerte »Freiheit, Gleichheit, Solidarität« reklamieren. Die christliche Religion ist in Nord- und Südamerika ebenso anzutreffen wie in Afrika und Asien. Und in der Türkei ist über die Jahrhunderte hinweg die christliche Religion toleriert worden. Zur Demokratie bekennen sich Staaten nicht nur in Europa, sondern auch in anderen Kontinenten. Die »westliche Welt« umfasst nicht nur die Mitglieder der EU. Im übrigen bedarf der Hinweis auf die Bedeutung der christlichen Religion für die Identität Europas einer Präzisierung. Wenn wir von einer politischen Kultur Europas sprechen, dann haben wir zumeist ganz unbewusst und unreflektiert den Raum im Auge, der bis zur Reformation seinen geistlichen Mittelpunkt in Rom hatte. Demnach war und ist Rom und nicht so sehr Byzanz das geistliche Zentrum Europas. Im Gegensatz zum byzantinischen Teil von Europa hat sich im römischen Teil während des Mittelalters jene Trennung von geistlicher und weltlicher Gewalt vollzogen, die zur Urform der Gewaltenteilung und des modernen Pluralismus geworden ist. Erst dieser Pluralismus hat die Entstehung der westlichen Demokratie möglich gemacht (Winkler 2002).

Sieht man von Rom aus Europa, dann können konsequenterweise Länder und Völker mit griechisch-orthodoxer Religion nur bedingt Europa zugerechnet werden. Griechenland gehört zwar wegen des klassischen Hellas zu Europa (Diner 2002; vgl. Diner 2003: 32 ff.). Wegen seiner byzantinischer Tradition muss es aber als nicht zum Kern-Europa zugehörig eingestuft werden. Dennoch gehört Griechenland zur EU. Kann die Türkei nicht ebenso wie Griechenland eine Mitgliedschaft in der EU erhalten?

3.3 Europäische Identität

Häufig wird behauptet, dass eine politische Union ohne gemeinsame Identität (zum Begriff Identität: Niethammer 2000) keinen Bestand haben kann. Für die Herausbildung einer eigenen Identität erscheint die kulturelle Abgrenzung gegenüber anderen wichtig. Für Europa bieten sich zwei Referenzregionen an: die Islamische Welt, zu der auch die Türkei gehört, und die USA. Die Türkei unterscheidet sich danach von Europa in ihrer religiösen, historischen und kulturellen Prägung. Eine Integration erscheint ausgeschlossen. Wie jede politische Union könne auch die EU Kulturgrenzen nicht ignorieren.

Dem Argument, eine politische Union werde über Kulturgrenzen hinweg keinen Bestand haben, muss widersprochen werden. Die EU hätte nicht ohne die Bereitschaft zur Überwindung sprachlicher, kultureller, religiöser und historischer Gräben (Seufert 2002) errichtet werden können. Dafür ein Beispiel: Die deutsche Kultur hat sich lange Zeit über als Gegenentwurf zu der seiner westeuropäischen Nachbarn verstanden (These vom deutschen Sonderweg; vgl. Wehler 1999; Winkler 2000: 657). Die deutschen Bemühungen, sich gegen die Tradition der Aufklärung zu wenden, endeten mit dem Untergang des Dritten Reiches. Erst nach 1945 hat Deutschland zur westlichen Welt zurückgefunden. Danach erwies sich die Bundesrepublik aber sofort als in die EU integrierbar. Ihre Nachbarstaaten haben diese Umorientierung nach Kräften unterstützt (Gasteyger 1997). Das Beispiel der Abkehr vom deutschen Sonderweg zeigt, dass Kulturgrenzen überwunden werden können. Warum soll eine ähnliche Entwicklung nicht in der Türkei möglich sein? Gegenwärtig unternimmt dieses Land große Anstrengungen auf dem Weg hin zu einer demokratischen Staats- und Gesellschaftsordnung.

Im Übrigen geht die Argumentation von der kulturellen Abgrenzung Europas gegenüber der Türkei stillschweigend von dem Vorhandensein einer allgemeinen europäischen Gemeinsamkeit aus. Was hält Europa bei seinen nationalen, regionalen, kulturellen, sozialen und religiösen Unterschieden zusammen? Eine überzeugende Antwort fällt schwer (vgl. Dempwolff, Halub 2003). Immer noch ist Europa durch tiefe Widersprüche und Ungleichzeitigkeiten gekennzeichnet. Aus Religion, Geschichte und Kultur der einzelnen Mitgliedsstaaten lässt sich keine gemeinsame Erfahrung ableiten, die ein europäisches Identitätsbewusstsein tragen kann. In der EU ist – insbesondere nach der Aufnahme der zehn neuen Mitgliedsländer – nicht nur das Wohlstandsgefälle groß. Deutliche Unterschiede sind auch in den Bereichen Religion und Kultur festzustellen. In Irland oder Polen und anderen katholischen Ländern spielt die Religion eine viel wichtigere Rolle als z. B. in der Bundesrepublik Deutschland. In den fünf neuen Bundesländern bekennen sich weniger als 10 % der Bevölkerung zum christlichen Glauben. Der Europäische Konvent hat nicht zufällig in seinem Verfassungsentwurf auf Bezüge zur christlichen Religion weitgehend verzichtet. Worin besteht die europäische Identität (vgl. Dempwolff 2002: 115 ff.; Bruhn, Cypionka 2002: S. 47 ff.) im Unterschied zu der Türkei?

- Die *Tradition der Aufklärung:* Hier kann die Türkei durchaus auf eine gemeinsame Tradition verweisen; in kaum einem anderen Land lebte eine christliche Minderheit über Jahrhunderte hinweg derartig ungefährdet wie in der Türkei. Juden aus Spanien fanden nach 1492 in dem Gebiet der heutigen Türkei Zuflucht. Sie fungierten als Mittler zwischen Europa und dem Osmanischen Reich. Nach 1933 fanden verfolgte deutsche Wissenschaftler und Künstler Aufnahme in der Türkei. Dieses Land hat zu einer Zeit die »europäischen« Prinzipien der Vernunft und der Humanität hochgehalten, als diese in weiten Teilen des Kontinents mit »deutschen« Füßen getreten wurden (Sen 14).
- *Eine gemeinsame Sprache:* Eine gemeinsame Sprache ist in Europa nicht vorhanden.
- Ein *einigendes Glaubensbekenntnis:* Die christlichen Religionen weisen in Europa derartige Unterschiede auf, dass man sich schwer tut, von einer Einheit zu sprechen.
- *Eine gemeinsame politische Geschichte:* Ein Blick in die Vergangenheit zeigt, dass die türkische Geschichte eng mit der europäischen verflochten ist. Seit der Frühen Neuzeit spielte das Osmanische Reich bis zu dessen Ende eine wichtige Rolle im europäischen Mächtegeflecht (Thumann 2002). Erinnert sei nur an den Krimkrieg im 19. Jahrhundert, der die europäische Mächtekonstellation grundlegend verändert hat.

Die auf den ersten Blick so einleuchtenden und überzeugenden Merkmale einer europäischen Identität erweisen sich zumindest zu einer Abgrenzung gegenüber der Türkei nur als bedingt geeignet.

3.4 Europa – ein Ergebnis von Kriegen

Für den Bielefelder Historiker Jürgen Kocka (2002) sind Kriege nach außen und im Inneren die typischen Geburtshelfer von Nationalstaaten (für das Deutsche Reich die drei Einigungskriege 1864, 1866, 1871/71; für die USA der Kampf gegen die englische Krone im 18. Jahrhundert und der amerikanische Bürgerkrieg 1861–1865). Danach fördern Kriege die Identität und damit den notwendigen inneren Zusammenhalt einer Nation. Auch wenn die EU nicht mit einem Nationalstaat gleichgesetzt werden könne, so lohne sich die Prüfung, ob auch bei Europa Kriege die Herausbildung einer eigenen Identität gefördert hätten. Das Ergebnis dieser Untersuchung scheint positiv zu sein. Die christlichen Mächte Europas haben über Jahrhunderte hinweg heftige Kriege untereinander geführt: Religionskriege, Erbfolgekriege, Nationalkriege. Insbesondere drei große Kriegsphasen hätten in Europa den Wunsch geweckt, den Kontinent als gemeinsamen Friedensraum zu verstehen und zu stabilisieren. Der 30-jährige Krieg und die Napoleonischen Kriege führten zu Regelungen bzw. Ordnungen, die eine Aufrechterhaltung des Friedens erleichterten. Nach den beiden Weltkriegen im 20. Jahrhundert war das Verlangen nach Frieden so stark, dass der Wunsch nach der Vereinigung Europas entstand. Trotz oder gerade wegen der vielen Kriege kommt seitdem die Einigung Europas voran. Die früheren Erbfeinde Frankreich und Deutschland bilden heute geradezu den Motor des Integrationsprozesses.

Greifen wir das Argument Kockas von dem Zusammenhalt durch Kriege zur Prüfung des türkischen Aufnahmegesuchs in die EU auf. Die Türken sind in Europa als Kriegsgegner wohl bekannt. Die Eroberung von Konstantinopel 1453, die Belagerungen von Wien 1529 und 1683, die Siege Prinz Eugens (1663 – 1736) über die Türken und die Teilnahme des Osmanischen Reiches am Ersten Weltkrieg gehören zum Schulbuchwissen. Wenn aber durch den Wandel von früheren Kriegsgegnern zu Partnern die Identität einer neuen Gemeinschaft gefestigt werden kann, dann kann die Aufnahme der Türkei den Zusammenhalt in der EU nur stärken.

Über der These Kockas dürfen die Wunden, die Kriege und Vertreibungen im Gedächtnis der Menschen hinterlassen haben, nicht vergessen werden; sie sind noch lange nicht verheilt. Im Zusammenhang mit den Auseinandersetzungen um den Bau eines »Zentrums gegen Vertreibungen« schrieb Thomas Schmid am 20. 7. 2003 in der Frankfurter Allgemeinen Sonntagszeitung (S. 10): »Glaubt man ernsthaft, auf europäischer Gremienebene darüber debattieren zu können, wie die Völker Europas mit dem, was sie anrichteten, und mit dem, was sie erlitten, in Zukunft umgehen sollen? Es steckt eine elende Pädagogik in diesem Versuch, die traumatische Erfahrung der Vertreibung dadurch hof- und diskursfähig zu machen, dass man sie zu einem Vorkapitel europäischer Verfassungsfindung hinabzwingt und sie damit ihrer aufbäumenden Kraft beraubt. Gewiss, die Europäer sollen sich über die Tragödien der Vertreibung austauschen und auch darüber zueinander finden. Wer das will, muss aber akzeptieren, dass es ein hehres, vom Pathos der allgemeinen Menschenrechte getragenes Beklagen der Vertreibungen nicht geben kann. Nichts Schönes, nichts Edles kommt zum Vorschein, wenn Vertreibung erinnert wird. Sondern, ganz wörtlich, Blut, Schweiß und Tränen. Solche Erinnerung hat etwas Selbstisches, sie kann nicht anders, denn was da erlebt wurde, ging ans Innerste der Existenz. . . . Wie der Holocaust auch die jüdische Kultur Ost- und Mitteleuropas vernichtet hat, ist mit der Vertreibung der Deutschen aus Ost- und Mitteleuropa ebenfalls eine kulturelle Tradition untergegangen. Der Schmerz darüber sollte nicht durch Verrechnen oder durch den Sprung in die politischen Himmel Europas auf Null gebracht werden. Im Zentrum gegen Vertreibungen könnte er einen Trauerort finden: auch in Berlin. Neben dem Holocaust-Mahnmal, nicht dagegen.«

Über die Angreifbarkeit und Problematik dieser Sätze braucht hier nicht gestritten zu werden. Sie werden hier zitiert, weil sie in eindrucksvoller Weise zeigen, welche Widerstände aus der leidvollen Geschichte europäischer Kriege der Herausbildung einer gemeinsamen europäischen Identität entgegenstehen. Nur eine schonungslose Aufklärung der Vergangenheit kann den Weg zur Aussöhnung und zur Gemeinsamkeit ebnen. Die Türkei wird die »Umsiedelungsaktionen« von 1915, denen wahrscheinlich weit über eine Million Armenier zum Opfer gefallen sind, historisch aufarbeiten müssen. Bei der Fortsetzung der bisherigen Verweigerung, sich diesem historischen Erbe zu stellen, erscheint eine Aufnahme in Europa nicht möglich.

4. Der Beitrag von Jürgen Habermas zur Erneuerung Europas

Wehlers Leitbild von Europa eignet sich gut zur Abgrenzung. Er hat Europa als Gemeinschaft definiert, die sich auf ein gemeinsames geschichtliches, religiöses und kulturelles Erbe gründet. Dadurch gewinnt er Grenzen gegenüber den für ihn nicht dazu gehörenden Völkern und Staaten. Sein Umgang mit dem Aufnahmewunsch der Türkei zeigt dies eindringlich. Die EU kann aber auch als eine auf ihr humanistisches Erbe sich gründende Wertegemeinschaft beschrieben werden, die mehr umfasst als Europa, und eine zukünftige Weltinnenpolitik als vorstell- und realisierbar erscheinen lässt.

2003 hat sich Jürgen Habermas in einem ebenfalls vielbeachteten Beitrag (2003: 33) mit der Erneuerung Europas beschäftigt und damit die Debatte zur europäischen Identität fortgesetzt (Seibt 2003). Seine Ausführungen zur Wiedergeburt Europas zeigen einen anderen Weg als Wehler zur Begründung einer europäischen Identität auf.

Für Habermas zeichnet sich die Geschichte Europas durch Kriege aus. Nach dem Zweiten Weltkrieg hätten die Kriegserfahrungen zur Gründung der UN und später in Europa westlich des Eisernen Vorhangs zum Zusammenschluss von Nationalstaaten zu einer Staatengemeinschaft geführt. Endlich sei es gelungen, das Nationalbewusstsein und damit eine wichtige Kriegsursache zu entschärfen. In Europa habe man gelernt, den anderen in seiner Andersheit anzuerkennen. Für die lange Friedenszeit seit dem Ende des Zweiten Weltkrieges führt Habermas noch weitere Gründe an. Die Erinnerung an die NS-Zeit und an den Holocaust hätten die Achtung vor der Menschenwürde und des Völkerrechts als der Grundlage von Politik gestärkt. Die gemeinsame Ablehnung der Todesstrafe zeige eine länderübergreifende Übereinstimmung im Rechtsdenken auf – und zugleich, so wird man sagen dürfen, eine Abgrenzung gegenüber den USA. Europäische Wohlfahrtsregime hätten Maßstäbe für soziale Gerechtigkeit gesetzt; unausgesprochen wird auch hier auf den Unterschied zu den USA hingewiesen. Vor allem aber seien neue supranationale Formen der Zusammenarbeit entwickelt worden. In der EU habe man damit begonnen, jenseits der Nationalstaaten zu regieren. Dadurch könnten die Existenz der Einzelstaaten und damit auch das nationale Bewusstsein von deren Bürger/innen erhalten bleiben und sich dennoch eine neue Gemeinsamkeit und europäische Identität entwickeln. Der so verhängnisvolle Gegensatz von Nationalstaaten untereinander werde so überwunden.

Diese Deutung von Habermas verdient Zustimmung. Die Errungenschaft supranationaler Kooperation, die damit einhergehende Verhinderung von Kriegen zwischen den Nationen über ein halbes Jahrhundert hinweg und die Erfahrungen der Bürger/innen in den Mitgliedstaaten mit dem demokratischen Rechts- und Sozialstaat bilden bis heute die Grundlagen für eine Gemeinsamkeit in Europa. Im Vertrag von Maastricht bekundeten 1992 die Mitgliedsstaaten ihren Willen, den europäischen Raum gemeinsam politisch und zivilisatorisch zu gestalten (Willms 2003). Durch die gegenseitige Einschränkung der Handlungsspielräume sind die Gewaltausübung von Mitgliedsstaaten als Ursache von Kriegen ausgeschaltet und die Gefahren, die von einem aggressiven Nationalismus ausgehen, überwunden worden. Die Menschen können diesem Gewaltverzicht trauen, denn in der EU kann sich keine Regierung eines Nationalstaates mehr von der Verletzung des Friedens nationale Vorteile versprechen. Mit dem freiwilligen Verzicht auf volle Souveränität zugunsten der EU haben die Mitgliedsstaaten ihren Status als klassische Nationalstaaten aufgegeben (Winkler).

Nach Habermas bildet die EU ein Modell für die Verfassung weltweiter Freiheit (Dahrendorf, Ash 2003). Die Anerkennung der Menschenrechte und des Völkerrechts und die Bereitschaft, in einem Nationalstaat zu leben und sich zugleich einer supranationalen Gemeinschaft unterzuordnen und deren Regelungen trotz gegenteiliger Interessen anzuerkennen, vereinen die Bürgerinnen und Bürger der EU. Soll die politische Integration der Union voranschreiten, dann setzt dies eine europäische Öffentlichkeit voraus, die politische Entscheidungsprozesse kritisch zu begleiten und zu kontrollieren vermag. In Europa ist eine länderübergreifende Öffentlichkeit im Entstehen begriffen; sie benötigt eine gemeinsame Identität. Nur damit gewinnt sie die Befähigung zu gemeinsamer politischer Beteiligung.

Bei Habermas beruht die Identität der Europäer auf der Erfahrung, nach Jahrhunderten voller Kriege mit Hilfe einer rechtlich geregelten supranationalen Ordnung den unheilvollen Zustand gegenseitiger nationalstaatlicher Gewaltausübung überwunden zu haben. Wer über die Politik in seinem Nationalstaat hinaus zusätzlich die Politik der Union befürwortet, sie mitträgt und sich ihr auch bei gegenteiligen Interessen unterwirft, für den liegt der Wunsch nach einer noch größeren, die ganze Welt einbeziehenden supranationalen Ordnung mit der dazu gehörenden Weltinnenpolitik nahe.

Die christliche Religion, Demokratie und Menschenrechte, die Trennung der Kirche von Staat und Gesellschaft – also Merkmale, denen auch Wehler identitätsbildende Kraft zuschreibt, hätten sich längst von Europa aus über andere Kontinente ausgebreitet und seien deshalb zur Abgrenzung gegenüber anderen Ländern und Völkern ungeeignet. Die USA verdanken Europa ihr moralisches Erbe von Demokratie, Toleranz und Freiheit. Die in der jüdisch-christlichen Überlieferung wurzelnde Geistesart und ein Denken, das sich durch Individualismus, Rationalismus und Aktivismus auszeichne, seien für europäische Nationen ebenso charakteristisch wie z. B. für die USA, Kanada und Australien. Es sei kennzeichnend für den Westen, und der reiche weit über Europa hinaus. Europäische Identität führt also bei Habermas nicht zur Abgrenzung, sondern zu einer friedlichen, kooperativen, gegenüber anderen Kulturen offenen und dialogfähigen Gemeinsamkeit (Speck 2003).

Einschränkend sei auf die Absicht hingewiesen, die Habermas mit seinem Beitrag verfolgt. Er zeigt den Europäern eine Identität auf, die sie dazu verpflichtet, Front gegen den Weltmachtanspruch der USA zu machen. Europa soll eine gemeinsame Außenpolitik betreiben und so ein Gegengewicht zu den USA bilden. Trotz aller gegenteiliger Behauptungen soll also die europäische Identität wieder wie bei Wehler zu einer Abgrenzung herhalten. Auch stimmt merkwürdig, dass es außer Europa und den USA keine anderen Staaten und Völker auf dieser Welt zu geben scheint. In dem Beitrag von

Habermas kommen im Grunde nur die USA und Europa vor. Die vielen Völker und Staaten im Süden und Osten der Welt lässt er unerwähnt. »Zusammengedrängt stehen sie in den Ecken dieses Spielplatzes, auf dem sich die großen Jungs gegenseitig beschimpfen« (Young 2003).

5. Die EU jenseits der Vorstellungen von Wehler und Habermas

Eine EU, die Politik gestalten möchte und den Mitgliedstaaten Zustimmung abverlangt, ist auf die Unterstützung ihrer Bürgerinnen und Bürger angewiesen. Stimmen sie den Entscheidungen der EU zu, dann ist die Akzeptanz kein Problem. Die Herausforderung bilden die Bürgerinnen und Bürger, die nicht zustimmen. Deren Solidarität ist nur dann erhältlich, wenn ihr Zusammengehörigkeitsgefühl, ihr Bewusstsein eines gemeinsamen politischen Schicksals und einer gemeinsamen politischen Zukunft, ihre europäische Identität also stärker ist als ihre Enttäuschung, ihre Interessen nicht durchgesetzt zu haben.

Hans-Ulrich Wehler geht es darum, eine im Entstehen begriffene europäische Öffentlichkeit für die Ablehnung des türkischen Aufnahmegesuchs in die EU zu gewinnen. Ein von ihm gewünschtes übernationales »europäisches« Wir-Gefühl soll sich durch den gemeinsamen Willen zur Abgrenzung auszeichnen. Hinter diesem Interesse wird eine Auffassung von Europa als einer Art großem Nationalstaat sichtbar, die mit dem Grundgedanken der EU nur schwer vereinbar erscheint. Auch Habermas geht es nicht um die EU. Er will »die westliche Welt« einigen und so ein weltweites Gegengewicht gegen den Hegemonialanspruch der USA schaffen.

Die Bürgerinnen und Bürger stehen aber nicht vor dieser Alternative; sie müssen sich nicht zwischen dem Nationalstaat »Europa« von Wehler und der westlichen Welt von Habermas entscheiden. Sie gehören zur EU. Die EU ist weder ein vielsprachiger Nationalstaat mit feststehenden Grenzen, einer gemeinsamen Geschichte und Kultur noch der Kern einer Weltgemeinschaft, sondern ein Zusammenschluss von Staaten mit gemeinsamen Werten, Institutionen und Interessen.

Zu Beginn des europäischen Einigungsprozesses stand die EU für jeden Staat offen, der Eintritt begehrte und sich im gemeinsamen Interesse zum Souveränitätsverzicht bereit fand (Winkler 2003). Auch heute noch steht die Union prinzipiell all denjenigen Staaten offen,

- deren Bürger sich zu demokratischen Werten bekennen (vgl. Massing, Breit 2003),

- deren Beitritt im Interesse der EU liegt und
- durch deren Aufnahme die politische Handlungsfähigkeit der EU nicht in Frage gestellt wird.

Gelingt es, die EU so aufzubauen, dass sie auch nach einer Erweiterung durch die Hereinnahme neuer Staaten handlungsfähig und demokratisch bleibt, dann steht der Aufnahme neuer Mitglieder prinzipiell nichts im Wege. Die Grenzen der Union sind nicht das Ergebnis geographischer oder geschichtlich-kultureller Deutungen, sondern das Produkt politischer Entscheidungen (Kocka 2002). An der Weiterentwicklung der EU hin zu einer politisch handlungsfähigen Union müssen alle Mitgliedsstaaten und deren Bürgerinnen und Bürger interessiert sein. Kein Land wird allein die ökonomische und ökologische Herausforderung des 21. Jahrhunderts bestehen können.

6. Konsequenzen für den Politikunterricht

Bei der Beschäftigung mit den Ausführungen von Wehler und Habermas und den durch sie ausgelösten Debatten können die Schülerinnen und Schüler erkennen, wie wichtig es ist, jede Stellungnahme zur Identität »Europas« sorgfältig zu untersuchen. Auch die Argumentationen bekannter, »tonangebender« Wissenschaftler, die auf den ersten Blick so einleuchtend erscheinen und zur Übernahme einladen, bedürfen einer kritischen Prüfung. Dabei wird sichtbar, dass Sozialwissenschaftler unter Berufung auf ihre Reputation Politik machen möchten. Mit der Autorität ihrer auch einem breiteren Publikum bekannten Namen stellen sie Thesen auf, die wissenschaftlich unerschütterbar erscheinen, hinter denen sich aber handfeste Interessen verbergen.

Auch wenn die Wissenschaftler ihre Positionen noch so überzeugend und zustimmungswürdig darstellen, entheben sie den einzelnen Schüler nicht von der Anstrengung, »sich seines Verstandes ohne Leitung eines anderen zu bedienen« (Kant) und sich eine eigene Position zu erarbeiten. Bei einer die Zukunft der EU betreffenden Entscheidung wie der Aufnahme der Türkei können die Jugendlichen

- eine Ablehnung wie Hans-Ulrich Wehler mit räumlichen, geschichtlichen und kulturellen Argumenten begründen,
- bei einem Bekenntnis der Türkei zu westlichen Werten die Aufnahme entsprechend den kosmopolitischen Zielvorstellungen von Jürgen Habermas befürworten,

– entsprechend den EU-Richtlinien danach fragen, ob das Land zu der EU als Wertegemeinschaft passt, ihre politische Handlungsfähigkeit stärkt und die Integration in ihrem Interesse liegt.

Die Beschäftigung mit den Zielperspektiven und Leitbildern der EU, ihren Vertragsgrundlagen und Entscheidungsverfahren, ihren Reformperspektiven und Verfassungsfragen sowie den Bereichen gemeinschaftlichen »europäischen« Handelns (Europäische Union 2003; vgl. Weidenfeld 2002) im Politikunterricht (politische Analyse, Urteilsbildung, Handlungsorientierung) wird wahrscheinlich auf Dauer mehr zu einem Europa-Bewusstsein beitragen als die Faszination über interessenbesetzte Ausführungen zu einer europäischen Identität (vgl. Deichmann 2002: 8 ff.).

Literaturhinweise

Benhabib, Seyla 2002: Das türkische Mosaik. Ein Irrtum zu meinen, Europa müsse am Bosporus enden, in: Frankfurter Rundschau, 28.12., 17.

Birand, Mehmet Ali 2002: Ein christlicher Club. Lehnt die EU die Türkei ab, wird das die radikal-islamistischen Kräfte stärken – und Europa schaden, in: DIE ZEIT, 5.12., 10.

Böckenförde, Ernst-Wolfgang 2003: Grundlagen europäischer Solidarität, in: Frankfurter Allgemeine Zeitung, 20.6., 8.

Bruhn, Mike, Cypionka, Anselm 2002: Nationale Identität, in: Fächerübergreifendes Lernen: Identität. Hrsg. vom Thüringer Institut für Lehrerfortbildung. Bad Berka, 47–52.

Brunn, Gerhard 2002: Die Europäische Einigung. Ditzingen.

Decker, Frank 2003: Ist Europa reif für die Türkei? In: Berliner Republik 2, 77–79.

Deichmann, Carl 2002: Demokratische politische Identität als Ziel einer fächerübergreifenden politischen Bildung, in: Fächerübergreifendes Lernen: Identität. Hrsg. vom Thüringer Institut für Lehrerfortbildung. Bad Berka, 8–24.

Dempwolff, Uwe 2003: »Man verliebt sich nicht in einen Binnenmarkt. . .« Gedanken zu einer europäischen Identität, in: Uwe Dempwolff/Marek Halub (Hrsg.), Europa im Wandel. Interdisziplinäre Zugänge. Wroclaw, 115 – 134.

Dahrendorf, Ralf/Ash, Timothy Garton 2003: Die Erneuerung Europas. Antwort auf Habermas, in: Süddeutsche Zeitung, 5.7., 13.

Diner, Dan 2002: Ein müßiger Wunsch. Für einen EU-Beitritt der Türkei, in: Süddeutsche Zeitung, 13.12., 15.

Diner, Dan 2003: Europas Gestalt. Zwischen Latinität, Byzanz und Islam, in: Dan Diner, Gedächtniszeiten. Über jüdische und andere Geschichten. München, 32–44.

Europäische Union. Informationen zur politischen Bildung 279. bpb Bonn 2003.

Eschenburg, Theodor 1985: Der mündige Bürger fällt nicht vom Himmel, in: Der Bürger im Staat 3, 239 – 243.

Gasteyger, Curt 1997: Europa von der Spaltung zur Einigung. Darstellung und Dokumentation 1945 – 1997. Schriftenreihe der Bundeszentrale für politische Bildung Bd. 348. Bonn.

Habermas, Jürgen (mit Zustimmung von Jacques Derrida) 2003: Unsere Erneuerung. Nach dem Krieg: Die Wiedergeburt Europas, in: Frankfurter Allgemeine Zeitung, 31.5., 33.

Speck, Ulrich 2003: Exemplarisch. Alteuropa schlägt zurück, in: Frankfurter Rundschau, 3.6., 9.

Young, Iris M. 2003: Europa, leerer Mittelpunkt. Widerstand gegen die US-Politik kann nur eine Dezentrierung der Demokratie leisten, in: Frankfurter Rundschau, 22.7., 9.

Kocka, Jürgen 2002: Wo liegst du, Europa? Die Identität des Kontinents ist nicht eindeutig. Aber es gibt Kriterien, an denen man sie erkennt, in: DIE ZEIT, 28.11., 11.

Landfried, Christine 2002: Das politische Europa. Differenz als Potential der Europäischen Union. Baden-Baden.

Massing, Peter/Breit, Gotthard (Hrsg.) 2003: Demokratietheorien. Von der Antike bis zur Gegenwart. 3. Aufl., Schwalbach/Ts.

Niethammer, Lutz 2000: Kollektive Identität. Heimliche Quellen einer unheimlichen Konjunktur. Reinbek.

Schönbohm, Wulf 2002: Europäische Anmaßung. Die Türkei gehört in die Union. Doch der Beitritt droht an tiefsitzenden Vorurteilen zu scheitern, in: DIE ZEIT, 17.10., 6.

Schröder, Richard 2002: Europa – was ist das? In: Zeitschrift für Rechtsphilosophie 1, 26–30.

Sen, Faruk 2002: Längst in Europa. NATO, Handelspartnerschaft, Humanität – die Türkei ist Teil des Westens, in: DIE ZEIT, 28.11., 6.

Seibt, Gustav 2003: Bitte keine Empfindlichkeiten. Jürgen Habermas streitet in Berlin weiter für Europa, in: Süddeutsche Zeitung, 30.6., 15.

Seufert, Günter 2002: Keine Angst vor den Türken! Die EU braucht Ankara mehr, als viele glauben. Wer das hohe Kulturross reitet, wird tief fallen In: DIE ZEIT, 19.9., 11.

Stabenow, Michael 2002: Europäische Zäsur. Das Nachdenken über ein Kerneuropa gewinnt neuen Reiz, in: Frankfurter Allgemeine Zeitung, 17.12., 10.

Thumann, Michael 2002: Sind die Türken Europäer? Ja, sie gehören in die EU, in: DIE ZEIT, 12.12., 1.

Türkei. Informationen zur politischen Bildung 277. bpb Bonn 2002.

Weidenfeld, Werner/Wessels, Wolfgang (Hrsg.) 2002: Europa von A bis Z. Taschenbuch der europäischen Integration. Schriftenreihe der Bundeszentrale für politische Bildung Bd. 393. Bonn.

Weidinger, Dorothea (Hrsg.) 2002: Nation – Nationalismus – Nationale Identität. Schriftenreihe der Bundeszentrale für politische Bildung Bd. 392. Bonn.

Wehler, Hans-Ulrich 1999: Endlich im Westen, in: ZEITpunkte 1 »Kanzler, Krisen, Kontroversen«, 64 – 66.

Wehler, Hans-Ulrich 2002: Das Türkenproblem. Der Westen braucht die Türkei – etwa als Frontstaat gegen den Irak. Aber in die EU darf das muslimische Land niemals, in: DIE ZEIT, 12.9., 9.

Wehler, Hans-Ulrich 2003: Laßt Amerika stark sein! Europa bleibt eine Mittelmacht: Eine Antwort auf Jürgen Habermas, in: Frankfurter Allgemeine Zeitung, 27.6., 33.

Wehling, Hans-Georg (Hrsg.) 2000: Die Türkei vor den Toren Europas. Der Bürger im Staat 1.

Willms, Johannes 2003: Auf dem Flohmarkt. Europa lässt sich nicht anhand seiner Antiquitäten begründen, in: Süddeutsche Zeitung, 1.7., 11.

Winkler, Heinrich-August 2000: Der lange Weg nach Westen. Bd. 2 »Deutsche Geschichte vom Dritten Reich bis zur Wiedervereinigung«. München.

Winkler, Heinrich August 2002: Wir erweitern uns zu Tode. Die Türkei wird keine westliche Demokratie. Ihr fehlen dafür die historischen Voraussetzungen. Ein Beitritt Ankaras in die Europäische Union würde beide Seiten politisch und emotional überfordern, in: DIE ZEIT, 7.11., 6.

Zimermann-Steinhart, Petra 2003: Sind Beitrittsverhandlungen der EU mit der Türkei sinnvoll? In: Gesellschaft – Wirtschaft – Politik 1, 89 – 97.

Gotthard Breit

Dossier zur aktuellen Diskussion »Was ist Europa?«

Zeitungsartikel aus 2002 und 2003

Im Herbst 2002 löste der Bielefelder Historiker Hans-Ulrich Wehler mit einem engagiert geschriebenen Beitrag gegen die Aufnahme der Türkei in die EU eine lebhafte Diskussion aus. Seine Argumentation, die Türkei gehöre nicht zu Europa, und die erhobenen Einwände dagegen machten deutlich, dass die Frage »Was ist Europa?« sich recht unterschiedlich beantworten lässt. Die Untersuchung dieser Texte im Politikunterricht führt die Jugendlichen dazu, über Europa nachzudenken.

Ende Mai 2003 veröffentlichte der Soziologe und Philosoph Jürgen Habermas einen Beitrag in der Frankfurter Allgemeinen Zeitung, in dem er zur Erneuerung Europas aufruft. Habermas setzt sich ausführlich mit den Merkmalen einer europäischen Identität auseinander. Seine Überlegungen sind getragen von dem Wunsch, aus der europäischen Identität könne sich eine Alternative zu der festen Bindung Deutschlands und Europas an die USA entwickeln. Auch diese Europa-Initiative hat ein breites Echo gefunden; Zustimmung und Ablehnung halten sich dabei die Waage. Die Analyse der Argumente und Gegenargumente eignet sich ebenfalls dazu, Jugendliche zum Nachdenken über Europa und ihre zukünftige Rolle als Bürger in Europa zu bewegen.

Die Beschäftigung mit den Diskussionen 2002 und 2003 führt zugleich den Schülerinnen und Schülern die Notwendigkeit einer kritischen Prüfung auch und gerade von »wissenschaftlichen« Argumenten vor Augen. Wenn sich ein Wissenschaftler an einer politischen Auseinandersetzung beteiligt, dann streitet er für seine Interessen und setzt sein berufliches Ansehen als Mittel zur Durchsetzung seiner Ziele ein. Wer dies durchschaut, wird darin bestärkt, gegenüber »wissenschaftlichen« Argumenten skeptisch zu bleiben, sich nicht von großen Namen blenden zu lassen und einen eigenen Standpunkt zu entwickeln. Die Textanalyse verbindet also das Nachdenken über Europa mit der Einübung in das selbstständige politische Denken.

Um wichtige Argumentationslinien der gegenwärtigen Diskussion nachzeichnen zu können, werden im folgenden Materialteil (M1–M9) eine Auswahl von Beiträgen nachgedruckt. Für die Arbeit im Politikunterricht werden diese Zeitungsbeiträge ungekürzt wiedergegeben, da nur so die Möglichkeit besteht, in der Analyse der Texte die Argumentation der Autoren umfassend nachzuvollziehen und sich in der Auseinandersetzung ein politisches Urteil zu bilden.

M 1: Wehler, Hans-Ulrich: Das Türkenproblem, 12. 9. 2002
M 2: Schönbohm, Wulf: Europäische Anmaßung, 17. 10. 2002
M 3: Winkler, Heinrich August: Wir erweitern uns zu Tode, 7. 11. 2002
M 4: Kocka, Jürgen: Wo liegst du, Europa?, 28. 11. 2002
M 5: Benhabib, Seyla: Das türkische Mosaik, 28. 12. 2002
M 6: Habermas, Jürgen: Unsere Erneuerung, 31. 5. 2003
M 7: Böckenförde, Ernst-Wolfgang: Grundlagen europäischer Solidarität, 20. 6. 2003
M 8: Wehler, Hans-Ulrich: Lasst Amerika stark sein!, 27. 6. 2003
M 9: Willms, Johannes: Auf dem Flohmarkt, 1. 7. 2003

M 1: Das Türkenproblem

Der Westen braucht die Türkei – etwa als Frontstaat gegen den Irak. Aber in die EU darf das muslimische Land niemals

Von Hans-Ulrich Wehler

In einem großen Land des Nahen Ostens erringt 1995 die Partei des fundamentalistischen Islamismus die Mehrheit im Parlament und den Posten des Ministerpräsidenten. Damit kommt ein prinzipieller Gegner westlicher Werte, westlicher Kultur, westlicher Politik, westlichen Lebensstils ans Ruder, doch das Militär entmachtet das neue Regime im folgenden Jahr. Im Herbst 2002 erwartet dieser Staat nun die Zusage der Europäischen Union, ihm einen möglichst nahen Termin für Beitrittsverhandlungen zu gewähren.

Soll der Türkei tatsächlich der Weg in die EU frei gemacht werden? Ist es politisch klug, historisch begründet, vor allem aber vom Ergebnis her legitimierbar, sich auf dieses riskanteste Unternehmen in der Geschichte der europäischen Einigung einzulassen? Im gegenwärtigen Wahlkampf müsste darüber eigentlich leidenschaftlich gestritten werden. Stattdessen herrscht tödliches Schweigen, als sei der krasse Kurswechsel nicht der Rede wert. Es dominiert eine atemberaubende Apathie, gepaart mit nacktem Zynismus, irgendwie werde sich der Beitritt doch noch bis zum Sankt-Nimmerleins-Tag aufschieben lassen.

Auf das Drängen der westlich orientierten kemalistischen Funktionseliten hin reichte die Türkei im April ein offizielles Beitrittsgesuch ein. Die EU ist aber seit der weltpolitischen »Wende« von 1989/91 vorrangig an der Aufnahme osteuropäischer Staaten interessiert. Die Gründe, die gegen einen Beitritt der Türkei sprechen, wirkten damals noch durchschlagend: Das Land besitzt keine liberalisierte Marktwirtschaft, missachtet eklatant die Menschenrechte, verfolgt die kurdische Minderheit, vor allem aber ist es als muslimischer Staat durch eine tiefe Kulturgrenze von Europa getrennt. Der Konsens lautet: Nach geografischer Lage, historischer Vergangenheit, Religion, Kultur, Mentalität ist die Türkei kein Teil Europas. Weshalb sollte man 65 Millionen muslimischen Anatoliern die Freizügigkeit gewähren, sich auf unabsehbare Zeit mit einem kostspieligen Versorgungsfall belasten?

Noch wird offen ausgesprochen, dass die EU ein christlich geprägter Staatenverein ist, in dem die muslimische Türkei keinen Platz finde. Doch diese Position gerät allmählich in die Kritik, da ihr Multikulti-Gutmenschen einen »christlichen Fundamentalismus« vorwerfen.

In der Türkei selber wird unterdessen die kemalistisch-säkularisierte Identität des Landes durch einen einheimischen Fundamentalismus infrage gestellt, der den laizistisch-prowestlichen Elitenkonsens untergräbt. Das Land wird mit den Produkten eines islamistischen Kulturbetriebs überflutet: mit Videos, Kassetten, CDs, Zeitschriften, Büchern; 290 Verlage, 300 Publikationsorgane, Hunderte von nicht lizensierten Rundfunk- und Fernsehstationen wetteifern dabei miteinander. Die Moscheen in Atatürks Republik sind wieder überfüllt.

Die türkische Politik reagiert darauf, indem sie selbst fundamentalistische Praktiken übernimmt und mit dem neuen Sektenwesen kooperiert. Bisher sakrosankte Verbote der Kemal-Epoche werden aufgehoben: An den staatlichen Schulen wird wieder Religionsunterricht eingeführt. Islamistische Schulen werden zugelassen und schon 1990 von 15 Prozent aller höheren Schüler besucht. Das Kopftuch für Frauen, demonstratives Symbol der orthodoxen Rechtgläubigkeit, wird erlaubt. Das Militär, traditionell der strenge Hüter des laizistisch-kemalistischen Erbes, interveniert immerhin, als es Hunderte von islamistischen Kadetten von der Militärakademie verstößt. Im Allgemeinen aber erlahmt der Widerstand gegen den religiösen Aufbruch.

Folter und Kurdenverfolgung

1994 gewinnt die islamistische Wohlfahrtspartei die Kommunalwahlen, erobert Istanbul und Ankara. 1995 folgt dann der Triumph: die Parlamentsmehrheit mit mehr Sitzen als jede weitere Partei. Die subkutane Machtverschiebung zugunsten der Fundamentalisten ist offensichtlich, Erbakan regiert die Türkei als erster islamistischer Ministerpräsident, bis das Militär auf seine Vormundschaftsrolle pocht und den Rückzug erzwingt. Heutzutage drängen die religiösen Fundamentalisten unter Erdogan und Kutan in die EU, um im eigenen Land in den Genuss der westlichen Religionsfreiheit zu kommen und den Export ihrer Lehre in die türkische Diaspora in Europa, namentlich in Deutschland, vorantreiben zu können.

1999 ist das Jahr der fatalen Fehlentscheidung. In Helsinki sagen die europäischen Außenminister, massiv gedrängt von der Chefin des State Department Madeleine Albright, Beitrittsverhandlungen zu, 2000 wird der Kandidatenstatus der Türkei offiziell anerkannt. Nirgendwo hat eine demokratische Legitimierung dieses Kurswechsels stattgefunden. Der EU-Apparat, aber auch die europäische Öffentlichkeit, setzt sich nahezu stillschweigend über das Defizit hinweg.

Welche Gründe werden gemeinhin für die Verteidigung dieser Entscheidungen ins Feld geführt? Da ist zum einen das geostrategische Interesse der USA, den südöstlichen Stützpfeiler der Nato, einen bewährten Verbündeten, auch in der EU zu sehen. Da ist zum andern das Argument, dass die prowestlichen, kemalistischen Eliten der Türkei ihren Westkurs gegen den anschwellenden Fundamentalismus im eigenen Land nur dann mit Aussicht auf Erfolg weitersteuern können, wenn dieser Kurs durch die EU-Mitgliedschaft honoriert und abgestützt wird. Das vom türkischen Parlament im Frühjahr 2002 verabschiedete Reformpaket wird angeblich wesentlichen EU-Anforderungen gerecht, denn es kündigt die Abschaffung der Todesstrafe an, stärkt die bürgerlichen Freiheitsrechte und räumt den Kurden einige Minderheitenrechte ein. Es besagt jedoch noch gar nichts über die künftige Praxis der Polizeifolter, die Umwandlung der »Parteien« genannten Klientelverbände in demokratisch organisierte Parteien, die Diskriminierung von europäischen Ehefrauen und christlichen Kirchen, die Verfolgung der Kurden im Alltag. Die Reformgesetze markieren keine Endstation, sondern allenfalls den Anfang eines bisher nicht hinreichend glaubwürdigen Umbaus.

Alle Gründe sind ganz und gar unzulänglich, wenn es um die gravierende Grundsatzentscheidung des EU-Beitritts geht, da doch zum ersten Mal ein Beitrittskandidat nicht als zweifelsfrei europäisch oder wenigstens als europakompatibel gilt.

1. Die EU hat bisher nicht riskiert, ihre Grenzen im Osten, im Südosten und Süden zu definieren. Im Norden und Westen gibt es keine Probleme, doch im Süden müsste klargestellt werden, dass weder die maghrebinischen Staaten noch der Nahe Osten und Israel zu Europa gehören. Die Hauptprobleme tun sich im Osten und Südosten auf. Die Ukraine, Weißrussland und Russland sollten zwar an Europa gebunden, ihre Stabilisierung nach Kräften unterstützt werden. Sie sind indes kein Teil Europas und gehören deshalb nicht in die EU. Sie haben Europa zwar manchmal massiv beeinflusst, aber die jüdisch-griechisch-römische Antike, die protestantische Reformation und die Renaissance, die Aufklärung und die Wissenschaftsrevolution haben diese Länder nicht geprägt. Diese Einwände gegen einen EU-Beitritt stechen noch mehr, wenn es um die Türkei geht.
2. Das muslimische Osmanenreich hat rund 450 Jahre lang gegen das christliche Europa nahezu unablässig Krieg geführt; einmal standen seine Heere sogar vor den Toren Wiens. Das ist im Kollektivgedächtnis der europäischen Völker, aber auch der Türkei tief verankert. Es spricht darum nichts dafür, eine solche Inkarnation der Gegnerschaft in die EU aufzunehmen. Das mag man noch als Vorurteil eines Historikers abtun. Doch ändert das nichts an dem Tatbestand, dass eine politische Union über Kulturgrenzen hinweg noch nie und nirgendwo Bestand gehabt hat. Überdies ist die Häme, mit der jetzt gegen den »christlichen Klub« der EU polemisiert wird, ein Zeichen bestürzender Ignoranz, was

2000-jährige Traditionen und die Tatsache angeht, dass die christlichen Konfessionen und Amtskirchen in Europa noch immer große Mächte des öffentlichen und privaten Lebens sind.

3. Warum sollte heutzutage ein muslimischer, von der fundamentalistischen Welle einer erkennbaren Mehrheit bedrohter Staat zu Europa hinzustoßen, das nun einmal durch seine völlig anderen Traditionen geprägt ist? In der Bundesrepublik werfen 32 000 in radikalen Organisationen vereinigte türkische Muslime bereits hinreichend Probleme auf. Das Konfliktniveau im Inneren würde unvermeidbar angehoben. Ist das Menetekel des 11. September schon vergessen?
4. Warum sollte, da nach europäischen Kriterien rund 30 Prozent des türkischen Arbeitskräftepotenzials als arbeitslos gelten, einem anatolischen Millionenheer die Freizügigkeit in die EU eröffnet werden? Überall in Europa erweisen sich muslimische Minderheiten als nicht assimilierbar und igeln sich in ihrer Subkultur ein. Auch die Bundesrepublik hat bekanntlich kein Ausländer-, sondern ausschließlich ein Türkenproblem. Man kann nur durch die strikte Verpflichtung zum Sprachunterricht, zum Sprachtest vor der Einschulung, zum regelmäßigen Schulbesuch, zur Bindung der Staatsbürgerrechte an ein Examen (wie etwa in Holland) die starre Minderheitenlage allmählich auflockern. Aber warum sollte man diese Diaspora millionenfach freiwillig vermehren und damit die bisher willige Bereitschaft zum Zusammenleben einer extremen Belastungsprobe aussetzen? Die Zahl von 67 Millionen Türken (zur Zeit der Republikgründung waren es noch 12 Millionen), die sich aufgrund der demografischen Explosion mit einem Zuwachs von etwa 2,4 Prozent pro Jahr dramatisch weiter erhöht, übertrifft bereits die Anzahl der europäischen Protestanten. Im Fall eines Beitritts um 2012/14 stellten 90 Millionen Türken die größte Bevölkerung eines EU-Mitgliedstaates. Das könnte den Anspruch auf finanzielle Sonderleistungen und eine politische Führungsrolle begründen.

Die EU ist von Sinnen

5. Warum bloß sollte sich die EU im Südosten so famose Nachbarn wie den Irak Saddam Husseins und das Syrien von Assad junior zulegen und überdies noch das explosive Kurdenproblem freiwillig schultern? Die politische Räson müsste eigentlich dringend von solch einer vermeidbaren neuen Bürde abraten, die durch keine anderweitigen Vorzüge wettgemacht wird.
6. Die Osterweiterung der EU wird und muss kommen, damit diese Zone Europas endlich politisch stabilisiert und gewissermaßen nach Europa heimgeholt wird, nachdem sie als Folge des Krieges, den Hitlers Deutsche im Osten geführt haben, mehr als vier Jahrzehnte lang in der imperialen Satrapie Russlands der Sowjetisierung und Ausbeutung ausgesetzt war. Die Osterweiterung wird fraglos alle Ressourcen der EU bis zur Zerreißprobe beanspruchen. Der derzeitige Streit um die Agrarsubventionen gibt einen Vorgeschmack künftiger, noch ungleich härterer Verteilungskämpfe.

Wie aber kann man, da diese enorme Belastung längst klar erkennbar ist, politisch so von Sinnen sein, dass man sich die völlige Überdehnung aller restlichen Ressourcen auflädt, da doch die EU-Mitgliedschaft der Türkei geradewegs in die finale Zerreißprobe hineinführen muss?

7. Das bestürzende Demokratiedefizit, das die Beitrittsgeschichte der Türkei kennzeichnet, wirft ein grelles Licht auf die Missachtung des Souveräns und seiner gewählten Vertreter. Einen muslimischen Großstaat in die EU aufzunehmen markiert einen derartigen Wendepunkt in der gesamten bisherigen Europapolitik. Ohne ausgiebige Diskussion des Pro und Contra in allen EU-Gremien, aber auch in allen bisherigen Mitgliedstaaten und ihren Parlamenten sollte kein weiterer Schritt mehr getan werden, der an einen konkreten Termin für Beitrittsverhandlungen näher heranführt. Auch wer die repräsentative Demokratie gegen basisdemokratische Schwarmgeister verteidigt, wird angesichts der herannahenden Grundsatzentscheidung sogar eine Volksabstimmung für angebracht halten. Fürchten manche Europapolitiker bei ihrem volksfernen Spiel mit dem Feuer die absehbare Entscheidung?
8. Käme es trotz aller erdrückenden Gegenargumente dennoch zur Eröffnung von Beitrittsverhandlungen mit diesem muslimischen Großland, würde sich eine Euroskepsis ausbreiten, die nicht nur den Modus operandi der europäischen Politik von Grund auf infrage stellen, sondern die Ligaturen der EU sprengen würde. Den Zauberlehrlingen der Aufnahmebefürwortung verginge dann zwar endlich Hören und Sehen, doch, weit wichtiger, das Projekt einer Einigung Europas wäre tödlich gefährdet.

Der politische Masochismus, sich ohne Not gleichzeitig in mehrere Klingen zu stürzen und vitale Interessen der EU und ihrer Mitgliedstaaten rigoros zu missachten, sucht in der neueren Geschichte seinesgleichen. Anstatt Beitrittsverhandlungen zu erwägen, sollte man endlich über Kompensationen nachdenken, wie durch Assoziation, Zollunion, Finanzhilfen und andere Kooperationsformen die türkische Enttäuschung über die gebotene Absage auf längere Sicht auszugleichen wäre und der Türkei auf ihrem Weg in die westliche Moderne geholfen werden könnte.

Doch Vollmitgliedschaft in der EU? Das ist die Fehlentscheidung eines leichtfertigen Versprechens, das möglichst bald, am besten noch vor den türkischen Wahlen im November, revidiert werden sollte. Jetzt hat die Stunde einer Opposition mobilisierenden, kritischen Öffentlichkeit in Europa geschlagen.

Quelle: DIE ZEIT 38/2002, vom 12. 9. 2002.

M 2: Europäische Anmaßung

Die Türkei gehört in die Union. Doch der Beitritt droht an tiefsitzenden Vorurteilen zu scheitern

Von Wulf Schönbohm

Man stelle sich nur für einen Moment vor, die EU hätte Polen den Kandidatenstatus für die EU-Mitgliedschaft zugesprochen, aber vor Aufnahme der Beitrittsverhandlungen die Bedingung gestellt, dass es die politischen Kriterien von Kopenhagen erfüllen müsse. Während Polen alles unternimmt und die entsprechenden Reformen umsetzt, diskutieren die Deutschen darüber, ob Polen überhaupt EU-Mitglied werden solle. Nachdem Polen zur Tat geschritten ist und freudig auf einen Termin für die Beitrittsverhandlungen wartet, sagt die EU, zunächst wolle man noch die Implementierung dieser Reformen abwarten, und im Übrigen fehle noch dieses und jenes und so weiter.

Natürlich würden sich Deutschland und die EU gegenüber Polen nicht so verhalten, aber sie tun es gegenüber der Türkei. Und selbstverständlich verhält sich die EU aus ihrer Sicht völlig objektiv, wenn sie Ende des Jahres zehn neue Mitglieder in die EU aufnimmt, die eben – welch ein Wunder – alle zum selben Zeitpunkt sämtliche Aufnahmebedingungen erfüllen; und es ist aus diesem Blickwinkel ebenso objektiv, dass die EU schon seit Jahren mit Bulgarien und Rumänien Beitrittsverhandlungen führt, weil dort eben Demokratie und Rechtsstaatlichkeit Einzug gehalten haben, während die Türkei trotz bemerkenswerter Reformanstrengungen zur Erfüllung der Kopenhagener Kriterien draußen bleibt, ja noch nicht einmal einen Termin für die Beitrittsverhandlungen erhält. Dabei ist die Türkei wirtschaftlich ohnehin leistungsfähiger und wettbewerbsfähiger als Rumänien und Bulgarien.

Für mich ist ganz offensichtlich: In Europa gibt es tiefsitzende Vorurteile gegenüber der Türkei und den Türken, die eine rationale Auseinandersetzung über einen EU-Beitritt erschweren. Schon deswegen verwundert es auch nicht, dass die meisten EU-Bürger eine türkische Mitgliedschaft ablehnen.

Vielen deutschen und europäischen Außenpolitikern sind zwei Fehleinschätzungen unterlaufen: Zum einen haben sie eine massive Erweiterung der EU nach Osten betrieben, ohne sich bewusst zu sein, dass die EU den Zuwachs um zehn, bald zwölf Mitglieder nur verkraften kann, wenn sie ihre Entscheidungsprozeduren grundlegend ändert, mit der Folge, dass in eine so erweiterte und veränderte Europäische Union auch die Türkei leichter einzupassen wäre als in die EU mit den bisherigen Strukturen. Außerdem hat die EU versäumt zu prüfen, welchen zusätzlichen strategischen Vorteil oder Nachteil sie durch neue Mitglieder gewinnt. Würde sie zum Beispiel die Türkei aufnehmen, täte sich ein völlig neuer außen- und sicherheitspolitischer Horizont auf: zum Beispiel durch die türkischen Beziehungen zu den Balkanstaaten, zum Nahen Osten und nach Zentralasien, ganz abgesehen von der kulturellen Bereicherung der EU, die eine Aufnahme eines muslimischen Landes mit seiner Kultur und Tradition nach sich zöge. Welches der neuen EU-Mitgliedsländer, die jetzt aufgenommen werden sollen, kann im Vergleich zur Türkei solche strategischen Optionen bieten?

Die zweite Fehleinschätzung betrifft den Modernisierungs- und Demokratisierungswillen der Türkei. Viele Europäer haben geglaubt, es sei ein geringes Risiko, der Türkei den EU-Kandidatenstatus zu verleihen, denn sie werde ohnehin niemals die EU-Aufnahmekriterien erfüllen.

Das Verhalten der Türkei vor dem Helsinki-Beschluss der EU gab diesen Skeptikern auch Recht. Aber in den vergangenen drei Jahren hat die Türkei trotz schwerer Wirtschafts- und Finanzkrise großen Reformschub geleistet und damit die wesentlichen Punkte der Kopenhagener Kriterien erfüllt. Ohne die Beitrittsperspektive von Helsinki hätte die Türkei dies nicht geschafft.

Es war von der EU damals richtig, der Türkei den Kandidatenstatus zu geben. Es ist richtig, die Erfüllung der Aufnahmebedingungen zu fordern. Aber es ist falsch, immer neue Vorwände zur erfinden, um die EU-Beitrittsverhandlungen mit der Türkei auf den Sankt-Nimmerleins-Tag hinauszuschieben.

Wulf Schönbohm ist Türkei-Landesbeauftragter der Konrad-Adenauer-Stiftung in Ankara

Quelle: DIE ZEIT 43/2002 vom 17. 10. 2002.

M 3: Wir erweitern uns zu Tode

Die Türkei wird keine westliche Demokratie. Ihr fehlen dafür die historischen Voraussetzungen. Ein Beitritt Ankaras in die Europäische Union würde beide Seiten politisch und emotional überfordern

Von Heinrich August Winkler

Kleine Ursachen, große Wirkungen: Konnte es sein, dass rhetorische Entgleisungen im deutschen Bundestagswahlkampf, die Präsident George W. Bush nachhaltig verstimmt haben, der Türkei zu der seit langem erstrebten Vollmitgliedschaft in der Europäischen Union verhelfen? Washington wünscht eine baldige Aufnahme von Beitrittsverhandlungen. Berlin erwartet offenbar amerikanische Absolution, wenn es sich in der EU für dieses Anliegen stark macht. Bundeskanzler Schröder und Außenminister Fischer tun dies seit kurzem. Auf dem Brüsseler EU-Gipfel am 25. Oktober sind sie mit ihrer neuen Linie noch nicht durchgedrungen. Aber immerhin können sie dem amerikanischen Präsidenten nur sagen, sie hätten ihr Bestes getan und würden ihre Bemühungen fortsetzen.

Vor drei Jahren, unter der Präsidentschaft von Bill Clinton, hat der massive Druck der US-Regierung zu einer wichtigen, die Türkei betreffenden Entscheidung der EU geführt: im Dezember 1999, als auf dem Gipfel in Helsinki Ankara der Status eines Kandidaten zuerkannt wurde. Dass Amerika die Türkei rasch in der Europäischen Union sehen möchte, hat in erster Linie geostrategische Gründe: Wenn der Nato-Partner am Bosporus umfassender als bisher in den Westen eingebunden wird, stärkt das mittelbar die Position der Vereinigten Staaten in einer weltpolitisch überaus wichtigen, weil erdölreichen Krisenregion: dem Nahen Osten. Der EU würde ein Beitritt der Türkei gemeinsame Außengrenzen mit Syrien, Irak, Iran, Armenien und Georgien sowie ein brisantes Nationalitätenproblem verschaffen: das kurdische. Imperial overstretch, räumliche Überdehnung, hat der Historiker Paul Kennedy als eine Ursache des Niedergangs großer Reiche ausgemacht. Die Europäische Union ist kein Reich und will keines werden. Aber eine räumliche Überdehnung, wie ein Beitritt der Türkei sie zur Folge hätte, würde die EU nicht stärken, sondern in eine tiefe Krise ihres Selbstverständnisses stürzen, also schwächen. Mit einer solchen EU lässt sich nichts stabilisieren, weder die Türkei noch gar der Nahe Osten.

Eine innere Krise der Europäischen Union ist deshalb unausweichlich, weil die Türkei und Europa sich in ihren historischen Prägungen und infolgedessen in ihren politischen Kulturen stark unterscheiden. Wenn wir von der politischen Kultur Europas sprechen, meinen wir die des historischen »Okzidents«: desjenigen Teils von Europa, der bis zur Reformation sein geistliches Zentrum in Rom hatte. Nur im Okzident, nicht aber im byzantinisch geprägten Teil von Europa hat sich im Mittelalter jene Trennung von geistlicher und weltlicher Gewalt vollzogen, die zur Urform der Gewaltenteilung und des modernen Pluralismus geworden ist. Erst dieser Pluralismus hat die Entstehung der westlichen Demokratie möglich gemacht.

Die Trennung von weltlicher und geistlicher Gewalt hat ihren tieferen Grund in der Unterscheidung zwischen den Sphären von Gott und Kaiser: »So gebet dem Kaiser, was des Kaisers ist, und Gott, was Gottes ist« (Matth. 22, 21). Diese spezifisch christliche Unterscheidung ist für den Westen grundlegend geworden; sie hat, so paradox es klingt, seine geschichtlich gewachsene Säkularisierung erst ermöglicht. Wer die historische Einzigartigkeit der westlichen Säkularisierung hervorhebt, stellt einen Sachverhalt fest und proklamiert keinen Kulturkampf. Den Sachverhalt leugnen hieße eine Geschichte verdrängen, die nach wie vor den Wesenskern des Westens bildet.

Der EU werden außer Griechenland künftig auch andere byzantinisch geprägte Staaten Südosteuropas und des Mittelmeerraums angehören: Zypern, jedenfalls dessen Südteil, und etwas später auch Bulgarien und Rumänien. Sie werden keine Fremdkörper in der EU bilden, weil sie sich der politischen Kultur des Westens geöffnet und diese sich anzueignen begonnen haben. Vermutlich wird man das eines Tages auch von islamisch geprägten Teilen des Balkans sagen können, obschon für sie der Weg zum Eintritt in die EU noch viel Zeit in Anspruch nehmen wird.

Der Fall der Türkei liegt anders. Mit der Türkei würde ein Land Mitglied der EU, das geografisch überwiegend nicht zu Europa, sondern zu Asien gehört. Die politische Kultur der Türkei unterscheidet sich weiter scharf von der des Westens. Die Modernisierung, die Präsident Kemal Atatürk (1923 bis 1938) begonnen hat, lief auf eine mit autoritären Mitteln durchgesetzte Teilverwestlichung hinaus. Zwar ist die Türkei der einzige durch freie Wahlen legitimierte, rein weltliche Nationalstaat im islamischen Nahen Osten. Bis heute aber beruht diese Errungenschaft auf einem hohen Maß an Zwang. Das Militär übt im politischen Entscheidungsprozess eine Vetomacht aus, die mit westlichen Vorstellungen von Demokratie unvereinbar ist. Daran dürfte sich auch nach dem Wahlsieg der gemäßigten Islamisten nichts ändern. Trotz aller Reformen, zu denen sich die Türkei seit dem Beschluss von Helsinki, zumindest auf dem Papier, bereit gefunden hat, ist sie noch immer keine Demokratie westlicher Prägung. Sie bleibt weit davon entfernt, eine entwickelte Zivilgesellschaft zu sein.

In allen anderen Staaten, denen die EU den Kandidatenstatus verliehen hat, gibt es, wenn auch in unterschiedlichem Maß, historische Voraussetzungen für ein europäisches »Wir-Gefühl«. Keiner dieser Staaten würde als Mitglied der EU die Werte der westlichen Demokratie infrage stellen. In der Türkei identifizieren sich große Teile der »verwestlichten« Elite mit Europa oder vielmehr mit dem Bild, das sie sich von Europa machen. Von der großen Masse der Bevölkerung Anatoliens kann man das nicht sagen. Aber auch in der Elite gibt es ein nationales Tabu, das westlichen Werten fundamental widerspricht. Eine offene Diskussion über den Völkermord an den Armeniern im Ersten Weltkrieg darf nicht stattfinden. Der Tatbestand als solcher wird von Staats wegen geleugnet.

Eine EU-Mitgliedschaft der Türkei würde beide Seiten, die Europäische Union und die Türkei, politisch und emotional überfordern. Historische Prägungen sind nicht auswechselbar; Identitäten lassen sich nicht verordnen. Eine privilegierte Partnerschaft käme den Interessen beider Seiten sehr viel mehr entgegen als eine de facto von außen, den Vereinigten Staaten, oktroyierte türkische Mitgliedschaft in der EU. Eine privilegierte Partnerschaft würde es der Türkei erleichtern, ihren eigenen, selbst bestimmten Weg in die Moderne zu gehen und damit ihr nationbuilding, ihre Demokratisierung und Pluralisierung ohne europäische Vormundschaft voranzubringen – wobei Pluralisierung auch Bejahung der Religionsfreiheit einschließt. Eine privilegierte Partnerschaft wäre eine ehrlichere Lösung als der Ausweg, auf den die Europäische Union verfallen ist: die wiederholte Vertagung der Bekanntgabe eines Termins für Beitrittsverhandlungen bei gleichzeitiger Aufrechterhaltung des Kandidatenstatus.

Wer die europäische Einigung vertiefen will, darf die EU nicht ohne Maß erweitern. Eine Erweiterung ohne Rücksicht auf die Geschichte wäre eine maßlose Erweiterung. Eine Erweiterung auf Kosten des Zusammenhalts würde den Westen nicht stärken. In einer Zeit, in der das offizielle Washington westliche Errungenschaften wie die Herrschaft des Rechts auch in den internationalen Beziehungen offen infrage stellt, muss Europa umso entschlossener an diesen Werten festhalten.

Das kann Europa nur gelingen, wenn es sich fester zusammenschließt. Eine Ausdehnung der EU über die Grenzen Europas hinaus würde das Gegenteil bewirken: nicht die Vertiefung der Union, sondern ihre allmähliche Auflösung. Die langfristigen Folgen einer solchen Entwicklung sind absehbar. Ein Europa, das kein Bewusstsein seiner eigenen Identität hat, wird eine Renaissance der Nationalismen erleben. Die Europäische Union hat es in der Hand, ihre Selbstzerstörung zu verhindern. Wenn sie sich aber weigert, die Grenzen ihrer Erweiterbarkeit zu erkennen, wird sie es bald nicht mehr können.

Heinrich August Winkler ist Professor für Neueste Geschichte an der Humboldt-Universität in Berlin und Autor der zweibändigen deutschen Geschichte »Der lange Weg nach Westen«

Quelle: DIE ZEIT 46/2002 vom 17. 11. 2002.

M 4: Wo liegst du, Europa?

Die Identität des Kontinents ist nicht eindeutig. Aber es gibt Kriterien, an denen man sie erkennt

Von Jürgen Kocka

Man weiß aus der Geschichte, wie normal der Krieg als Geburtshelfer von Nationalstaaten ist. Kaum einer der westlichen Nationalstaaten ist ohne Krieg entstanden. Der Kampf mit anderen förderte die eigene Identität. Die Erinnerung an Blut, Sieg oder Niederlage, an Triumphe und Katastrophen hat im kollektiven Gedächtnis der Nationen immer eine zentrale Rolle gespielt, oft mythisch überhöht, in Denkmälern verkörpert, auch instrumentalisiert. Das stärkte den inneren Zusammenhalt, bis hin zur Bereitschaft der Einzelnen, für ihr Land, falls nötig, zu sterben. Kann sich eine europäische Identität, eine staatsähnliche europäische Union ohne die Geburtshilfe des Krieges herausbilden – auf Dauer, stabil und verankert nicht nur in den Köpfen, sondern auch in den Herzen der Europäer?

Die kurze Antwort: Krieg und Kriegsgefahr haben bereits kräftig zur Herausbildung eines europäischen Selbstverständnisses, eines europäischen Zusammenhalts beigetragen. In der Aggression der Kreuzzüge schloss sich die abendländische Christenheit fester zusammen. In der Abwehr der Türken bildete sich europäische Gemeinsamkeit und ergaben sich praktische Gelegenheiten, den Begriff Europa zu verwenden und zu verbreiten. Durch die Katastrophen des Ersten und des Zweiten Weltkriegs wurden die Europa-Idee und die Europa-Bewegung beflügelt. Und in der Ära des Kalten Kriegs hat die Wahrnehmung der sowjetischen Gefahr den Zusammenschluss des westlichen Kleineuropas erleichtert.

Aber zwei entscheidende Einschränkungen sind am Platz. Erstens antworteten der Appell an Europa, die Hoffnung auf Europa, die Betonung der europäischen Gemeinsamkeit meist nicht auf die Erfahrung des Kriegs mit anderen, sondern auf das Leiden am Krieg innerhalb Europas. Auf die blutigen Religionskriege und den Dreißigjährigen Krieg folgten Beschwörungen Europas als eines gemeinsamen Friedensraums. Nachdem LudwigXIV. und Napoleon Europa mit Kriegen überzogen hatten, wurde im Gegenzug die Besinnung auf das gemeinsame Europa stärker. Auch die beiden Weltkriege des 20. Jahrhunderts, die Schübe des Europa-Bewusstseins und der Europabewegung auslösten, waren zunächst und vor allem innereuropäische Kriege. In den folgenden Generationen hat die Furcht vor einer Wiederkehr der blutigen Exzesse des Nationalismus dazu geführt, auf die Vereinigung Europas zu setzen. Weniger der äußere Feind als vielmehr die innere Zwietracht hat blutige Geburtshelferdienste für Europa geleistet.

Zweitens sollte die Analogie zwischen Nationalstaatsbildung und europäischer Integration nicht überstrapaziert werden. Die europäische Integration verläuft in vieler Hinsicht anders als die Konstituierung der Nationalstaaten. Sie ist etwas Neues, und historische Parallelen zu ziehen führt deshalb rasch in die Irre. Insgesamt ist die Hoffnung berechtigt, dass sich europäische Identität und europäische

Union zukünftig ohne den großen äußeren Feind vorantreiben lassen, ohne Krieg und ohne den Zusammenstoß der Zivilisationen, vor dem Huntington warnt.

Ohne Krieg wird es hoffentlich gehen, ohne Differenz und Differenzbestimmung aber nicht. Europa-Bewusstsein bildete sich im Vergleich, im Selbstvergleich mit anderen heraus, durch Betonung der Unterschiede zwischen Europa und den nichteuropäischen Teilen der Welt. Es lassen sich dabei verschiedene Typen der Argumentation unterscheiden: zum einen das Reden vom überlegenen Europa, das im 19. und 20. Jahrhundert verbreiteter war als heute, vor allem gegenüber Asien und Afrika. Dieses Überlegenheitsgefühl wurde aber immer konterkariert durch häufige Selbstkritik von Europäern, die über andere Erdteile berichteten. Zum andern gab es die Rede vom bedrohten Europa, das sich mit der Überlegenheit eines anderen konfrontiert sah. Im 19. und 20. Jahrhundert betraf das vor allem die technische, wissenschaftliche oder kommerzielle Übermacht Amerikas. Besonders interessant ist drittens das Reden von Europa als Ausgangspunkt universaler Modernisierung. Dabei sieht man Europa als Region, von der die Menschenrechte, die moderne Wissenschaft und manche andere neuzeitliche Errungenschaft ausgingen, die mittlerweile weltweite Geltung beanspruchen. Diese Art europäischen Selbstvergleichs muss nicht in Überheblichkeit enden, sondern kann zu Selbstbewusstsein mit Verantwortung und Augenmaß führen. Für die Bildung und Stärkung europäischen Bewusstseins ist der Selbstvergleich zentral. Dass er möglichst ohne Stereotype und Feindbilder gelingt, darum muss man sich bemühen.

Zwei Referenzregionen sind heute wie früher zentral: die islamische Welt und das nördliche Amerika. Die ausgeprägte Differenz zwischen Europa und der islamischen Welt ist unübersehbar, erfahrbar und nicht wegzureden. Die Differenz zu Amerika ist subtiler, fragwürdiger und ungesicherter. Zur Befestigung europäischer Identität und gesamteuropäischer Handlungsfähigkeit ist die Abgrenzung gegenüber Amerika jedoch unabdingbar, auch wenn in Bezug auf grundsätzliche Werte Übereinstimmung besteht. An relevanten amerikanisch-europäischen Unterschieden fehlt es keineswegs. Europa hat auf dem Weg zu seiner Einheit mit erheblich mehr eingeschliffener und institutionalisierter Vielfalt von Nationen und Traditionen zurechtzukommen. Anders als in Amerika ist der europäische Einigungsversuch durch die Erfahrung vorangehender Katastrophen geprägt. Er ist der Versuch, daraus zu lernen. Das Verhältnis von individueller Freiheit und Solidarität, von Konkurrenz und Wohlfahrt wird in Europa anders bestimmt als in den USA. Durch den Sozialstaat unterscheiden wir uns von den Amerikanern. Dessen gegenwärtige Krise gefährdet nicht nur Wachstum und Wohlstand, sondern auch das sich mühsam herausbildende europäische Selbstbewusstsein. Leider sieht es jedoch zurzeit nicht danach aus, dass der nötige Umbau des Sozialstaats gelingen wird.

Wenn Europa eine politische Union sein will, muss es Grenzen haben. Inklusion ist ohne Exklusion nicht zu haben, ohne ein Außen kann es kein Innen geben. Giscard d'Estaings Vorentwurf eines Verfassungsvertrags spricht in Artikel 1 von der zu bildenden Union, »die allen europäischen Staaten . . . offen steht«. Er setzt also den Begriff »europäisch« voraus. Mustert man die Umschreibungen von »europäisch«, wie sie in den letzten zwei Jahrhunderten vorgeschlagen worden sind, so gab und gibt es viel Übereinstimmung. Einige Landstriche gehören ganz fraglos dazu, die Lombardei zum Beispiel oder Berlin. Es gibt Teile der Welt, die niemand je zu Europa gerechnet hat, Kirgisien zum Beispiel, oder seinerzeit das Ottomanische Reich. Die Zugehörigkeit anderer Länder zu Europa blieb umstritten. Je nach Zeit- und Blickpunkt finden sich wechselnde Zurechnungen, vor allem Russlands.

Es gibt zahlreiche Argumente, mit denen die Gemeinsamkeit Europas begründet und seine Grenzen definiert werden. Tragfähig sind vor allem zwei: erstens der Verweis auf die gemeinsame Kultur. Religion, Geschichte, Sitte, Recht, politische Kultur und übereinstimmende Werte sind verbindende Elemente. Dabei dürfen natürlich die zahlreichen und tiefgreifenden kulturellen Unterschiede innerhalb Europas nicht übersehen werden. Zweitens erweist sich das Argument des verbindenden Kommunikationszusammenhangs als tragfähig, also der Verweis auf den Austausch zwischen Herrschenden, Wissenschaftlern, Künstlern und Gebildeten, aber auch auf das Wandern der Handwerksgesellen, den Verkehr zwischen den Kaufleuten und den öffentlichen Austausch der politischen Argumente. Mit unterschiedlicher, aber insgesamt zunehmender Dichte verbanden solche Kommunikationen die Teile Europas miteinander, während sie zu den Rändern hin ausdünnten. Mit beiden Argumenten kommt man weit, wenn man den inneren Zusammenhang Europas begründen will. Aber zu einer scharfen Grenzziehung im Osten Europas führen sie nicht. Jedes dieser Argumente hat überdies etwas Konstruktivistisches an sich. Sie beschreiben nicht nur Befunde, sie reflektieren auch Absichten und Entwürfe. Sie wechseln je nach Standort. Es geht um das Problem des mental mapping.

Die Autoren der zukünftigen Verfassung Europas können sich also nicht auf einen allgemein geteilten, ein für alle Mal festliegenden Begriff »europäisch« beziehen. Letztlich werden die Grenzen ein Produkt politischer Entscheidung sein, allerdings unter Beachtung der gegebenen Verhältnisse und orientiert an ausgewiesenen Kriterien.

Das Erste ist der Bezug auf die Werte der Union. Nur wer sie teilt, kann zu Europa im Sinne der Europäischen Union gehören, so argumentiert der Verfassungsvertrag zu Recht. Er nennt als Werte der Union: Menschenwürde, Grundrechte, Demokratie, Rechtsstaat, Toleranz und das Völkerrecht. Aber dies sind universalistische Werte, die nicht nur für Europa gelten, sondern auch in anderen Teilen der Welt. Deshalb schaffen sie Abgrenzung nur hic et nunc, nicht aber auf Dauer und prinzipiell. Man kann nur sagen, und dies sagt man ja auch in den gegenwärtigen Verhandlungen über den Beitritt neuer Mitglieder: Dieses Land erfüllt die Voraussetzungen der Zugehörigkeit derzeit nicht. Und das Land antwortet: noch nicht und bemüht sich um ihre Erfüllung in der Zukunft. Im Prinzip könnte Europa nach diesem Kriterium ständig wachsen und immer größere Teile der Welt umfassen, sofern immer größere Teile der Welt ihre Verhältnisse und Verhaltensweisen an den genannten Werten ausrichteten. So sehr das politisch zu wünschen wäre, so ungute Konsequenzen hätte dies für die Gestalt Europas, das dann prinzipiell grenzenlos wäre. Das Kriterium Wertebezug reicht also nicht aus, um Grenzziehungen zu begründen.

Deshalb muss ein zweites Kriterium berücksichtigt werden: das der »demokratischen Handlungsfähigkeit«. Damit ein politisches Gebilde handlungsfähig und zugleich demokratisch ist, braucht es einen gemeinsamen Fundus von innerer Kommunikation und relevanten Gemeinsamkeiten. Es darf nicht zu heterogen und muss in sich ausbalanciert sein. Manche sprechen vom nötigen Vertrauen, das zwischen denen vorhanden sein muss, die im Gemeinwesen handeln; andere vom sozialen Kapital, wieder andere von politischer Kultur. All das geht über den Bezug auf universale Werte deutlich hinaus und hat viel mit gemeinsamer Kultur und gemeinsamer Geschichte zu tun. Würde man das beim Auf- und Ausbau Europas nicht beachten, würde man sich übernehmen. Man schüfe ein Gebilde, das bald wieder zerfallen müsste. Das europäische Projekt kann noch scheitern.

Was folgt daraus für die entstehende europäische Verfassung? Sie sollte keine ein für alle Mal feststehenden Grenzen ziehen, und sie darf die Grenzziehung nicht absolut setzen. Denn die Grenze ist immer auch ein Konstrukt, sie enthält immer ein Stück Abwägung und Entscheidung. Prinzipiell muss Änderung möglich sein. Aber die Hürden für jede spätere Erweiterung sollten sehr hoch gelegt werden. Grenzveränderungen in späteren Jahren und Jahrzehnten sollten an ein sehr hohes Quorum und an die Zustimmung der europäischen Bevölkerung in einem Referendum gebunden werden, verknüpft mit dem Recht unterliegender Mitgliedsstaaten auszutreten. Fest steht: Jetzt und in absehbarer Zeit würde sich Europa übernehmen, wenn es Länder wie die Türkei und Russland einbezöge. Das muss rasch und eindeutig gesagt werden, statt dass, wie derzeit im Fall der Türkei, über einen Termin für den Beginn von Beitrittsverhandlungen nachgedacht wird.

Es geht nicht nur darum, wo die Grenze zu ziehen ist, sondern wie sie gestaltet wird. Europa hat immer von seiner Weltoffenheit gelebt, es darf und wird sich auch zukünftig nicht abschotten, es darf und wird keine Festung werden. Entsprechend werden die einschlägigen Politikbereiche zu gestalten sein, die Zoll- und Außenwirtschaftspolitik, die Einwanderungspolitik, die Außen- und erst recht die Militärpolitik, denn Europa muss auch außerhalb seiner Grenzen militärisch handeln können.

Sehr zu begrüßen ist, dass Artikel 42 des jetzt vorgelegten Vorentwurfs Bestimmungen für möglich erklärt, »die eine besondere Beziehung zwischen der Union und Nachbarstaaten festlegen«. Wie die besondere Beziehung zu den Nachbarstaaten auszugestalten ist, bleibt auszuhandeln und zu entscheiden. Der Verfassungsvertrag sollte in diesem Zusammenhang die Möglichkeit offen halten, dass Abgeordnete der Nachbarländer im Europäischen Parlament Gastrecht erhalten und umgekehrt europäische Parlamentarier in befreundeten Ländern hospitieren können. Denn was in Europa beschlossen wird, wirkt sich oft auf die Nachbarn aus, und das gilt auch in umgekehrter Richtung. Die Entwicklung besonderer Beziehungen zu Nachbarn, die dadurch der Union assoziiert werden, kann die Ablehnung ihrer vollen Mitgliedschaft in ihren psychologischen Wirkungen entschärfen und den Druck von den Nachbarn nehmen, unbedingt beitreten zu wollen.

Der Abstufung nach außen entsprechen Abstufungen im Innern der Union. Dass die Integration Europas, je nach unterschiedlicher Fähigkeit und Neigung der einzelnen Mitglieder, eine Integration mit unterschiedlichen Geschwindigkeiten werden muss und nicht homogen im Gleichschritt erfolgen kann, ist klar. Je weiter sich die Union ausdehnt, desto heterogener wird sie im Innern. Deshalb muss einzelnen Gruppen von Mitgliedsländern die Möglichkeit geboten werden, in bestimmten Politikbereichen, beispielsweise der Sozialpolitik, untereinander enger zu kooperieren als mit den anderen Mitgliedsstaaten. Entsprechende Instrumente kennen die EU-Verträge schon heute, doch ihre Anwendung muss erleichtert und ihr Spektrum vergrößert werden. Der Verfassungsvertrag sollte darauf hinwirken. Ansonsten droht die Gefahr politischer Unbeweglichkeit aufgrund gegenseitiger Blockaden in der größer gewordenen Union.

Betrachtet man die variablen Abstufungen im Innern und in den Außenbeziehungen im Zusammenhang, ergibt sich daraus: Die Unterscheidung von innen und außen kann nicht mehr in Form einer schroffen Entgegensetzung getroffen werden. Den abgestuften Beziehungen zwischen den Mitgliedsnationen entspricht eine Gradualisierung der Grenze nach außen. Nicht nur ihr Verlauf, sondern auch, was sie praktisch bedeuten soll, unterliegt politischer Gestaltung.

Quelle: DIE ZEIT 49/2002 vom 28. 11. 2002.

M 5: Das türkische Mosaik

Ein Irrtum zu meinen, Europa müsse am Bosporus enden

Von Seyla Benhabib

Die Entscheidung der fünfzehn europäischen Staats- und Regierungschefs, die Aufnahme der Türkei in die Europäische Union auf absehbare Zeit zu verschieben, ist nicht nur für die Türkei verhängnisvoll, sondern auch für die EU selbst. Der Europäischen Union bot sich die Chance, das wertvollste Erbe ihrer eigenen Aufklärungstraditionen zu bekräftigen, demzufolge Menschen überall auf der Welt durch den rechten Gebrauch der Vernunft und einen klug gelenkten Willen in der Lage sind, Demokratie, zivile Verhältnisse, Frieden und Wohlstand zu erlangen. Statt dessen trugen europäische Abwehrinstinkte und notdürftig verschleierte ethnozentrische Vorurteile den Sieg davon. Trotz einer Erweiterung um zehn ehemals kommunistische Länder zog die EU eine Grenze an den Wassern des Bosporus. Warum konnte sie den türkischen Mitgliedschaftsantrag nicht annehmen?

In den Wochen vor der Entscheidung von Kopenhagen führten nüchterne und sorgfältige Beobachter, denen rassistische und anti-muslimische Einstellungen fern liegen – so etwa Ex-Bundeskanzler Helmut Schmidt – verschiedene Gründe an. Zum einen wirtschaftliche Erwägungen: Da mit der Mitgliedschaft in der Europäischen Union die »Freizügigkeit von Personen, Waren, Dienstleistungen« zwischen den Staaten der Union einhergeht, so die Befürchtung, würde mit einer Aufnahme der Türkei die ohnehin schon beträchtliche türkische Bevölkerungszahl in Europa rund 1,9 Millionen in Deutschland und rund 800 000 in Frankreich – noch einmal schlagartig anwachsen. Die jetzt noch sorgfältig überwachte Einwanderung wäre nicht mehr zu stoppen.

Dieses Argument ist allenfalls auf den ersten Blick plausibel. Zunächst einmal ermöglichen Abkommen zur Familienzusammenführung, auf die sich die EU geeinigt hat, ganz offiziell die Einwanderung der Angehörigen von Gastarbeitern. Eine gewisse Zahl türkischer Bürger kommt so jährlich legal in die EU. Zudem unterliegen die Arbeitsmärkte in der Union einer genauen Regulierung. Während sich wahrscheinlich in den ersten Jahren nach dem Beitritt der Türkei ein Schwarzmarkt von billigen türkischen Arbeitskräften vor allem in Landwirtschaft und Baugewerbe bilden würde, könnte man langfristig eine illegale Arbeitsmigration durch flexiblere Arbeitsverträge in den Griff bekommen. Die gegenwärtigen Verhandlungen mit Polen werden hier vielleicht einen Weg weisen. Ohnehin kommen auch EU-Bürger, die in ein anderes Mitgliedsland umziehen wollen, nicht in den Genuss uneingeschränkter Sozialversicherungsleistungen und Aufenthaltsrechte, solange ihnen die Niederlassung nicht von den örtlichen Behörden erlaubt wurde. Warum sollte dies im Fall einer türkischen EU-Mitgliedschaft völlig anders sein?

Mehrheitsverhältnisse

Den wichtigsten Einwand aber liefert einer der wesentlichen wirtschaftlichen Vorteile einer EU-Mitgliedschaft der Türkei: Europäisches Kapital würde in das Land fließen und Arbeitsplätze schaffen, die zu einer Abnahme der Migration führen. Wenn man bedenkt, um wie vieles leichter als Arbeitskräfte sich Kapital in der EU bewegt, dann darf man wohl vermuten, dass nicht so sehr Horden von Türken in Berlin, Frankfurt, Wien, London und Paris einfallen werden; vielmehr könnten Horden von Deutschen, Schweden, Dänen, Franzosen und Belgiern die für strahlenden Sonnenschein und landschaftliche Schönheit bekannten türkischen Ägäis und Mittelmeerküsten erobern, wenn sie dort Ferien und Ferienhäuser kaufen dürften.

Die Gegner einer türkischen Mitgliedschaft führen ein weiteres Argument an, nämlich die politischen Folgen der türkischen Bevölkerungsentwicklung. Die Türkei zählt heute an die siebzig Millionen Einwohner, und ihre relativ hohe Geburtenrate beschwört im Zusammenspiel mit dem sich abschwächenden Bevölkerungswachstum vieler europäischer Länder die Furcht herauf, die EU könnte unter die Vorherrschaft einer muslimischen Mehrheit geraten. Mit Blick auf das Europäische Parlament, in dem jedes Land durch seine eigenen national gewählten europäischen Parteien vertreten wird, ist dieses Argument allerdings fragwürdig. Die Türkei wäre einer von vielen Akteuren und in keiner Weise tonangebend in einem Parlament von sechsundzwanzig nationalen Delegationen. Da so viele wichtige Entscheidungen auf EU-Ebene nicht durch Mehrheitsverfahren getroffen werden, ist es ein Ablenkungsmanöver zu behaupten, der den Türken auf Grund ihrer Größe zustehende Stimmenanteil im EU-Ministerrat würde die internen Regierungsstrukturen der EU verändern. Mit institutioneller Kreativität und der Bereitschaft, Neuland zu betreten, wurde im Ministerrat ein Gleichgewicht zwischen Frankreich, Deutschland, dem Vereinigten Königreich und Italien geschaffen, obwohl diese Staaten unterschiedliche Bevölkerungszahlen aufweisen. Dasselbe wäre auch im Fall der Türkei möglich gewesen.

Liefe dies auf eine Mitgliedschaft zweiter Klasse hinaus? Nein – sondern nur auf die Bekräftigung, dass nicht allein demographische Prinzipien die Mechanismen der politischen Repräsentation bestimmen. In der Politikwissenschaft wird derzeit eine weit reichende und wichtige Diskussion über Möglichkeiten der Repräsentation von Gruppen geführt, die auf anderen Prinzipien der Verhältnismäßigkeit als »one person, one vote« aufbauen. Voraussichtlich wird sich die EU zukünftig in wachsendem Maß auf verschiedenartige Mechanismen der politischen Willensbildung und Repräsentation stützen. Warum sollte man die Frage nach der politischen Rolle der Türkei in einer erweiterten Union nicht im Lichte neuer Modelle des Verhältniswahlrechts stellen?

Minderheitenpolitik

Das letzte Argument der Aufnahmegegner betrifft die Menschenrechtsbilanz und das nicht-demokratische islamische Erbe der Türkei. Tatsächlich ist der türkische Staat berüchtigt für seine Missachtung von Menschenrechten und Rechtsstaatlichkeit; die Skepsis der Europäer, dass ein im Sommer 2002 eilig verabschiedetes Gesetz zur Abschaffung der Todesstrafe und zur rechtlichen Aufwertung der kurdischen Sprache diese Probleme lösen könnte, ist nur zu berechtigt. Aber wie beim Kampf gegen die Apartheid in Südafrika vor zwei Jahrzehnten heißt die Alternative: Rückzug oder Engagement. Kein Zweifel, dass die EU weit mehr erreichen kann, um die schreckliche Menschenrechtsbilanz der Türkei zu verbessern und die Minderheitenrechte zu schützen, wenn sie sich weiterhin engagiert. Glaubt irgend jemand in Europa ernsthaft, die Türkei könne das Kurdenproblem allein lösen? Warum nimmt man sich nicht Irland zum Vorbild und sucht nach einem föderativen Rahmen, der dem über die Türkei, Iran, Irak und Syrien ausgebreiteten kurdischen Volk kulturelle Rechte und Selbstverwaltung garantiert?

Es ist jedenfalls heuchlerisch, angesichts des Kurdenproblems die Hände über dem Kopf zusammen zu schlagen und sich entsetzt zurückzuziehen, sobald sich eine Chance auftut, einen ernsthaften politischen Wandel herbeizuführen. Fast schon hat es Tradition in Europa, den Umgang der Türkei mit ihren religiösen und ethnischen Minderheiten – wie Griechen und Armeniern – zu bejammern, aber die Übernahme historischer Verantwortung zu verweigern, wenn sie am nötigsten wäre. Ein konstruktives Engagement der EU für die Türkei hätte zu einer gerechten Lösung des Kurdenproblems wesentlich mehr beitragen können als all das gottgefällige Klagen über deren unzweifelhaft miserable Menschenrechtssituation.

Die Türkei steht heute am Scheideweg. Die islamistischen Wurzeln der regierenden Partei für Gerechtigkeit und Erneuerung sind aktenkundig. Von Europa verschmäht, wird die Basis der Partei, konservativer als die herrschenden Eliten, ihre Führung zu einer Annäherung an die islamische Welt drängen. Die Aussicht auf einen Krieg im Irak, die quer durch das politische Spektrum von rechts bis links auf Ablehnung stößt, wird die offenen Fragen auf türkischer Seite nur vermehren. Enden Europas Grenzen an der Meerenge des Bosporus? Wohl kaum. Die türkische Geschichte war und ist mit der europäischen verflochten und wird es auch bleiben, ob von Reinheit träumende Europäer wie Hans-Ulrich Wehler dies anerkennen oder nicht. Ich denke hier an meine Vorfahren, sephardische Juden aus Spanien, denen das Osmanische Reich Zuflucht bot, als sie nach 1492 von der katholischen Inquisition verfolgt wurden. Die Osmanen, die 1453 Konstantinopel erobert hatten, luden die spanischen Juden in ihr Reich ein. Und sie kamen; über fünfhundert Jahre lang lebten sie nach ihren eigenen Traditionen und ihrem eigenen Glauben und fungierten als Mittler zwischen Europa und dem Osmanischen Reich. Mein Großvater, Untertan dieses Reiches und ein Seidenhändler, der zwischen Frankreich und der Türkei und mittels seiner Cousins auch mit Manchester Handel trieb, wäre sehr überrascht gewesen über die Entscheidung der EU, Europa am Bosporus enden zu lassen.

Seyla Benhabib ist Eugene Meyer Professor für Politische Wissenschaften und Philosophie an der Yale University. Aus dem Amerikanischen von Michael Adrian.

Quelle: Frankfurter Rundschau vom 28. 12. 2002

M 6: Unsere Erneuerung

Nach dem Krieg: Die Wiedergeburt Europas

Von Jacques Derrida und Jürgen Habermas

Jürgen Habermas und mir liegt es am Herzen, diese Analyse, die zugleich ein Aufruf ist, gemeinsam zu unterzeichnen. Wir halten es heute für notwendig und dringend, dass ungeachtet der Auseinandersetzungen, die uns in der Vergangenheit getrennt haben mögen, deutsche und französische Philosophen ihre Stimme gemeinsam erheben. Dieser Text wurde – man wird es leicht erkennen – von Jürgen Habermas verfasst. Ich selbst konnte auf Grund persönlicher Umstände keinen eigenen Text schreiben, obwohl ich es gerne getan hätte. Ich habe gleichwohl Jürgen Habermas vorgeschlagen, dass ich diesen Aufruf mit unterzeichne. Ich teile dessen maßgebliche Prämissen und Perspektiven: die Bestimmung von neuen europäischen politischen Verantwortungen jenseits jeden Eurozentrismus, den Aufruf zu einer abermaligen Bestätigung und effektiven Veränderung des internationalen Rechts und seiner Institutionen, insbesondere der Vereinten Nationen, eine neue Konzeption und eine neue Praxis der Verteilung der Staatsgewalten et cetera in einem Geist, wenn nicht gar in einem Sinn, die auf die kantische Tradition verweisen. Übrigens überschneiden sich die Bemerkungen von Jürgen Habermas in vielen Punkten mit Überlegungen, die ich kürzlich in meinem Buch »Voyou – Deux Essais sur la raison« (Galilée 2002) entwickelt habe. Von Jürgen Habermas und mir erscheint in den Vereinigten Staaten in wenigen Tagen ein Buch mit zwei Gesprächen, die jeder von uns in New York nach dem 11. September 2002 geführt hat. Bei allen offenkundigen Unterschieden in unseren Ansätzen und Argumentationen berühren sich auch hier unsere Ansichten im Hinblick auf die Zukunft der Institutionen des internationalen Rechts und die neuen Aufgaben für Europa. *Jacques Derrida*

Zwei Daten sollten wir nicht vergessen: nicht den Tag, an dem die Zeitungen ihren verblüfften Lesern von jener Loyalitätsbekundung gegenüber Bush Mitteilung machten, zu der der spanische Ministerpräsident die kriegswilligen europäischen Regierungen hinter dem Rücken der anderen EU-Kollegen eingeladen hatte; aber ebenso wenig den 15. Februar 2003, als die demonstrierenden Massen in London und Rom, Madrid und Barcelona, Berlin und Paris auf diesen Handstreich reagierten. Die Gleichzeitigkeit dieser überwältigenden Demonstrationen – der größten seit dem Ende des Zweiten Weltkrieges – könnte rückblickend als Signal für die Geburt einer europäischen Öffentlichkeit in die Geschichtsbücher eingehen.

Während der bleiernen Monate vor Ausbruch des Irak-Krieges hatte eine moralisch obszöne Arbeitsteilung die Gefühle aufgewühlt. Die logistische Großoperation des unaufhaltsamen militärischen Aufmarschs und die hektische Betriebsamkeit der humanitären Hilfsorganisationen griffen wie Zahnräder präzise ineinander. Das Spektakel vollzog sich ungerührt auch vor den Augen der Bevölkerung, die – jeder eigenen Initiative beraubt – das Opfer sein würde. Kein Zweifel, die Macht der Gefühle hat Europas Bürger gemeinsam auf die Beine gebracht. Aber gleichzeitig hat der Krieg den Europäern das längst angebahnte Scheitern ihrer gemeinsamen Außenpolitik zu Bewusstsein gebracht. Wie in aller Welt hat der burschikose Bruch des Völkerrechts auch in Europa einen Streit über die Zukunft der internationalen Ordnung entfacht. Aber uns haben die entzweienden Argumente tiefer getroffen.

Über diesem Streit sind die bekannten Bruchlinien nur um so schärfer hervorgetreten. Die kontroversen Stellungnahmen zur Rolle der Supermacht, zur künftigen Weltordnung, zur Relevanz von Völkerrecht und UN haben die latenten Gegensätze offen ausbrechen lassen. Die Kluft zwischen kontinentalen und angelsächsischen Ländern auf der einen, dem »alten Europa« und den mittelosteuropäischen Beitrittskandidaten auf der anderen Seite hat sich vertieft. In Großbritannien ist die special relationship zu den Vereinigten Staaten keineswegs unumstritten, aber nach wie vor steht sie in der Präferenzordnung von Downing Street ganz oben. Und die mittelosteuropäischen Länder streben zwar in die EU, ohne jedoch schon bereit zu sein, ihre eben erst gewonnene Souveränität wieder einschränken zu lassen. Die Irak-Krise war nur der Katalysator. Auch im Brüsseler Verfassungskonvent zeigt sich der Gegensatz zwischen den Nationen, die eine Vertiefung der EU wirklich wollen, und denen, die ein verständliches Interesse daran haben, den bestehenden Modus des intergouvernementalen Regierens einzufrieren oder bestenfalls kosmetisch zu verändern. Nun kann der Gegensatz nicht länger überspielt werden.

Die künftige Verfassung wird uns einen europäischen Außenminister bescheren. Aber was hilft ein neues Amt, solange sich die Regierungen nicht auf eine gemeinsame Politik einigen? Auch ein Fischer mit veränderter Amtsbezeichnung bliebe machtlos wie Solana. Einstweilen sind wohl nur die kerneuropäischen Mitgliedstaaten bereit, der EU gewisse staatliche Qualitäten zu verleihen. Was tun, wenn sich nur diese Länder auf eine Definition »eigener Interessen« einigen können? Wenn Europa nicht auseinander fallen soll, müssen diese Länder jetzt von dem in Nizza beschlossenen Mechanismus der »verstärkten Zusammenarbeit« Gebrauch machen, um in einem »Europa der verschiedenen Geschwindigkeiten« mit einer gemeinsamen Außen-, Sicherheits- und Verteidigungspolitik den Anfang zu machen. Davon wird eine Sogwirkung ausgehen, der sich die anderen Mitglieder – zunächst in der Eurozone – nicht auf Dauer werden entziehen können. Im Rahmen der künftigen europäischen Verfassung darf und kann es keinen Separatismus geben. Vorangehen heißt nicht ausschließen. Das avantgardistische Kerneuropa darf sich nicht zu einem Kleineuropa verfestigen; es muss – wie so oft – die Lokomotive sein. Die enger kooperierenden Mitgliedstaaten der EU werden schon aus eigenem Interesse die Türen offen halten. Durch diese Türen werden die Eingeladenen um so eher eintreten, je früher Kerneuropa auch nach außen handlungsfähig wird und beweist, dass in einer komplexen Weltgesellschaft nicht nur Divisionen zählen, sondern die weiche Macht von Verhandlungsagenden, Beziehungen und ökonomischen Vorteilen.

In dieser Welt zahlt sich eine Zuspitzung der Politik auf die ebenso dumme wie kostspielige Alternative von Krieg und Frieden nicht aus. Europa muss sein Gewicht auf internationaler Ebene und im Rahmen der UN in die Waagschale werfen, um den hegemonialen Unilateralismus der Vereinigten Staaten auszubalancieren. Auf Weltwirtschaftsgipfeln und in den Institutionen der Welthandelsorganisation, der Weltbank und des Internationalen Währungsfonds sollte es seinen Einfluss bei der Gestaltung des Designs einer künftigen Weltinnenpolitik zur Geltung bringen.

Die Politik eines weiteren Ausbaus der EU stößt heute allerdings an die Grenzen der Mittel administrativer Steuerung. Bisher haben die funktionalen Imperative der Herstellung eines gemeinsamen Wirtschafts- und Währungsgebietes Reformen vorangetrieben. Diese Antriebskräfte sind erschöpft. Eine gestaltende Politik, die den Mitgliedstaaten nicht nur die Beseitigung von Wettbewerbshindernissen, sondern einen gemeinsamen Willen abverlangt, ist auf die Motive und die Gesinnungen der Bürger selbst angewiesen. Mehrheitsbeschlüsse über folgenreiche außenpolitische Weichenstellungen dürfen nur dann auf Akzeptanz rechnen, wenn die unterlegenen Minderheiten solidarisch sind. Das setzt aber ein Gefühl der politischen Zusammengehörigkeit voraus. Die Bevölkerungen müssen ihre nationalen Identitäten gewissermaßen »aufstocken« und um eine europäische Dimension erweitern. Die auch heute schon ziemlich abstrakte staatsbürgerliche Solidarität, die sich auf Angehörige der eigenen Nation beschränkt, muss sich in Zukunft auf europäische Bürger anderer Nationen erstrecken.

Das bringt die Frage der »europäischen Identität« ins Spiel. Allein das Bewusstsein eines gemeinsamen politischen Schicksals und die überzeugende Perspektive für eine gemeinsame Zukunft können überstimmte Minderheiten von der Obstruktion eines Mehrheitswillens abhalten. Grundsätzlich müssen die Bürger einer Nation die Bürgerin einer anderen Nation als »eine von uns« betrachten. Dieses

Desiderat führt zu der Frage, die so viele Skeptiker auf den Plan ruft: Gibt es historische Erfahrungen, Traditionen und Errungenschaften, die für europäische Bürger das Bewusstsein eines gemeinsam erlittenen und gemeinsam zu gestaltenden politischen Schicksals stiften? Eine attraktive, ja ansteckende »Vision« für ein künftiges Europa fällt nicht vom Himmel. Heute kann sie nur aus einem beunruhigenden Empfinden der Ratlosigkeit geboren werden. Aber sie kann aus der Bedrängnis einer Situation hervorgehen, in der wir Europäer auf uns selbst zurückgeworfen sind. Und sie muss sich in der wilden Kakophonie einer vielstimmigen Öffentlichkeit artikulieren. Wenn das Thema bisher nicht einmal auf die Agenda gelangt ist, haben wir Intellektuelle versagt.

Auf Unverbindliches kann man sich leicht einigen. Uns allen schwebt das Bild eines friedlichen, kooperativen, gegenüber anderen Kulturen geöffneten und dialogfähigen Europas vor. Wir begrüßen das Europa, das in der zweiten Hälfte des zwanzigsten Jahrhunderts exemplarische Lösungen für zwei Probleme gefunden hat. Die EU bietet sich schon heute als eine Form des »Regierens jenseits des Nationalstaates« an, das in der postnationalen Konstellation Schule machen könnte. Auch die europäischen Wohlfahrtsregime waren lange Zeit vorbildlich. Auf der Ebene des Nationalstaates sind sie heute in die Defensive geraten. Aber hinter die Maßstäbe sozialer Gerechtigkeit, die sie gesetzt haben, darf auch eine künftige Politik der Zähmung des Kapitalismus in entgrenzten Räumen nicht zurückfallen. Warum sollte sich Europa, wenn es mit zwei Problemen dieser Größenordnung fertig geworden ist, nicht auch der weiteren Herausforderung stellen, eine kosmopolitische Ordnung auf der Basis des Völkerrechts gegen konkurrierende Entwürfe zu verteidigen und voranzubringen?

Ein europaweit angezettelter Diskurs müsste freilich auf bestehende Dispositionen treffen, die auf einen stimulierenden Selbstverständigungsprozess gewissermaßen warten. Dieser kühnen Annahme scheinen zwei Tatsachen zu widersprechen: Haben nicht die bedeutendsten historischen Errungenschaften Europas gerade durch weltweiten Erfolg ihre identitätsbildende Kraft eingebüßt? Und was soll eine Region zusammenhalten, die sich wie keine andere durch die fortbestehende Rivalität zwischen selbstbewussten Nationen auszeichnet?

Weil sich Christentum und Kapitalismus, Naturwissenschaft und Technik, römisches Recht und Code Napoleon, die bürgerlich-urbane Lebensform, Demokratie und Menschenrechte, die Säkularisierung von Staat und Gesellschaft über andere Kontinente ausgebreitet haben, bilden diese Errungenschaften kein proprium mehr. Die westliche, in der jüdisch- christlichen Überlieferung wurzelnde Geistesart hat gewiss charakteristische Züge. Aber auch diesen geistigen Habitus, der sich durch Individualismus, Rationalismus und Aktivismus auszeichnet, teilen die europäischen Nationen mit denen der Vereinigten Staaten, Kanadas und Australiens. Der »Westen« als geistige Kontur umfasst mehr als nur Europa.

Überdies besteht Europa aus Nationalstaaten, die sich polemisch gegeneinander abgrenzen. Das in Nationalsprachen, Nationalliteraturen und Nationalgeschichten ausgeprägte Nationalbewusstsein hat lange als Sprengsatz gewirkt. Freilich haben sich in Reaktion auf die Zerstörungskraft dieses Nationalismus auch Einstellungsmuster ausgebildet, die dem heutigen Europa in seiner unvergleichlichen, seiner ausladenden kulturellen Vielfalt aus der Sicht der Nichteuropäer doch ein eigenes Gesicht geben. Eine Kultur, die seit vielen Jahrhunderten durch Konflikte zwischen Stadt und Land, zwischen kirchlichen und säkularen Gewalten, durch die Konkurrenz zwischen Glauben und Wissen, den Kampf zwischen politischen Herrschaften und antagonistischen Klassen mehr als alle anderen Kulturen zerrissen worden ist, musste unter Schmerzen lernen, wie Unterschiede kommuniziert, Gegensätze institutionalisiert und Spannungen stabilisiert werden können. Auch die Anerkennung von Differenzen – die gegenseitige Anerkennung des anderen in seiner Andersheit – kann zum Merkmal einer gemeinsamen Identität werden.

Dafür sind die sozialstaatliche Befriedung von Klassengegensätzen und die Selbstbeschränkung der staatlichen Souveränität im Rahmen der EU nur die jüngsten Beispiele. Im dritten Viertel des zwanzigsten Jahrhunderts hat Europa diesseits des Eisernen Vorhangs nach den Worten von Eric Hobsbawm sein »goldenes Zeitalter« erlebt. Seit damals werden Züge einer gemeinsamen politischen Mentalität erkennbar, so dass die anderen in uns oft den Europäer eher wahrnehmen als den Deutschen oder den Franzosen – und das nicht nur in Hongkong, sondern selbst in Tel Aviv.

Es ist ja wahr: In den europäischen Gesellschaften ist die Säkularisierung verhältnismäßig weit vorangeschritten. Hier betrachten die Bürger Grenzüberschreitungen zwischen Politik und Religion eher mit Argwohn. Europäer haben ein relativ großes Vertrauen in die Organisationsleistungen und Steuerungskapazitäten des Staates, während sie gegenüber der Leistungsfähigkeit des Marktes skeptisch sind. Sie besitzen einen ausgeprägten Sinn für die »Dialektik der Aufklärung«, hegen gegenüber technischen Fortschritten keine ungebrochen optimistischen Erwartungen. Sie haben Präferenzen für die Sicherheitsgarantien des Wohlfahrtsstaates und für solidarische Regelungen. Die Schwelle der Toleranz gegenüber der Ausübung von Gewalt gegen Personen liegt vergleichsweise niedrig. Der Wunsch nach einer multilateralen und rechtlich geregelten internationalen Ordnung verbindet sich mit der Hoffnung auf eine effektive Weltinnenpolitik im Rahmen reformierter Vereinter Nationen.

Die Konstellation, die es den begünstigten Westeuropäern im Schatten des Kalten Krieges erlaubt hat, eine solche Mentalität zu entwickeln, ist seit 1989/90 zerfallen. Der 15. Februar zeigt aber, dass die Mentalität selbst ihren Entstehungskontext überlebt hat. Das erklärt auch, warum sich das »alte Europa« durch die forsche Hegemonialpolitik der verbündeten Supermacht herausgefordert sieht. Und warum so viele in Europa, die den Sturz Saddams als Befreiung begrüßen, den völkerrechtswidrigen Charakter der einseitigen, präventiven, ebenso verwirrend wie unzureichend begründeten Invasion ablehnen. Allein wie stabil ist diese Mentalität? Hat sie Wurzeln in tiefer reichenden historischen Erfahrungen und Traditionen?

Heute wissen wir, dass viele politische Traditionen, die im Scheine ihrer Naturwüchsigkeit Autorität heischen, »erfunden« worden sind. Demgegenüber hätte eine europäische Identität, die im Licht der Öffentlichkeit geboren würde, etwas Konstruiertes von Anfang an. Aber nur ein aus Willkür Konstruiertes trüge den

Makel der Beliebigkeit. Der politisch-ethische Wille, der sich in der Hermeneutik von Selbstverständigungsprozessen zur Geltung bringt, ist nicht Willkür. Die Unterscheidung zwischen dem Erbe, das wir antreten, und dem, welches wir zurückweisen wollen, verlangt ebenso viel Umsicht wie die Entscheidung über die Lesart, in der wir es uns aneignen. Historische Erfahrungen kandidieren nur für eine bewusste Aneignung, ohne die sie eine identitätsbildende Kraft nicht erlangen.

Zum Schluss einige Stichworte zu solchen »Kandidaten«, in deren Licht die europäische Nachkriegsmentalität ein schärferes Profil gewinnen könnte. Das Verhältnis von Staat und Kirche hat sich im modernen Europa diesseits und jenseits der Pyrenäen, nördlich und südlich der Alpen, westlich und östlich des Rheins anders entwickelt. Die weltanschauliche Neutralität der Staatsgewalt hat in verschiedenen europäischen Ländern eine jeweils andere rechtliche Gestalt angenommen. Aber innerhalb der zivilen Gesellschaft nimmt die Religion überall eine ähnlich unpolitische Stellung ein. Auch wenn man diese gesellschaftliche Privatisierung des Glaubens unter anderen Aspekten bedauern mag, hat sie für die politische Kultur eine wünschenswerte Konsequenz. In unseren Breiten ist ein Präsident, der seine täglichen Amtsgeschäfte mit öffentlichem Gebet beginnt und seine folgenreichen politischen Entscheidungen mit einer göttlichen Mission in Verbindung bringt, schwer vorstellbar.

Die Emanzipation der Bürgergesellschaft aus der Vormundschaft eines absolutistischen Regimes war nicht überall in Europa mit der Inbesitznahme und der demokratischen Umformung des modernen Verwaltungsstaates verflochten. Aber die ideelle Ausstrahlung der Französischen Revolution über ganz Europa erklärt unter anderem, warum hier die Politik in beiderlei Gestalt – sowohl als Medium der Freiheitssicherung wie als Organisationsmacht – positiv besetzt ist. Hingegen verband sich die Durchsetzung des Kapitalismus mit scharfen Klassengegensätzen. Diese Erinnerung verhindert eine ebenso unvoreingenommene Einschätzung des Marktes. Die verschiedene Bewertung von Politik und Markt mag die Europäer in ihrem Vertrauen auf die zivilisierende Gestaltungsmacht eines Staates bestärken, von dem sie auch die Korrektur von »Marktversagen« erwarten.

Das aus der Französischen Revolution hervorgegangene Parteiensystem ist oft kopiert worden. Aber nur in Europa dient es auch einem ideologischen Wettbewerb, der die sozialpathologischen Folgen der kapitalistischen Modernisierung einer fortgesetzten politischen Bewertung unterzieht. Das fördert die Sensibilität der Bürger für Paradoxien des Fortschritts. Im Streit der konservativen, liberalen und sozialistischen Deutungen geht es um die Abwägung von zwei Aspekten: Überwiegen die Verluste, die mit der Desintegration schützender traditionaler Lebensformen eintreten, die Gewinne eines schimärischen Fortschritts? Oder überwiegen die Gewinne, die die Prozesse schöpferischer Zerstörung heute für morgen in Aussicht stellen, die Schmerzen der Modernisierungsverlierer?

In Europa sind die lange nachwirkenden Klassenunterschiede von den Betroffenen als ein Schicksal erfahren worden, das nur durch kollektives Handeln abgewendet werden konnte. So hat sich im Kontext von Arbeiterbewegungen und christlich-sozialen Überlieferungen ein solidaristisches, auf gleichmäßige Versorgung abzielendes Ethos des Kampfes für »mehr soziale Gerechtigkeit« gegen ein individualistisches Ethos der Leistungsgerechtigkeit durchgesetzt, das krasse soziale Ungleichheiten in Kauf nimmt.

Das heutige Europa ist durch die Erfahrungen der totalitären Regime des zwanzigsten Jahrhunderts und durch den Holocaust – die Verfolgung und Vernichtung der europäischen Juden, in die das NS-Regime auch die Gesellschaften der eroberten Länder verstrickt hat – gezeichnet. Die selbstkritischen Auseinandersetzungen über diese Vergangenheit haben die moralischen Grundlagen der Politik in Erinnerung gerufen. Eine erhöhte Sensibilität für Verletzungen der persönlichen und der körperlichen Integrität spiegelt sich unter anderem darin, dass Europarat und EU den Verzicht auf die Todesstrafe zur Beitrittsbedingung erhoben haben.

Eine bellizistische Vergangenheit hat einst alle europäischen Nationen in blutige Auseinandersetzungen verstrickt. Aus den Erfahrungen der militärischen und geistigen Mobilisierung gegeneinander haben sie nach dem Zweiten Weltkrieg die Konsequenz gezogen, neue supranationale Formen der Kooperation zu entwickeln. Die Erfolgsgeschichte der Europäischen Union hat die Europäer in der Überzeugung bestärkt, dass die Domestizierung staatlicher Gewaltausübung auch auf globaler Ebene eine gegenseitige Einschränkung souveräner Handlungsspielräume verlangt.

Jede der großen europäischen Nationen hat eine Blüte imperialer Machtentfaltung erlebt und, was in unserem Kontext wichtiger ist, die Erfahrung des Verlusts eines Imperiums verarbeiten müssen. Diese Abstiegserfahrung verbindet sich in vielen Fällen mit dem Verlust von Kolonialreichen. Mit dem wachsenden Abstand von imperialer Herrschaft und Kolonialgeschichte haben die europäischen Mächte auch die Chance erhalten, eine reflexive Distanz zu sich einzunehmen. So konnten sie lernen, aus der Perspektive der Besiegten sich selbst in der zweifelhaften Rolle von Siegern wahrzunehmen, die für die Gewalt einer oktroyierten und entwurzelnden Modernisierung zur Rechenschaft gezogen werden. Das könnte die Abkehr vom Eurozentrismus befördert und die kantische Hoffnung auf eine Weltinnenpolitik beflügelt haben.

Quelle: Frankfurter Allgemeine Zeitung vom 31. 5. 2003.

M 7: Grundlagen europäischer Solidarität

Von Ernst-Wolfgang Böckenförde

Politiker sprechen von Europa oft als von einer Wertegemeinschaft, manche verweisen gar auf das Christentum als den gemeinsamen kulturellen Boden der Völker Europas. Als Grundlage politischer Solidarität in der auf 25 Staaten gewachsenen Europäischen Union taugen beide Faktoren nicht viel. Mehr leisten können ein europäisches Geschichtsbild und ein europäisches Nation-Bewusstsein – und der politische Wille zu einer Union der Völker Europas.

Die Erweiterung der Europäischen Union lässt die Frage nach den Grundlagen dieser Gemeinschaft europäischer Staaten und Völker wieder aktuell werden. Was verbindet die Staaten und Völker Europas und bildet den gemeinsamen Boden, damit diese Gemeinschaft lebensfähig ist, über eine abstrakte, eher gouvernemental-bürokratische Organisation hinauswächst und von den Bürgern getragen und als auch ihr eigenes Werk empfunden wird?

In der Politik beruft man sich oft auf eine europäische Solidarität, die gegeben sei und die es zu aktivieren gelte. Aber was meint eine solche Solidarität, was sind ihre Grundlagen, und worin findet sie ihren Ausdruck? Hier erscheint einiges an Klärung und Vergewisserung notwendig, sollen nicht Schlagworte die Oberhand gewinnen.

Solidarität bezeichnet zum einen eine gewisse Verbundenheit von Menschen untereinander und ihre Angewiesenheit aufeinander, weil jeder allein und für sich sein Leben nicht sinnvoll führen kann. Das ist die empirische Seite. Solidarität meint zugleich, darauf bezogen, eine Art des Einstehens füreinander. Sie ist mit positivem Tun oder Leistungen verbunden, die man für andere erbringt, seien es einzelne Personen, sei es eine bestimmte Gemeinschaft oder Gesellschaft. Das ist die normative Seite. Solidarität geht, so gesehen, über die bloße Anerkennung anderer Menschen in ihrem Eigensein, über das elementare Gebot der Nichtstörung und Nichtverletzung (neminem laedere) hinaus; sie ist auf Gemeinschaftsbindungen und gemeinschaftsbezogene Aktivität gerichtet.

So umschrieben, ist Solidarität ein offener Begriff. Seinen besonderen Gehalt erfährt er von der Art der Verbundenheit und Angewiesenheit, genauer von der Art der Gesellschafts- oder Gemeinschaftsbeziehung, innerhalb deren Solidarität notwendig ist und eingefordert wird. Eine Handelsunion bedarf einer Solidarität, bezogen auf Handelsfragen, nicht auch einer politischen Solidarität. Wieder anders ist die Solidarität innerhalb der gesetzlichen sozialen Sicherungssysteme:

Solidarität gibt es zwischen den Versicherten (Solidarprinzip) und zwischen Arbeitgebern und Arbeitnehmern (Parität). Entscheidend sind mithin Ziel und Zweck einer Gemeinschaft. Von dorther definiert sich der nähere Inhalt der Verbundenheit und wechselseitigen Angewiesenheit aufeinander, der empirischen wie auch der normativen Solidarität.

Ist von europäischer Solidarität, ihren Grundlagen und Ausdrucksformen die Rede, setzt das eine Antwort auf die Frage nach Ziel und Zweck der Europäischen Union voraus. Es ist fraglich, ob die gegenwärtigen und künftigen Mitgliedstaaten darüber wirklich einig sind. Als Ziel und Zweck wird jedoch immer wieder eine auch politische Union der Völker und Staaten Europas vorgestellt, nicht etwa nur eine Freihandelszone. Auf sie hin sind die offiziellen Bemühungen und Verlautbarungen gerichtet. Geht man von dieser Zielvorstellung aus, ist die Europäische Union auf eine nicht nur ökonomische oder humanitär-soziale, sondern eine auch politische Solidarität angewiesen. Was ist damit, auf die Europäische Union bezogen, gemeint? Sprechen wir von politischer Solidarität, handelt es sich um eine Solidarität, die auf das Zusammenleben in seiner gesamthaften, die einzelnen Bereiche übergreifenden, eben politischen Dimension bezogen ist. Sie ist in der EU auf das gemeinschaftliche Zusammenleben mit anderen Völkern und Nationen gerichtet und so, dass sie die politische Gemeinschaft existenz- und handlungsfähig macht und erhält.

Damit die (normative) Solidarität akzeptiert und geleistet wird, reicht es noch nicht aus, dass alle so miteinander Verbundenen Menschen sind und sich als solche anerkennen. Es bedarf darüber hinaus eines gewissen Maßes an Gemeinsamkeit, näherhin an Übereinstimmung über die Art und Weise und über Grundsätze des gemeinsamen Zusammenlebens. Diese Übereinstimmung kristallisiert sich in Fragen wie »Wer sind wir?«, und »Wie sollen und wollen wir miteinander leben?« Sie kann Raum lassen für vielfache Eigenheit und Unterscheidung (und wird das auch müssen), aber sie muss zugleich eine gewisse Gemeinsamkeit aufweisen, eine rationale und in gewissem Umfang auch emotionale Gemeinsamkeit.

Auf der Grundlage dieses Wir-Gefühls kommt es als Ausdruck der Solidarität zur Anerkennung gemeinsamer Verantwortung, von Einstandspflichten und wechselseitiger Leistungsbereitschaft. Es ist der »sense of belonging«, von dem Lord Dahrendorf spricht, das Bewusstsein, Empfinden und der Wille, eine Gemeinschaft zu bilden, ihr anzugehören und an ihr – im Angenehmen und Nützlichen wie im Schweren und Belastenden – teilzuhaben.

Was aber sind nun die Grundlagen und Faktoren einer solchen politischen Solidarität? Woraus bildet sich und entsteht eine derartige, auf auch politische Zusammengehörigkeit bezogene und sie tragende Gemeinsamkeit? Hier lässt sich mehreres benennen.

Einmal die Religion beziehungsweise Konfession – auch mehrere Konfessionen einer Religion nebeneinander, sofern sie hinsichtlich der Grundlagen und Formen des menschlichen Zusammenlebens nicht gegensätzliche Positionen vertreten, sondern konvergieren. Daraus begründen sich tief verwurzelte Gemeinsamkeiten im Blick auf die Frage: Wer sind wir, und wie wollen wir miteinander leben?

Sodann das Bewusstsein der Zugehörigkeit zu einem bestimmten Volk. Hier gilt es freilich Missverständnisse abzuwehren. Was ein Volk ausmacht, wird nämlich nur zu einem kleinen Teil durch naturale Gegebenheiten bestimmt, weit stärker durch kulturelle und mentale Gegebenheiten wie Sprache, Sitten und gemeinsames Bewusstsein. Was macht eine Gruppe von Menschen denn zu einem Volk? Werner von Simson, der entschiedene Europäer, hat dazu bemerkt: Wesentlich ist, dass diese Menschen sich selbst als Volk begreifen und darin von anderen Gruppen unterschieden wissen, dass sie Erinnerungen und Hoffnungen, gemeinsam erfahrenes Leid und erduldete Verachtung, gemeinsamen Erfolg und Stolz und vielleicht auch einen gemeinsamen Mythos, ein Heldenbild teilen.

So gesehen, ist es im Wesentlichen ein vorrational geprägtes, lebendig erhaltenes, über Generationen sich forttragendes und sich dabei auch veränderndes kollektives Bewusstsein und Gedächtnis, was ein Volk ausmacht. Das ist von weit tragender Bedeutung. Daraus erklären sich nämlich einerseits Beständigkeit und Assimilationskraft wie auch Abgrenzung eines Volkes, andererseits aber ebenso mögliche Entwicklungen und Veränderungen seiner Identität und Eigenart, indem zum Beispiel ein neu sich bildendes, anders gerichtetes oder weiter ausgreifendes Bewusstsein prägend wird.

Hinzu tritt das nationale Bewusstsein. Es meint ein gemeinsames politisches Selbstbewusstsein, verbunden mit politischem Selbstständigkeitswillen. Nation und Nationalbewusstsein sind nicht identisch mit Volk und Volksbewusstsein, wenngleich sie heutzutage oftmals konvergieren. Für das Nationalbewusstsein entscheidend ist sein politischer Charakter, während für das Volk auch eine ethnisch-kulturelle Gemeinsamkeit und eine darauf sich gründende Identität zureichend sind. Nationales Bewusstsein kann durchaus Volksidentitäten übergreifen und sie als solche bestehen lassen – ein Blick auf die Schweiz mit ihren drei bis vier ethnisch-kulturellen Volksindividualitäten und der einen einheitlichen politischen Eidgenossenschaft mag es belegen.

Bedeutung kann schließlich auch ein verfestigtes kulturelles Erbe haben, das sich auf eine bestimmte Lebensform oder Ordnungsgestalt bezieht, die als identitätsbegründend angenommen ist und fortgetragen wird. Der Inhalt, auf den sich solche Gemeinsamkeit bezieht, ist nicht auf einen bestimmten Typus festgelegt. Er kann sich etwa durch eine bewusste Achtung von Andersartigkeit und Pluralität auf der Basis der Achtung grundlegender Menschenrechte auszeichnen. Dann ergibt sich daraus eine mental verinnerlichte, bewusste Toleranzkultur als gemeinsam akzeptierte Form des Zusammenlebens.

Diese Grundlagen und Faktoren, die politische Solidarität vermitteln und tragen, existieren nebeneinander. Sie schließen sich nicht gegenseitig aus, können sich vielmehr ergänzen und sich auch miteinander verbinden, freilich auch in ein Spannungsverhältnis zueinander treten. Die Geschichte zeigt dafür zahlreiche Beispiele. Nimmt eine dieser Kräfte als Gemeinsamkeit hervorbringende oder stützende Kraft ab oder fällt sie gar aus, kann sie in gewissem Umfang durch eine andere ersetzt werden. Die relative Gemeinsamkeit, deren eine auch politische Gemeinschaft bedarf, ist somit nicht gerade von einer bestimmten, solche Gemeinsamkeit vermittelnden Kraft abhängig. Nach diesen Vorklärungen sind wir bei der entscheidenden Frage: Auf welche Faktoren und Kräfte kann sich die politische Solidarität, auf die die Europäische Union als auch politische Union angewiesen ist, stützen? Inwieweit sind die Grundlagen dafür vorhanden?

Die gemeinsame Religion kommt dafür nicht in dem Maß in Betracht, wie es vielfach angenommen wird. Zwar hängen die Völker, welche die EU bilden, der christlichen Religion an, aber sie tun das, aufs Ganze gesehen, nur in einem eher formalen Sinn. Abgesehen von den Bekenntnisunterschieden, ist entscheidend, dass die meisten dieser Völker als säkularisierte, vereinzelt auch laizistische Gesellschaften existieren, in denen die Religion zwar freigegeben, aber auch freigesetzt ist. Sie ist nicht mehr die verbindliche Grundlage des gemeinsamen Zusammenlebens, sondern eine Möglichkeit der Lebensgestaltung, welche die Menschen ergreifen oder auch nicht.

Die christliche Religion wird damit nicht irrelevant. Sie kommt in Betracht als gemeinsames kulturelles Erbe, das die Menschen über Jahrhunderte geprägt und ihr Denken und Empfinden geformt hat. Insofern begründet sie nicht mehr aktuell eine Identität der Europäer, wirkt aber als ein Teil des gemeinsamen kulturellen Bodens, der sich aus griechisch-römischer, jüdisch-christlicher, germanischer, reformatorischer und Aufklärungstradition speist und aus dem Europa lebt.

Dieser kulturelle Boden Europas ist ein wichtiger Faktor für europäische Solidarität. Aber er erscheint in der Realität nicht als einheitlich- allgemeiner, sondern hat sich in zahlreichen, volksmäßig geprägten Einzelkulturen konkretisiert und individualisiert, die sich zu eigenen ethnisch-kulturellen Entitäten ausgebildet haben. In ihnen, den Völkern und ethnisch-kulturellen Regionen Europas, und für sie, gibt es den »sense of belonging« als Anknüpfungspunkt auch politischer Solidarität, für Europa und die Europäische Union im Ganzen müsste er sich erst bilden. Gemeinsame Geschichte, die Erinnerung an gemeinsame Niederlagen, Siege und Heldentaten erscheinen als Faktoren, die Solidarität hervorbringen, derzeit (noch) prekär. Zwar ist eine europäische Geschichte vorhanden, aber sie lebt nicht im Bewusstsein der Menschen. Die Geschichte Europas erscheint als Geschichte des eigenen Volkes und der eigenen Nation und in der Wahrnehmung der Völker wesentlich als Streit gegeneinander, als Kampf um Emanzipation und Selbstbehauptung, nicht als etwas übergreifend Verbindendes. Als gemeinsame Geschichte in Streit und Widerstreit, aber auch in gemeinsamen Leistungen und gemeinsamer Verbundenheit muss die Geschichte Europas erst erweckt werden.

Man kann freilich fragen, ob nicht die Freiheitsgeschichte West- und Mitteleuropas nach 1945 und diejenige Osteuropas nach 1989 als ein verbindendes Moment in Betracht kommt. Das könnte gewiss eine gemeinsame und gemeinsam verbindende Erinnerung sein. Aber worauf zielt diese Erinnerung? In Osteuropa, sehe ich recht, auf anderes als in West- und Mitteleuropa. Für die Völker Osteuropas ist ihre Freiheitsgeschichte primär auf die Eigenständigkeit und Souveränität nach der Befreiung aus dem Imperium des Ostblocks gerichtet. Diese gilt es zu bewahren. Eine neue Einordnung, wie die in ein politisch organisiertes Europa, ist dagegen weniger im Blick. Die Option in Polen und Tschechien für die Vereinigten Staaten und gegen zwei europäische Hauptmächte in jüngster Zeit bringt das zum Ausdruck; die Vereinigten Staaten und nicht Europa sind für sie die Schutzmacht, die ihre Freiheit möglich gemacht hat und allfälligen Schutz gegenüber neuen imperialen Interessen etwa Russlands gewährt. Will ihnen das jemand verdenken?

Kann Europa als Wertegemeinschaft ein Anknüpfungspunkt und integrierender Faktor sein? Diese Wertegemeinschaft, versteht man darunter die Anerkennung und Realisierung einer freiheitlichen, auf die Achtung der Menschenrechte beruhenden politischen Ordnung und Lebensform, besteht ja grosso modo, wenn auch in unterschiedlicher Verwurzelung und Tiefe. Solche Gemeinsamkeit ist wichtig als Voraussetzung und notwendig als Boden für eine mögliche politische Union Europas. Aber Wertegemeinschaft in diesem Sinn kann jeder Mitgliedstaat für sich realisieren, sie ist ein Teil seiner Verfasstheit, sie drängt aber ihrerseits nicht gerade zu einer politischen Union der Staaten und Völker.

Wie steht es mit der Nation der Europäer und einem entsprechenden Nation-Bewusstsein als Anknüpfungspunkt und integrierendem Faktor? Es wäre verfrüht, derzeit von einer Nation der Europäer zu sprechen. Aber davon als Möglichkeit zu sprechen ist keine Utopie. Die EU besteht derzeit aus Völkern und Nationen, aber das Bewusstsein einer kulturellen und in gewissem Umfang auch politischen Identität der Europäer kann sich bilden. Dieser Prozess kann durch Niederlegung der Grenzen, zunehmende wirtschaftliche Verflechtung, fortschreitendes Zusammenleben, geistig-kulturellen Austausch und entsprechende Kommunikation, ein stufenweise wachsendes Europa-Bürgerrecht, schließlich durch gemeinsame europäische Institutionen angetrieben und befördert werden. Hier ist einiges auf dem Weg. Zukunftsweisend ist dieser Prozess indes nur dann, wenn das sich entwickelnde Nation-Bewusstsein der Europäer sich nicht aufsaugend, sondern übergreifend versteht als eine Gemeinsamkeit und Identität, welche die Besonderheit der Völker nicht ersetzt, sondern sie als fortbestehende selbstständige Teile in sich einbegreift. Auf diese Weise kann dann ein nicht mehr einliniger Begriff dessen hervortreten, was als »das Volk« im Sinne einer demokratischen Ordnung Europas gelten kann, sondern ein gedoppelter, mit der Tendenz zu einem zweifachen »sense of belonging«.

Schließlich ist maßgeblich für den Aufbau politischer Solidarität ein entschiedener politischer Wille der Beteiligten. Wird Europa im Sinne einer politischen Union von den europäischen Völkern gewollt, begründet das eine entsprechende Verbundenheit und die Bereitschaft, ja den Habitus, auch füreinander einzustehen. Nach dieser Bestandsaufnahme der Grundlagen und Möglichkeiten einer europäischen Solidarität bleibt die Frage: Was tun? Wie können entscheidende Faktoren gestärkt, vielleicht auch erst ins Leben gerufen werden?

Der Ansatzpunkt sollte nicht zu sehr in der europäischen Wertegemeinschaft gesucht werden, von der immer wieder – vor allem bei Politikern – die Rede ist. Diese Wertegemeinschaft ist zwar als gemeinsame Basis wichtig und hochzuhalten, aber sie birgt in sich nicht den entscheidenden Impetus zur politischen Union und Solidarität. Vordringlich erscheint es, bei einem gemeinsamen Geschichtsbild der europäischen Völker anzusetzen, das die eigene Geschichte zugleich als Teil und Faktor der Geschichte Europas wahrnimmt und in Erinnerung bewahrt; weiter bei der Entwicklung und Förderung eines Nation-Bewusstseins der Europäer; schließlich bei der willentlich- emotionalen Verankerung des politischen Ziels, eine politische Union der Völker Europas zu sein und als solche zu handeln.

Was das gemeinsame Geschichtsbild angeht, ist seine Erweckung und Pflege vor allem eine Aufgabe von Schule und Unterricht: Geschichte Europas als eigenes Unterrichtsfach, die Volks- oder Nationalgeschichte als integrierender Teil davon, und das mit aufeinander abgestimmten Lehrbüchern. Des Weiteren jedenfalls drei europäische Sprachen als Pflicht in den weiterführenden Schulen, um europaweite Kommunikation und wechselseitiges Verstehen zu ermöglichen. Wer meint, das sei nicht viel und führe nicht weit, sei an das Wort von Jean Monnet, dem Vater des Schuman-Plans, kurz vor seinem Tod erinnert: »Wenn ich das Ganze noch einmal zu machen hätte, würde ich bei der Kultur beginnen.«

Um das Nation-Bewusstsein der Europäer zu fördern und zu stärken, sind zwei Dinge in Angriff zu nehmen. Einerseits hängt dies ebenfalls von Schule und schulischer Erziehung ab. Man denke nur daran, welche Bedeutung für die Ausbildung des Nationalbewusstseins in Frankreich und Deutschland die Schule gehabt hat (neben dem Militär als »Schule der Nation«. Warum sollte es für die Nation der Europäer nicht ebenso sein? Das ist aber nur die eine Seite. Ein Nation-Bewusstsein der Europäer wird gerade auch durch Wirkungen hervorgerufen und gefördert, die von politischem Handeln, von Symbolgestalten und nicht zuletzt von Beteiligungsformen der Bürger ausgehen. Welche Stärkung europäischen Bewusstseins hat jüngst gerade die eher ironisch gemeinte Rede vom »alten Europa« in Europa hervorgerufen! Hier besteht eine Wechselwirkung: Anstöße, die von der Politik, politischem Handeln und der bestehenden oder sich entwickelnden politischen Organisation ausgehen, sind geeignet, gemeinsames politisches Bewusstsein entstehen zu lassen oder zu verstärken und schrittweise auch emotionale Zugehörigkeit und Verbundenheit. Das bietet dann seinerseits wieder Grundlage und Bodenhaftung für weiterführende Aktivität und Entwicklungen.

Ganz entsprechend gilt das für den politischen Willen zu einer Union der Völker Europas. Auch dieser wird sich nur in solcher Wechselwirkung verstärken und verfestigen. Viel wird davon abhängen, ob und inwieweit die Europäische Union als eigener Träger von Gemeinwohlverantwortung erfahren und erlebt werden kann. Solange diese Gemeinwohlverantwortung, wie gegenwärtig, nahezu allein dem nationalen Staat zugeschrieben und von ihm erwartet wird, ist eine europäische politische Solidarität nicht eigentlich ausgebildet.

Dem lässt sich abhelfen, wenn Entscheidungsprozesse und Beteiligungsformen in der EU entwickelt werden, die auch die Bürger Europas einbeziehen. Dann bildet sich auch eine europäische politische Öffentlichkeit. Die demokratischen Grundlagen der Union müssen schritthaltend mit der Integration ausgebaut werden, wie es das Bundesverfassungsgericht gesagt hat.

Der Verfasser ist Richter des Bundesverfassungsgerichts a. D.

Quelle: Frankfurter Allgemeine Zeitung vom 20. 6. 2003.

M 8: Lasst Amerika stark sein!

Europa bleibt eine Mittelmacht: Eine Antwort auf Jürgen Habermas

Von Hans-Ulrich Wehler

Das Plädoyer von Jürgen Habermas für Europas »Erneuerung« (F.A.Z.- Feuilleton vom 31. Mai) muss sich in der Abwägung der Vorzüge und Kosten seiner Überlegungen bewähren. Drei Argumente wirken unmittelbar einleuchtend: Erstens muss das »Kerneuropa« der alten EWG und jetzt der EU gestärkt werden und eine »avantgardistische« Rolle übernehmen. Das läuft auf ein Europa der verschiedenen Geschwindigkeiten hinaus, wobei die Sogwirkung, die von seinem dynamischen Zentrum ausgeht, vermutlich zu Recht für unwiderstehlich gehalten wird. Das ist in nuce der Rückgriff auf den europapolitischen Entwurf von Wolfgang Schäuble und Karl Lamers vor zehn Jahren. Im Zeichen der offenbar unaufhaltsam herannahenden großen Koalition lohnt sich der Hinweis auf diese Übereinstimmung.

Zweitens: Das Identitätsbewusstsein Europas muss gestärkt werden. Verbindende Traditionen und Erfahrungen bedürfen jetzt der Mobilisierung, damit die politische Einheit Europas verwirklicht werden kann. Und drittens: Ein politisch zusammenwachsendes Europa kann auch einen eigenständigeren Kurs in seiner Außen- und Sicherheitspolitik verfolgen, um der Beachtung des Völkerrechts und der Machtbalance, die einen gefährlichen amerikanischen Unilateralismus zu zähmen sucht, tatkräftig zu dienen.

Solche Argumente sind, scheint es, konsensfähig. Doch der Höhenflug des Plädoyers provoziert auch Einwände, da es einige ungeklärte oder verharmloste Probleme aufwirft. Drei sind hier zu erörtern: Wo sollen Europas Grenzen künftig liegen? Beim »Kerneuropa« kann der historische Prozess ja nicht stehen bleiben. Aber soll Europa demnächst auch noch über die derzeitigen Grenzen der erweiterten EU hinausgreifen? Der Pazifismus reicht als belastbare Legitimationsressource nie und nimmer aus. Und schließlich: Gegen die auf absehbare Zeit einzige Weltmacht darf Europa nur streng begrenzte Konflikte, keineswegs aber einen dauernden Antagonismus riskieren.

Im Plädoyer von Jürgen Habermas aber bleiben die Grenzen Europas unklar. Im Norden und Westen gibt es keine Probleme. Im Süden wird bisher die Grenze gegenüber den arabischen Staaten vom Maghreb bis zum Nahen Osten nicht ernsthaft in Frage gestellt. Im Osten und Südosten aber muss sich die EU nach jahrzehntelanger Drückebergerei endlich zu einer Grenzziehung durchringen. Denn die Feigheit der Politiker wollte es bisher dem »mündigen Bürger« nicht zumuten, über die Grenzen Europas und die Dilemmata der Neuaufnahme von nicht europakompatiblen Staaten offen zu diskutieren. Weißrussland, die Ukraine (die schon einen Parlaments- und Regierungsbeschluss herbeigeführt hat, bis 2011 der EU beizutreten), Moldova, Russland selbst, erst recht die Türkei sind nie Bestandteile des historischen Europa gewesen. Sie zehren nicht vom Erbe der israelitischen, griechischen, römischen Antike, das bis heute in Europa präsent ist. Sie haben nicht die folgenreiche Trennung von Staat und Kirche durchgefochten, oder aber sie kehren nach dem bolschewistischen oder kemalistischen Intermezzo zu einer symbiotischen Beziehung zurück. Sie haben keine Reformation erlebt und, wichtiger noch, kaum Aufklärung. Sie haben kein europäisches Bürgertum, keine autonomen europäischen Bürgerstädte, keinen europäischen Adel, keine europäische Bauernschaft hervorgebracht. An der größten Leistung der politischen Kultur Europas seit dem späten neunzehnten Jahrhundert, am Aufbau des Sozialstaats, haben sie nicht mitgewirkt. Die kulturellen Divergenzen sind tief eingeschliffen. Das orthodoxe Christentum unterscheidet sich noch immer zutiefst vom protestantischen und römisch-katholischen Europa, das auch durch eine unübersehbare Kulturgrenze vom Islam der Türkei getrennt bleibt.

Selbstverständlich gilt es, mit all diesen Nachbarstaaten eine möglichst reibungsfreie, enge Partnerschaft zu pflegen. Dafür reicht ein vielfältiges Instrumentarium politischer und ökonomischer Beziehungen aus. Zu Europa und damit zur EU gehören sie aber nicht. Auch wenn es hier und da zu einer »privilegierten Partnerschaft« (Heinrich August Winkler) käme, etwa mit der Türkei, sollte Europa auf seiner Tradition und Zukunft als distinkter Einheit bestehen und auf seinen Grenzen beharren, auch wenn die Führungseliten dieser Länder einen verständlichen Drang nach Europa bekunden. Die abschreckende Alternative wäre eine riesige Freihandelszone vom Atlantik bis Wladiwostok, von Lappland bis zur türkisch-irakischen Grenze. Sie bedeutete den Verzicht, pointierter gesagt: den Verrat an dem großen Projekt der politischen Einheit Europas, die ja auch aus der avantgardistischen Vorarbeit von »Kerneuropa« allmählich hervorgehen soll. Sie bedeutete den Verlust eigener politischer Handlungsfähigkeit, eigener Interessenverflechtung, eigener konkurrenzfähiger Währung, glaubwürdiger Ausstrahlungskraft.

Nur das historisch gewachsene Europa der derzeitigen EU, in absehbarer Zeit wohl noch ergänzt durch einige Balkan-Staaten, besitzt jene Basis an gemeinsamen Traditionen und Erfahrungen, die es ihm nach dem Erlöschen der innereuropäischen Bürgerkriege des zwanzigsten Jahrhunderts ermöglichen, die gemeine europäische Identität zu kräftigen und für die künftigen Einigungsaufgaben zu aktivieren. Man kann die Unterschiede zwischen Nordfinnland und Sizilien, zwischen Slowenen und Iren dramatisieren. Doch zum einen handelt es sich bei ihnen im Verbund der 450 Millionen Europäer um kleine Minderheiten. Zum ändern aber: Waren denn etwa die Unterschiede zwischen masurischen und niederbayerischen Bauern, Hamburger Arbeitern und württembergischen Weinzüchtern 1871 geringer?

Weder Sprache noch Religion, weder lebendige Tradition noch gemeinsame politische Kultur banden die neuen Reichsdeutschen zusammen. Oder waren die Unterschiede 1861 in Italien geringer? In diesem überaus heterogenen neuen Nationalstaat sprachen nur zweieinhalb Prozent seiner Bevölkerung das moderne Italienisch, während sie im Allgemeinen durch ebenso fremdartige Dialekte wie unterschiedliche Traditionen, die bis heute im Nord-Süd-Gefälle fortleben, getrennt wurden. Sprachliche und kulturelle Vereinheitlichung ist in beiden Ländern erst durch das staatliche Bildungssystem geschaffen worden. Auch die europäische Politik benötigt jenen Vertrauensvorschuss, den Bismarck, mit der Vielfalt deutscher Traditionen eng vertraut, in die Formulierung kleidete, man müsse Deutschland erst einmal in den Sattel setzen, reiten werde es dann schon allmählich lernen.

Die historische Identität Europas geht aus den vorn genannten Eigenarten hervor, und sie prägte sich noch schärfer aus, wenn seine Grenzen endlich definiert und gegen die Zumutung ständiger Aufweichung verteidigt würden. Unterschiede und Gegensätze fördern überdies in aller Regel die Identitätsbildung. Unleugbar war die sowjetische Bedrohung Europas bis 1989 eine mächtige Triebkraft der europäischen Einigungspolitik. Ohne Animosität und Arroganz gegenüber nichteuropäischen Ländern auf Distanz zu achten förderte durch die Kontrasterfahrung das europäische Wir-Gefühl. Dieser Prozess sollte ohne militante Konflikte von der europäischen Politik unterstützt werden. Der nahe liegende Vorwurf, das sei ein machiavellistisches Argument zur Eigenkonsolidierung, ließe sich wegen der Priorität der europäischen Ziele wohl ertragen.

Mächtige Traditionen und Regeln der politischen Klugheit lenken mithin auf Europas Erbe als Basis seines Identitätsgefühls hin. Der Pazifismus dagegen reicht schon auf kurze, erst recht aber auf lange Sicht als mentale Grundlage dazu nicht aus. Die Velleität edler Gefühle führt nur allzu schnell zu ihrer Verflüchtigung. Überdies sind sie, wie das beim Protest gegen den zweiten Irak-Krieg irritierend spürbar war, häufig mit einem moralisierenden Überlegenheitsgefühl verquickt. Von der Geburt einer gemeineuropäischen Öffentlichkeit aus dem Geist eines noblen Friedenswillens wird man kaum sprechen können. Aber wenn sie denn entstanden wäre, beruhte sie auf der überaus fragilen Grundlage einer Stimmung, die schlechterdings nicht auf Dauer gestellt werden kann. Außer den gravierenden inneren Integrationsproblemen muss die europäische Interessenpolitik auch künftig immer mit dem Einsatz diplomatischer, ökonomischer, militärischer Mittel rechnen, also auch mit bewaffneter Intervention, ob in Mazedonien oder Georgien, im Kongo oder anderswo, da der Globus zu einem einzigen Handlungsfeld zusammenwächst. Im Inneren wie in der Außenpolitik kann währenddessen der Pazifismus kein belastbares Fundament abgeben. Konsequenter pazifistischer Dauerprotest – auch im Fall eines neuen Srebrenica? – lähmte die EU bis zur Bedeutungslosigkeit. Als Legitimationsressource taugt der Pazifismus bestenfalls als Ornament von Ad-hoc-Entscheidungen.

Vor allem aber kann die politische Einigung Europas nicht aus einem Dauerkonflikt mit den Vereinigten Staaten hervorgehen. Diese bleiben auf absehbare Zeit, bis China und vielleicht Indien als regionale Hegemonialmächte aufsteigen und Russland sich wieder erholt hat, die einzige Weltmacht. Mit ihr sind die Europäer glücklicherweise durch Tradition und Herkunft, Sprache und Kultur, Werte und politische Institutionen eng verbunden. Deshalb ist es atemberaubend kurzsichtig auf ein halbautoritäres System wie in Russland und einen verblassenden Staatskommunismus in China als Partner gegen Amerika zu setzen.

Nur zur Erinnerung: 400 bis 4 000 Stimmen haben bei der Wahlentscheidung in Florida George W. Bush die Mehrheit im Wahlmännerkollegium verschafft. Bei der popular vote lag Gore ohnehin sicher vorn. Mit dem Sieg der Republikaner kam eine machthungrige, exzessiv selbstbewusste, vom amerikanischen Exzeptionalismus und den religiösen Sendungsideen erfüllte strategische Clique an die Schalthebel. Sie repräsentiert nicht die Vereinigten Staaten schlechthin. Stellt man sich einmal in einem hypothetischen, kontrafaktischen Gedankenspiel Washington ohne sechs Schlüsselfiguren vor Bush, Cheney, Rumsfeld, Rice, Wolfowitz und Ashford –, dann fragt sich abseits jeder Verschwörungstheorie doch sehr, ob ohne den Einfluss dieser Personen der zweite Irak-Krieg überhaupt so zielstrebig vorbereitet und durchgeführt worden wäre.

Auch unter einem Präsidenten Gore wäre nach dem 11. September eine Aktion gegen das Taliban-Regime als Basislager für Al Qaida wohl unvermeidbar gewesen, der unmittelbar danach anvisierte Krieg gegen den Irak aber nicht. Denn Gore hätte die erfahrenen und überwiegend europafreundlichen Beraterstäbe aus den Eliteuniversitäten und Denkfabriken der Ostküste beibehalten, die keinen derart krassen Unilateralismus unterstützt hätten. Zur Zeit sieht es nicht so aus, als ob einer der sieben Zwerge der demokratischen Präsidentschaftskandidaten 2004 die zweite Amtszeit Bushs verhindern könnte. Erst 2008 wird sich mit Hillary Clinton die Chance des Regierungswechsels eröffnen. Dann träte wieder ein anderes Gesicht Amerikas hervor. Sollte auch dann der anempfohlene Konfrontationskurs Europas auf den Trümmern der bisherigen Beziehungen aufrechterhalten werden?

Auch das neue Europa der 450 Millionen bleibt noch auf lange Sicht auf den Status einer Mittelmacht beschränkt. Doch es kann und sollte sich, nach der Überzeugung meiner politischen Generation, endlich zu einem handlungsfähigen Akteur auf der internationalen Bühne entwickeln. Das aber gelingt nur im Zustand einer engen, freilich immer wieder konfliktbereiten Kooperation mit der globalen Hegemonialmacht. Nicht in der naiven Distanzierung von ihr liegt Europas Zukunft. Wohl aber sollte es an der Verfolgung seiner Eigeninteressen zäh festhalten, gelegentlich auch harte Auseinandersetzungen nicht scheuen. In der Bereitschaft zur Zusammenarbeit und zugleich zum energischen Widerspruch müsste daher die außenpolitische Maxime Europas in seinem Verhältnis zu den Vereinigten Staaten liegen. Wenn diese so folgenschwere Fehler wie derzeit begehen, müsste Europa vorher ebenso dringend wie vertraulich davon abraten. Beharrte Washington auf seinem Kurs, müsste Europa in Würde Abstand halten und ohne Häme Fehlentscheidungen des Hegemons auch einmal hinnehmen. Diese anspruchsvolle Politik verlangt freilich einigen europäischen Regierungen mehr ab als die wohlfeile Ausbeutung eines unseligen Antiamerikanismus.

Man denkt dabei sogleich an die Berliner Regierungskünstler. Allein unter dem Primat der Innenpolitik hat Schröder, das Auge starr auf den Wahlerfolg geheftet, die stimmenträchtige Kritik an Amerika zugespitzt, offenbar ohne jede Abfederung durch vertrauliche Gespräche mit Washington. Das Erfolg versprechende Rezept wurde dem hessischen und niedersächsischen Wahlkampf erneut zugrunde gelegt, blieb aber ohne jede Wirkung. Ein europäischer Weg der Kritik am Washingtoner Bellizismus war damals das Gebot der Stunde. Auf diese Missgeburt eines stümperhaften politischen Kurswechsels und auf pazifistische Aufwallungen lässt sich die Europa-Politik der Zukunft nicht bauen.

Wohl aber könnten sich in klug begrenzten Konflikten mit den Vereinigten Staaten die europäische Selbstständigkeit und das europäische Selbstbewusstsein weiterentwickeln. Würde Europa aber den Konflikt mit Amerika auf Dauer stellen, könnte es, da es sich quälend langsam als eigenständiger Akteur herausbildet (Paradebeispiel: seine Eingreiftruppe) nur den Kürzeren ziehen, überdies in eine überaus gefährliche Verstrickung mit seinen russischen und chinesischen Alliierten geraten. Nur beiläufig gesagt: Ein Land, das gewöhnlich gerade einmal sieben Prozent seines Bruttosozialprodukts außerhalb der westlichen Hemisphäre absetzt, ist ungleich weniger verletzbar als die europäische Wirtschaft, die eine Erschwerung ihres Amerika-Exports mit gleicher Münze nicht heimzahlen könnte.

Wer hat in dem vergangenen halben Jahrhundert die Integration Europas ermöglicht, wenn nicht der Schutzschirm Amerikas und seine vielfältige politische Unterstützung? Alles im Wahlkampffieber vergessen, von der singulären Unterstützung des deutschen Einigungsprozesses ganz zu schweigen? Nur weil die Clique um Bush, unterstützt von einem kriegerisch exaltierten »Patriotismus«, wie der missionarische amerikanische Nationalismus oft sprachkosmetisch verkleidet wird, die Sonderkonstellation nach dem 11. September derart massiv ausgenutzt hat? Mit wem stimmt man schneller in der Polemik gegen den Bellizismus und Unilateralismus überein als mit den zahlreichen amerikanischen Kritikern? Soll dieses Land, das seit je für rücksichtslose Selbstkritik und verblüffende Regeneration gut gewesen ist, jetzt auf die Militanz der Bush-Regierung und der sie unterstützenden Segmente der Wählerschaft und der Öffentlichkeit festgelegt werden?

Ist es so schwer, in den verfliegenden Dunstwolken eines antiamerikanischen Pazifismus der nüchternen Einsicht in eine dauerhafte Interessenkonstellation, die Europa, namentlich Deutschland, mit Amerika verbindet, in der praktischen Politik wieder zu folgen? Sie bleiben auf absehbare Zeit trotz ihres ökonomischen und politischen Potentials, das keine Selbstüberschätzung nähren sollte, auf ein enges Zusammenwirken mit Washington angewiesen. Alle denkbaren Alternativen, sich vermeintlich überlegene Partner anderswo zu suchen, können nur in einem Fiasko enden.

Quelle: Frankfurter Allgemeine Zeitung vom 27. 6. 2003.

M 9: Auf dem Flohmarkt

Europa lässt sich nicht anhand seiner Antiquitäten begründen

Von Johannes Willms

Es ist noch nicht lange her, als hierzulande vor allem eine Frage die Gemüter beschäftigte: Was ist deutsch, was ist Deutschland? Gerungen wurde dabei mit dem heiligen Ernst, der den deutschen Intellektuellen allemal auszeichnet, um das Wesen der deutschen Identität. Die Antwort entsprang bekanntlich nicht dem Haupt der Minerva, sondern wurde durch die Selbstauflösung des Ostblocks gegeben, mit der sich die Chance für eine friedliche Vereinigung der beiden deutschen Staaten, eingebettet in den Rahmen einer größeren europäischen Ordnung, realisieren ließ.

Jetzt haben wir eine neue Identitätsdebatte, die mindestens so steril ist wie jene aridere und die bezeichnenderweise vor allem in Deutschland geführt wird, obwohl sie angeblich nicht nur uns angeht. Es ist dies die Erörterung der Schicksalsfrage, was Europa sei, respektive, wer dazu gehöre. Von deren Beantwortung hänge nicht weniger ab als die Einheit Europas. Diese sei aber gar nicht denkbar ohne die vorherige Klärung seiner für alle sinnstiftenden Grundlegung, die sich als Übereinkunft auf die gemeinsamen europäischen Grundwerte ausweise. »Das Identitätsbewusstsein Europas«, so verkündete dies unlängst ex kathedra Hans-Ulrich Wehler, »muss gestärkt werden. Verbindende Traditionen und Erfahrungen bedürfen jetzt der Mobilisierung, damit die politische Einheit Europas verwirklicht werden kann.« (FAZ vom 27. Juni 2003)

Als Historiker sollte Wehler wissen, dass es mit der Beschwörung oder gar Mobilisierung der so genannten »verbindenden Traditionen und Erfahrungen« der europäischen Nationen so eine eigene Sache ist, die entweder schief geht oder die politisch nur wirksam wird über den Umweg einer fatalen Ideologiebildung. Seine Ursache hat dies hauptsächlich darin, dass sich das historische Wesen Europas gerade nicht über den Leisten eines Identitätsbewusstseins schlagen lässt, das alle europäischen Staaten mit ihrer gemeinsamen Erfahrung füllen könnten. Europas Länder haben gewiss manche Gemeinsamkeiten, die aber weder so eindeutig noch gleichermaßen konstitutiv sind für das jeweilige kulturelle und politische Bewusstsein der einzelnen Nationen, als dass sie als Bausteine für eine überwölbende Identitätsstiftung herangezogen werden könnten.

Fragwürdige Beliebigkeit

Die europäische Identität, die Wehler für unverzichtbar erklärt, soll insbesondere Ab- und Ausgrenzung leisten, den Maßstab dafür liefern, wer allenfalls Anspruch machen kann, zu Europa zu gehören und wer für immer draußen zu bleiben hat. Mangels »natürlicher« Grenzen, die Europa nach Osten und Südosten abschotten, soll ihm zufolge das europäische Identitätsbewusstsein diese unerlässliche Funktion übernehmen. Das ist nach Professor Wehler umso notwendiger, als es »die Feigheit der Politiker bisher dem mündigen Bürger nicht zumuten (wollte), über die Grenzen Europas und die Dilemmata der Neuaufnahme von nicht europakompatiblen Staaten offen zu diskutieren«. »Nicht europakompatible« Staaten sind laut Wehler Weißrussland, die Ukraine, Moldavien, Russland und, »erst recht«, die Türkei, die alle »nie Bestandteile des historischen Europa gewesen« seien.

Als dieses »historische Europa« identifiziert Wehler ein Mixtum compositum, das aus dem Erbe der israelitischen, griechischen und römischen Antike entstanden und das durch eine Reihe nur ihm gemeinsamer Merkmale, die seine historische Genese kennzeichneten, als eine Einheit ausgewiesen sei. Dabei unterschlägt Wehler jedoch, dass dieser Prozess bis heute keineswegs abgeschlossen, vielmehr von erheblichen Ungleichzeitigkeiten und Rückschlägen charakterisiert ist, die auch ganz andere Grenzziehungen erlaubten. Die Beliebigkeit von Wehlers Kriterien fällt dabei mit deren fragwürdiger Beispielhaftigkeit in eins. Weder stellen die von ihm für das »historische Europa« als konstitutiv angegebene Reformation noch die Aufklärung eine geschichtliche Erfahrung dar, an der alle Nationen und Staaten, die jenem Europa zugehörig sein sollen, gleichermaßen Anteil hatten. Die iberische Halbinsel entbehrt dieser Erfahrung ebenso wie Mittel- oder Süditalien, Irland oder gar Griechenland.

Entsprechendes gilt für die weiteren Positionen seines Kriterienkatalogs, von deren Erfüllung er »europakompatible Staaten« von jenen anderen unterscheidet, die draußen zu bleiben haben: das europäische Bürgertum, die autonomen europäischen Bürgerstädte, der europäische Adel oder gar die europäische Bauernschaft. Das sind alles gesellschaftlich-historische Phänomene, die in den einzelnen Staaten des »historischen Europa« höchst unterschiedliche Ausprägungen aufwiesen und in deren politischen Entwicklungsgang eine sehr zu differenzierende Bedeutung hatten. Autonome, das heißt nicht in den Staatsverband integrierte Bürgerstädte, gab es allenfalls im Reich und in Italien, während der europäische Adel seit je die imaginären Grenzen des »historischen Europa« durch Heirat übersprang. Und von einer Bauernschaft, die als Grundeigentümer ihre Scholle bewirtschaftete, kann weder in Spanien noch östlich der Elbe in historischer Perspektive die Rede sein.

Dies macht deutlich, dass jenes »historische Europa«, das Wehler als eine markante Besonderheit zu konstituieren sucht, von tiefen Widersprüchen und erheblichen Ungleichzeitigkeiten charakterisiert ist, die sich nicht historisch-objektiv vermitteln lassen, sondern allenfalls ideologisch. Wollte man für dieses Europa, das Wehler vorschwebt, einen ihm gemeinsamen historischen Nennerfinden, dann wäre dies jenes Europa, in dem der Wahn der Kreuzzugsidee die politische Wirklichkeit beherrschte. Ein Europa, das aber mit solch fragwürdigem historischem Vorbild sein künftiges Wesen identifizierte, wäre als ein durch und durch anachronistisches Monstrum zum Scheitern verurteilt.

Die europäischen Staatsmänner, die in Maastricht die Weichen für die europäische Erweiterung nach Osten stellten, waren keineswegs feige, sondern nur klug, als sie diesem Projekt keine historisch-kulturellen Begrenzungen setzten. Damit bekundeten sie implizit ihren Willen, den pan-europäischen Raum, der sich nach dem Ende des Kalten Kriegs öffnete, politisch und zivilisatorisch zu gestalten. Diese Perspektive mag manchen verstören, und sie einzulösen wird vorhersehbar viele Probleme aufwerfen, aber sie ist zugleich auch die einzige, die sich als politisch sinnvoll rechtfertigen lässt.

Quelle: Süddeutsche Zeitung vom 1. 7. 2003.

II.
Fachdidaktik

Georg Weißeno

Konturen einer europazentrierten Politikdidaktik – Europäische Zusammenhänge verstehen lernen

I. Was heißt europazentrierte Politikdidaktik?

Die Europäische Union ist seit langem Gegenstand des Politikunterrichts. Jedes Schulbuch behandelt die Europäische Union. Die Richtlinien machen diesen Gegenstand verbindlich. Im Zuge der Globalisierungsdebatte wurde der Blick wieder verstärkt auf das komplexe System Europäische Union gelenkt, steht sie doch für eine relativ erfolgreiche wirtschaftliche Integration. Der Prozess der Einigung richtet sich seitdem auf den politischen Bereich. Der Irak-Krieg von 2003 hat die Rolle Europas auf internationaler Ebene grell beleuchtet. In der internationalen Politik tritt die Europäische Union bislang kaum als Akteur auf. Nationalstaatliches Denken dominiert weiterhin.

Die Politikdidaktik hat ihren Blickwinkel auf diesen Gegenstand in den letzten 30 Jahren häufig geändert. Bereits in den *70er-Jahren* hat Kurt Gerhard Fischer über die Möglichkeiten einer »Europäisierung der Politischen Bildung an Europas Schulen« nachgedacht (1975). Er wollte eine westeuropäische Kooperation bei der Planung von Themen wie Verschmutzung von Rhein und Nordsee, europäisches Warenangebot, Rechte ausländischer Arbeitnehmer erreichen. Als Ergebnis sollten übernationale Gemeinsamkeiten bei zentralen Gegenstandsbereichen des Politikunterrichts herausgearbeitet werden. Diese Vision eines europäischen Schulbuchs für den Politikunterricht ist 2003 immer noch nicht eingelöst. Dies liegt nicht nur daran, dass man die heutigen Themen anders formulieren würde, sondern auch an der Zersplitterung der Kultusbürokratie in allen Ländern. Angelegt in diesen Gedanken ist aber bereits die Vorstellung, dass Europa für Didaktiker mehr als ein Gegenstand ist. Anders formuliert: Der Gegenstand Europäische Union hat auch Implikationen für die Entwicklung politikdidaktischer Perspektiven (Breit/Weißeno 2003: 29ff).

Während Fischer bereits politikdidaktische Implikationen andeutet, gibt es in den 70er-Jahren einen *zweiten Trend*: Europa wird in vielen Fächern als ein gesonderter Gegenstand neben den nationalen Gegenständen behandelt.

Wenn dies in Schulfächern wie Geschichte, Erdkunde, Literatur, Fremdsprachen geschieht, hat man Möglichkeiten geschaffen »eine europäische Dimension einzubringen, die eine nur nationale Sichtweise und Begrenztheit überwindet und Verständnis für die Zusammenhänge historischer oder aktueller Tatsachen und Probleme weckt« (Renner 1979: 25f). Das Programm der *europäischen Dimension* fügt demnach den Gegenstand Europa in mehrere Schulfächer ein und erhofft sich dadurch das Entstehen eines europäischen Bewusstseins – heute würde man von europäischer Identität sprechen. Dieser Ansatz ist ein allgemeinpädagogischer, der politische Bildung als Prinzip aller Fächer betrachtet.

Seit dieser Zeit wird die europäische Dimension meist als Formel für fächerübergreifendes bzw. fächerverbindendes Lehren und Lernen begriffen. »Während im Politikunterricht häufig die einzelnen Probleme isoliert voneinander behandelt werden und nur selten Wirkungszusammenhänge zwischen Wirtschaft, Gesellschaft und Politik transparent werden, besitzt das Europa-Thema eine integrative Funktion, weil seine sozialen, ökonomischen, historischen, politischen und geographischen Bestandteile gar nicht in den Griff zu bekommen sind, wenn man auf ihre Verflechtungen und wechselseitige Abhängigkeit verzichtet« (Maier 1978: 45f). Die Formel der europäischen Dimension wird somit zu einem *Diffusum*, da nicht mehr klar ist, welche Zusammenhänge und Wechselwirkungen der einzelnen Phänomene warum behandelt werden sollen. Auf Grund der fachlichen Entkernung ist der Ertrag dieser allgemeinpädagogischen Formel für die Politikdidaktik eher gering einzuschätzen.

Mitunter wird – dies ist der *dritte Trend* in den 70er-Jahren – das Unterrichtsfach Politik/Sozial- oder Gemeinschaftskunde als besonders geeignet betrachtet, die Programmatik der europäischen Dimension umzusetzen. »Wenn es nicht nur um die Öffnung einer europäischen Dimension geht, sondern um eine explizite Behandlung politischer, ökonomischer und sozialer Kooperation oder Integration, dann gehört das Thema Europa in den Sozialkundeunterricht. (. . .) Dabei ist es berechtigt und notwendig, die europäische Ebene nicht nur am Rande mit zu behandeln, sondern Fakten und Probleme dieser übernationalen Verflechtung gründlich zu berücksichtigen« (Renner 1979: 27). Dies ist der Versuch, die zentralen Inhalte einem Schulfach zuzuweisen und die europäische Dimension wieder etwas einzuengen. Der Gegenstand Europäische Union wird hier allein als wichtig für den Politikunterricht gesehen; zugleich aber bleiben die fächerübergreifenden Ansprüche bestehen.

Der Politikunterricht und die Politikdidaktik haben sich in den letzten beiden Dezennien dann ihrem historisch-politischen Umfeld gestellt und den europäischen Einigungsprozess in seinen aktuellen Entwicklungen aufzuarbeiten versucht. Sie haben sich vom skizzierten eher allgemeinpädagogischen Trend abgekoppelt und in den *80er-Jahren* der Thematik selbst angenommen. Die Politikdidaktik betrachtet seither den Umgang mit dem Gegenstand lediglich als Anwendungsproblem ohne Rückwirkung auf ihre theoretischen Einsichten. »Wenn politische Bildung in der demokratischen Gesellschaft auf die politische Mündigkeit der Schüler abzielt, kann sie beim Thema Europa nicht als eine Art affirmative Staatsbürgerkunde auf europäischer Ebene konzipiert werden. Eine europäische politische Bildung darf daher nicht auf eine bestimmte europapolitische Konzeption, etwa auf die der westeuropäischen Integration im Rahmen der EG, festgelegt werden« (Sander 1985: 119f). Europa ist ein *eigenständiger Gegenstandsbereich* wie viele andere auch. Er muss fachlich nach den politikdidaktischen Prinzipien vermittelt werden.

Bestimmend ist in den 80er-Jahren nach wie vor die Suche nach geeigneten, der Zeit entsprechenden Gegenständen für den Politikunterricht. Man entdeckt »Problemfelder wie den Agrarmarkt, die regionalen Disparitäten, Defizite in der demokratischen Mitwirkung im EG-Entscheidungsprozeß oder die Beziehungen zur Dritten Welt. Unterricht über Europa (=EG) wird empfohlen als eine Möglichkeit, allgemein politische Kategorien wie Kontrolle, Kooperation, Souveränitätsverlust zu vermitteln« (Hagemann 1986: 61). Dies ist eine fachliche Auslegung der europäischen Dimension, festgemacht an politischen Gegenständen. Man beschäftigt sich mit den Einigungsproblemen. Zugleich aber wird gefordert, die fachdidaktischen Konzepte wie z. B. die Kontroversität auch bei europäischen Themen zu berücksichtigen. Damit hat sich der politikdidaktische Diskurs festgelegt: Europa ist ein wichtiger Gegenstand des Politikunterrichts, mit dem jeder Lernende konfrontiert werden muss.

In den *90er-Jahren* greift Mickel den Begriff der europäischen Dimension noch einmal auf und macht ihn zu einem politischen, nicht pädagogischen Leitbegriff für die Beschäftigung mit dem Gegenstand. Er geht davon aus, dass die Europäische Dimension »primär integrationspolitischer Natur ist. (...) Sie erfordert, dass beizeiten Basisloyalitäten gegenüber den übernationalen Institutionen in Gestalt von neuen Solidaritäten, Werten und Normen, Informationen und Orientierungen gegenüber supranationalen Organisationen und Autoritäten größere Chancen im politischen Lernprozess erhalten. Dies kann am besten über persönliche Betroffenheit erreicht werden, z. B. Arbeitskämpfe in multinationalen Konzernen, Bürgerinitiativen in grenzüberschreitenden Fragen, die Gastarbeiter und die freie Arbeitsplatzwahl, die Nichtgewährung der Menschenrechte, europäische Gemeinschaftsprojekte in Sachen Umweltschutz, die gegenseitige Anerkennung der Diplome, die Lehrlingsausbildung in Europa usw« (Mickel 1991: 76). Aber auch er sieht Europa lediglich als eigenständigen Gegenstandsbereich des Politikunterrichts.

Während Mickel noch Einzelprobleme in den Vordergrund rückt, wendet sich Schmuck den *europäischen Institutionen* zu und sieht hierbei Handlungsbedarf für den Politikunterricht. Die Schüler/innen sollen darauf vorbereitet werden, »ihre demokratischen Teilhaberechte auch in Bezug auf die EG wahrzunehmen. Voraussetzung hierfür sind zumindest Grundkenntnisse über Handlungsmöglichkeiten und Entscheidungsfaktoren europäischer Institutionen« (Schmuck 1991: 319). Er zielt ab auf Partizipation und politisches Wissen, die mit der Weckung einer unkritischen pro-europäischen Einstellung, die bei Mickels Definition der europäischen Dimension anklingt, nicht vereinbar sind. »Ein naiver Europa-Enthusiasmus wäre deshalb bei der schulischen Behandlung europäischer Themen fehl am Platz.« (Ebenda: 323) Dieser aufklärerische Ansatz ist im Übrigen nicht mit der traditionellen Institutionenkunde vereinbar, die »nach wie vor einseitig im Vordergrund steht« (Ebenda: 326), sondern er verlangt lediglich das Aufzeigen des Handlungsrahmens von Politik.

Damit haben sich jetzt *zwei Blickrichtungen* auf den eigenständigen Gegenstandsbereich Europa herausgebildet: Zum einen werden *Problemfelder* der Einigungspolitik, zum anderen die europäischen *Institutionen* als zentral zu behandeln vorgeschlagen. Beide Varianten argumentieren politikdidaktisch mit dem Fallprinzip oder mit einer modernen Institutionenkunde. Europa bleibt weiterhin lediglich ein Anwendungsfall für die Politikdidaktik. Über die Rückwirkungen der Veränderungen im politischen Bereich auf die Politikdidaktik wird nicht nachgedacht. Europa erscheint als einheitliches Feld. Nicht durchschlagend wird allerdings berücksichtigt, dass sich *gleichzeitig das politische System der Bundesrepublik verändert hat.* Die EZB hat die Bundesbank abgelöst; die Autobahnmaut unterliegt genauso europäischem Recht wie der Wehrdienst für Frauen; die Medienpolitik der EU greift in Länderkompetenzen ein; die Flutkatastrophe an der Elbe wird auch mit EU-Geldern bewältigt; die Osterweiterung der EU wird in Straßburg entschieden usw. Nur noch wenige nationale Politikfelder sind nicht von Brüssel beeinflusst.

Obwohl in jüngster Zeit Europa weiterhin als eigenständiger Gegenstandsbereich behandelt wird, gelangen doch *neue Fragestellungen* in den Focus der Politikdidaktik. Die Neuorientierung der aktuellen Politikdidaktik hat auf verschiedenen Feldern begonnen. Der europäische Bürger, den Sander als Leitbild ablehnt (Sander 1986: 227), gelangt in den Focus einer *normativ-empirischen Politikdidaktik* (vgl. den Beitrag von Massing in diesem Band). Juchler fordert eine »Europa-Kompetenz« der Schülerinnen und Schüler in Erweiterung des demokratiekompetenten Bürgers. Dazu bedarf es aber einer breiteren Unterstützung der Europäischen Union durch die Bürger. »Derzeit ist noch vom Fehlen einer gemeinsamen europäischen Identität in Europa und damit eines europäischen Demos auszugehen. Eine europäische Wir-Identität (Scharpf) bzw. ein Wir-Bewusstsein (Böckenförde) bildet allerdings eine konstitutive Prämisse der demokratischen Legitimität der Europäischen Union.« (Juchler 2002: 75) Eine Aufgabe normativer Politikdidaktiken besteht also darin, diese Zusammenhänge einer europäischen Identität zu berücksichtigen, ohne dabei das Ziel einer Europa-Begeisterung vor Augen zu haben. Der Prozess der Identitätsbildung kann aber begleitet und vielleicht auch durch den Unterricht angeregt werden (vgl. hierzu den Beitrag von Dagmar Richter in diesem Band).

Politikdidaktiker/innen der *postmodernen Schule* wollen den Politikunterricht beim Lerngegenstand Europa nicht normativ aufladen, sondern ihn den Lernenden zur Selbsterarbeitung aufgeben. Aber auch sie wollen die politische Zukunft Europas in den Mittelpunkt des Fachunterrichts stellen. Die Auseinandersetzung mit der europäischen Politik steht gleichfalls im Vordergrund der fachdidaktischen Überlegungen (vgl. den Beitrag von Wolfgang Sander in diesem Band). Insofern besteht Übereinstimmung zwischen beiden Schulen. Gleichwohl geben postmodern argumentierende Didaktiker den Begriff der europäischen Dimension wieder allen Schulfächern als Aufgabe. Insofern hat zwar eine Ausdifferenzierung des Begriffs Europäische Dimension stattgefunden, doch wird er nicht dadurch klarer, dass sich alle Fächer damit beschäftigen sollen. Der Begriff Europäische Dimension bleibt ein Diffusum und scheint als Kategorie für die Politikdidaktik wenig geeignet.

Insofern stellen alle modernen Ansätze das politikdidaktische Kontinuum, dass Europa ein eigenständiger Gegenstandsbereich sei, zunehmend in Frage. Politikwissenschaftliche Überlegungen zum *Mehrebenensystem* lassen es als obsolet erscheinen, Europa als quasi außenpolitischen Gegenstand zu betrachten. Die Verwobenheit lässt Europa zunehmend einen innenpolitischen Gegenstand aller Mitgliedsländer werden. Es ist deshalb nicht mehr gerechtfertigt, die Institutionen und Politikfelder der Bundesrepublik und der Europäischen Union immer nur nebeneinander zu behandeln. Die traditionelle Unterrichtssequenz über die Europäische Union ist eigentlich obsolet geworden, denn die europäischen Themen sind zugleich nationale. Der Gegenstand »Wahlen« kann am Beispiel Europa-, Kommunal- oder Bundestagswahlen erklärt werden. Die sozial- und wirtschaftspolitischen Gegenstände müssten mit europäischem Rahmen und europäischer Einflussnahme dargestellt werden, wenn sie fachlich der Wirklichkeit entsprechen wollen. Kein Schulbuch macht dies bisher systematisch. Die Welt des Politikunterrichts wird dann schnell nur noch eine konstruierte nationale Welt. Auch wenn nicht alle Politikfelder europäisch durchdrungen sind, muss sich der Politikunterricht gleichwohl dieser Perspektiven annehmen und modernisiert werden.

Das *Konzept einer europazentrierten Politikdidaktik* setzt hier an und verlagert den bisher nur isoliert betrachteten Gegenstand Europa in alle relevanten Gegenstände. Europa ist gleichsam eine Teilmenge vieler »nationaler« Gegenstände. Da sich die Inhalte der Gegenstandsbereiche verändert haben, ergeben sich zusätzlich bereits veränderte politikdidaktische Perspektiven in vielen Bereichen. Auch die Bürgerrollen als Zielvorstellungen müssen um die europäische Ebene erweitert werden. Überhaupt können sich normative Begründungen für den Politikunterricht nicht mehr allein an den nationalstaatlichen Interpretationen, sondern zusätzlich an den für die Europäische Union in mehreren Verträgen formulierten normativen Grundlagen orientieren.

Eine europazentrierte Politikdidaktik erfordert kein umfassend neues Konzept. Die politikdidaktischen Schulen müssen aber ihren Focus erweitern. Diese notwendige Orientierung führt zwar zu keinen theoretischen Neuansätzen, wohl aber zu Modifizierungen und *Umakzentuierungen*. Multinationale Interpretationen sind notwendig und können den Diskurs bereichern. Insofern ist Europa nicht nur ein fachliches Problem, sondern es fordert die politikdidaktischen Konzeptionen zu *neuem Denken* bei der Auswahl von Inhalten heraus.

2. Wie kann ein europazentrierter Politikunterricht aussehen?

Europazentrierte politikdidaktische Vorstellungen sind die eine Seite, die *Praxis* des Politikunterrichts die andere. Will man erfahren, wie die Praxis aussieht, ist man auf die empirische Unterrichtsforschung verwiesen, die sich allerdings noch nicht mit diesen Fragen beschäftigt hat. Hilfsweise können deshalb nur die *Schulbücher* herangezogen werden. Sie werden von Lehrerinnen und Lehrern gemacht und können somit als Quelle für das Professionswissen herangezogen werden. Die konstruierte Wirklichkeit des Schulbuchs lässt vorsichtige Rückschlüsse auf die gängige Praxis zu. Wie wird hier die europäische Politik inszeniert? Die folgenden Ausführungen erheben nicht den Anspruch repräsentativ zu sein, sondern sollen erste Konturen eines europazentrierten Politikunterrichts an zwei Beispielen aufzeigen.

In den Schulbüchern und vermutlich im Alltag des Politikunterrichts finden sich bisher kaum europazentrierte Zugänge. Europa wird als eigener Gegenstand behandelt, während die anderen Gegenstände selten in der Verflechtung zur europäischen Ebene dargestellt werden. Gänzlich fehlt meist die Darstellung der Wechselwirkungen des Handelns in Institutionen auf unterschiedlichen Ebenen (z. B. das Zusammenwirken von Bundestag und Europäischem Parlament oder Kommission). Europäisch-nationale Diskussionszusammenhänge sind eher die Ausnahme. Europa wird darüber hinaus *überwiegend aus nationaler Perspektive* betrachtet (Was bringt mir der Euro?). Multinationale Interpretationen eines politischen Problems finden sich ebenso selten wie ihr Zusammenhang zur später gefundenen europäischen Lösung. Wenn es in den Schulbüchern konkret wird, werden national bedeutsame Fallbeispiele herangezogen wie die Kraftfahrzeugsemissionsrichtlinie (Katalysatorauto) oder das Reinheitsgebot des Bieres. Dabei wird die Behandlung mehr auf Deutschland, weniger auf Europa zentriert.

Aufgabe des Politikunterrichts ist es, das Gestrüpp von Normen, Regeln und Verfahrensweisen verstehbar zu machen. Dies ist schon deshalb nicht einfach, da sich die Schülerinnen und Schüler vom nationalstaatlichen auf den *europäischen Handlungsrahmen mit andersartigen Funktionsweisen* umorientieren müssen. Die Handlungsmöglichkeiten und Entscheidungsstrukturen europäischer Institutionen basieren auf Prinzipien, die zudem noch die deutsche Herrschaftsorganisation überlappen. »Die Verbindung von zwischenstaatlicher Kooperation und gemeinschaftlicher Politik ergibt ein originäres institutionelles System sui generis. (. . .) Die EU markiert auch ein vielschichtiges politisches System. In diesem Mehrebenensystem stehen staatliche (z. B. Ministerrat), nichtstaatliche (z. B. im Wirtschafts- und Sozialausschuss) und regionale (im Ausschuss der Regionen) Akteure nebeneinander.« (Pfetsch 1997: 117f) Dieses einmalige institutionelle Gefüge verstehen zu lernen erfordert Wissen, das sich auf die Vielfältigkeit der Entscheidungsverfahren und den Wechsel der Zuständigkeiten im Verlauf des Policy-Zyklus bezieht. Darüber hinaus entwickelt sich die Staatlichkeit auf supranationaler Ebene weiter und erfordert eine ständige Aktualisierung der Unterrichtsvorbereitung.

Die Schulbücher folgen einzig dem nationalen Diskurs bzw. dem politischen Mainstream. Auch in den Zeitungen werden selten andere Schwerpunkte in der Berichterstattung gelegt. Die Parteien betonen nationale Aspekte bei der Europawahl. Dies könnte anders sein, wenn es bereits einen europäischen Bürgersinn gäbe. Das monatlich veröffentlichte Eurobarometer belegt die weiterhin vorhandene Distanz zu Europa. Der Unterricht und die Schulbücher sind insofern abhängig von den Entwicklungen in der Gesellschaft – wenn auch unreflektiert, da kaum Anstöße in Richtung Mehrebenensystem gegeben werden.

Für die Politikdidaktik stellt sich allerdings die Frage, ob dieser Zustand im Unterricht nur widergespiegelt oder vielmehr demokratietheoretisch ausgerichtet werden sollte. Da sich eine normative Politikdidaktik am neuesten Stand der Fachwissenschaft orientieren muss, ist eine Umorientierung in Theorie und Praxis notwendig. Gerade weil in der Politikwissenschaft vielfältige Analysen des Mehrebenensystems vorgelegt werden, können Politikdidaktik und Politikunterricht darauf aufbauen. Das *fachliche Fundament* ist da, auf dem ein europazentrierter Unterricht konzipiert werden kann.

In den Mitgliedsstaaten der EU hat sich ein *Mehrebenensystem* herausgebildet, das von allen die Herausbildung neuer Vorstellungen über die Politikprozesse verlangt. »Die überraschenden Regulierungserfolge der Europäischen Union in Bereichen des Arbeits-, Umwelt- und Verbraucherschutzes haben jedoch demonstriert, dass die Schwäche des europäischen Mehrebenensystems – die Heterogenität der nationalen Regulierungssysteme – in eine Stärke transformiert werden kann, wenn das Gewicht der territorialen Repräsentationen im Entscheidungsprozess zugunsten eines experimentellen, diskursiven Politikstils mit Elementen territorialer und funktionaler Repräsentation zurückgedrängt wird.« (Eichener 2000: 360) Indem die europäischen Institutionen einerseits gesellschaftliche Akteure nutzen, um sich Informationen, Kompetenz und Legitimation zu verschaffen, und andererseits die unterschiedlichen Interessengruppen gegeneinander austarieren, entsteht eine »assoziative Demokratie« mit aktiven staatlichen Akteuren. Die EU-Akteure versuchen dabei nicht Opfer partikularer Interessendominanz zu werden durch die selektive Vergabe von Chancen und Ressourcen. »Die assoziative Staatlichkeit, die sich auf der europäischen Ebene herausbildet und die so sehr vom Demokratiemodell des Nationalstaats abweicht, (. . .) ist wohl von niemandem geplant worden. Sie ist das Ergebnis eines ungeplanten, aber gleichwohl strukturierten Prozesses der Verflechtung intentionalen Handelns einer Vielzahl von suprastaatlichen, nationalstaatlichen und gesellschaftlichen Akteuren.« (Ebenda: 368) Insofern kann man dieses System nicht generell als undemokratisch bezeichnen. Diese Praxis auf der europäischen Ebene hat sich ein Stück weit weg von der Art und Weise rein intergouvernamentalen Verhandelns entfernt und Handlungsfähigkeit gezeigt. Diese Aspekte finden aber bisher kaum Eingang in die Praxis des Politikunterrichts.

Ziel des Politikunterrichts ist es, politischen Alltag in den Unterricht zu holen und zwar den Alltag auf nationaler, europäischer und multinationaler Ebene. Wenn der Blick nicht zugleich auf die anderen Mitgliedstaaten und auf Brüssel gerichtet ist, kann sich im Kern kein europäisches Bewusstsein herausbilden. Es entsteht im Übrigen weniger durch die Betrachtung von immer neuen europäischen Projekten und Visionen, die gerne in den Schulbüchern vorgestellt werden, als vielmehr zunächst einmal auf der Basis des Wissens um die vorhandenen *Wechselwirkungen* zwischen nationalem und europäischem politischen Handeln. Ohne ein Verständnis des politischen Handelns auf der europäischen Ebene bleibt die Betrachtung der Vorschläge zur Fortentwicklung der Gemeinschaft ohne Fundament.

Ich möchte dies an einem Beispiel verdeutlichen: Die in den Schulbüchern beliebte Diskussion über das *Demokratiedefizit* und zu entwickelnde Staatsform (Föderalismus oder Staatenbund) würde dann fruchtbarer geführt werden können, wenn vorab mehr Wissen über die Praxis politischen Handelns in den Institutionen vermittelt würde. Nur so kann der nationale Blickwinkel auf diese Diskussion aufgebrochen und der Grundstein für eine zu entwickelnde europäische Identität gelegt werden. Denn die Föderalismusdebatte wird in vielen europäischen Mitgliedsstaaten kaum verstanden. Ob das Demokratiedefizit als das größte Problem angesehen wird, hängt oftmals von den eigenen Erfahrungen mit der praktizierten Demokratie im eigenen Land ab. Für Franzosen ist die europäische Demokratie sehr viel weiter entwickelt als für Deutsche. Überdies sind die demokratietheoretischen Probleme der EU alles andere als einzigartig. Dass der institutionell gefilterte Wählerwille im Vermittlungsausschuss mit sich selbst konfrontiert wird, kennen wir aus der Praxis des deutschen Föderalismus, wenn die A- und B-Länder miteinander gegen die Bundesregierung koalieren. Der Politikunterricht kann zum Aufbau einer europäischen Identität nur beitragen, wenn er dies ebenso thematisiert und relationiert wie den politischen Alltag in den Institutionen (vgl. Weißeno 2002a: 107ff).

Die grundsätzlichen Überlegungen gilt es nun durch einen Blick in die Schulbücher zu beleuchten. *Die meisten Schulbücher beschäftigen sich lediglich traditionell-institutionenkundlich mit der Thematik.* Zahlreiche Globus-Schaubilder stellen das Institutionengefüge mehr oder weniger vollständig vor. Formale und abstrakte Zuordnungen erlauben die Schemabilder zweifelsohne. Sie sind als gedankliches Gerüst für das Verständnis der Verfahrensabläufe hilfreich und notwendig. Dabei muss aber klar sein, dass es ohnehin sinnlos ist, das äußerst komplexe und differenzierte Gebilde der EU im Ganzen vermitteln oder in einem Schaubild darstellen zu wollen. Insofern ist es fraglich, ob allein die Erläuterung vielfältiger formaler Regeln und Zuständigkeiten eine gute Basis für nachhaltiges Lernen darstellt. Was auf diesen Seiten im Schulbuch fast immer fehlt, ist ein Beispiel, das die Prozesse und Akteure zwischen den formalen Entscheidungsstufen einfängt und so den *Sinn institutionellen Handelns* verdeutlicht.

Dies gelingt mitunter auch nicht durch einen fall- oder problemorientierten Zugang. So geraten beispielsweise die in dem Schroedel-Schulbuch (1998: 88–91) genannten Probleme wie Ausdehnung der Wüsten in der Sahel-Zone, Bau eines Chemie-Werkes in Duisburg, Autoverkehr im Zeichen des Transitverkehrs, Überschüsse in der Landwirtschaft zur unpolitischen Problemkunde, da jeglicher Zugang zu den staatlichen europäischen Akteuren sowie zum gesetzlichen Rahmen fehlt. Der Arbeitsauftrag lautet lapidar: »Prüft, ob bei der Lösung der Fälle auch die europäische Ebene einbezogen werden sollte. Entscheidet, welche der europäischen Institutionen einbezogen werden sollte« (ebenda: 92). Die Aufgabe dürfte für Schüler/innen und Lehrer/innen ohne detaillierte Fachkenntnisse unlösbar sein, da die folgende traditionell-institutionenkundliche Darstellung keinerlei Hinweise oder Anknüpfungspunkte liefert. Im Schulbuch fehlt der politische Handlungsrahmen (Breit/Weißeno 2003, 20ff).

Selten werden die institutionellen Strukturen aus der Perspektive der Akteure (Parteien, Verbände, Regierungen etc.) in den Blick genommen. Politikprozesse werden nicht sichtbar gemacht. Es dominiert die Darstellung der europäischen Institutionen. Genauer untersuchen werde ich im Folgenden, welchen Beitrag die Schulbücher zum *Verstehen-Lernen* dieser Institutionen leisten. Bei der unsystematischen Durchsicht der gängigen Schulbücher fällt auf, dass es sowohl das fall- bzw. problemorientierte Vorgehen wie auch die Darstellung der europäischen Institutionen gibt. Europa wird überall als eigener Lerngegenstand behandelt – Bezüge zum Mehrebenensystem fehlen aber fast ganz. Die Mehrzahl der Schulbücher beschränkt sich ohnehin auf die traditionell-institutionenkundliche Darstellung. Ein Beispiel hierfür ist das Buch von Mattes für die Sekundarstufe I. Es schildert unter dem Titel »Wie funktioniert die Politik der Europäischen Union?« nur den formalen Rahmen.

Fünf Institutionen will das Schulbuch veranschaulichen und dabei auf ihr Zusammenwirken hinweisen. Dabei wird den Schülerinnen und Schülern ein Bild vom Machtgefüge der Institutionen vermittelt. Wer ist wofür verantwortlich und kann in welche Richtung weisen? Der Bus fährt mit der Kommission als Motor, wird durch den Ministerrat gelenkt und das Europäische Parlament als Fahrgast kontrolliert das Geschehen. Dieses Bild entspricht in keiner Weise dem politischen Prozess in der Europäischen Union. Der Ministerrat trifft mitnichten alle Entscheidungen und das EP fährt

Abb. 1: Wie funktioniert die Politik der Europäischen Union?

Die Mitgliedstaaten der Europäischen Union entscheiden nach wie vor selbst, welche Politik im eigenen Land gemacht werden soll. Einen Teil ihrer staatlichen Hoheitsrechte haben sie an die Gemeinschaft abgegeben. Sie verzichten hier auf eine eigene Politik in der Überzeugung, dass bestimmte Aufgaben besser in europäischer Zusammenarbeit zu lösen sind.

Um eine dauerhafte Ordnung zu schaffen und um politische Entscheidungen treffen zu können, braucht man staatliche Einrichtungen, so genannte „Institutionen", die mit Rechten und Pflichten ausgestattet sind. Die wichtigsten Einrichtungen der EU sind:

① die Europäische Kommission in Brüssel
② der Rat der Minister in Brüssel
③ das Europäische Parlament in Straßburg
④ der Rat der Regierungschefs
⑤ der Europäische Gerichtshof in Luxemburg

Um die Aufgaben und die Zusammenarbeit dieser Institution besser zu verstehen, können wir uns die Europäische Union als einen Bus vorstellen, der besetzt mit Menschen aus allen Ländern der EU in Richtung Europa fährt. Zurzeit stammen die Fahrgäste im Bus aus den 15 Mitgliedstaaten. Weitere Passagiere aus anderen Ländern Europas warten an der Strecke und sollen in Zukunft einsteigen.

In jedem Bus muss es einen Motor geben. Er hat die Aufgabe, das Fahrzeug anzutreiben und zu beschleunigen.

① Diese Aufgabe des Motors übernimmt in der EU die Europäische Kommission.

Sie hat ihren Sitz in Brüssel. In den Gründungsverträgen der EU ist vereinbart, dass nur die Kommission Vorschläge für europaweit geltende Gesetze formulieren und vorlegen darf, weil ihre Mitglieder unabhängig von den einzelnen Länderinteressen handeln können. Wer das *Initiativrecht für Gesetze* hat, ist der Motor. Die Kommission besteht seit 1995 aus zwanzig Kommissaren, die von den einzelnen Regierungen für vier Jahre entsendet werden.

Die größeren EU-Länder stellen zwei, die übrigen je einen Kommissar. Die Kommissare sollen unabhängig von einzelnen Länderinteressen europäisch entscheiden. Ihnen stehen etwa 15 500 Mitarbeiter zur Verfügung, die pro Jahr bis zu 1000 Vorschläge für europäische Politik erarbeiten. Sie reichen von den Bestimmungen zur Sauberhaltung des Trinkwassers bis zur Bekämpfung von Hungersnöten in Entwicklungsländern.

Die Kommission entscheidet nicht, aber sie treibt den Bus an.

In jedem Fahrzeug trifft der Fahrer die wichtigsten Entscheidungen.

② Die Rolle des Fahrers in unserem Bus übernimmt der Rat der Minister der Europäischen Union.

Hier werden alle Entscheidungen getroffen, die für die Mitgliedstaaten den Charakter von Gesetzen haben.

Der Ministerrat besteht aus je einem Minister / einer Ministerin aus den Mitgliedsländern. Je nach anstehender Entscheidung sind es mal die Landwirtschaftsminister, dann wieder die Außen-, Umwelt- oder Finanzminister. Wichtige Entscheidungen muss der Ministerrat einstimmig treffen, bei einigen genügt die Mehrheit.

Quelle: Mattes, Wolfgang u. a. 1999: Team 3. Arbeitsbuch für den Politikunterricht, Paderborn, S. 260.

lediglich mit, will aber »in Zukunft gerne das Steuer des Bundes übernehmen.« Die Machtverhältnisse innerhalb des Institutionengefüges sind anders. Wenn dann noch der Gerichtshof zum Schutzmann wird, der »aufpasst, dass die Regeln eingehalten werden«, und der Europäische Rat lediglich die Richtung im Sinne eines Wegweisers angeben kann, werden Exekutive, Legislative und Judikative unsinnig vermischt und relationiert.

Die politische Wirklichkeit ist anders und vor allem vielfältiger. Gesetzesvorlagen und Entscheidungen kommen jedes Mal anders zustande, aber auf keinen Fall so wie es das Schulbuch suggeriert. Ein Muster ihres Zustandekommens hat Eichener in seinem Buch versucht zu beschreiben: »Der Kommission gelang es, die Umweltorganisationen über alle Stufen des legislativen Prozesses hinweg als Unterstützung ihrer Pläne zu mobilisieren. Auch hier zeigte sich das aus der Arbeitsschutzregulierung bekannte Muster:

1. Die Kommission legt einen relativ dünnen Richtlinienvorschlag vor.
2. Der Ministerrat kritisiert das Regulierungsniveau in erster Lesung als zu hoch.
3. WSA und EP unterstützen den Vorschlag der Kommission grundsätzlich, fordern aber ein höheres Regulierungsniveau.
4. Die Kommission munitioniert das EP durch die Vermittlung von Experten aus dem Bereich der Umweltverbände.
5. Die Kommission bedient sich selber der Umweltverbände, um einen zweiten, angereicherten Richtlinienvorschlag zu erarbeiten, der ein höheres Regulierungsniveau vorsieht, aber Zugeständnisse an den Ministerrat in prozeduralen Fragen enthält.
6. Die Umweltverbände führen gleichzeitig eine Lobbying-Kampagne beim Ministerrat und den nationalen Regierungen durch.
7. Die Kommission initiiert die Gründung eines europäischen Verbändeforums, an das Implementationsaufgaben delegiert werden, bevor die Richtlinie überhaupt verabschiedet ist.
8. WSA und EP unterstützen die Kommission erneut und fordern ein Regulierungsniveau, das immer noch über den Kommissionsvorschlag hinausgeht.
9. Der Ministerrat verabschiedet den Richtlinienvorschlag der Kommission.« (Eichner 2000: 128f.)

Hier wird deutlich, dass die regulative Politik der Europäischen Union ganz anders verläuft als in der Darstellung des Schulbuchs. Die Konflikte im Ministerrat über den hier geschilderten Weg, der Flora-Fauna-Habitatrichtlinie (FFH-Richtlinie) waren groß. Der gesamte Prozess wurde von Lobbyisten begleitet, die eine europaweite Lobbying-Kampagne organisierten. Adressaten waren alle am Entscheidungsprozess Beteiligten. Auch der Wirtschafts- und Sozialausschuss waren involviert. Das Entscheidungsverfahren war langwierig, stark politisiert und entsprechend kontrovers. Insgesamt aber übersteigt das Schutzniveau den kleinsten gemeinsamen Nenner der Mitgliedsstaaten. »Das Regierungsniveau ist aber nicht nur höher, in einigen Bereichen liegt es sogar an der Spitze oder ist sogar höher als das in allen Mitgliedsstaaten auf nationaler Ebene realisierte Niveau« (ebenda: 130). Es gibt also durchaus eine innovative europäische Gesetzgebung, die auch die deutschen Akteure mitunter mit schwer zu erfüllenden Anforderungen konfrontiert. Der europäischen Regulierung geht es um mehr als eine bloße Harmonisierung nationaler Regelungen. Die Eigenlogiken der beteiligten

Institutionen sind vielmehr auch auf innovative Regulierungen ausgerichtet. Nationale Fortschrittsblockaden werden aufgebrochen. Eine defensive, europaskeptische Haltung einzelner Akteure führt nicht weiter.

Wenn ein/e Lehrer/in nach dem Schulbuch unterrichtet, entstehen in mehrfacher Hinsicht *Lücken*. Bei den Schüler/innen entstehen große Wissenslücken hinsichtlich des Machtgefüges der Europäischen Union, des europäischen Politikprozesses, der Politikgestaltung durch die EU. Es entsteht ferner eine Lücke durch eine nicht gegenstandsadäquate methodische Umsetzung: Die Beschreibung des EU-Gefüges mit Hilfe eines Reisebusses mag zwar motivieren, nicht aber zur Sache hinführen. Die nebenher erfolgende Beschreibung der Institutionen zählt einige formale Regeln auf, stellt sie aber in keinen Zusammenhang.

Die Politik – so das von den Autoren selbst gestellte Thema – kommt nicht vor. Kein einziges Fallbeispiel für das Zusammenwirken des Institutionengefüges mit anderen gesellschaftlichen Akteuren oder den Regierungen der Mitgliedsstaaten wird im Folgenden genannt. Ohne fachliches Fundament sollen die Schülerinnen und Schüler stattdessen ein Rollenspiel zur Agrarpolitik veranstalten, das sich mit der Finanzierbarkeit der Überschussproduktion beschäftigt. Woher sollen sie ihre Vorstellungen vom Politikprozess nehmen? Realitätsferner kann ein Schulbuch nicht sein. Der Ansiedlung der Diskussion auf einem Kongress Europa fehlt darüber hinaus die Zuordnung zum Institutionengefüge des Mehrebenensystems. Es entsteht eine selbst konstruierte (Fantasie-)Welt, da es diesen Kongress nie gab oder vermutlich geben wird. Auch der Lerntext am Ende der Reihe fragt zusammenhangloses Institutionenwissen ab.

Die *Oberstufenlehrbücher* verfahren kaum anders. Ihre Darstellung ist nicht weniger unterkomplex, obwohl man hier nicht mehr mit dem beliebten (Pseudo-)Argument kommen kann, dass eine didaktische Reduktion vorgenommen werden muss. Die meisten Schulbücher verfahren traditionell-institutionenkundlich, ergänzen diese Passagen meist um die einige kurz angerissenen Politikfelder wie Profifußball, Bananenkonflikt, Binnenmarkt, Schengener Abkommen, Erweiterung, Demokratiedefizit, Geschichte der EU, drei Säulen der EU. Auch hier wird Europa als Einzelthema behandelt, bei anderen Gegenständen taucht Europa meist nicht auf. Dafür findet sich in den meisten Schulbüchern das folgende Globus-Schaubild mit erläuternder Erklärung.

Das Buch von Engelhart u. a. erläutert die Funktionen von zentralen Institutionen verbal und mit einem Standardschaubild. Folgende Aufgabe sollen die Schüler/innen mit Hilfe von zwei weiteren Globus-Jahresbildern zum Gesetzgebungsverfahren und den Mitwirkungsrechten des Parlaments

Abb. 2: Die europäischen Institutionen

Der **Europäische Rat**: Jährlich mehrmals stattfindende Sitzungen der Staats- bzw. Regierungschefs der EG-Staaten. Er berät Grundsatzfragen der europäischen und internationalen Politik und sucht die politische Koordination zwischen den Mitgliedstaaten zu verbessern.

Der **Ministerrat**: Entscheidungsinstanz, als „Legislative" der Gemeinschaft, erlässt Richtlinien und Verordnungen bes. im Bereich der Wirtschafts- und Finanzpolitik.

Der Ministerrat ist das einzige effektive Machtzentrum in der Gemeinschaft, aber bisher oft weniger ein Gemeinschaftsorgan als ein Instrument der nationalen Regierungen. Seine Mitglieder sind nicht der Gemeinschaft, sondern nur ihren jeweiligen Regierungen gegenüber verantwortlich.

Die **Europäische Kommission**: Sie besitzt das Vorschlagsrecht für die Beratungen und Beschlüsse des Ministerrats, von ihr müssen alle Initiativen ausgehen, sie ist das eigentliche Gemeinschaftsorgan. Ob und wann der Ministerrat über die Vorschläge der Kommission

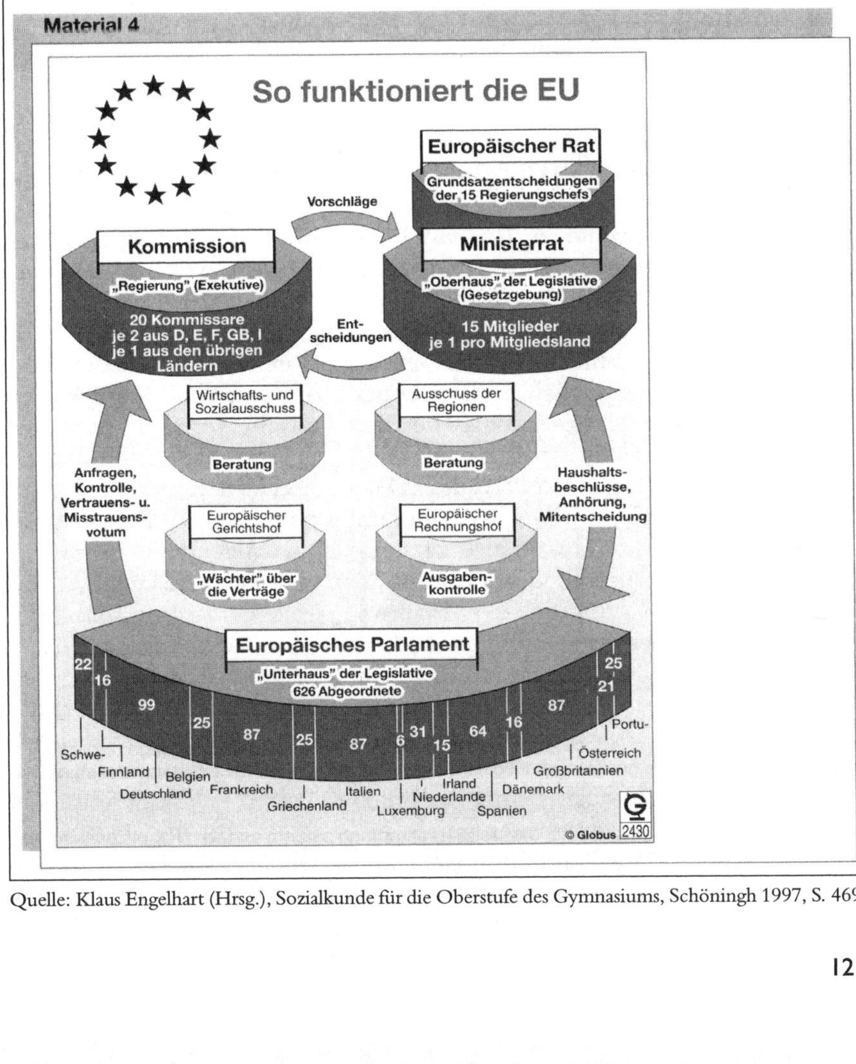

Quelle: Klaus Engelhart (Hrsg.), Sozialkunde für die Oberstufe des Gymnasiums, Schöningh 1997, S. 469.

lösen: »Suchen Sie anhand der Materialen 4, 9 und 10 nach Möglichkeiten des Parlaments, die Kommission/den Ministerrat zu kontrollieren bzw. unter Druck zu setzen« (ebenda: 473). Losgelöst von Fällen sollen die Schüler/innen hypothetisch nach Kontrollmöglichkeiten suchen. Dabei ist das Europäische Parlament in den Aushandelungsprozess während des gesamten Verfahrens eingebunden. Die Rolle des Europäischen Parlaments ist mitnichten so statisch, wie es das Schulbuch sieht. Was heißt überhaupt Kontrolle? Ist nicht Mitgestaltung viel treffender? Woher sollen die Schüler/innen ihre Beispiele nehmen? Ein praktisches politisches Beispiel fehlt, so dass es dem Lehrenden überlassen bleibt, einen politischen Unterricht daraus zu machen. Eine Betrachtung des Mehrebenensystems findet nicht statt. Die Defizite der Schulbücher sind augenscheinlich. Welche Wege gibt es aus der dominierenden, letztlich unpolitischen traditionellen Institutionenkunde?

3. Welche Wege führen zu einer europazentrierten Politikdidaktik?

Der Aufbau des notwendigen *Wissens* über das Institutionengefüge und die politischen Prozesse in der EU kann nur dann erfolgen, wenn der *Sinn* des institutionellen Handelns über ein Fallbeispiel ebenso deutlich wird wie der Interessenscharakter der handelnden Akteure (vgl. Massing 1999: 293). Die Schülerinnen und Schüler wünschen sich den Durchblick durch die aktuelle Politik, so wie sie täglich in der EU praktiziert wird. Es macht keinen Sinn, eine unkritische pro-europäische Einstellung hervorrufen zu wollen durch eine idealisierende Institutionenkunde oder eine ablehnende Einstellung durch den ständigen Verweis auf das Demokratiedefizit. Nur Realismus produziert keinen naiven Europa-Enthusiasmus oder Skeptizismus. Aufgabe des Politikunterrichts ist es, den Prozess des sich einigenden Europas auf der Basis des Handelns in und mit Institutionen bewusst zu machen. So sind für die Schülerinnen und Schüler Erfahrungen mit dem *europäischen Politikzyklus* bei gegebenem Handlungsrahmen möglich und notwendig.

Der Blick auf das europäische Mehrebenensystem mit seinen eigenen Verfahrensregeln hat gezeigt, dass der Politikunterricht anders als bisher ansetzen muss. Wenn er sich allein auf die europäische Ebene beschränkt, taugen die traditionellen Wege der Institutionenkunde nicht für den Aufbau einer realistischen Einschätzung der politischen Praxis. Politik beruht nicht nur auf formalen Zuständigkeiten und ist mehr als das über die Medien verbreitete Ergebnis. Der Politikunterricht muss vielmehr den *Fragen des Zusammenhangs* von politischen Institutionen (polity), politischem Prozess (policy) und Politikinhalten (politics) nachgehen. Die FFH-Richtlinie und ihr Zustandekommen hat diesen Zusammenhang sichtbar gemacht. Die Interessen der Akteure sind dabei deutlich geworden, noch nicht die Auswirkungen auf das tägliche Leben in Deutschland (Listen schutzwürdiger Habitats, Pflanzen und Tiere). Klar ist in diesem Zusammenhang auch, dass es sinnlos ist, das äußerst komplexe und differenzierte Gebilde der EU im Ganzen vermitteln zu wollen. Schon daraus ergibt sich, dass eine traditionelle Institutionenkunde nur scheitern kann.

Gleichwohl kann die politische Wirklichkeit nicht ohne institutionellen Rahmen dargestellt werden. Aber dieser Rahmen sollte nicht traditionell, d. h. abstrakt und formal auf die Willensbildung in legislativen Organisationen gerichtet, sondern *modern* sein, d. h. nach dem Sinn der Institutionen fragen, ihren sich ständig wandelnden Herrschaftscharakter kritisch hinterfragen, das Verhältnis zu Personen und Inhalten klären (vgl. Massing 1999, 293). Nur so kann in einer Fallbetrachtung wie der FFH-Richtlinie deutlich werden, dass Politik ein *offener Prozess* ist, der auch Institutionen immer wieder einem Wandel unterzieht. Dieses dynamische Bild von Politik scheint in der Schule und in den Schulbüchern weitgehend noch nicht angekommen zu sein. Ein statisches Bild von Politik behindert den Blick auf die politischen Gestaltungsprozesse. Die Vermittlung des institutionellen Rahmens muss auf die Veränderbarkeit mit abheben. Gerade die europäischen Institutionen unterliegen diesem ständigen Wandlungsprozess in besonderem Maße. Politikprozesse und die Willensbildung in den Institutionen verändern sich permanent. Diese Offenheit muss im Politikunterricht im Gegensatz zu den abgeschlossenen Prozessen im Geschichtsunterricht deutlich werden.

Die Offenheit gibt es nicht nur in europäischen Institutionen und Politikprozessen, sondern auch in nationalen. *Eine europazentrierte Politikdidaktik muss auf die Wechselwirkungen zwischen beiden Politikfeldern verweisen* und deshalb bei jedem Fall, der bereits von der europäischen Richtlinienkompetenz tangiert wird, den Blickwinkel erweitern. Die Autobahnmaut für LKWs bis hin zu den Sozialversicherungen (Zahnersatz im Ausland) machen deutlich, dass ein Großteil der Gegenstände einen Bezug zur EU hat. Umso erstaunlicher ist es, dass beispielsweise Themen wie »Der Streit um die Ökosteuer; die Umweltpolitik; Merkmale der demokratischen Ordnung in der Bundesrepublik Deutschland; Wie viel Bürgerbeteiligung braucht die Demokratie?« usw. aus dem o.g. Schulbuch von Mattes u. a. ohne jeden Bezug zur europäischen Ebene aufgearbeitet werden. Fast scheint es, als ob die Schulbuchautoren nur durch eine »nationale« Brille sehen. Ganz traditionelle Themen wie die gerade genannten bedürfen aus der Sicht einer europazentrierten Politikdidaktik dringend einer *Perspektivenerweiterung*.

Ein europazentrierter Politikunterricht integriert permanent die europäischen Diskussionszusammenhänge in die Aufarbeitung »nationaler« Themen. Hilfreich können in diesem Kontext auch multinationale Interpretationen sein. Dadurch wird der europäische Blick auf ein »nationales« Ereignis noch einmal erweitert um beispielsweise einen französischen, holländischen oder polnischen Blick. Diese *doppelte Erweiterung des Focus* wird der Realität eher gerecht, erfordert aber andererseits meist Fremdsprachenkenntnisse (Englisch) und höhere kognitive Fähigkeiten. Solche Versuche sind bisher eher selten zu finden (vgl. den Beitrag von Manzel in diesem Band), ergeben sich aber aus der Logik europäischer Politik. Damit haben wir zugleich die *allgemeine Beschreibung eines europazentrierten Politikunterrichts* gefunden: Er zeigt keine Ausschnitte einzelner politischer Systeme mehr, sondern Zusammenhänge und Wechselwirkungen der einzelnen Phänomene auf verschiedenen politischen Ebenen. Machbarkeit, Umsetzbarkeit und Effizienz von Politik können nur beurteilt werden, wenn die Bedingungen auf allen politischen Ebenen betrachtet werden.

Eine moderne Institutionenkunde verlangt demnach die Berücksichtigung der europäischen Ebene bei vielen noch »national« abgehandelten Themen. Es ist nicht mehr zeitgerecht, den Gegenstandsbereich Europäische Union lediglich als eigenständiges Thema im Politikunterricht zu behandeln. Hier muss eine Perspektivenerweiterung, die sich aus dem politikwissenschaftlichen Fundament der Fachdidaktik ergibt, erfolgen. Dies bedeutet andererseits aber nicht, dass sich die theoretischen Konzepte der Politikdidaktik grundlegend ändern müssen. Die postmoderne und die normativ-empirische Schule (Weißeno, 2002b) müssen indessen auf die veränderten fachlichen Grundlagen reagieren und sie in ihr theoretisches Gerüst integrieren. Für den Politikunterricht und die Politikdidaktik bedeutet dies, dass sie traditionelle Pfade verläßt.

Neue Wege zu Europa zu finden heißt auf neue Zusammenhänge und Wechselwirkungen der einzelnen Phänomene zu reagieren. Die Einheit von nationalen und europäischen Ebenen gilt es im Unterricht zu vermitteln, um den Vorstellungen von einer kulturell-politischen europäischen Identität einen Rahmen zu geben. Das offene Projekt Europäische Union erfordert auch eine Öffnung des Politikunterrichts. Simulieren, problematisieren, deuten, partizipieren, begegnen, analysieren, reflektieren, identifizieren, kritisieren, urteilen können Schüler/innen dann, wenn sie die europäischen Institutionen mit ihrem Sinn verstanden und sich die Politikprozesse an alltäglichen Fällen verdeutlicht haben. Da die europäische Politik offen und dynamisch ist, muss sich auch der Politikunterricht öffnen und modernisieren.

Literaturhinweise

Breit, Gotthard/Weißeno, Georg 2003: Planung des Politikunterrichts. Eine Einführung. Schwalbach.

Eichener, Volker 2000: Das Entscheidungssystem der Europäischen Union. Institutionelle Analyse und demokratietheoretische Bewertung, Opladen.

Fischer, Kurt Gerhard 1975: Über die Möglichkeiten einer Europäisierung der politischen Bildung an Europas Schulen, in: Politische Didaktik, Probeheft.

Hagemann, Cornelia 1986: Das Projekt, in: Janssen, Bernd/Sander, Wolfgang (Hrsg.): Europa in der Schule, Bonn, 33–45.

Juchler, Ingo 2002: Die Osterweiterung der EU, in: Politische Bildung, Heft 1, 71–82.

Maier, Gerhart 1978: Die Europäische Integration in den Lehrplänen der Sekundarstufe II, in: Integration, Heft 2, 45 ff.

Massing, Peter 1999: Institutionenkunde, in: Richter, Dagmar/Weißeno, Georg (Hrsg.), Lexikon der politischen Bildung, Band 1, Schwalbach, 111–114.

Mickel, Wolfgang W. 1991: Lernfeld Europa. Didaktik zur europäischen Erziehung, Opladen.

Pfetsch, Frank R. 1997: Die europäische Union. Eine Einführung, München.

Renner, Günter 1979: Europa im Unterricht der Sekundarstufe I. Didaktische Einführung und Unterrichtsvorschläge, Bonn.

Sander, Wolfgang 1985: Politische Bildung als europäisches Problem – Europa als Problem der politischen Bildung. Zur europäischen Dimension der politischen Bildung, in: Franke, Kurt (Hrsg.): Jugend, Politik und politische Bildung, Opladen, 115–122.

Sander, Wolfgang 1986: Politische Bildung in europäischer Perspektive, in: Janssen/Sander, a. a. O., 213–230.

Schmuck, Otto 1991: Europäische Aspekte von politischer Bildung – Zusammenfassende Auswertung, in: Bundeszentrale für politische Bildung (Hrsg.): Politische Bildung für Europa, Bonn, 319–337.

Weißeno, Georg 2002a: Demokratie besser verstehen – Politisches Lernen im Politikunterricht, in: Breit, Gotthard/Schiele, Siegfried (Hrsg.): Demokratie-Lernen als Aufgabe politischer Bildung, Schwalbach, 95–116.

Weißeno, Georg 2002b: Wo steht die Politikdidaktik als Wissenschaft? In: GPJE (Hrsg.): Politische Bildung als Wissenschaft, Schwalbach, 20–31.

Zitierte Schulbücher

Budde-Dreßen, Ingrid u. a. 1998: Politik gestalten, Band 2, Hannover.

Engelhart, Klaus (Hrsg.) 1997: Sozialkunde für die Oberstufe des Gymnasiums, Paderborn.

Mattes, Wolfgang u. a. 1999: Team 3. Arbeitsbuch für den Politikunterricht, Paderborn.

Joachim Detjen

»Europäische Unübersichtlichkeiten«

Wie soll die politische Bildung mit der Kompliziertheit und Intransparenz der Europäischen Union umgehen?

Einleitung

Es besteht kein Zweifel: Der Gegenstand Europa ist im Politikunterricht schwer zu vermitteln. Ein Grund dafür liegt in der verwirrenden Terminologie. Diese erklärt sich, wenn auch nur zum Teil, aus der Mehrzahl organisatorischer Zusammenschlüsse in Europa: Europäische Union, Europäische Gemeinschaft, Europäische Gemeinschaften, Westeuropäische Union, Europarat, Europäischer Rat, Rat der Europäischen Union, Europäische Kommission, Europäischer Gerichtshof, Europäischer Gerichtshof für Menschenrechte, Europäische Gemeinschaft für Kohle und Stahl, Organisation für Sicherheit und Zusammenarbeit in Europa. Bei einigen dieser Begriffe kann man nicht erkennen, ob es sich um Organisationen oder um Institutionen handelt. Es ist also kein Wunder, dass dieses Knäuel ähnlich klingender Begriffswörter abschreckend auf Lehrer/innen und Schüler/innen wirkt.

Ein zweiter, vielleicht noch wichtigerer Grund für die Unbeliebtheit Europas im Unterricht liegt in der organisatorisch-institutionellen Unübersichtlichkeit der Europäischen Union (EU), des zentralen europäischen Zusammenschlusses. Sieben Mal taucht in der Erklärung des Europäischen Rates zur Zukunft der Europäischen Union vom 14./15. Dezember 2001 das Wort *Transparenz* auf. Damit wird deutlich, dass der Versammlung der Staats- und Regierungschefs das Dilemma der Europäischen Union durchaus bewusst ist. Die Erklärung stellt fest, dass es der Europäischen Union neben der Demokratie und der Effizienz vor allem an eben dieser Transparenz fehle. Die Bürger/innen verlangten aber mit Recht ein klares und transparentes Konzept für Europa. Die Europäische Union müsse folglich reformiert werden. Zu diesem Zweck berief der Europäische Rat einen Konvent ein und beauftragte ihn, Überlegungen zu einer zukünftigen Verfassung der Europäischen Union anzustellen und einen entsprechenden Entwurf vorzulegen.

In der schulischen Bildung herrscht Übereinstimmung darüber, dass Europa einen wichtigen Unterrichtsgegenstand darstellt. So gab die Kultusministerkonferenz zweimal, 1978 und 1990, die Empfehlung »Europa im Unterricht« heraus. Während die erste Empfehlung eher allgemeine pädagogische Erwägungen anstellte, nahm die Fortschreibung Bezug auf einzelne Unterrichtsfächer. Dem Politikunterricht wurde unter anderem aufgegeben, Kenntnisse und Einsichten über die Aufgaben und die Arbeitsweise der europäischen Institutionen sowie über die bestehenden und sich verändernden politischen Abläufe und Ordnungssysteme Europas zu vermitteln. Offensichtlich misst die Kultusministerkonferenz dem Verstehen des EU-Politikverfahrens erhebliche Relevanz bei. Man kann ihr darin zustimmen und sagen, dass das Begreifen der Institutionen und der zwischen ihnen ablaufenden Verfahren einen wesentlichen Zugang zum Verständnis der Europäischen Union darstellt.

Man darf in diesem Zusammenhang aber kritisch fragen, ob den an Bildungsprozessen beteiligten Akteuren die Schwierigkeiten ihrer Vermittlungsaufgabe hinreichend bewusst sind. Denn nicht nur die europapolitische Terminologie ist verwirrend, auch der rechtliche Status der Europäischen Union und ihre begriffliche Erfassung sind keineswegs klar. Die Verfahrensweisen sind kompliziert, die Zuständigkeiten sind verästelt, und das Zusammenwirken der Institutionen ist verschlungen. Die Abgrenzung zwischen den Kompetenzen der Europäischen Union und denen der Mitgliedstaaten ist alles andere als eindeutig. Auch ist ein einheitliches Konzept hinter dem, was sich als Europäische Union präsentiert, nicht zu erkennen. Zudem ist vieles in ständigem Fluss begriffen, so dass der heutige Wissensstand über Europa morgen schon überholt sein kann.

Die folgenden Ausführungen stellen zunächst mit den Mitteln der politikwissenschaftlichen Analyse und Begriffsbildung das Panorama der europäischen Unübersichtlichkeiten vor. Sie wollen zeigen, auf welches schwer zu überblickende und zu vermittelnde Terrain sich der politische Bildner mit dem Thema Europäische Union begibt. In einem zweiten Schritt werden einige politikdidaktische Überlegungen angestellt: Dabei geht es um die Frage nach dem angemessenen Umgang mit den Unübersichtlichkeiten in der politischen Bildung. Thematisiert die politische Bildung in irgendeiner Form die Unübersichtlichkeiten oder wenigstens Aspekte davon, oder ignoriert sie diese Seite der EU? Integriert sie also Kompliziertheit, Intransparenz und Unvollkommenheit der Europäischen Union in ihre Entwürfe, oder vermittelt sie das Bild einer einfachen, nach evidenten Grundsätzen strukturierten und damit geordneten Union? Ist es unter didaktischen Gesichtspunkten aber überhaupt erforderlich, Lernende mit den Unübersichtlichkeiten der EU zu konfrontieren? Wenn ja: Welche unterrichtlichen Inszenierungen sind geeignet, den Schülern einen Eindruck von Europa zu verschaffen, der den aufgewiesenen Sachverhalten gerecht wird?

I. Panorama der europäischen Unübersichtlichkeiten

a) Der politisch und rechtlich unklare Status der Europäischen Union

Die Europäische Union ist eine seltsam anmutende Konstruktion. Sie wird deshalb auch sehr unterschiedlich etikettiert. In der Literatur findet man staatsrechtlich inspirierte Begriffe wie »Zweckverband«, »Nationalitätenunion«, »Staatenverbund«, »intensive Staatenverbindung« und »neuartige politische Superstruktur«. Politikwissenschaftlich geprägt sind Zuschreibungen wie »Polykratie«, »less than a federation, more than a regime« und »Konkordanzsystem«. Auch Bezeichnungen wie »civitas Europae«, »supranationale Union« oder »Regieren jenseits des Staates« werden zur Kategorisierung verwandt (Schuppert 1994: 56 f.; Wessels 1999: 713; Landfried 2002: 343).

Die institutionellen Strukturen der EU stellen ein politisches System *sui generis* dar. Dieses System entspricht weder einem herkömmlichen Staat, sei dieser nun unitarisch oder föderal organisiert, noch einem Staatenbund oder einem internationalen Bündnis. Auch der vom Bundesverfassungsgericht eingeführte Begriff des Staatenverbundes ist nicht mehr als eine nur vordergründig befriedigende Hilfskonstruktion. Zur Charakterisierung dieser neuartigen Form politischer Ordnung haben sich in den letzten Jahren die politikwissenschaftlichen Begriffe »Mehrebenensystem« und »Multi-Level Governance« etabliert (Grande 2000: 12). Hinter diesen Begriffen verbirgt sich eine komplexe Wirklichkeit des politischen Verhandelns und Interagierens auf regionaler, staatlicher und suprastaatlicher Ebene, die es nirgendwo sonst gibt. Nimmt man diese Begriffe auf, ist man davor gefeit, an die Europäische Union Maßstäbe anzulegen, die aus der Erfahrungswelt des hierarchisch organisierten und demokratisch verfassten modernen Staates stammen.

Die Unsicherheit über den politischen und rechtlichen Status der Europäischen Union kommt nicht von ungefähr. Sie ist ganz erheblich verursacht durch die komplexe rechtliche Struktur, die der Vertrag über die Europäische Union (»Maastricht-Vertrag«) schuf. Dieser Vertrag stülpte die Europäische Union über drei selbstständige internationale Organisationen, nämlich die Europäische Gemeinschaft für Kohle und Stahl (EGKS), die Europäische Wirtschaftsgemeinschaft (EWG) und die Europäische Atomgemeinschaft (EAG). Diese drei Organisationen nennt Artikel 1 des EU-Vertrages die »Europäischen Gemeinschaften« und kodifiziert, dass sie die Grundlage der Union bilden. Diese Gemeinschaften sind also nicht in der Union aufgegangen, sondern bestehen parallel zur Union weiter fort. Das Ganze wird dadurch noch weiter kompliziert, dass die EGKS und die EAG keine eigenen Institutionen besitzen, sondern die Organe der EWG nutzen. Eine solche »Organleihe« nimmt auch die Europäische Union vor. Die Europäische Union stützt ihre vergemeinschaftete Politik ganz maßgeblich auf den EWG-Vertrag, der in Maastricht in »Vertrag über die Gründung einer Europäischen Gemeinschaft (EG)« geändert wurde. Im vergemeinschafteten Bereich handelt die Union ausschließlich durch die EG. Im intergouvernementalen Bereich der Gemeinsamen Außen- und Sicherheitspolitik und der Zusammenarbeit in den Bereichen Justiz und Inneres agiert sie aber außerhalb der EG, bedient sich aber gleichwohl deren Institutionen. Die Kompetenzen der EG-Institutionen im vergemeinschafteten und im intergouvernementalen Bereich differieren jedoch sehr weit voneinander.

Festzustellen ist: Es gibt im Rahmen der europäischen Verträge – terminologisch äußerst verwirrend – sowohl die *Europäischen Gemeinschaften* als auch die einen Teil dieser Gemeinschaften bildende *Europäische Gemeinschaft*. Und die Institutionen Rat, Kommission, Europäisches Parlament und Gerichtshof sind zugleich Organe der *Europäischen Gemeinschaft*, der *Europäischen Gemeinschaften* und der *Europäischen Union*. Niemand wird behaupten, dass ein so konstruiertes System transparent ist (Bogdandy/Nettesheim 1995: 234 f.).

Man ist nicht gehindert, diese alles andere als klare Rechtslage positiv zu interpretieren und von der *Genialität* der europäischen Verträge zu sprechen. Diese Genialität kann man in der kunstvollen Balance zwischen den Formen klassischer zwischenstaatlicher Zusammenarbeit und den Formen bundesstaatsähnlicher Gemeinschaften sehen. Die Institutionen der EU bleiben damit immer in beiden Richtungen deutbar. Ihre Schwebelage ist in dieser Sichtweise geradezu ihr Vorteil. So erscheint die Kommission einmal als eine Fortentwicklung des klassischen Sekretariats internationaler Organisationen und zugleich als kollektives Exekutivorgan eines föderalen Gemeinwesens. Der Rat (Ministerrat) gleicht einer klassischen Versammlung von Mitgliedstaaten, wie sie jede internationale Organisation kennt. Man kann ihn aber auch als eine Art Bundesrat begreifen, also als ein Element eines föderativen Zweikammersystems. Das Europäische Parlament ist entweder eine Fortentwicklung der klassischen parlamentarischen Versammlung, wie es sie in einer Reihe internationaler Organisationen gibt, oder die parlamentarische Vertretung der Völker Europas, des Subjekts europäischer Volkssouveränität. Der Gerichtshof schließlich erscheint zum einen als ein völkerrechtliches Organ zwischenstaatlicher Streitbeilegung und zum anderen als oberster Gerichtshof eines Gemeinwesens mit verfassungsgerichtlichen Funktionen (Oeter 2001: 8).

Man kann aber auch auf die Schwächen der Rechtslage aufmerksam machen und dabei feststellen, dass die EU keinerlei Rechtsfähigkeit genießt. Der EU-Vertrag schuf keine übergreifende europäische Rechtspersönlichkeit. Die Europäische Union kann also nicht Träger von Rechten und Pflichten sein. Sie ist nicht mehr als eine rechtliche und politische Klammer, damit die in ihr vereinigten Staaten auf der Basis verschiedener vertraglicher Grundlagen und unter Nutzung der Institutionen der Europäischen Gemeinschaften diverse Ziele verfolgen können (Müller-Graff 2002: 374 f.).

b) Die Europäische Union als ein sich permanent wandelndes politisches System

Die Europäische Union ist immer auf dem Wege irgendwohin, wobei die Richtung durchaus wechseln kann. Der Grund hierfür ist, dass kein Bauplan einer europäischen Gesamtkonstruktion existiert. Das europäische Vertragswerk ist deshalb das Resultat unterschiedlicher europapolitischer Leitbilder. Man kann die EU auch als ein Experiment transnationalen Regierens begreifen. Denn der europäische Integrationsprozess war immer auch ein stetiges Ausprobieren von Institutionen und institutionellen Beziehungen. Die Beteiligten wurden geradezu angespornt, die Belastbarkeit ihrer Institutionen zu testen (Wallace 1996: 143). Und so zeigt sich die EU von einem jahrzehntelangen institutionellen Wandel gekennzeichnet. Dies unterscheidet sie grundlegend von den Mitgliedstaaten, in denen die Institutionen eine hohe Stabilität aufweisen. Der Wandel hat zu vielfältigen Spannungen, Brüchen und auch Pathologien in der Kompetenzenordnung der Union geführt (Jachtenfuchs 1997: 17).

Die Dynamik der Entwicklung nimmt seit Mitte der achtziger Jahre dramatische Ausmaße an. Hatten die Römischen Verträge zur Gründung der EWG von 1958 bis 1986 beinahe dreißig Jahre Bestand gehabt, so gab es von 1986 bis 2001, also in der Hälfte der Zeit, *vier* substantielle Vertragsreformen. Durch die Einheitliche Europäische Akte von 1986 und den Maastrichter Vertrag über die Europäische Union von 1992 wurde das ursprüngliche Vertragswerk umfassend ergänzt und modifiziert. Im Amsterdamer Vertrag von 1997 und im Vertrag von Nizza aus dem Jahre 2001 wurden weitere Änderungen im institutionellen Gefüge sowie in den Politikfeldern der Union beschlossen. In Nizza wurde die nächste Vertragsrevision gleich mit festgeschrieben. Das hierfür vorgesehene Verfahren war wiederum ganz neu: Es wurde beschlossen, einen Konvent einzurichten. Dieser Konvent wurde beauftragt, die Union demokratischer, transparenter und effizienter zu machen.

Man kann die Prognose wagen, dass das Ergebnis dieses Konventes nicht das Ende der Umgestaltungen markieren wird. Auch nach fünfzig Jahren Geschichte ist die europäische Integration ein fortlaufendes Projekt ohne klare Zielbestimmung geblieben (Brunn 2002: 306 f.).

Es gibt drei weitere Gründe für die Kompliziertheit der Europäischen Union und damit für die Schwierigkeiten ihres Verstehens und ihrer Weitergabe in Bildungsprozessen: Einmal der *Umfang der Vertragstexte*, dann die sogenannte *flexible Integration* und schließlich die Folgen der *Harmonisierungsverweigerung* durch einzelne Mitgliedstaaten.

Das EU-Vertrags- und damit Verfassungssystem sprengt den Umfang normaler Verfassungen um ein Vielfaches. So enthält der seit dem Vertrag von Nizza gültige »Vertrag zur Gründung der Europäischen Gemeinschaft« 314 zum Teil sehr umfangreiche und schwer zu verstehende Artikel. Hinzu tritt, dass dem Vertragswerk diverse Protokolle beigefügt sind. Ebenso kommt es auf den Regierungskonferenzen anlässlich der Verabschiedung von Vertragswerken regelmäßig zu einer Reihe von Erklärungen des Europäischen Rates wie auch von bestimmten Mitgliedstaaten. Ein Teil dieser Protokolle und Erklärungen enthält Ausnahmeregelungen für bestimmte Mitgliedstaaten.

Die flexible Integration basiert auf dem seit dem Amsterdamer Vertrag zulässigen Verfahren der *verstärkten Zusammenarbeit*. Hiernach ist es unter sehr eng gefassten Bedingungen einer kleinen Anzahl von Mitgliedstaaten gestattet, sich enger zusammenzuschließen und rascher als die anderen die Integration zu intensivieren. Die bekanntesten Beispiele der verstärkten Zusammenarbeit sind die europäische Währung und die Abschaffung von Personenkontrollen an den Binnengrenzen. Sowohl der Euro als auch der Raum ohne Binnengrenzen gelten nicht in der gesamten EU. Selbst in diesen fundamentalen Regelungsbereichen ist also die EU kein einheitlicher Raum. Der Grad der Komplexität des EU-Systems steigt noch, wenn man Artikel 95 EG-Vertrag in Betracht zieht. Gemäß dieser Bestimmung können Mitgliedstaaten die Übernahme von Harmonisierungsmaßnahmen der EU verweigern. Hiervon wird nicht selten Gebrauch gemacht. Es ist kein Wunder, dass angesichts dieser Sachverhalte die Bürger/innen die Übersicht über Europa verlieren.

c) Vielfalt und Kompliziertheit der Entscheidungsverfahren

Überdeutlich zeigen sich Undurchschaubarkeit und Unübersichtlichkeit der Europäischen Union in der Konstruktion ihrer Organe und in der Vielfalt ihrer Entscheidungsverfahren. Der Vertrag von Nizza hat die bis dahin schon hohe prozedurale Vielfalt der EU zusätzlich erhöht und einzelne Regeln noch komplexer als zuvor schon gestaltet. Dabei variieren die Entscheidungsverfahren nicht nur zwischen dem vergemeinschafteten und dem intergouvernementalen Bereich, sondern auch noch innerhalb einzelner vergemeinschafteter Politikbereiche. Es gibt insgesamt 38 (!) unterschiedliche Formen, welche die Entscheidungsmodalitäten im Rat mit den Beteiligungsmöglichkeiten des Parlaments kombinieren. Für jeden Politikbereich muss man folglich den betreffenden Vertragsartikel heranziehen, um sich Verfahrensklarheit zu verschaffen.

Bereits die Bedingungen für die Beschlussfassung der EU-Organe weisen eine erhebliche Variationsbreite auf. So kennt das Europäische Parlament allein *drei* unterschiedliche Quoren: Im Regelfall einer Abstimmung über Entschließungen ist die absolute Mehrheit der abgegebenen Stimmen erforderlich. Hingegen bedarf es in bestimmten Fällen der zweiten und dritten Lesung des Mitentscheidungsverfahrens der absoluten Mehrheit der Mitglieder des Parlaments. Eine Zwei-Drittel-Mehrheit der Anwesenden, die aber zugleich die Mehrheit der Mitglieder des Parlaments umfassen muss, ist im Falle eines Misstrauensantrages gegen die Kommission erforderlich.

Der Rat kennt je nach Vertragsbestimmung *fünf* unterschiedliche Mehrheiten: Es gibt erstens die (einfache) Mehrheit der Mitglieder. Es gibt zweitens die qualifizierte Mehrheit von etwa 71 Prozent, wobei die Stimmen der Mitglieder gewogen werden. Es gibt drittens die doppelt-qualifizierte Mehrheit, wobei nicht nur die Stimmen gewogen werden, sondern zusätzlich eine Zwei-Drittel-Mehrheit der Mitgliedstaaten zustimmen muss. Ergänzend und erschwerend kommt hinzu, dass ab 2005 ein Mitglied des Rates beantragen kann, »dass bei einer Beschlussfassung des Rates mit qualifizierter Mehrheit überprüft wird, ob die Mitgliedstaaten, die diese qualifizierte Mehrheit bilden, mindestens 62 Prozent der Gesamtbevölkerung der Union repräsentieren. Falls sich erweist, dass diese Bedingung nicht erfüllt ist, kommt der betreffende Beschluss nicht zustande.« Der Rat kennt viertens auch eine Zwei-Drittel-Mehrheit der gewogenen Stimmen. Schließlich gibt es fünftens auch das Erfordernis der Einstimmigkeit. Die einfache Stimmenmehrheit ist angesichts der Risikoscheu der Mitgliedstaaten sehr selten. Die qualifizierte Mehrheit und das Einstimmigkeitserfordernis stellen die Regel dar.

Für das Zustandekommen von Rechtsakten sind *immer* Beschlüsse des Rates mit einem jeweils vorgeschriebenen Quorum notwendig. In den *meisten* Fällen muss der Rat das Parlament dann am weiteren Verfahren beteiligen. Dabei variieren die Mitbeteiligungsrechte des Parlaments je nach entsprechender Vertragsvorschrift. Fünf Verfahren können unterschieden werden:

1. Beim *einfachen Verfahren* entscheidet der Rat ohne jegliche Beteiligung des Parlaments. Er braucht das Parlament nicht einmal zu unterrichten. De facto wird das Parlament aber informell unterrichtet.
2. Beim *Anhörungsverfahren* hat das Parlament das Recht, Stellungnahmen zu beschließen und Änderungsvorschläge zu unterbreiten. Der Rat ist hieran aber nicht gebunden.
3. Das *Verfahren der Zusammenarbeit* räumt dem Parlament ein suspensives Vetorecht ein: So kann es den Entwurf des Rates ändern oder ablehnen. Der Rat kann dieses Veto allerdings mit einem einstimmigen Beschluss überwinden.
4. Beim *Zustimmungsverfahren* nach Artikel 252 EG-Vertrag ist die Zustimmung des Parlaments teils mit der absoluten Mehrheit der Abstimmenden, teils mit der absoluten Mehrheit der Mitglieder erforderlich. Ohne diese Zustimmung gilt der Rechtsakt als gescheitert.
5. Das besonders komplizierte *Mitentscheidungsverfahren* nach Artikel 251 EG-Vertrag verleiht dem Parlament die stärksten Einwirkungsmöglichkeiten. Hiernach kommt ein Rechtsakt in einem mehrstufigen Verfahren zwischen Rat und Parlament zustande. Bei Uneinigkeit kann ein paritätisch besetzter Vermittlungsausschuss einberufen werden, in dessen Verhandlungen das Parlament seine Vorstellungen mit Aussicht auf Erfolg einbringen kann. Kommt jedoch keine Einigung zustande, ist der Rechtsakt endgültig gescheitert.

Für das Haushaltsverfahren nach Artikel 272 EG-Vertrag ist eine eigene Prozedur vorgeschrieben, die derart kompliziert ist, dass sie nur Eingeweihte zu verstehen vermögen (Wessels 2002: 110 ff.).

d) Die Europäische Union als verflochtenes Mehrebenensystem

Die Europäische Union stellt man sich am besten als ein dynamisches und verflochtenes Mehrebenensystem vor. Auf diese Weise wird verhindert, die EU als von den Mitgliedstaaten getrennte Ebene politischer Steuerung zu begreifen. Die Europäische Union ist ein Mehrebenensystem in territorialer und in funktionaler Hinsicht. In *territorialer* Hinsicht besteht das System aus den Ebenen Europäische Union, Nationalstaat, Regionen und Kommunen.

Mehrebenensystem bedeutet nun, dass zwei oder mehrere Handlungsebenen zusammen einen je spezifischen Beitrag zu einer politischen Entscheidung und ihrer Implementation leisten. In *funktionaler* Hinsicht besteht das System aus gemeinsamen Handlungen formal voneinander unabhängiger, gleichwohl funktional interdependenter öffentlicher und privater Akteure. Die Komplexität europäischer Politikprozesse lässt sich nur angemessen begreifen, wenn man die EU als ein Mehrebenensystem in diesem doppelten Sinne begreift.

Nun sind auch föderative Systeme Mehrebenensysteme. Die EU unterscheidet sich von Bundesstaaten aber durch eine besondere institutionelle Architektur sowie durch besondere Eigenarten des Regierens. Drei Merkmale sind besonders charakteristisch:

1. Die wichtigste institutionelle Besonderheit ist die *nicht-hierarchische* Anordnung der Handlungs- und Entscheidungsebenen. Die EU überlagert nicht einfach die nationalen und regionalen Handlungsebenen der Politik. Die Mitgliedstaaten und Regionen sind ihr nicht einfach untergeordnet. Vielmehr bestehen vielfältige Interdependenzen zwischen den verschiedenen Ebenen. So sind nationale und regionale Akteure intensiv an supranationalen Entscheidungs- und Implementationsprozessen beteiligt. Diese Interdependenzen bewirken eine ausgeprägte »Politikverflechtung«.
2. Das Regieren im europäischen Mehrebenensystem erfolgt über Techniken *indirekter Steuerung*. Die EU ist nicht nur an ihrer Spitze, dem Europäischen Rat, durch Verhandeln gekennzeichnet, sondern in allen ihren Institutionen und Verfahren. Ergebnisse werden nicht durch Befehlsmacht oder durch Mehrheitsentscheid erzielt, sondern durch Verhandlungsgeschick. Man kann drei Verhandlungsebenen unterscheiden: Erstens die *intra-gemeinschaftliche* Verhandlungsebene: Supranationale Akteure wie die Kommission und der Rat handeln in supranationalen Politikarenen. Zweitens die *inter-nationale* Verhandlungsebene: Nationale Akteure wie die Fachminister und Ministerialbeamten sowie Interessengruppen agieren auf supranationaler Ebene, z. B. in den verschiedenen Räten und Ausschüssen der Europäischen Union. Drittens die *intra-nationale* Verhandlungsebene: Nationale Akteure handeln in der nationalen Politikarena, um den jeweiligen nationalen Standpunkt zu europäischen Politiken zu ermitteln. Jede der drei Ebenen zeichnet sich durch eigene Akteure, Institutionen und Verfahren aus. Gleichzeitig sind die Verhandlungsebenen auf vielfältigste Weise miteinander vernetzt. Entscheidungen zu einer politischen Sachfrage müssen in der Regel alle drei Ebenen durchlaufen.

3. Die kompliziert verschachtelte Mehrebenenstruktur macht die politischen *Handlungsketten* besonders lang. Weil sie auf mehrere Ebenen verteilt sind, sind sie zum großen Teil der Kontrolle und Sanktionsgewalt des Europäischen Parlaments entzogen. Dieser Sachverhalt ist unabhängig davon, wie viele Kompetenzen dieses Parlament hat. Das Kontrollproblem wird verschärft durch die fehlende Öffentlichkeit der Ratssitzungen sowie durch das engmaschige Netz von formellen und informellen Arbeitsgruppen und Ausschüssen beim Rat und bei der Kommission (Grande 2000: 14 ff.).

Der Umfang und die Formenvielfalt der Beteiligung nationaler und europäischer Akteure im EU-Verarbeitungsprozess lässt den Eindruck einer Gremienhypertrophie, wenn nicht eines Wildwuchses entstehen. Im Jahr kommen weit über 10 000 Sitzungen der verschiedenen Gremien zustande. Infolge der EU-Erweiterung wird der Partizipationsdruck im politischen System der EU innerstaatlich und zwischenstaatlich noch weiter zunehmen. Nationale Parlamente, nationale Verfassungsgerichte, Regionen, Kommunen sowie Verbände und Unternehmen werden auf Teilnahme und Mitgestaltung drängen. Die Komplexität der Verfahren und die Differenzierung der Gremien mit Teilnehmern mehrerer Ebenen werden weiter zunehmen (Wessels 1996: 170, 184 f.).

Der europäische Politikprozess lässt sich mit dem Modell des *Politikzyklus* analytisch gut erfassen. Der Zyklus besteht aus sechs Phasen. Er verläuft mal auf europäischer, mal auf mitgliedstaatlicher Ebene. Der Zyklus beginnt mit Verhandlungen über die grundsätzliche Entwicklung der Politik (*agenda-setting*). Beteiligte sind, je nach Wichtigkeit, der Europäische Rat oder der Ministerrat. Es folgt die Rechtsetzung im Zusammenwirken der Kommission und des Ministerrats mit dem Parlament (*decision making*). Daraufhin folgt die Transformation der EU-Normen in nationales Recht, d. h. die Umsetzung der Richtlinien in den Mitgliedstaaten (*implementation*). Die nächste Phase besteht in der Anwendung und im Vollzug des Gemeinschaftsrechts (*execution*). Da die EU über keine eigene Vollzugsverwaltung verfügt, sind die Exekutivorgane der Mitgliedstaaten verpflichtet, Gemeinschaftsrecht anzuwenden. Nationale, regionale und kommunale Beamte treten also in den Dienst der Union. Die Kontrolle des Vollzugs des Gemeinschaftsrechts findet dagegen auf der EU-Ebene durch den Gerichtshof statt (*evaluation*).

Das Verhältnis des Gerichtshofes zu den Kompetenzen der nationalen Verfassungsgerichte ist aber nicht eindeutig geklärt. Schließlich geht der Zyklus mit der Novellierung bestehender Regelungen in eine neue Runde über (*re-definition*).

Eine genaue Analyse des Politikzyklus zeigt, wie in fast jeder Phase Akteure der verschiedenen Ebenen zusammenwirken. Besondere Beachtung verdienen unter diesem Gesichtspunkt die Phasen des Decision making und der Implementation.

So beginnt der *Decision-making-Prozess* zwar mit einer Vorlage der Kommission, die ihren Vorschlag intern in einem vielfältig verwobenen Prozess zwischen den fachlich zuständigen Generaldirektionen und den Kabinetten der Kommissare entwickelt hat. Gleichwohl sind nationale Beamte und Verbandsvertreter bereits frühzeitig über die Teilnahme an spezifischen Gremien in die Willensbildung einbezogen. Diese Sachverständigengruppen werden von der Kommission zur Vorbereitung ihrer Vorschläge eingesetzt und je nach Bedarf einberufen. Die Kommission bedient sich dieser Gruppen zur Problemidentifizierung, Informationssammlung, Optionensicherung und ersten Konsensbildung. Das Bemerkenswerte hieran ist, dass das Hinzuziehen nationaler Beamter ein Hineinregieren nationaler Akteure in den Gestaltungsraum der Kommission bedeutet. Auch bei den Beschlüssen des Rates, eines Organs der EU, wirken Beamte aus den Mitgliedstaaten stark mit. So nehmen an den Sitzungen des Rates nationale Beamte nach der Formel »2 plus 6« teil. Das heißt: Neben dem jeweiligen Minister sitzt sein Ständiger Vertreter. Außerdem sind sechs weitere Beamte pro nationaler Delegation zugelassen.

Zu besonders differenzierten Formen der Zusammenarbeit zwischen EG-Beamten und Beamten der Mitgliedstaaten kommt es bei der Operationalisierung von EG-Rechtsakten. Gemäß Artikel 202 und 211 EG-Vertrag darf die Kommission aufgrund einer Ermächtigung durch den Rat den Erlass von Durchführungsbestimmungen erlassen. Erarbeitet werden diese Bestimmungen in sogenannten *Komitologie-Ausschüssen*, die man auch als Implementations- oder Durchführungsausschüsse bezeichnen kann. Die Ausschüsse sind bei der Kommission angesiedelt. Sie werden durch den Rat eingesetzt und sind damit obligatorisch. Es gibt über 300 solcher Ausschüsse. Man kann sie in beratende Aussschüsse, Verwaltungsausschüsse und Regelungsausschüsse einteilen. Die beratenden Ausschüsse geben nur Empfehlungen. Dagegen können sich die Verwaltungs- und Regelungsausschüsse gegen Empfehlungen der Kommission aussprechen und sie sogar zurückweisen. In diesen Ausschüssen sitzen neben Beamten der Kommission auch Vertreter der nationalen Regierungen (Pappi/Schnorpfeil 1996: 140 f.).

Die Komitologie-Ausschüsse sind das *zentrale* Regulierungs- und Vermittlungsinstrument der EG. Das Komitologie-Verfahren gewährleistet eine effektive und schnellstmögliche Durchführung, Ausführung, Anpassung und Ergänzung von Rechtsakten des Rates (Siedentopf 1999, 90). Es leistet einen bedeutenden und bislang aus der wissenschaftlichen Diskussion weitgehend ausgeblendeten Beitrag zur politischen Steuerung im europäischen Mehrebenensystem (Töller 2000: 313).

2. Die europäischen Unübersichtlichkeiten in politikdidaktischer Perspektive

a) Ignoranz oder Wahrnehmung der Unübersichtlichkeiten in der politischen Bildung?

Im Folgenden soll anhand einiger ausgewählter Dokumente überprüft werden, ob die aufgewiesene Kompliziertheit und Intransparenz der EU von der politischen Bildung rezipiert und didaktisch verarbeitet worden ist. Bei den Dokumenten handelt es sich um die gymnasialen Politik-Lehrpläne mehrerer Bundesländer, um einige Politik-Schulbücher jüngeren Datums sowie um zwei Planspiele mit europäischen Themen für die politische Jugend- und Erwachsenenbildung.

Alle untersuchten Lehrpläne erklären auf die eine oder andere Weise die Institutionen der EU zu einem verpflichtenden Thema. In Übernahme der Empfehlung der Kultusministerkonferenz herrscht mithin Übereinstimmung, dass die Schüler/innen Wissen über das Funktionieren des politischen Systems der EU erlangen sollen. In den meisten Fällen beschränken sich die Lehrpläne aber auf allgemeine Hinweise zu den Organen und Entscheidungsverfahren der EU. Die Unübersichtlichkeiten der EU werden nicht als didaktisch relevantes Problem empfunden. Drei Lehrpläne, davon zwei für die gymnasiale Oberstufe, bilden allerdings eine Ausnahme.

So führt der rheinland-pfälzische Sozialkunde-Lehrplan für die gymnasiale Oberstufe von 1998 das Teilthema 3: »Politisches Entscheiden und politische Beteiligung auf verschiedenen Ebenen« auf. Im Rahmen dieses Themas sollen die Schüler/innen zum einen die Entscheidungsebenen Kommune, Land, Bund und Europa miteinander vergleichen und sich zum anderen mit Entscheidungsprozessen in der EU befassen. Der Lehrplan empfiehlt, beim Vergleich der Entscheidungsebenen die jeweiligen Zuständigkeiten und Handlungsmöglichkeiten an einem die Ebenen übergreifenden Fall zu veranschaulichen. Auch wenn im Lehrplan keine Rede davon ist, kann der Unterricht im geglückten Fall aufgrund dieser Vorgabe zu der Erkenntnis führen, dass es sich bei der EU um ein *Mehrebenensystem* handelt. Die Entscheidungsprozesse in der EU sollen die Schüler/innen anhand der Hauptorgane Europäischer Rat, Ministerrat, Kommission und Europäisches Parlament beschreiben können. Der Lehrplan empfiehlt, den Entscheidungsprozess der EU mit dem der Bundesrepublik zu vergleichen. Und er legt nahe, über die Einschränkung nationaler Entscheidungsbefugnisse aufgrund europäischer Zuständigkeit zu sprechen. Auch hier besteht eine Chance, die enge Verflechtung der nationalen mit der supranationalen Ebene beim europäischen Entscheidungsprozess zu thematisieren und damit die Eigenart des politischen Systems der EU zu erfassen.

Noch stärker als in Rheinland-Pfalz soll in Baden-Württemberg auf die europäischen Unübersichtlichkeiten eingegangen werden. Die erst 2001 erlassenen Lehrpläne für Gemeinschaftskunde zeigen, dass der Lehrplangeber der Reflexion dieser Seite Europas erhebliches Gewicht beimisst. So heißt es in der Lehrplaneinheit 4: »Die europäische Einigung und die Bundesrepublik Deutschland« für die neunte und zehnte Jahrgangsstufe des achtjährigen Gymnasiums, dass die Institutionen der EU unter den Gesichtspunkten des Zusammenwirkens und der demokratischen Legitimation zu behandeln seien. Im Einzelnen sei auf *Aushandlungsprozesse* und *Mehrheitsentscheidungen* im Ministerrat sowie auf die Rolle der Kommission und des Europäischen Parlaments einzugehen. In die Erörterungen einzuschließen sei die *Mitsprache* von nationalen und regionalen Vertretungen im europäischen Politikprozess. Schließlich verlangt der Lehrplan, die *Transparenz* der politischen Entscheidungen der EU zu problematisieren.

Der baden-württembergische Lehrplan für die Kursstufe des neunjährigen Gymnasiums eröffnet in der Lehrplaneinheit 13.3: »Politischer Entscheidungsprozess« die Möglichkeit, auf die Entscheidungsverfahren in der Europäischen Union einzugehen. Die Schüler/innen sollen sich in diesem Zusammenhang selbstständig Informationen zu europäischen Zuständigkeiten und Rechtsetzungsverfahren beschaffen. Offensichtlich nimmt der Lehrplangeber an, dass sich bei den Schülern als Folge dieser Recherchen der Eindruck der Unübersichtlichkeit einstellt. Denn es heißt dann wörtlich: »Ermittlung der Ursachen und Bewertung der Vielzahl, Komplexität und Unübersichtlichkeit europäischer Entscheidungsverfahren.« Noch deutlicher kann ein Lehrplan nicht betonen, dass er in diesen Sachverhalten einen didaktisch lohnenden Gegenstand sieht.

Die untersuchten Schulbücher thematisieren ausnahmslos das politische System der EU und damit das Gefüge der Institutionen und Verfahren. Sie gehen allerdings unterschiedlich intensiv auf den Gegenstand ein. Ein für die Sekundarstufe I vorgesehenes Buch beschränkt sich sogar auf eine Seite (Homann u. a. 2002: 197). Bei diesem Umfang kann es gar nicht auf die

Unübersichtlichkeiten eingehen. Folglich begnügt es sich mit einer knappen Darstellung des Institutionensystems, die den Schülern den Eindruck eines übersichtlich geordneten und logisch stimmigen Institutionensystems vermitteln.

Nicht viel ausführlicher befasst sich ein weiteres Sekundarstufen I-Buch mit dem politischen System der EU (Berger von der Heide/Holstein 2001: 244 f.). Dieses Buch weist aber immerhin auf die komplizierte Entscheidungsfindung auf europäischer Ebene hin. Die angeführte Begründung für die Kompliziertheit, dass »gleichzeitig noch die jeweiligen nationalen Institutionen berücksichtigt werden müssen«, greift allerdings zu kurz.

Erheblich gründlicher geht »Politik 3« auf die politische Ordnung der EU ein (Floren u. a. 2002). Dieses ebenfalls für die Sekundarstufe I gedachte Buch formuliert mit Recht: »Die Europäische Union ist noch kein fertiges oder in sich geschlossenes politisches Gebilde« (215). In aller Deutlichkeit macht es die Schüler/innen auch auf die Schwierigkeiten aufmerksam, die EU zu verstehen: »Allerdings – das wollen wir euch zu Beginn dieses Abschnittes nicht verschweigen – ist es keine leichte Aufgabe und verlangt daher gewisse Anstrengung, sich mit den Institutionen und der Gesetzgebung der EU einigermaßen vertraut zu machen« (227). Die im Anschluss aufbereiteten Materialien und Aufgaben vermitteln den Schülern einen Eindruck von der Kompliziertheit des Institutionensystems und der Entscheidungsverfahren. Nicht deutlich wird allerdings der Charakter der EU als Mehrebenensystem.

Sehr ausführlich, nämlich auf fast zwanzig Seiten, geht »Politik im Wandel« unter der Überschrift »Bürgerfern, undurchsichtig und undemokratisch?« auf das Zusammenwirken der EU-Institutionen und ihre demokratische Legitimation ein (Hoffmeister 1999: 297 ff.). Das Buch bietet den Schülern der elften Jahrgangsstufe eine Fallanalyse zur Novel-Food-Verordnung an. Einleitend heißt es: »Das Entscheidungsverfahren, also das Zusammenwirken der Organe innerhalb der EU, ist kompliziert und zu unterschiedlichen Sachfragen in den Gemeinschaftsverträgen auch unterschiedlich geregelt« (299). Eine Vorstellung von der Kompliziertheit vermittelt die schematische Darstellung des Mitentscheidungs- und des Zusammenarbeitsverfahrens (303). Ein Text verdeutlicht den substantiellen Unterschied zwischen dem Europäischen Parlament und den nationalen Parlamenten (310 f.). Dass die EU ein Mehrebenensystem ist, geht aus dem Buch allerdings nicht hervor.

Die oben erwähnten Planspiele wurden von der Forschungsgruppe Jugend und Europa am Centrum für angewandte Politikforschung (CAP) der Ludwig-Maximilians-Universität München entwickelt. In beiden Planspielen wird die Funktionsweise der europäischen Institutionen thematisiert. Planspiele ahmen komplexe Planungs-, Verhandlungs- und Entscheidungsprozesse möglichst realitätsnah nach. Sie müssen die zu bearbeitende Thematik sowie die Entscheidungsstrukturen allerdings erheblich vereinfachen, damit sich Teilnehmer überhaupt auf solche simulativen Lernprozesse einlassen. Die hier interessierende Frage lautet, ob die Planspiele die Kompliziertheit so sehr vereinfachen, dass ein falsches Bild des politischen Systems der EU entsteht.

Das Planspiel »Europa neu gestalten. Die Europäische Union zwischen Vertiefung und Erweiterung« (Rappenglück/Stegmann 2000) thematisiert unter anderem auch die Notwendigkeit institutioneller Reformen (47). Es spricht eigens die Vereinfachung der Entscheidungsverfahren als eine Reformoption an (32). Dies kommt im Kontext des Spiels auch zum Tragen. Die Rollenprofile der Spieler (Kommission, Ministerrat, Europäisches Parlament) sind allerdings so gestaltet, dass die EU nicht als Mehrebenensystem erscheint.

Das Planspiel »Europa auf dem Weg zum Bundesstaat« (Meinert 2002) will ausdrücklich einen Beitrag leisten, »die für viele undurchschaubaren europäischen Institutionen und die Europapolitik transparenter werden zu lassen.« Es beschäftigt sich schwerpunktmäßig mit den Reformen der Institutionen der EU. Es nimmt sich insbesondere zum Ziel, »die Bedingungen, Schwierigkeiten und Chancen institutioneller Reformen der Europäischen Union transparent zu machen« (9). Inhaltlich will es Verständnis für komplexe politische Verhandlungen, Entscheidungsprozesse und Lösungsstrategien wecken (10). Das Spiel konzentriert sich auf Reformen des Ministerrates, des Europäischen Parlaments und der Kommission (36). Die Spieler simulieren die eben genannten Organe und darüber hinaus den Europäischen Rat (47 ff.). In den Spielunterlagen kommt die Kompliziertheit der EU-Verfahren gut zum Vorschein (20 ff.). Die Vereinfachung wird nicht so weit getrieben, dass ein idealisiertes Bild der EU entsteht. Gleichwohl verdeckt auch dieses Planspiel den Charakter der EU als ein verflochtenes Mehrebenensystem.

Die Untersuchung ergibt aufs Ganze gesehen, dass der politischen Bildung die Unübersichtlichkeiten der EU durchaus bewusst sind. Die Kompliziertheit und die mangelnde Transparenz der europäischen Entscheidungsprozesse werden nicht ignoriert. Auch den Lehrplänen, die sich hierüber *nicht* äußern, wird man nicht absichtliches Verschweigen unterstellen dürfen. Die politische Bildung vermittelt also nicht das unkritische Bild einer Europäischen Union, die ihr politisches System übersichtlich und leicht nachvollziehbar eingerichtet hat. Durchweg fehlt allerdings die Charakterisierung der EU als eines verflochtenen Mehrebenensystems. Das aber heißt, dass die politische Bildung den politikwissenschaftlichen Erkenntnisstand bisher offensichtlich noch nicht zur Kenntnis genommen hat. Insbesondere für Schulbücher besteht hier ein Nachholbedarf.

b) Müssen Lehrende, müssen Lernende ein Wissen über die europäischen Unübersichtlichkeiten besitzen?

Unübersichtlich sind im Wesentlichen vier Seiten der EU: Erstens ihr verwirrender rechtlicher und politischer Status, zweitens ihre Entwicklungsdynamik, drittens die Kompliziertheit ihrer Entscheidungsverfahren und viertens ihre Eigenart als verflochtenes Mehrebenensystem.

Die Frage lautet, wie die schulische politische Bildung auf diese vier Unübersichtlichkeiten reagieren soll. Es ist wohl klar, dass Lehrende Kenntnisse hierüber besitzen müssen. Sie wären sonst nicht in der Lage, einen sachlich angemessenen Unterricht über die EU zu halten. Müssen aber auch die Lernenden ein Wissen über die Schattenseiten der EU erwerben? Die Antwort auf diese Frage fällt differenziert aus. So kann man sagen, dass die europäische Entwicklungsdynamik erworbenes Wissen schnell veralten lässt. Hiervon sind nun in erster Linie aber wieder die Lehrenden betroffen. Sie können sich auf früher einmal angeeignetes Wissen nicht verlassen, sondern müssen sich wie vielleicht bei keinem anderen Unterrichtsgegenstand um ständige Aktualisierung ihres Wissens bemühen. Den Lernenden müssen sie die Dynamik dergestalt nahe bringen, dass die EU ein offenes Projekt mit unterschiedlichen Entwicklungsperspektiven ist.

Anders verhält es sich mit dem *Institutionenwissen* über den Status der EU und die Kompliziertheit ihrer Entscheidungsprozesse. Dieses anspruchsvolle Institutionenwissen ist zum einen weit von der Lebenswelt der Schüler/innen entfernt. Seine Vermittlung dürfte aufgrund dieses Sachverhaltes sowie aufgrund der verwickelten Sachzusammenhänge eine mühevolle Angelegenheit sein. Andererseits ist es ein Ziel des Politikunterrichts, die Lernenden mit den Funktionslogiken der sie umgebenden sozialen Systeme bekannt zu machen. Zu diesen Systemen gehört auch die das Leben der Menschen stark beeinflussende EU. Auch wenn das politische System der EU im hohen Grade kompliziert und schwer durchschaubar ist, enthebt dies nicht von der Vermittlungsaufgabe. Und in dieser Vermittlung muss die Kompliziertheit des Systems aufscheinen, wenn kein falsches Bild entstehen soll. Ein Verzicht hierauf wäre Volkspädagogik im schlechten Sinne des Wortes. Irrelevant für politische Bildungsprozesse sind die aufgewiesenen Unübersichtlichkeiten also keineswegs. Gleichwohl wird man sie in der Sekundarstufe I eher andeuten und sich erst in der Sekundarstufe II genauer mit ihnen befassen.

Der Begriff des verflochtenen Mehrebenensystems zur Kennzeichnung des EU-Systems stammt aus der Politikwissenschaft und repräsentiert damit *wissenschaftliches Wissen*. Ihn in den Horizont von Lernenden zu bringen, dürfte erst in der Sekundarstufe II möglich sein. Von der Sache wie vom Gedanken der Wissenschaftspropädeutik her kann man auf dieses begriffliche Konzept eigentlich nicht verzichten. Denn es stellt den bislang gelungensten Versuch dar, die EU zutreffend zu bezeichnen und damit begreifbar zu machen, und es demonstriert, dass es Aufgabe der Wissenschaft ist, treffende Begriffe zu finden. Der Politikunterricht ist kein politikwissenschaftliches Seminar. Und der Politikunterricht darf kein Abbild der Politikwissenschaft sein. Aber: Wie der Begriff des Mehrebenensystems zeigt, profitiert die politische Bildung von den Erkenntnissen der Politikwissenschaft und sollte diese deshalb rezipieren.

Methodisch bieten sich vor allem zwei Wege an, um die europäischen Unübersichtlichkeiten in den Blick zu bekommen. Erstens: Die Bearbeitung eines politischen Problems kann mit Hilfe des Politikzyklus analysiert werden. Konzentriert man sich dabei auf die Decision making- und die Implementationsphase, lässt sich die Funktionsweise des europäischen Mehrebenensystems gut herausstellen. Zweitens: Man lässt einen Entscheidungsprozess mit Hilfe eines Planspiels simulieren. Auch hier besteht die Möglichkeit, das Spiel so anzulegen, dass den Teilnehmern die Verflechtung der regionalen, der nationalen und der supranationalen Ebene bewusst wird.

Literaturhinweise

Berger von der Heide, Thomas/Holstein, Karl-Heinz (Hrsg.) 2001: Zur Sache: Sozialkunde. Berlin.

Bogdandy, Armin von/Nettesheim, Martin 1995: Die Verschmelzung der Europäischen Gemeinschaften in der Europäischen Union, in: Neue Juristische Wochenschrift 48, 2324–2328.

Brunn, Gerhard 2002: Die Europäische Einigung von 1945 bis heute. Stuttgart.

Floren, Franz Josef u. a. 2002: Politik 3. Ein Arbeitsbuch für den Politikunterricht. Paderborn.

Grande, Edgar 2000: Multi-Level-Governance: Institutionelle Besonderheiten und Funktionsbedingungen des europäischen Mehrebenensystems, in: Derselbe/Markus Jachtenfuchs (Hrsg.): Wie problemlösungsfähig ist die EU? Regieren im europäischen Mehrebenensystem. Baden-Baden, 11–30.

Hoffmeister, Heiner (Hrsg.) 1999: Politik im Wandel (11. Klasse). Paderborn.

Homann, Annette u. a. 2002: Neue Anstöße. Für den Politik- und Sozialkundeunterricht 3. Leipzig.

Jachtenfuchs, Markus 1997: Die Europäische Union – ein Gebilde sui generis?, in: Klaus-Dieter Wolf (Hrsg.): Projekt Europa im Übergang? Baden-Baden, 15–35.

Landfried, Christine 2002: Das politische Europa. Differenz als Potential der Europäischen Union. Baden-Baden.

Meinert, Sascha 2002: Europa auf dem Weg zum Bundesstaat? Planspiel zur EU-Reform 2000. Schwalbach/Ts. (2. Aufl.).

Müller-Graff, Peter-Christian 2002: Die Kompetenzen in der Europäischen Union, in: Werner Weidenfeld (Hrsg.): Europa-Handbuch. Bonn, 374–392.

Oeter, Stefan 2001: Die Genialität der Verträge. Die Europäische Union braucht keine Verfassung, sie hat schon eine, in: Frankfurter Allgemeine Zeitung vom 6. September 2001, 8.

Pappi, Franz Urban/Schnorpfeil, Willi 1996: Das Ausschusswesen der Europäischen Kommission: Grundstrukturen und Kommunikationsmöglichkeiten für Verbände, in: Thomas König/Elmar Rieger/Hermann Schmitt (Hrsg.): Das europäische Mehrebenensystem. Frankfurt am Main, 135–159.

Rappenglück, Stefan/Stegmann, Bernd 2000: »Europa neu gestalten«. Die Europäische Union zwischen Vertiefung und Erweiterung. München (4. Aufl.).

Schuppert, Gunnar Folke 1994: Zur Staatswerdung Europas, in: Staatswissenschaften und Staatspraxis 5, 35–76.

Siedentopf, Heinrich 1999: Implementation von EU-Richtlinien, in: Hans-Ulrich Derlien/Axel Murswieck (Hrsg.): Der Politikzyklus zwischen Bonn und Brüssel. Opladen, 83–103.

Töller, Annette Elisabeth 2000: Der Beitrag der Komitologie zur politischen Steuerung in der europäischen Umweltpolitik, in: Edgar Grande/Markus Jachtenfuchs (Hrsg.): Wie problemlösungsfähig ist die EU? Regieren im europäischen Mehrebenensystem. Baden-Baden, 313–342.

Wallace, Helen 1996: Die Dynamik des EU-Institutionengefüges, in: Markus Jachtenfuchs/Beate Kohler-Fuchs (Hrsg.): Europäische Integration. Opladen, 141–163.

Wessels, Wolfgang 1996: Verwaltung im EG-Mehrebenensystem: Auf dem Weg zur Megabürokratie?, in: Markus Jachtenfuchs/Beate Kohler-Fuchs (Hrsg.): Europäische Integration. Opladen, 165–192.

Wessels, Wolfgang 1999: Das politische System der Europäischen Union, in: Wolfgang Ismayr (Hrsg.): Die politischen Systeme Westeuropas. Opladen (2. Aufl.), 713–745.

Wessels, Wolfgang 2002: Entscheidungsverfahren, in: Werner Weidenfeld/Wolfgang Wessels (Hrsg.): Europa von A bis Z. Taschenbuch der europäischen Integration. Bonn (8. Aufl.), 109–118.

Peter Massing

Bürgerleitbilder – Anknüpfungspunkte für eine europazentrierte Didaktik des Politikunterrichts

»Wir beschließen etwas, stellen das dann in den Raum und warten einige Zeit ab, was passiert. Wenn es dann kein großes Geschrei gibt und keine Aufstände, weil die meisten gar nicht begreifen, was da beschlossen wurde, dann machen wir weiter Schritt für Schritt, bis es kein Zurück mehr gibt.«

Jean-Claude Juncker, Ministerpräsident von Luxemburg

Einleitung

Diese Charakterisierung der Entscheidungskultur in der Europäischen Union durch den Ministerpräsidenten von Luxemburg stimmt für die zukünftige Entwicklung einer demokratischeren Europäischen Union und die Rolle der Bürger in ihr wenig optimistisch. Andererseits wird aus diesem Zitat deutlich, dass Möglichkeit und Erfolg einer europäischen Demokratie nicht nur von den politischen Akteuren und ihrer Bereitschaft abhängen wird, die Aufgaben der Demokratisierung in Angriff zu nehmen, sondern auch vom Wissen, der Urteilsfähigkeit und der Interventionsbereitschaft der Bürgerinnen und Bürger in Europa. Sie müssen europäische Politik nachvollziehen können und Europa als politisches System verstehen. Erst dann werden sie Partizpationsmöglichkeiten nachhaltig einfordern und treibende Kraft für die Demokratisierung einer zunehmend transnationalen Europäischen Union sein. Die demokratische Ausgestaltung des europäischen Raumes erfordert demnach vor allem eine aktive Bürgerschaft mit europäisch geprägten Einstellungen und bürgerschaftlichen Qualifikationen. Fragt man nach den Quellen, aus denen sich beides speisen könnte, gelangt man automatisch auch zur politischen Bildung.

Vor diesem Hintergrund geht es im Folgenden um die Frage, inwieweit Bürgerleitbilder, wie sie in der letzten Zeit in der deutschen Politikdidaktik diskutiert werden, Anknüpfungspunkte bieten für eine europäisch zentrierte Didaktik des Politikunterrichts. Bevor jedoch versucht werden kann, eine

Antwort auf diese Frage zu skizzieren, sind einige kurze Vorbemerkungen notwendig.

Es geht hier um eine europazentrierte Didaktik des *Politikunterrichts* und nicht der politischen Bildung. Politikunterricht ist begrifflich sehr viel enger zu verstehen als politische Bildung. Politische Bildung schließt politische Jugend- und Erwachsenenbildung ein, und bezogen auf die Schule tragen neben der Institution selbst und natürlich dem Politikunterricht viele Fächer – mehr oder weniger – zur politischen Bildung bei. Nimmt man den Begriff »europazentriert« noch hinzu, scheint es schlicht kein Schulfach zu geben, dem sich schon im Voraus ein europaerziehendes Potential absprechen ließe. Das wird auch in der letzten Empfehlung der KMK zur Behandlung Europas im Unterricht deutlich, in der darauf hingewiesen wird, dass grundsätzlich alle Lernfelder einen Beitrag zur Europaerziehung leisten können (Europa im Unterricht: 10). Während »nicht klassische Europafächer« wie »Religion«, »Musik« und sogar »Hauswirtschaftslehre« Beiträge zu Europa (vgl. u. a. Daunis u. a. 1984; Isecke-Vogelsang 1991; Litschke 1984) verfassen, wetteifern die »klassischen« Fächer der politischen Bildung untereinander um ihre besondere Bedeutung in der Europaerziehung. So schreibt z. B. 1990 Kirchberg: »Das Fach Geographie (hat) allen Anlaß, sich an die Spitze der Europa-Erziehung zu stellen« (Kirchberg 1990, 228) und ein Jahr später formuliert der gleiche Autor, jetzt etwas bescheidener, »der Geographieunterricht (. . .) kann wesentliche Beiträge zum Erziehungsziel ›mündiger Europabürger‹ leisten« (Kirchberg 1991, 441).

Aber nicht nur alle Fächer können offensichtlich einen Beitrag zur Europaerziehung leisten, im Längsschnitt der Bildungsinstitutionen ist Ähnliches zu diagnostizieren. Europa ist genau so ein Thema für Kindergarten und Grundschule wie für die Erwachsenenbildung.

Vor diesem Hintergrund sei noch einmal betont, dass sich dieser Beitrag allein auf den schulischen Politikunterricht bezieht. Allerdings ist er nicht völlig unbeeinflusst von den bisherigen Entwicklungen zum Thema Europa in der politischen Bildung.

Betrachtet man diese Entwicklung, so lässt sich folgendes knapp feststellen: Europa ist von Anfang an Thema und Gegenstand der politischen Bildung und ihrer Fächer. Nach dem Zweiten Weltkrieg und angesichts der deutschen Teilung »herrschte auch in der politischen Bildung eine europäische Einigungseuphorie« (Renner), wobei Europa keine klare Konzeption bedeutete, sondern überwiegend als Ersatzbild eines deutschen Nationalstaates diente. Die schulischen Unterrichtsfächer der politischen Bildung sollten dann auch vor allem die Erziehung zum europäischen Gemeinschaftsbürger pflegen und bei Kindern und Jugendlichen ein europäisches

Bewusstsein, ja eine europäische Identität aufbauen. »Ziel der pädagogischen Arbeit muß es sein, in den jungen Menschen das Bewußtsein einer europäischen Identität zu wecken. Hierzu gehört auch die Vorbereitung der jungen Menschen darauf, ihre Aufgaben als Bürger in der Europäischen Gemeinschaft wahrzunehmen« (Europa im Unterricht 1990: 10). Die Aufgabe der politischen Bildung heißt also knapp gefasst: Erziehung zu Europa. Die europäischer Einigung erscheint als eine im Anschluss an den verheerendsten aller Kriege konzipierte, auf Völkerverständigung, Toleranz, Solidarität und Frieden zielende politische Vision. Es gilt, manche durch propagandistische Verzerrungen entstandenen Trugbilder zu verwischen, das Aufeinanderangewiesensein der Völker aufzuzeigen, politische Weltkunde im besten Sinne zu pflegen und damit der Völkerverständigung zu dienen. Es ist daher notwendig, Jugendliche dazu zu erziehen, dezidiert für ein vereinigtes Europa einzutreten. Die Stärkung des Willens und der Überzeugung zur politischen Einigung Europas ist die wichtigste Aufgabe der Schule (vgl. Mickel 1991: 237). Die schulische politische Bildung unterscheidet sich hier kaum von der außerschulischen politischen Bildung, wenn diese bündig feststellt: »Jugendliche an Europa heranzuführen, sie für Europa zu begeistern und mit ihnen eine europäische Identität herauszubilden, ohne die nationale Identität zu verlieren, ist eine wichtige Herausforderung für die nächsten Jahre«. (Kelbling 2002: 21).

In diesen Aussagen, Postulaten und Aufgabenbeschreibungen wird ein wesentliches und durchaus problematisches Merkmal der bisherigen europaorientierten politischen Bildung deutlich: die emphatisch-gesinnungsethische Prägung, die die analytisch zu fassende und kognitiv kritisch zu beurteilende alltagspolitische und politikwissenschaftliche Bedeutung des Themas überlagert und verdeckt.

Das darin enthaltene, vorwiegend thematische Verständnis einer europäischen politischen Bildung wird in jüngster Zeit ergänzt durch eine andere Betrachtungsweise, für die Wolfgang Sander steht (vgl. Sander: 2002). Wenn Sander von Europäisierung und politischer Bildung spricht, sieht er in Europa nicht in erster Linie ein Thema der politischen Bildung, sondern Europäisierung heißt jetzt auf den Ebenen »normative Grundlagen und Zielbestimmungen«, »Lerninhalte« und »Schule als Erfahrungs- und Lebensraum«, *institutionelle Europäisierung* von politischer Bildung durch europaweite Vernetzung ihrer Einrichtungen und Maßnahmen über europäische Koordinierungs- und Kooperationsstellen (Sander: 38).

In der politischen Bildung lassen sich also zwei verschiedene Diskurse zu Europa erkennen: Einmal im Sinne einer europäisch institutionalisierten politischen Bildung, und einmal im Sinne von Europäisierung als inhaltlichem Bezugspunkt der politischen Bildung, die institutionell noch weiter an den Nationalstaat gebunden bleibt.

So interessant der erste Diskurs auch sein mag – vielleicht ist er sogar der zukunftsweisendere – die folgenden Ausführungen beziehen sich auf den zweiten Diskurs; dabei wird allerdings unterstellt, dass beide sich nicht gegenseitig ausschließen, sondern ergänzen.

Wenn man nun die Frage beantworten will, ob Bürgerleitbilder Anknüpfungspunkte für eine europazentrierte Didaktik des Politikunterrichts sein können, ist dies nur angemessen möglich, wenn es gelingt, Anschluss zu finden an mindestens drei andere Diskussionen.

1. An die Diskussion in der politischen Sozialisationsforschung, soweit sie sich mit Einstellungen zu Europa oder verkürzt gesagt mit »europäischem Bewusstsein« beschäftigt. Denn das wären die Lernvoraussetzungen, die es zu berücksichtigen gilt.
2. An die aktuelle politikdidaktische Diskussion, denn dahinter darf eine europazentrierte Didaktik nicht zurückfallen und
3. an die politikwissenschaftliche Diskussion zu Europa, denn auf dieser muss eine europazentrierte Didaktik gründen, will sie nicht beim Emphatisch-Gesinnungsethischen stehen bleiben.

Erst in der Zusammenführung dieser drei Diskussionsstränge werden sich dann Konturen einer europazentrierten Didaktik des Politikunterrichts erkennen und die Ausgangsfrage beantworten lassen.

Einstellungen zu Europa

Die herausgehobene Bedeutung Europas als außenpolitischer Bezugspunkt für Deutschland ist verfassungsmäßig verankert und wird mit der Bekundung, »in einem vereinten Europa dem Frieden der Welt« dienen zu wollen, bereits in der Präambel des Grundgesetzes betont. Die Neufassung von Art. 23, Abs. 1 GG (Dezember 1992) trägt mit der Staatszielbestimmung eines vereinten Europas der realpolitischen Entwicklung des europäischen Integrationsprozesses zur Europäischen Union (Vertrag von Maastricht 1992) Rechnung (Juchler 2002: 74). Der Prozess der Europäischen Einigung ist aber auch bis zur Ebene des Alltags der Bürger vorgedrungen. »Europa steht nicht mehr nur für die Institutionen, Organisationen und politischen Gremien, die man »sowieso nicht durchschauen kann« und deren Tätigkeit sich im fernen Straßburg, Luxemburg oder Brüssel vollzieht. Spätestens seit den Maastrichter ... und Amsterdamer Verträgen ... und der Einführung des

EURO als neuer Gemeinschaftswährung haben die mit Europa gemeinten Veränderungen die Ebene eigener Erfahrungen erreicht« (Münchmeier: 327). Dieser Prozess wird seit mindestens 25 Jahren dadurch flankiert, dass er »Thema im Unterricht« (KMK-Beschluss von 1978) ist. Dennoch scheint die Aussage des Griechen Herodot vor 2500 Jahren immer noch zuzutreffen: »Von Europa weiß offenbar niemand Genaues«. So zeigen empirische Jugendstudien, dass zwar 47 % der Jugendlichen perspektivisch ein Zusammenwachsen Europas zu einem Staat befürworten (14. Shell Jugendstudie 2002), die Alltagsbedeutung und Relevanz der europäischen Einigung für sich selbst aber eher gering einschätzen, jedenfalls nicht wichtig genug, als dass man sich dafür interessieren würde. Anders formuliert, die europäische Integration lässt die Jugend kalt. »Der Wunschtraum der ›Väter‹ des europäischen Einigungsgedankens und die Beschwörungen der heutigen Europapolitiker, die Jugend möge in Europa ihre Zukunft und ihre Chance sehen, scheint die heutige Jugend nicht zu erfüllen« (Münchmeier: 341). Auch bei den Jugendlichen, die zumindest die europäische Idee positiv einschätzen, findet sich kein Enthusiasmus und erst recht keine Euphorie. Aber nicht nur das Interesse an Europa ist gering, wohlmöglich ist das Wissen über Europa noch geringer.

Nicht umsonst stellt der Europäische Jugendkonvent 2002 fest: Weder die Bürger im allgemeinen, noch wir die Jugend im Besonderen, verstehen, wer im Labyrinth des europäischen Rechts für welche Politik verantwortlich ist. Er fordert deshalb den Europäischen Konvent auf, Möglichkeiten für die Information und politische Bildung junger Menschen in Europa zu erarbeiten, um sicherzustellen, dass die Bürger wissen, wie ihr politisches System aussieht. Ungenügendes Wissen scheint auch die wesentliche Ursache dafür zu sein, dass vielen jungen Menschen »Europa als Fassade« erscheint. »Das bedeutet Einstellungen und Wahrnehmungen, die im Hintergrund des Einigungsprozesses andere Interessen und Vorgänge wirksam sehen als vordergründig diskutiert werden. Es gehe eben nur als Fassade um ein Europa des kleinen Mannes. In Wirklichkeit aber um das Europa des großen Geldes, der Konzerne, oder auch um die kaschierte Zerstrittenheit nationalstaatlicher Einzelinteressen oder gar um kriminelle, schmutzige Geschäfte« (Münchmeier: 341). Wo Wissen fehlt, gedeihen Legenden und Verschwörungstheorien.

Die Lernvoraussetzungen bei Jugendlichen also, mit denen eine europazentrierte Didaktik des Politikunterrichts rechnen muss, sind geprägt durch ein schwaches und weiter abnehmendes Interesse an Europa, zwar Akzeptanz der Einigungsprozesse, aber kaum europäisches Bewusstsein und schon gar keine europäische Identität. Hinzu kommen extrem geringe Fakten-

und Problemkenntnisse, fehlendes Verständnis und dürftige Fähigkeiten zur politischen Urteilsbildung bezogen auf europäische Institutionen und europäische Politik.

Bürgerleitbilder in der Politikdidaktik

In den letzten Jahren finden sich in der politikdidaktischen Diskussion der Bundesrepublik zunehmend Versuche, Demokratie und politische Bildung sowohl theoretisch als auch praktisch einander anzunähern. Einer dieser Ansätze, die sich unter dem Begriff »Demokratie-Lernen« zusammenfassen lassen (vgl. Massing 2002), orientiert sich vor allem an politikwissenschaftlich fundierten normativen Demokratietheorien und mündet in der These von der »Rückkehr des Bürgers in die politische Bildung« (Breit/Massing 2002). Inspiriert ist dieser Ansatz von der politikwissenschaftlichen Auseinandersetzung um die demokratiegefährdenden Auswirkungen der Globalisierung. Dazu gehören u. a. die zunehmende Abwanderung klassischer nationaler Regierungsfunktionen in internationale Regime und im Falle der Europäischen Union in transnationales Regieren. Dadurch werden bisher als selbstverständlich vorausgesetzte Existenzbedingungen der Demokratie, vor allem ihre Stabilisierung und Entfaltung in einem staatlich fixierten territorialen und gemeinschaftsbildenden Rahmen in Frage gestellt (Greven 1997: 231ff; Klein/Schmalz-Bruns 1997: 16; Richter 1997: 173ff). Im Inneren der Demokratie schwinden generalisiertes Vertrauen und in Traditionen wurzelnde Organisationsbindungen (Greven 1999: 88f), die Distanz des Bürgers zur Demokratie nimmt zu und ihm selbst werden nachlassende Moral, geringes Urteilsvermögen, reduzierter Wirklichkeitssinn und die Reduzierung seines Sorgehorizontes auf die persönliche Betroffenheit bescheinigt (Massing 2002a: 104ff; Himmelmann 2002: 30ff). »Wege aus der Krise« werden in Neuarrangements, Umgewichtungen und intelligenten Kombinationen vorhandener institutioneller Formelemente gesehen, vor allem aber in einer verstärkten Reflexion der Bürgerrolle und der damit verbundenen Bürgerkompetenzen und Bürgerqualifikationen.

Die leitende Frage lautet, wie die Bereitschaft zur politischen Partizipation gefördert und zugleich sichergestellt werden kann, dass sich die erweiterten Teilhaberechte mit den anspruchsvollen ethischen, moralischen und kognitiven Bedingungen vernünftiger politischer Willensbildung zusammenschließen lassen (Buchstein 1995; Massing 2002). Bei der Beantwortung dieser Frage sind politische Bildung und Demokratietheorie in engen

Kontakt geraten. Die politische Bildung hat das Bürgerkonzept des demokratietheoretischen Diskurses aufgegriffen und unterschiedliche Bürgerleitbilder konstruiert. Sie reichen vom »informierten und urteilsfähigen Zuschauer«, der so viel weiß und Einblick in die Zusammenhänge des politischen Lebens hat, dass er diese Welt nicht als eine fremde, seiner Einsicht entzogene, betrachtet über den »interventionsfähigen Bürger«, der über Wissen hinaus auch eine prinzipielle politische Handlungsbereitschaft sowie ein Partizipationsbedürfnis aufweist bis zum »Aktivbürger«, der politische Beteiligung für sich als zentrale Aufgabe definiert und der sich nicht nur an seinen Eigeninteressen orientiert, sondern auch am Gemeinsinn (vgl. Massing 2002a).

Ausgehend von diesen Bürgerleitbildern hat das Kompetenzprinzip Eingang in die politische Bildung gefunden, das für die Aufgabe des Politikunterrichts als Demokratiekompetenz konkretisiert wird. Demokratiekompetenz verknüpft in spezifischer Weise Sachkompetenz, Methodenkompetenz, Sozialkompetenz und Selbstkompetenz. Sachkompetenz bezieht sich in erster Linie auf Wissen im Sinne von Verstehen. Sie drückt sich im wesentlichen in Politikbewusstsein aus, in der grundlegenden Fähigkeit zur kognitiven Orientierung in Politik und Gesellschaft, im Interesse an öffentlichen Aufgaben und in der Sensibilität für gesellschaftlich-politische Probleme in den verschiedenen Aufgabenfeldern der Politik. Sachkompetenz meint auch, neben der Einsicht in die Komplexität und in die Zusammenhänge genereller politischer Regelungen, politische Urteilsfähigkeit auf der Grundlage eigener, begründeter wertbezogener und rationaler Maßstäbe sowie prinzipielle politische Partizipationsbereitschaft. Methodenkompetenz beinhaltet analytische Fähigkeiten, um sich selbst politische Sachverhalte, politische Probleme sowie politische Entscheidungen und ihre Folgen erschließen zu können sowie kommunikative Fähigkeiten, um gegebenenfalls in verschiedenen Handlungsfeldern agieren d. h. an der politisch-gesellschaftlichen Öffentlichkeit teilnehmen zu können. Sozial- und Selbstkompetenz meint im Zusammenhang mit Politikunterricht u. a. die Fähigkeit, sich in die Situation, die Interessenlage und Denkweise von anderen hineinversetzen zu können (soziale Perspektivenübernahme) sowie sich selbst und anderen gegenüber kritikfähig zu sein. Im Einzelnen beinhalten sie Eigenschaften wie: Loyalität als Bereitschaft für die Gemeinschaft der Bürger Verantwortung zu übernehmen, Mut im Sinne von Zivilcourage, Kooperationsbereitschaft, Fairneß, Toleranz sowie sozialen Gerechtigkeitssinn und Solidarität (vgl. Massing 2002).

Die in der Politikdidaktik diskutierten Bürgerleitbilder einschließlich der damit verknüpften Kompetenzen messen sich bisher noch am normativen

Gehalt der Verfassung und Demokratie des Nationalstaates. Gegen diesen »nationalstaatlichen Bias« der Politikdidaktik schreibt Ingo Juchler, das europäische Staatengebilde als ein demokratisches System sui generis bedürfe zur Kontrolle seiner politischen Eliten einer europäischen politischen Öffentlichkeit. Entsprechend müssten Konzepte über Bürgerkompetenzen, die den demokratiekompetenten Bürger als adäquates Leitbild für die politische Bildung und der Demokratie-Bildung fordern, um eine spezifische Europa-Kompetenz der Schülerinnen und Schüler erweitert werden (vgl. Juchler 2002: 75). Diese Position erscheint zunächst einmal plausibel. Was aber bedeutet sie konkret für eine europazentrierte Didaktik des Politikunterrichts? Eine bloße Erweiterung, ein Additivum oder etwas qualitativ Neues?

Demokratie und Bürgerschaft in Europa

Die Aussage, das europäische Staatengebilde sei ein demokratisches System sui generis, ist eine politikwissenschaftliche Aussage, und den Anschluss, den es jetzt zu suchen gilt, ist der an die politikwissenschaftliche Diskussion. Nun beschäftigt sich die Politikwissenschaft mit einer Vielzahl von Aspekten im europäischen Zusammenhang. Allerdings sind in jüngster Zeit die Probleme Bürgerschaft, Öffentlichkeit und Demokratie (vgl. Klein u. a. 2003) immer stärker in das Zentrum der Europaforschung gerückt, was politikdidaktischen Überlegungen entgegenkommt. Bezogen auf die Demokratie scheint Politikwissenschaft und Staatsrechtslehre ein breiter Konsens zu einigen: Das europäische Demokratiedefizit. Ein eindeutiger Befund, wie Peter Graf Kielmannsegg schreibt (vgl. Ders. 1996: 55). Mitte der 90er Jahre besteht die Standardkritik des europäischen Demokratiedefizits vor allem aus zwei Komponenten: Zum einen aus der Übertragung von Hoheitsrechten von den Mitgliedstaaten auf die Europäische Union, wodurch politische Entscheidungen dem Kompetenzbereich der nationalen Parlamente entzogen werden; und zum anderen in der Ausübung dieser Hoheitsrechte durch Organe, denen die demokratische Legitimation entweder völlig fehlt (wie im Fall der Europäischen Kommission) oder die sie nur mittelbar besitzen (wie im Fall des Europäischen Rates), während das Europäische Parlament, das als einziges Organ der Europäischen Union über eine eigene demokratische Legitimation verfügt, noch immer über ganz geringe Kompetenzen gebietet« (Grande 1996: 342). Das Demokratiedefizit der Europäischen Union wird also in erster Linie als eine Folge ihrer institutionellen Ausgestaltung interpretiert und diskutiert werden Strategien, wie in einem staatenübergreifenden Mehrebenensystem Demokratie durch besser funktionierende Institutionen gesichert werden kann.

Sichtet man die Vorschläge, das europäische Demokratiedefizit zu beheben, dann lassen sich verschiedene Strategiepräferenzen unterscheiden. Folgende Strategien zum Abbau des Demokratiedefizits der Europäischen Union werden gesehen (vgl. Kohler-Koch 1998: 265ff.):

1. In der Parlamentarisierung der EU, d. h. in einer Stärkung parlamentarischer Mitbestimmung in der europäischen Politik. Dabei geht es vor allem um die Aufwertung des Europäischen Parlaments (vgl. Michael Zürn 1996: 25)
2. In einer demokratisch-föderalen Balance, d. h. in einer Verfassungsstruktur, die zugleich autonomieschonend und gemeinschaftsverträglich ist (vgl. Scharpf 1993: 177)
3. In einer partizipatorischen Anreicherung des supranationalen Verhandlungssystems durch Elemente direkter Demokratie (vgl. Abromeit 2003: 31ff.). Dazu zählen auch deliberative Demokratiemodelle, die an der für die EU charakteristischen »Komitologie« anknüpfen, um sie als Stütze für die demokratische Legitimation auszubauen (Lemke 2003: 105f.)
4. In einer funktionalen und nicht territorialen Repräsentation in Regime-Ensembles. Nach diesem Konzept wird die souveräne Macht von Nationalstaaten nicht auf die supranationale Ebene delegiert, sondern durch die kooperative Problembearbeitung in einem »ausufernden, offenen, global angelegten Ensemble funktionalistischer Kooperationsbereiche« . . . transformiert (Zellentin 1992: 71). »In dieser Vielfalt aufgabenspezifischer Kooperationsstrukturen kann demokratische Kontrolle nicht angemessen durch eine territoriale organisierte Repräsentation von Bürgerinteressen, sondern nur durch eine funktional gesteuerte Interessenvertretung organisiert werden« (Kohler-Koch: 267).

Gegen alle diese Konzepte und Strategien wurde mit guten Gründen Kritik laut und Widerspruch geltend gemacht (vgl. Kohler-Koch: 267ff) mit dem Ergebnis, dass die Grenzen einer Demokratisierung der Europäischen Union durch Neuarrangements, Umgewichtungen und intelligente Kombinationen vorhandener institutioneller Formelemente deutlich sichtbar geworden sind. Daraus wurde u. a. auch der Schluss gezogen, das Demokratiedefizit der Europäischen Union sei kein institutionelles, sondern ein strukturelles Problem. Dabei wird der Frage nachgegangen, ob für ein Mehr an Demokratie in Europa die dafür notwendigen kulturellen Voraussetzungen gegeben sind und ob dieses neue Gebilde überhaupt demokratiefähig ist. Auch eine demokratische Verfassung mache aus der Europäischen Gemeinschaft noch keine europäische Demokratie. Denn es fehlten alle jene vorpolitischen Voraussetzungen, die eine Demokratie nicht selbst schaffen könne, auf die sie aber angewiesen sei. Weder existiere eine Einheit des europäischen Volkes oder eine europäische Öffentlichkeit noch eine politisch belastbare Identität der Europäer, die es erlaube, Entscheidungen, die gegen den eigenen Willen getroffen würden, als grundsätzlich zustimmungsfähige Beschlüsse einer Mehrheit und nicht als Ausdruck von Fremdherrschaft zu akzeptieren. Eine solche belastbare kollektive Identität könne sich auch gar nicht herausbilden, da selbst das Europa der jetzigen EU »keine Kommunikationsgemeinschaft, kaum eine Erinnerungsgemeinschaft und nur sehr begrenzt eine Erfahrungsgemeinschaft sei«(Kielmansegg: 55; Scharpf 1999: 16ff). Die demokratische Qualität des europäischen Staatengebildes ergebe sich daher vor allem durch eine Politik, die dem Bürger diene: Anders formuliert durch Handlungseffizienz oder Legitimation durch Leistung. Eine Position, die in jüngster Zeit vor allem Fritz Scharpf vorgetragen hat. Er stellt fest, die Europäische Union sei derzeit nur in der Lage, eine Output-Legitimität zu erreichen. Die Diskussion um das Demokratiedefizit der EU ließe sich daher sinnvoll nur in output-orientierten Kategorien führen (vgl. Scharpf 1999).

Während die Institutionalisten den Bürger weit in den Hintergrund gedrängt haben, die Vertreter einer demokratischen Output-Legitimierung ihn vor allem als Resonanzboden benötigen, sind in der Politik- und den Sozialwissenschaften zuletzt einige neue Ansätze entstanden, die sich jetzt in erster Linie der Rolle des Bürgers in Europa zuwenden und zwar nicht nur bezogen auf seinen Rechtsstatus, der dem trans- und supranationalen Charakter der Union entsprechen soll, sondern viel stärker im Hinblick auf seine bürgerschaftlichen Qualifikationen. Über eine aktive Bürgerschaft, mit einer »enlarged mentality« (Benhabib), einer »erweiterten Denkungsart«, die die Fähigkeit einschließt, den Standpunkt des/der Anderen einzunehmen, Konflikte auszuhandeln und eigene Überzeugungen vom Standpunkt universalistischer Grundsätze zu reflektieren, könne das Demokratiedefizit tendenziell abgebaut und der europäische Raum Europas ausgestaltet werden (vgl. Lemke 2003).

Von diesem letzten Ansatz lassen sich leicht Anknüpfungspunkte zur politikdidaktischen Diskussion der Bürgerleitbilder finden. Der kritische und urteilsfähige Zuschauer, der Interventionsbürger und der Aktivbürger mit ihren jeweiligen Kompetenzen gelten politikdidaktisch in gleicher Weise auf der Ebene des Nationalstaates wie auf der Ebene der Europäischen Union. Das heißt: Der Bürger ist zurückgekehrt auf die Bühne der Demokratietheorie, in die Politische Bildung und nach Europa.

Dabei ist immer noch nicht geklärt, was dies für eine europazentrierte Didaktik des Politikunterrichts bedeutet. In diesem Zusammenhang werde ich die These wagen, dass die Anknüpfung an Bürgerleitbilder politikdidaktisch keine neue Qualität bedeutet, sondern tatsächlich bloß ein Additivum an Aufgaben. Wenn das elementare Ziel der politischen Bildung auf nationalstaatlicher Ebene der »demokratiekompetente Bürger« (Detjen) ist, dann sind damit die gleichen Werte, Einstellungen und Kompetenzen angesprochen, die er auch im Konzept der »aktiven Bürgerschaft« der EU benötigt.

Schluss

Die konkrete Ausgestaltung der EU, ihre zukünftige institutionelle Entwicklung, die Verteilung der Kompetenzen, die Notwendigkeit einer europäischen Identität und wenn ja welcher, die Bedeutung eines gemeinsamen europäischen Bewusstseins, die Dimensionen des Demokratiedefizits, die Art der Legitimierung, die Strategien der Demokratisierung das Ausmaß an Transparenz und Partizipation, das alles ist in der politischen und wissenschaftlichen Diskussion, wie gezeigt wurde, strittig. Es muss also auch im Politikunterricht strittig erscheinen. Jugendliche dazu erziehen zu wollen, dass sie Europa als historische Notwendigkeit erkennen, oder als Ziel die engagierte Teilnahme am Europäischen Aufbauwerk zu formulieren, vor allem aber die Absicht, bei den Jugendlichen eine europäische Identität zu wecken, bewegt sich vor dem Hintergrund des Beutelsbacher Konsens hart an der Grenze zur Indoktrination.

Unter Berücksichtigung der Sozialisationsbedingungen und Lernvoraussetzungen, die oben beschrieben wurden, kann die wichtigste Aufgabe des Politikunterrichts nur darin bestehen, die Sachkompetenz der Jugendlichen bezogen auf Europa und die europäische Politik zu erweitern. Es geht auf einer soliden Wissensbasis darum, Einsichten in das Funktionieren europäischer Politik zu ermöglichen und die Fähigkeit zur politischen Urteilsbildung im Bezug auf die europäischen Ebene zu stärken. Das erscheint durch die Brille der bisherigen Emphase einer europaorientierten politischen Bildung normativ vielleicht etwas blass. Es bedeutet aber, einer erheblichen Umorientierung die »Binnengerichtetheit« der politischen Bildung aufzugeben und Europa eine hervorgehobene Position im thematischen Kanon des Politikunterrichts einzuräumen (vgl. Juchler: 74 f.). Dazu gehört denn auch, wie Wolfgang Sander (vgl. Ders.: 38) es formuliert, Multiperspektivität und Kontroversität bei der Analyse aktueller Politik im Politikunterricht so zu verstehen, dass dort, wo es vom Internationalisierungsgrad der Politik her geboten wäre, politische Positionen aus anderen Gesellschaften systematisch in die Debatte mit einzubeziehen.

Literaturhinweise

Abromeit, Heidrun 2003: Möglichkeit und Ausgestaltung einer europäischen Demokratie, in: Klein, Ansgar, u. a. (Hrsg.): Bürgerschaft, Öffentlichkeit und Demokratie in Europa, Opladen, 31–54.

Breit, Gotthard/Massing, Peter (Hrsg.) 2002: Die Rückkehr des Bürgers in die politische Bildung, Schwalbach/Ts.

Buchstein, Hubertus 1995: Zumutungen der Demokratie. Von der normativen Theorie des Bürgers zur institutionell vermittelten Präferenzkompetenz, in: von Beyme, Klaus/Offe, Claus (Hrsg.): Politische Theorie in der Ära der Transformation, Opladen, 295–361.

Daunis, R. u. a. 1984: Junge Christen in Europa. Materialien für den Religionsunterricht in der Sekundarstufe I, Bd. 1, Bonn.

Europa im Unterricht 1978: Beschluss der Kultusministerkonferenz vom 8.6. 1978, in: Lehman, H.G. 1978: Berichterstattung. Europa im Unterricht. Die Empfehlung der Kultusministerkonferenz vom 8. Juni 1978, in: Gegenwartskunde 27, H. 4, 437–446.

Europa im Unterricht 1990: Beschluss der Kultusministerkonferenz vom 8.6. 1978 in der Fassung vom 7.12.1990, in: Liepe, A. (Hrsg.) 1996: Lernen für Europa, 7–12.

Europäischer Jugendkonvent 2002: www.youth-convention.net/de/convention.html.

Grande, Edgar 1996: Demokratische Legitimation und europäische Integration, in: Leviathan 24, H. 3, 336–347.

Greven, Michael 1999: Die politische Gesellschaft. Kontingenz und Dezision als Probleme des Regierens und der Demokratie, Opladen.

Greven, Michael, Th. 1997: Politisierung ohne Citoyens. Über die Kluft zwischen politischer Gesellschaft und gesellschaftlicher Individualisierung, in: Klein, Ansgar/Schmalz-Bruns, Rainer (Hrsg.): Politische Beteiligung in Deutschland, Bonn, 231–251.

Himmelmann, Gerhard 2002: Das Bild des Bürgers in der politikwissenschaftlichen Theorie und in der politischen Praxis, in: Breit, Gotthard/Massing, Peter (Hrsg.): Die Rückkehr des Bürgers in die politische Bildung, Schwalbach/Ts, 28–55.

Isecke-Vogelsang, M. 1991: Alte Lieder alte Hüte? Eine Nationalhymne für Europa, in: Hurrelmann, Klaus u. a. (Hrsg.): Wege nach Europa – Spuren und Pläne, o.O.

Juchler, Ingo 2002: Die Osterweiterung der Europäischen Union. Eine Unterrichtseinheit für die Sekundarstufe I, in: Politische Bildung, H. 1, 71–82.

Kelbling, Michael 2002: Grenzgänge im neuen Europa. Internationale Jugendbildung zwischen Rückzug und Aufbruch, in: *kursiv*, H. 2, 18–25.

Kielmansegg, Peter Graf 1996: Integration und Demokratie, in: Jachtenfuchs, Markus/Kohler-Koch, Beate (Hrsg.): Europäische Integration, Opladen, 47–71.

Kirchberg, Günter 1990: Europa im Geographieunterricht. Didaktische Überlegungen vor einer neuen Etappe der europäischen Integration, in: Geographische Rundschau 41, H. 4, 225–228.

Kirchberg, Günter 1991: Europa. eine Herausforderung für den Geographieunterricht, in: Zeitschrift für den Erdkundeunterricht 43, H. 12, 410–414.

Klein, Ansgar/Schmalz-Bruns, Rainer 1997: Herausforderungen der Demokratie, in: Dies. (Hrsg.): Politische Beteiligung in Deutschland, Bonn, 7–38.

Klein, Ansgar u. a. (Hrsg.) 2003: Bürgerschaft, Öffentlichkeit und Demokratie in Europa, Opladen.

Kohler-Koch, Beate 1998: Die Europäisierung nationaler Demokratien. Verschleiß eines europäischen Kulturerbes? In: Michael Greven (Hrsg.): Demokratie – eine Kultur des Westens?, Opladen, 263–288.

Lemke, Christiane 2003: Aktive Bürgerschaft und Demokratie in der EU, in: Klein, Ansgar, u. a. (Hrsg.): Bürgerschaft, Öffentlichkeit und Demokratie in Europa, Opladen, 101–116.

Litschke, Inge 1984: Überlegungen zu den Möglichkeiten der Haushaltswirtschaft einen Beitrag zur europäischen Integration zu leisten, in: Böttcher, Winfried (Hrsg.): Europäische Integration und Lehrerbildung, Baden-Baden, 101–109.

Massing, Peter 2002: Demokratie-Lernen oder Politiklernen? In: Breit, Gotthard/Schiele, Siegfried (Hrsg.): Demokratie-Lernen als Aufgabe der politischen Bildung, Schwalbach/Ts, 160–187.

Massing, Peter 2002a: Demokratietheoretische Grundlagen der politischen Bildung im Zeichen der Globalisierung, in: Butterwegge, Christoph/Hentgens, Gudrun (Hrsg.): Politische Bildung und Globalisierung, Opladen, 25–44.

Massing, Peter 2002b: Theoretische und normative Grundlagen politischer Bildung, in: Breit, Gotthard/Massing, Peter (Hrsg.) Die Rückkehr des Bürgers in die politische Bildung, 79–133.

Mickel, Wolfgang 1991: Lernfeld Europa. Didaktische Grundlagen einer europäischen Erziehung, Opladen.

Münchmeier, Richard 2000: Europa – Fassade oder Chance, in: Jugend 2000, 13. Shell Jugendstudie, Opladen, 327–342.

Preuß, Ulrich, K. 1998: The Relevance of the Concept of Citizenship for the Political und Constitutional of the EU, in: Ders/Requejo, Ferran (Hrsg.): European Citizenship. Multiculturalis and the State, Baden-Baden, 11–28.

Richter, Emanuel 1997: Demokratie und Globalisierung. Das Modell der Bürgergesellschaft im Weltsystem, in: Klein, Ansgar/Schmalz-Bruns, Rainer (Hrsg.) Politische Beteiligung in Deutschland, Bonn, 173–202.

Sander, Wolfgang 2002: Politische Bildung nach der Jahrtausendwende. Perspektiven und Modernisierungsaufgaben, in: Aus Politik und Zeitgeschichte B 45, 36–44.

Scharpf, Fritz 1993: Legitimationsprobleme der Globalisierung. Regieren in Verhandlungssystemen, in: Böhret, Carl/Wewer, Göttrik (Hrsg.): Regieren im 21. Jahrhundert – Zwischen Globalisierung und Regionalisierung, Opladen, 165–185.

Scharpf, Fritz 1999: Regieren in Europa, Frankfurt a.M.

Schmidt, Manfred, G. 2000²: Demokratietheorien, Opladen.

Shell Jugendstudie 2002: www.shell-jugendstudie.de/hauptergebnisse.htm.

Zellentin, Gerda 1992: Der Funktionalismus – eine Strategie gesamteuropäischer Integration? In: PVS Sonderheft 23, 62–77.

Zürn, Michael 1996: Über den Staat und die Demokratie im europäischen Mehrebenensystem, in: PVS, H. 1, 27–55.

Wolfgang Sander

Europa denken lernen

Die »neue Renaissance« und die Aufgaben der politischen Bildung

1. Europa, wo liegt es?

Kurios genug, dass ausgerechnet die Griechen mit »Europa« das dunkle, barbarische Land jenseits ihrer nördlichen Grenzen bezeichneten. Aber vielleicht führt uns dieses Paradoxon, dass die geistigen Urheber dessen, was wir als »europäische Kultur« bezeichnen dürfen, »Europa« nach draußen verlegten, schon ins Zentrum des Problems: »Europa« ist nicht einfach ein Ort, eine geographische Region. Dass wir einen Teil der Erdoberfläche mit diesem Namen belegen, wäre schiere Willkür – denn es gibt keine klaren natürlichen Grenzen für diesen »Kontinent« –, würde sich nicht mit diesem Namen eine Vorstellung von einer kulturellen Kontinuität durch die letzten 2500 Jahre verbinden. »Europa« ist ein geistiges Konstrukt, ein Ober- und Signalbegriff für einen kulturellen Zusammenhang, der sich durch diese Bezeichnung von anderen kulturellen Zusammenhängen unterscheidet. Oder anders: »Europa wurde nur deswegen zu einem geographischen Begriff, weil es vorher zu einem historischen Begriff geworden war« (Morin 1988: 60). Dieses Konstrukt ist in sich vielfältig, vieldeutig und widerspruchsvoll. Die Regionen, in denen sich dieser kulturelle Zusammenhang entwickelte, veränderten sich ebenso wie die Zentren wechselten, von denen zu bestimmten Zeiten die Anstöße für seine Weiterentwicklung ausgingen – der Mittelmeerraum und das Reich Karls des Großen, das Heilige Römische Reich Deutscher Nation und die Europäische Gemeinschaft, Athen und Rom, Aachen und Florenz, Paris und Königsberg, London und St. Petersburg, Berlin und Prag, ja auch: Washington und New York.

Europa ist eine unvollendete Erfindung, work in progress. Stellen wir uns Europa für einen Moment wie einen Rohdiamanten vor, an dem seit 2500 Jahren geschliffen wird. Viele seiner Facetten sind klar erkennbar, wenn sie auch je nach Lichteinfall und Betrachtungsperspektive unterschiedlich wirken; an anderen wird gearbeitet; wieder andere Stellen wirken reichlich trübe; und es ist keineswegs gewiss, ob nicht irgendwann ein Fehler der Brillantschleifer den ganzen Stein zum Zerspringen bringen kann.

2. Die Aussaat – Facetten der globalen europäischen Kultur und Politik

Einige wenige dieser Facetten sollen im Folgenden schlaglichtartig beleuchtet werden. Es handelt sich teils um solche Facetten, die das Gesamtbild besonders auffallend prägen, teils um jene, die Theorie und Praxis der *Politik* eine besondere europäische Färbung gegeben haben.

»Ich weiß, dass ich nichts weiß.«

Die griechische Philosophie steht am Anfang des Konzepts, die Welt mittels der Vernunft zu verstehen, ebenso wie am Anfang der vernünftig begründeten Skepsis gegenüber diesem Versuch. In dieser Dialektik zwischen der Modellierung der Welt in rationalen Gedankensystemen und dem Wissen um die Grenzen des Wissens entsteht die Agenda, die die Philosophie bis in die Gegenwart beschäftigt. Vernünftige Aufklärung, Skepsis gegenüber ihren Möglichkeiten und das ironische Spiel mit beidem spiegelt sich in jenem über die Jahrtausende immer wieder zitierten Satz des Sokrates. Der griechischen Philosophie verdanken wir die gerade in der modernen Erkenntnistheorie wieder entdeckte Einsicht, dass die Welt nicht identisch ist mit dem, was wir von ihr wahrnehmen. Platon und Aristoteles haben erste Theorien der Politik entwickelt, die bis in die Gegenwart wirken. Es mag überzogen sein, wenn der englische Mathematiker Whitehead (1861–1947) sagte, die europäische Philosophie bestehe aus einer langen Reihe von Fußnoten zu Platon, aber gewiss hat die antike griechische Philosophie die Fundamente für die europäische Sicht der Welt gelegt.

»Senatus Populusque Romanum«

Weit über sein politisches Ende hinaus war und ist das Römische Reich ein Fixpunkt für die kulturelle Entwicklung und das politische Denken in Europa. »Renovatio Imperii Romanum«, Erneuerung des Römischen Reiches, stand auf dem Siegel Karls des Großen; der Kaiser des 1806 untergegangenen deutschen Reiches hatte die Würde eines Römischen Kaisers; noch mehr als 1000 Jahre nach dem Untergang des alten Römischen Reiches war Latein im ganzen Kontinent die Sprache der Wissenschaft und der Gelehrsamkeit. Bis heute basiert das moderne bürgerliche Recht im Kern auf dem römischen Recht, folgen viele Straßen den alten Fernverbindungen des Römischen Reichs. Die Anklänge an Rom in der klassizistischen Architektur Washingtons sind unübersehbar, und wer heute die USA als »Imperium« bezeichnet, benutzt – bewusst oder unbewusst – in dieser Analogie ein bestimmtes Deutungsmuster: die USA als das neue Rom.

»Gloria in excelsis Deo«

Schon im Römischen Reich verbanden sich Antike und Christentum zu einem Amalgam, ohne das die weitere Entwicklung des Konstrukts Europa nicht denkbar gewesen wäre. Vom Römischen Reich aus verbreitete sich das Christentum auf dem europäischen Kontinent und über ihn hinaus; fortan verstand sich Europa als christlich geprägt. Dass auch Jahrhunderte nach dem Untergang des Römischen Reiches eine kulturelle Verbindung der Menschen auf dem Kontinent erhalten blieb, verdankt sich wesentlich diesem Amalgam: »Europa wäre in eine unzusammenhängende Vielfalt primitiv verfaßter Stämme auseinandergefallen, wäre da nicht die einigende Kraft der Kirche gewesen und die fortdauernde Erinnerung an Rom« (Schulze 1994: 20). Durch das ganze Mittelalter hindurch bildete das Christentum den Kern dessen, was »Europa« ausmachte, bis die Renaissance die Brücken zur Antike wieder erneuerte.

»Hier stehe ich, ich kann nicht anders.«

Das Christentum bescherte den Gläubigen freilich mit der Reformation auch die Erfahrung einer schmerzhaften Spaltung, auch hier zunächst auf dem Kontinent und später weltweit. Zunächst waren die Folgen blutig, von den Bauernkriegen bis zum 30-jährigen Krieg, der ersten großen politischen Katastrophe in Europa nach dem Ende des Römischen Reichs. Aber die Reformation fügte dem Konstrukt Europa auch wichtige Facetten hinzu. Schon vorher war das Amalgam von römischer Reichsidee und christlicher Kirche in sich spannungsreich gewesen, weil es – bei aller Rivalität und wechselseitigen Übergriffen – weltliche und geistliche Herrschaft unterschied. Mit der Reformation war nun aber zusätzlich die Vorstellung einer einheitlichen geistlichen Herrschaft hinfällig geworden, etablierten sich konkurrierende Glaubensüberzeugungen, deren Anhänger lernen mussten, miteinander auszukommen, wenn sie nicht gemeinsam untergehen wollten. Paradoxerweise hat die Reformation so langfristig die Trennung von Staat und Kirche gefördert, obwohl in den protestantischen Länder der Landesherr zugleich oberster Kirchenherr war. Weiterhin hat die Reformation das Individuum gegen die Kirchenhierarchie gestärkt, wie es pointiert in Luthers berühmtem und oben zitierten Ausspruch vor dem Reichstag in Worms zum Ausdruck kam, sowie – besonders in der calvinistischen Ausprägung – eine Arbeitsethik gefördert, in der Max Weber rückblickend die mentale Voraussetzung für die Durchsetzung des Kapitalismus sah.

»L'état c'est moi.«

Dieses Zitat Ludwigs XIV. gilt als Sinnbild des Absolutismus, der auf das Desaster des 30jährigen Krieges folgte und mit dem der moderne Territorialstaat die Bühne der Politik betritt – mit einer funktionsfähigen Bürokratie und dem Anspruch auf das Monopol der Gewaltanwendung. Der »Leviathan« (Thomas Hobbes) sollte den Frieden stiften und verlangte dafür Unterwerfung – mit diesem Konzept wurde die Idee des modernen Staates erfunden, die in den folgenden Jahrhunderten ihren weltweiten Siegeszug antreten sollte. Allerdings sollte es sich auch zeigen, dass die friedensstiftende Funktion des modernen Staates eine zweischneidige Angelegenheit sein würde – dem Frieden nach innen sollte alsbald die Potenzierung der Gewalt nach außen, in Konflikten mit anderen Staaten, folgen. Nachdem sich das Konzept des Staates im 19. und 20. Jahrhundert noch mit dem der Nation verband, war geistig der Boden bereitet für die beiden Weltkriege, Europas zweiter großer politischer Katastrophe nach dem Ende des Römischen Reiches.

»Der Mensch ist frei geboren und überall liegt er in Ketten.«

Rousseaus Diktum artikulierte eine Grundüberzeugung der Aufklärung: die von der natürlichen Freiheit des Menschen. In der europäischen Aufklärung verbindet sich eine neue Verselbständigung der Vernunft gegen jede, besonders auch gegen jede religiöse Autorität (»Habe Mut, dich deines eigenen Verstandes zu bedienen«, so Kants »Wahlspruch der Aufklärung«) mit der Idee des Naturrechts. Die Vorstellung von der Freiheit des Menschen, die schon im Christentum und in antiken Bürgerrechtskonzeptionen angelegt war, wird nun auf die Vernunft gegründet und zu einem universalen Konzept mit revolutionären politischen Folgen: Wird der Mensch als von Natur aus freies Individuum gedacht, liegt die Konsequenz der Republik als Staatsform auf der Hand. Besonders deutlich wird der Zusammenhang zwischen Naturrecht und Republik in der amerikanischen Unabhängigkeitserklärung von 1776. Aber die Demokratie blieb nicht auf die Republik der europäischen Auswanderer in Übersee begrenzt, sondern setzte sich auf dem europäischen Kontinent über die schon frühere Glorious Revolution in England und die Französische Revolution durch. Im Grunde war auch diese Idee einer republikanischen Ordnung mit einer demokratischen Verfassung ein, wenn auch modifizierter, Rückgriff auf die Antike. Die Aufklärung hat diese Idee modernisiert und universalisiert, bis hin zum Modell einer globalen republikanischen Friedensordnung bei Kant.

»Und sie bewegt sich doch.«

Galileis leiser, trotziger Widerspruch ist zum Sinnbild für den Geist der neuzeitlichen Wissenschaft geworden. Befreit aus den Fesseln religiöser Vorgaben und gegründet auf den Glauben an die rationale Erkennbarkeit der Welt entstanden in Europa zwischen dem 16. und dem 19. Jahrhundert die Naturwissenschaften. Schritt für Schritt schienen sie die Geheimnisse der wirklichen Welt zu entschlüsseln, Stein auf Stein ein Gebäude zu errichten, das nach seiner Vollendung das Wissen über die gesamte außermenschliche Wirklichkeit repräsentieren sollte. Noch gegen Ende des 20. Jahrhunderts war besonders in der Physik die Vorstellung verbreitet, im Grunde gebe es kaum mehr lohnende Probleme für die Forschung, und von Max Planck wurde die Geschichte erzählt, er habe einem Studenten vom Studium der Physik abgeraten, weil in dieser Wissenschaft allenfalls noch Kleinigkeiten zu klären wären. Tempi passati – im 20. Jahrhundert haben die Naturwissenschaften wieder lernen müssen, sich mit dem Gedanken vertraut zu machen, es könnte prinzipielle Grenzen der Erkenntnis der Wirklichkeit geben. Zunächst aber wirkten und wirken die Naturwissenschaften als Impulsgeber für die Technik und diese wiederum als Antriebskraft für die industrielle Wirtschaftsweise.

»Die Geschichte aller bisherigen Gesellschaft ist die Geschichte von Klassenkämpfen.«

Mit der Industrialisierung ging der Kapitalismus Hand in Hand und brachte mit dem Kommunismus seine Antithese hervor. Neben dem Nationalismus wurde er zu einem zweiten Religionsersatz mit fatalen politischen Folgen. Seine eschatologische Prägung gab ihm einen ausgeprägt offensiven Charakter und es ist wohl einer eigentümlichen Mixtur von amerikanischer Entschlossenheit, westeuropäischem Verhandlungsgeschick und Glück zu verdanken, dass in der zweiten Hälfte des 20. Jahrhunderts die europäischen Gesellschaften nicht in einem dritten Weltkrieg untergingen.

»Wir müssen so etwas wie die Vereinigten Staaten von Europa schaffen.«

Winston Churchill zog mit diesem Satz 1946 eine einfache und klare Konsequenz aus der Katastrophe der beiden Weltkriege. Sie war so neu nicht, denn nur rückblickend erscheint die Durchsetzung des Konzepts der Nation und des Nationalstaats für die politische Ordnung Europas in der Moderne als zwingend; immer gab es zu diesem Konzept Alternativen und so alt wie der Nationalismus ist auch die Idee einer transnationalen politischen Ordnung in Europa. Aber erst die Trümmerfelder des Zweiten Weltkriegs haben das historische Scheitern des Nationalismus offenkundig werden lassen und die Tür für die Suche nach konkreten politischen Alternativen zur nationalstaatlichen Ordnung des Kontinents geöffnet. Auch wenn Churchill an Vereinigte Staaten von Europa *neben* dem britischen Commonwealth dachte, auch wenn eher der Europarat als die Europäische Gemeinschaft und die heutige Europäische Union die erste praktische Folge dieses Anstoßes war, auch wenn in den bald sechs Jahrzehnten seit Churchill Züricher Rede die Fortschritte der europäischen Integration immer wieder von Beschwörungen nationaler Eigenständigkeit begleitet wurden – das Konzept des souveränen Nationalstaats ist historisch überholt und für den europäischen Kontinent ist eine akzeptable Alternative zu einer transnationalen politischen Ordnung nirgendwo in Sicht. Nach dem Umbruch in Osteuropa 1989 ist es offenkundig geworden, dass nur die Europäische Union den Rahmen für diese politische Ordnung bilden kann. Wie auch immer die künftige EU im Einzelnen verfasst sein wird, auf welche Weise sie auch immer die Machtverhältnisse zwischen verschiedenen Ebenen politischer Entscheidungen vom kommunalen bis zum europaweiten Bereich ausbalancieren wird, welche Bezeichnung sich ihre Institutionen mittelfristig auch immer geben werden – es wird sich faktisch um »so etwas wie die Vereinigten Staaten von Europa« handeln müssen.

Allerdings wird sich dieses politische Europa nicht mehr gleichzeitig als klar definierter kultureller Raum von anderen Teilen der Welt abgrenzen können. Das politische Europa kann das geistige Konstrukt »Europa« nicht mehr monopolisieren. Spätestens mit der Gründung der USA hat auch in der praktischen Politik die *Globalisierung des Konzepts Europa* begonnen, im weiteren kulturellen Bereich, so etwa in Philosophie und Wissenschaft, war das schon früher der Fall. Armand Petitjean bemerkte 1986 treffend: »Die Welt ist voller verrückt gewordener europäischer Ideen« (zit. nach Morin 1988: 123) – Freiheit und Totalitarismus, Nationalismus und Menschenrechte, Demokratie und Kommunismus, die Aufklärung und die

Atombombe, die Moderne in all ihren Widersprüchen ist ein europäischer Exportartikel.

Ganz richtig schreiben auch Jürgen Habermas und Jacques Derrida in ihrem Aufruf zur Erneuerung Europas: »Weil sich Christentum und Kapitalismus, Naturwissenschaft und Technik, römisches Recht und Code Napoléon, die bürgerlich-urbane Lebensform, Demokratie und Menschenrechte, die Säkularisierung von Staat und Gesellschaft über andere Kontinente ausgebreitet haben, bilden diese Errungenschaften kein *proprium* mehr. Die westliche, in der jüdisch-christlichen Überlieferung wurzelnde Geistesart hat gewiß charakteristische Züge. Aber auch diesen geistigen Habitus, der sich durch Individualismus, Rationalismus und Aktivismus auszeichnet, teilen die europäischen Nationen mit denen der Vereinigten Staaten, Kanadas und Australiens. Der ›Westen‹ als geistige Kontur umfaßt mehr als nur Europa« (Habermas/Derrida 2003: 33). Leider haben sie nicht hinzugefügt, dass die Erneuerung Europas, die sie mit Recht fordern, aus eben diesen Gründen nicht in Abgrenzung zu den USA erfolgen kann. Ganz im Gegenteil sehen sie in den Demonstrationen gegen den Irak-Krieg im Februar 2003 den Ausgangspunkt für einen neuen Integrationsschub, forciert durch ein »Kerneuropa« (was eine vornehme Umschreibung für Deutschland und Frankreich ist), das nach außen handlungsfähig ist und sein Gewicht in die Waagschale wirft, »um den hegemonialen Unilateralismus der Vereinigten Staaten auszubalancieren« (Habermas/Derrida: 33). Die Klage der beiden Autoren über die Spaltung der Europäer in der Frage des Irak-Krieges wäre überzeugender gewesen, hätten sie als Ausgangspunkt dieser Spaltung nicht die »Loyalitätsbekundung« der kriegswilligen europäischen Regierungen »hinter dem Rücken der anderen EU-Kollegen« genannt, die sie drastisch als »Handstreich« bezeichnen, sondern die sehr viel frühere einseitige und öffentliche Festlegung des deutschen Bundeskanzlers in dieser Frage im Bundestagswahlkampf.

Selbstverständlich gibt es zwischen den USA und der Europäischen Union Interessenunterschiede, so wie es sie innerhalb der EU und überall in der Politik gibt. Wenn mit der Kritik am »Unilateralismus« gemeint ist, dass nicht die ganze Welt den Interessen einer Macht unterworfen werden darf, dann ist das so richtig wie trivial. Wenn aber hinter dem neuerdings in Deutschland populären Gegenbegriff der »multipolaren« Welt letzten Endes nur ein Revival der Gleichgewichtspolitik des 19. Jahrhunderts, eine »balance of power« auf globaler Ebene, zum Vorschein kommen sollte, wäre dies ein fataler politischer Fehler, dessen mögliche Folgen in der europäischen Geschichte zu besichtigen sind. Die Bilder der anti-amerikanischen diplomatischen Koalition zwischen Frankreich, Deutschland, Russland und

China im Vorfeld des Irak-Krieges geben in dieser Hinsicht allen Anlass zur Sorge. Im globalen Maßstab und bezogen auf die Konfliktherde in der Welt zu Beginn des 21. Jahrhunderts, bezogen auf die Herausforderungen durch Fundamentalismus, Terrorismus und tyrannische Regime, stehen die europäischen Staaten und die USA letztlich auf der gleichen Seite – verbunden durch das geistige Erbe Europas.

Von diesem geistigen Erbe, von dem also, was Europa als geistiges Konstrukt ausmacht, kann man freilich nur in seinen Widersprüchen reden. Dieses Europa repräsentiert kein geschlossenes Konzept, erst recht keine Ideologie. Edgar Morin sieht in seinem glänzenden Essay »Europa denken« das Bewusstsein der Vielfalt und eine in ungezählten Konflikten erworbene Kultur der »Dialogik«, eines vernünftigen Umgangs mit Widersprüchen, der nicht von Verboten und Dogmen geprägt ist, als den Kern dessen, was die kulturelle Identität Europas heute ausmacht. Ganz ähnlich betrachten Habermas und Derrida die Anerkennung von Differenzen als Merkmal gemeinsamer Identität der Europäer. Anders gesagt: In Europa ist die Vorstellung entstanden, dass die Menschen – als Individuen – ein Recht darauf haben, auf eine selbst gewählte Weise zu leben und dass politische Institutionen einen Rahmen dafür bilden müssen, dass dies möglich ist. Europa hat in seiner Geschichte häufig Ideologien, Gewalt und Leid exportiert. Sein politisches Geschenk an die Welt aber ist, gewachsen durch die eigenen Erfahrungen mit Ideologien und mit Gewalt, die *Idee der Freiheit*.

3. Eine neue Renaissance?

In vieler Hinsicht ist das Kraftzentrum Europas aus Europa ausgewandert. Das geographisch-politische Europa ist Provinz geworden. Wissenschaftlich, technisch und kulturell hat es in den letzten Jahrzehnten an Bedeutung verloren, politisch und militärisch hat es sich als unfähig erwiesen, die eigenen Probleme auf dem Balkan aus eigener Kraft zu lösen. Weit mehr als der Irak-Krieg hat der Jugoslawienkonflikt, der ohne die militärische Hilfe der USA nicht lösbar war, die politische Schwäche Europas offenbart.

Wenn Europa wieder von der Provinz zu einem Zentrum werden – und dabei wieder stärkeren Einfluss auf die Wirkungen des eigenen kulturellen Erbes gewinnen – will, wird es seine eigene Erneuerung anstreben müssen. Hierin haben Habermas und Derrida Recht, auch wenn ihre politische Konkretisierung zu kurz greift. Der Topos von der Erneuerung Europas ist älter und die mit ihm verbundenen Herausforderungen gehen tiefer. Morin fordert, die Europäer müssten eine »zweite Renaissance« anstreben, die die kulturelle und die politische Erneuerung miteinander verbindet. Zwei Wege sind es, die nach Morin begangen werden müssen, um eine solche zweite Renaissance zu ermöglichen: Öffnung und Erinnerung. Beide sind miteinander verbunden: »Wir müssen uns wieder in Europa verwurzeln, um uns für die Welt zu öffnen, ebenso wie wir uns für die Welt öffnen müssen, um uns in Europa zu verwurzeln« (Morin 1988: 202). Was kann dies heißen?

Öffnung: Bei aller Vielfalt innerhalb Europas ist die Selbstbezüglichkeit der europäischen Gesellschaften mit Händen zu greifen. Weit mehr als die europäischen sind es heute die amerikanischen Großstädte, die als Laboratorien für eine globalisierte Lebensweise wirken, Mikrokosmen, in denen Differenz und Dialogik gelebt und erprobt werden, mit allen Schwierigkeiten und Konflikten; und es sind die amerikanischen Universitäten und Forschungslabors, die zu globalen geistigen Zentren geworden sind und Intellektuelle aus der ganzen Welt anziehen. »Wir müssen wieder äußere Einflüsse assimilieren, um eine neue Blüte zu erleben« (Morin 1988: 202). Damit ist mehr und anderes gemeint als der Import von Produkten der Kulturindustrie aus Hollywood und Fernost. Es geht auch nicht um bloße Rezeption äußerer Einflüsse, nicht um Einbahnstraßen, sondern um die aktive geistige Auseinandersetzung. Europa muss dabei seine eigene Vielfalt nutzen und erweitern, um sich als Experimentierfeld für eine globale Kultur der Freiheit und der Differenz zu verstehen, in der das europäische Erbe weiterlebt. Dabei geht es auch um durchaus praktische Fragen einer aktiven europäischen Kulturpolitik, um Übersetzungen und Einladungen, um eine zielgerichtete Einwanderungspolitik und um die Internationalisierung des Bildungswesens, um neue Anstöße für den globalen intellektuellen Diskurs. Ein Beispiel: Erst nach den Anschlägen vom 11. September ist aufgefallen, dass es einen europäisch-arabischen intellektuellen Austausch praktisch nicht gibt. Ein zweites Beispiel: Es ist nicht Folge amerikanischer Hegemonie, sondern westeuropäischer Provinzialität, wenn es amerikanische Initiativen, Förderer und Berater waren, die nach 1989 in Osteuropa den Neuaufbau einer demokratischen politischen Bildung, z. B. bei der Entwicklung von Lehrplänen und Schulbüchern, unterstützend begleitet haben.

Erinnerung: »Wir müssen also die Vergangenheit retten, damit die Zukunft gerettet werden kann« (Morin 1988: 201). Die Erinnerung an die gemeinsamen Erfahrungen, an die erlittenen Katastrophen, an die kulturellen Wurzeln in der Antike kann die Antworten stärken, ohne die die Zukunft Europas gefährdet ist: eine Kultur der Differenz, skeptische Vernunft, Demokratie und politische Freiheit. Solche Erinnerung ist besonders in Zeiten des Übergangs nötig, und in einer solchen Zeit befindet sich Europa am

Beginn des 21. Jahrhunderts. Die Ost-West-Teilung des Kontinents ist beendet, aber ein Zurück in die Zeit davor, die Welt der souveränen Nationalstaaten, gibt es nicht, jedenfalls nicht zu einem akzeptablen Preis. Mehr noch: Die Epoche, die Europa bis zum Desaster des Zweiten Weltkriegs zum dominierenden global player gemacht hatte, die Zeit von der Renaissance bis zur Industriegesellschaft, die »Neuzeit« oder die »klassische Moderne«, geht zu Ende.

Aber vielleicht ist die »zweite Renaissance« längst im Gang. Die Rede von ihr ist im Kontext der Diskussion um die digitalen Medien seit einiger Zeit zum verbreiteten Topos geworden, weil die neuen Medien universelle Werkzeuge sind, die Technik und Kunst, Produktion und Kommunikation, Effizienz und Kreativität auf neue Weise miteinander verbinden lassen und weil sie die Konstruktion der Wirklichkeit ähnlich weit reichend beeinflussen, wie es die Erfindung des Buchdrucks in der Renaissance getan hatte. In der Erkenntnistheorie, in vielen Wissenschaften und inzwischen bis weit in die öffentliche intellektuelle Debatte hinein hat sich mit dem *Konstruktivismus* eine Sicht der Welt verbreitet, die sich grundlegend von dem Weltbild unterscheidet, das die Naturwissenschaften von der Renaissance bis zur Industriegesellschaft hervorgebracht hatten. Die Wirklichkeit erscheint nun nicht mehr als objektives Gegenüber des Menschen, das mit Hilfe der Vernunft richtig erkannt und über das mit den Mitteln der Wissenschaft immer mehr gesichertes Wissen produziert wird. Der Konstruktivismus geht dagegen davon aus, dass wir über die äußere Welt nur etwas im Rahmen unserer *Deutungen* dieser Welt sagen können, dass wir also nur das *Bild* kennen, das unser Gehirn aus den Sinneseindrücken konstruiert – und dass diese Konstruktionen sich zwischen verschiedenen Lebewesen und zudem bei Menschen zwischen Kulturen und Individuen *unterscheiden,* aber niemals mit der Wirklichkeit als solcher übereinstimmen. (Am Rande sei vermerkt, dass der Begriff des Konstruktivismus etwas unglücklich gewählt ist, weil er fälschlich zu »Konstruktion« die Assoziation der »Beliebigkeit« nahe legt, was aber durchaus nicht zwingend ist; zudem ist »der Konstruktivismus« keine geschlossene Theorie, sondern eher ein Stil des Denkens, eine intellektuelle »Brille«, durch die die Welt anders aussieht.)

Der Konstruktivismus hat in den letzten Jahrzehnten vor allem durch Erkenntnisse der Neurobiologie, der Evolutionstheorie und der Psychologie Popularität und weite Verbreitung auch in den Geistes- und Sozialwissenschaften gefunden. Im Grunde aber nahm der konstruktivistische Denkstil seinen Ausgangspunkt bereits im frühen 20. Jahrhundert in der Quantenphysik, und es ist bemerkenswert, dass es bis in unsere Tage dauert, bis deren Provokationen für das alltägliche Bild der Welt sich langsam herumsprechen.

Dies ist mit den kulturellen Widerständen, auf die das Weltbild von Kopernikus und Galilei stieß, durchaus vergleichbar, nur dass man als Quantenphysiker heute nicht mehr den Scheiterhaufen fürchten muss. Der Wissenschaftshistoriker Ernst Peter Fischer formuliert die Provokation der Quantenphysik so: Man dürfe sich die Eigenschaften der Materie auf der Ebene der Elementarteilchen nicht mehr so vorstellen, »dass auf der atomaren Bühne Dinge agieren. Vielmehr treten dort Kreationen unserer Phantasie auf, die wir erschaffen und betrachten« (Fischer 2002, 397 f.). Der Quantenphysiker Anton Zeilinger zieht daraus eine radikale Konsequenz: »Wirklichkeit und Information sind dasselbe« (Zeilinger 2003, 229). Deshalb werde es »nie möglich sein, durch unsere Fragen zum Kern der Dinge vorzustoßen. Vielmehr erhebt sich stattdessen begründeter Zweifel, ob überhaupt ein solcher Kern der Dinge, der unabhängig von Information ist, tatsächlich existiert« (Zeilinger 2003: 230).

Es ist offenkundig, dass die moderne Naturwissenschaft damit wieder bei der Philosophie und deren Wurzeln in der Antike angekommen ist. Dass der Mensch keine Sachen, sondern nur Ansichten über Sachen kennt, war bereits ein Thema der griechischen Philosophie, und den vernünftig begründeten Zweifel an der Erkennbarkeit der Welt hatte schon Georgias im 5. Jahrhundert v.Chr. gestreut. Die Rede von einer neuen oder zweiten Renaissance mag angreifbar sein, weil Geschichte sich nicht wiederholt. Aber durchaus ähnlich wie in der europäischen Renaissance im 14. und 15. Jahrhundert ist heute das Bild vom Menschen und der Welt in einem Umbruch begriffen, der die Systeme des Wissens neu ordnen wird. Dabei werden auch die Brücken zur Antike wieder saniert oder neu gebaut.

4. Europa denken lernen als Bildungsaufgabe

Welche Rolle kann und soll das Bildungswesen, insbesondere die Schule, bei der Erneuerung Europas spielen? Es ist nach dem Gesagten offenkundig, dass eine Unterrichtseinheit zur Europäischen Union im Politikunterricht in einem der letzten Pflichtschuljahre eine vielleicht nicht schädliche, gewiss aber eine nicht ausreichende Antwort ist. Es dürfte bereits mehr als fraglich sein, ob eine Übersetzung dieser Aufgabe in eine feste Folge von Unterrichtsthemen ein angemessener Zugang ist, jedenfalls dürfte die Verwandlung der offenen Frage nach der kulturellen Identität und der politischen Zukunft Europas in »Stoff«, der »durchgenommen« wird, mehr Schaden als Nutzen stiften.

Allerdings wird die Schule junge Menschen, die heute in Europa aufwachsen, mit der Frage konfrontieren müssen, was eben dieses Aufwachsen in Europa für sie, für ihr Bild der Welt, für ihr Verständnis von Politik und für die Bewältigung der politischen Probleme, mit denen sie heute und in absehbarer Zukunft konfrontiert sind, bedeutet. Mit Blick auf individuelle Lebenskonzepte von Lernenden bedeutet das die Konfrontation des Einzelnen mit der Frage, was es für ihn oder für sie heute heißt, als Europäer oder Europäerin zu leben. Hierbei versteht es sich, dass weder eine verbindliche Antwort vorgegeben werden darf, noch die Ebene einer europäischen Identität alle anderen sozialen Zugehörigkeiten dominieren oder gar ersetzen soll. In politischer Perspektive bedeutet es die Einführung der jungen Generation in den Diskurs über die politische Zukunft Europas und seiner künftigen Rolle in der Welt – was, wie oben dargelegt, die Auseinandersetzung mit dem politisch-kulturellen Erbe, das Europa in die Gestaltung einer globalen Kultur und Politik einbringen kann, einschließt. Europa denken zu lernen, wäre vielleicht die Formulierung für eine Bildungsaufgabe, die diese beiden Bereiche umschließt.

Im Kern ist dies eine politische Bildungsaufgabe. Sie ist freilich nicht auf ein Schulfach begrenzbar (wenngleich sie ohne die explizite Thematisierung politischer Fragen keinesfalls auskommt), sondern eine Aufgabe politischer Bildung in einer engen Verbindung mit historischer und kultureller Bildung bis hin zu den philosophischen Aspekten einer zeitgemäßen naturwissenschaftlichen Bildung. »Europa« ist nicht *ein* Thema, es ist ein Aspekt, eine Dimension vieler Themen. So gesehen ist die Auseinandersetzung mit Europa ein nachgerade klassisches Beispiel für den notwendigen Zusammenhang des Politikunterrichts mit den anderen Fächern der Schule und der allgemeinen Schulkultur (vgl. Mickel 2002, Sander 1994).

Im *Politikunterricht* ist noch immer häufig die oben kritisch kommentierte Unterrichtseinheit zur EU in der 9., 10. oder 13. Klasse das eingeschliffene Muster der Auseinandersetzung mit Europa und europäischer Politik. Dies ist in vielerlei Hinsicht unbefriedigend: weil dieser curriculare Ansatz »Europa« gewissermaßen »nach draußen«, in den Kontext der internationalen Beziehungen jenseits der Innenpolitik verlegt; weil er damit zu wenig offen dafür ist, dass die Europäische Union für Deutschland längst zu einer »vierten Ebene« von Politik nach Kommunal-, Landes- und Bundespolitik geworden ist, deren Entscheidungen in vielen Bereichen zu verbindlichen Vorgaben für die anderen Ebenen führen; weil schließlich die scheinbare Erfahrungsferne, von der dieser curriculare Ansatz ausgeht, die Beziehungen des Einzelnen zur Frage einer europäischen Identität eher verstellt. Dagegen ist die europäische Dimension ein wesentlicher Aspekt des Gegenstandsfelds des Politikunterrichts in allen Zonen des Politischen (vgl. zu diesem Konzept der Auswahl und Strukturierung von Lerngegenständen Sander 2001, 107 ff.):

- im Bereich der »Oberfläche«, der alltäglichen Wahrnehmung von Politik und der aktuellen politischen Interessen der Lernenden durch die mediale Präsenz von Ereignissen, die einen tieferen Zugang zu Fragen nach der Identität und Politik Europas erlauben, vom (um Beispiele zu nennen) Irak-Krieg über die Debatte um einen EU-Beitritt der Türkei bis zur Europawahl;
- im Bereich der »mittleren Zone«, der mittel- und längerfristigen politischen Problemlagen, beispielsweise durch die Frage nach der künftigen Verfassung der EU und der Demokratie in Europa oder durch die Frage nach der künftigen Rolle Europas in der Friedenspolitik;
- im Bereich des »Kerns«, der Auseinandersetzung mit Politik als einer dauernden menschlichen Aufgabe, durch die Begegnung mit Philosophien und Theorien der Politik aus der europäischen Kulturgeschichte und mit den Erfahrungen und Desastern, die diese reflektieren.

In der Kernzone des Politischen kommt, wenn sie Gegenstand des Lernens im Politikunterricht wird, am deutlichsten Morins Aspekt der »Erinnerung« zum Tragen. Der Aspekt der »Öffnung« verlangt eine Erweiterung des in der heutigen Politikdidaktik durchweg akzeptierten Prinzips der Kontroversität und Multiperspektivität über den Bereich des nationalen politischen Diskurses hinaus: Positionen und Perspektiven aus anderen europäischen Gesellschaften müssen systematisch Eingang in die Praxis der politischen Bildung finden, so etwa in Lehrplanvorgaben und Lernmaterialien.

Eine solche europabezogene politische Bildung ist keine EU-Staatsbürgerkunde, keine Werbeveranstaltung zum Ausgleich von Legitimationsdefiziten. Dennoch steht eine politische Bildung, die sich als *Anstiftung zur Freiheit* versteht (Sander 2001), in der kulturellen Tradition Europas. Die Vorstellung einer politischen Bildung für alle Menschen, die nicht der Indoktrination, sondern der eigenständigen politischen Urteilsbildung freier Menschen dient, ist selbst Teil des geistigen Konstrukts »Europa«.

Literaturhinweise

Fischer, Ernst Peter 2002: Die andere Bildung. Was man von den Naturwissenschaften wissen sollte. 6. Aufl., München.

Habermas, Jürgen / Derrida, Jacques 2003: Unsere Erneuerung. Nach dem Krieg: Die Wiedergeburt Europas. In: Frankfurter Allgemeine Zeitung Nr. 125 vom 31. 5. 2003.

Mickel, Wolfgang W. 2002: Europa in Unterricht und Bildung. Ausgewählte Schriften zur europäischen Erziehungs-, Bildungs- und Kulturpolitik, Grevenbroich.

Morin, Edgar 1988: Europa denken, Frankfurt/M./New York.

Sander, Wolfgang 1994: Didaktische Perspektiven einer europabezogenen politischen Bildung, in: Franke, Kurt F./Knepper, Herbert (Hrsg.): Aufbruch zur Demokratie. Politische Bildung in den 90er-Jahren, Opladen.

Sander, Wolfgang 2001: Politik entdecken – Freiheit leben. Neue Lernkulturen in der politischen Bildung, Schwalbach.

Schulze, Hagen 1994: Staat und Nation in der europäischen Geschichte, München.

Zeilinger, Anton 2003: Einsteins Schleier. Die neue Welt der Quantenphysik, München.

Dagmar Richter

»Doing European« statt »Europäische Identität« als Ziel politischer Bildung

1. Zur Problematik des Begriffs »Europäische Identität«

In Veröffentlichungen der EU, der Politikwissenschaft oder der Politischen Bildung wird auf das fehlende europäische Zusammengehörigkeitsgefühl hingewiesen und die Förderung einer »Europäischen Identität« vorgeschlagen. Das Projekt ›Europa‹ könne scheitern, wenn es nicht genügend Unterstützung durch die Bürger/innen Europas erhalte. Unterstellt wird in der Regel, »dass

1. eine politisch relevante Beziehung zwischen europäischer Identität und europäischem Integrationsprozess besteht,
2. die Europäische Union qua Legitimation eine europäische Identität für notwendig hält, und dass
3. der europäische Integrationsprozess bislang keine stabile europäische Identität hat entstehen lassen« (Walkenhorst 1999: 158).

Zu klären ist zunächst, was »Europäische Identität« genau sein soll, ob bzw. wie sie sich beispielsweise vom »europäischen Zusammengehörigkeitsgefühl« unterscheidet und wie die Zustimmung bei Jugendlichen aussieht. Des Weiteren ist das Ziel »Förderung der europäischen Identität« im Zusammenhang mit Prinzipien politischer Bildung zu diskutieren. Geht es um die Frage, wer wir Europäer/innen sind oder darum, wie wir handeln?

1.1 Kreative Begriffsvarianten

Die erste hier aufgestellte These lautet, dass sich der Begriff »Europäische Identität« nicht so befriedigend definieren lässt, dass er als Ziel politischer Bildung taugte. Empirische Erhebungen wie im Eurobarometer haben eher illustrativen Charakter, als dass sie aussagekräftige Fakten lieferten.

In der Literatur finden sich verschiedene Begriffe, die Ähnliches zu meinen scheinen, deren genaue Definition jedoch meist fehlt. Die begrifflichen

Schwierigkeiten haben früh begonnen mit »Europäertum« im Sinne von »nationalistisches Europäertum« (Victor Hugo), teilnehmendes Europäertum (Ernest Renan) oder kulturelles Europäertum (Oswald Spengler) (vgl. Streitenberger 1989: 70). Heute finden sich neben »europäischer Identität« ein »europäisches Bewusstsein«, ein »europäisches Zusammengehörigkeitsgefühl«, eine »Solidaritätsbereitschaft der Unionsbürger« (Teetzmann 2001: 13) oder schlicht die »Zustimmung zur EU«. Problematisch ist sowohl der Begriff »europäisch«, dessen Bezug oftmals unklar bleibt, als auch der Begriff »Identität«, der theoretisch unterschiedlich eingebettet Verschiedenes bedeuten kann. Beispielsweise könnte man das Konzept von Erik H. Erikson zugrunde legen, oder die Differenzierung von personaler und sozialer Identität nach Erving Goffman, die einzunehmenden Rollen bei George Herbert Mead oder die Ich-Identität und post-konventionelle Identität, auf die sich Jürgen Habermas bezieht.

Sollte als Ziel für alle Europäer/innen die gleiche »europäische Identität« gefördert werden? In der Zusammensetzung kommt die Schwierigkeit hinzu, die »europäische Identität« eventuell von einer »nationalen Identität« abgrenzen zu müssen bzw. zu klären, ob es Unterschiede zu einer »westlichen Identität« gibt. Ein »europäisches Kollektivbewusstsein« mit nationalen Identitäten? Als transnationale Identität oder als supranationale Identität, als postnationale Identität (dazu: Reese-Schäfer 1997)? Einige Wissenschaftler sehen die europäische Identität bereits als entwickelt an (z. B. Leggewie 1994), andere nicht (z. B. Münch 1993).

In der Literatur zur politischen Bildung wird der Begriff »europäische Identität« nur selten genauer erklärt; Mickel spricht lediglich davon, dass der Unterricht »auf die Bildung eines europäischen Bewusstseins und einer europäischen Identität gerichtet sein« solle und dass »Basisloyalitäten« »größere Chancen im politischen Lernprozess erhalten« sollten (Mickel 1999a: 639). Andernorts schreibt er vorsichtiger vom »europabezogenen Lernen« (Mickel 1999b: 67). Kursiv (2/02) titelt: »Europa erfahren in der politischen Bildung«. Oftmals geht es dabei eher um Länderkunde, um Reiseerfahrungen, das Kennen lernen von Jugendlichen anderer europäischer Staaten. Oder es geht um interkulturelles Lernen, um die Förderung von Empathie usw. – alles sehr zu begrüßen, nur für letzteres bräuchte man »Europa« nicht, sondern könnte direkt zur »Eine-Welt-Bildung« übergehen. Oder das Ganze bleibt zumindest für Praxisüberlegungen unklar, wenn z. B. »Staats- und Unions-Bürger-Bildung als komplementäre Aufgabe«, als »›Arbeiten‹ an einer politischen Doppelidentität« (Sarcinelli/Hermann 1998: 17) vorgestellt wird.

Auch politikwissenschaftliche Arbeiten definieren die »Europäische Identität« meist nicht und verwenden sie im Sinne eines Zugehörigkeitsgefühls. Sie beziehen sich auf politische Integrationstheorien, die sich nach Teetzmann unter verschiedenen Aspekten typisieren lassen: »nach Organisationsprinzipien, nach kurz- und mittelfristigen ökonomischen Effizienzerwägungen oder nach langfristigen Vereinigungsprinzipien. Auf der einen Seite steht das Konzept eines Integrationsmodells, das ehemals souveräne Nationalstaaten im Rahmen einer gemeinsamen Verfassung und eines gemeinsamen politischen Systems in einem Bundesstaat vereinigt. Auf der anderen Seite steht die Vorstellung einer intergovernementalen Zusammenarbeit, worin nationale Souveränität beibehalten und lediglich im Einzelfall im Rahmen eines Staatenbundes eingeschränkt wird« (Teetzmann 2001: 21).

Der Begriff »Europäische Identität« wird meist funktional-zielbezogen verwendet: Entweder werden nur die Eliten und Interessengruppierungen als wesentlich angesehen (z. B. beim Neo-/Funktionalismus: Europa als Sachzwanglogik, als Folge eines eigendynamischen Prozesses, der zur Optimierung der Ökonomien und damit zu mehr Wohlstand führt) oder nur die nationalen Regierungsvertreter (z. B. beim liberalen Intergovernementalismus: Europa als verlängerter Arm nationaler Politik, für das weder Loyalitäts- noch Solidaritätserweiterungen nötig sind). Dann ist auch nur zu klären, wie diese Akteure jeweils integrativ tätig werden könnten oder sollten. Der Kommunikationsansatz nach Deutsch betont beispielsweise die affektive Dimension und die »soziale Mobilmachung« als diplomatischen, ökonomischen, sozialen und kulturellen Austausch von Informationsmustern (Deutsch 1977) mit dem Ziel einer Friedens- bzw. Sicherheitsgemeinschaft; »getragen von miteinander kommunizierenden Eliten und legitimiert durch das subjektive Empfinden einer positiv eingestellten, ›willfährigen‹ Gemeinschaft der Informierten« (Teetzmann 2001: 66). Föderalistische Ansätze ohne politische Ziele nach Verschmelzung der Nationen stellen »relativ geringe Anforderungen an die Folgebereitschaft« ihrer Gemeinschaftsbürger und erhoffen »deren Solidarität mit dem Unionspartner auf freiwilliger Basis« (Teetzmann 2001: 75). Allein föderalistische Ansätze, die von einer Staatengemeinschaft als Wertegemeinschaft und Integrationsinteressen ihrer Bürger/innen ausgehen, erfordern Solidaritätsdiskussionen oder die Idee einer »Europäischen Identität«.

Diese verschiedenen Standpunkte finden sich wieder in den öffentlichen Diskussionen um die europäische Integration: Supranationalismus vs. Intergouvernalismus; demokratische vs. technokratische Entscheidungsfindung; Marktregulierung vs. Marktliberalismus; »Verantwortung der Kommission gegenüber verschiedenen Interessengruppen vs. Vorrang des europäischen öffentlichen Interesses« (Riketta/ Wakenhut 2002: 105).

Aber auch die Texte der Europäischen Gemeinschaft bieten verschiedene Varianten an: In den Formulierungen der EG-Dokumente wird ein unverwechselbarer Charakter der europäischen Identität festgestellt (siehe Walkenhorst 1999: 292). Andererseits wird in Artikel F des EU Vertrages formuliert: »Die Union achtet die nationale Identität ihrer Mitgliedstaaten, deren Regierungssysteme auf demokratischen Grundsätzen beruhen« (Walkenhorst 1999: 133). Und: »Unionsbürgerschaft als Ergänzung der nationalen Staatsangehörigkeit« (Europäische Kommission 1996: 9). In den europäischen Verträgen wird der Identitätsbegriff von den Außenbeziehungen her definiert; die nationale Identität der Mitgliedstaaten wird geachtet und nicht zugunsten von Europa aufgelöst bzw. nicht »als positive europäische Selbstbestimmung nach innen definiert« (Pfetsch 1998: 3).

Fragen nach nationaler und europäischer Identität werden des Weiteren in demoskopischen Erhebungen wie dem Eurobarometer oder vom IfD (Institut für Demoskopie Allensbach) erhoben. Die so genannten Standard-Eurobarometer-Umfragen werden halbjährlich im Auftrag der Generaldirektion für Presse und Kommunikation der Europäischen Kommission in allen Mitgliedsländern der EU durchgeführt. In der Regel werden 1000 Personen pro Land (Alter ab 15 Jahren) die gleichen Fragen vorgelegt. Beginnend mit Umfrage Nr. 44 sind sie über das Internet verfügbar (http://europa.eu.int.comm/dg10/epo). Die so genannten Empirische Europa-Forschung versucht, individuelle Voraussetzungen bzw. Gesetzmäßigkeiten im Zusammenhang mit politischen Integrationsprozessen zu ermitteln. Sie arbeitet mit Konstrukten aus Werten, Normen und sozialen Verhaltensmustern, welche »die kollektiven Erwartungen aller Akteure an das Handeln der Mitmenschen« prägen (Teetzmann 2001: 111): Soziokulturelle Wertvorstellungen werden erhoben, um Identifikationen und Solidaritäten zu erforschen; Fragen der politischen Kultur werden untersucht mit Begriffen wie Akzeptanz und Folgebereitschaft. Sozialpsychologische Arbeiten stützen sich auf Konzepte sozialer Identität und erforschen die potentiell identitätsstiftenden Funktionen von Gruppen (soziokulturelle, ideengeschichtliche, makrohistorische Ansätze), Einstellungen und Stereotype. So belegen beispielsweise die Shell-Jugendstudien (Jugend 2000) schon seit Jahren nachlassendes politisches Interesse auch für Institutionen wie die EU. Die Daten sind allerdings rein deskriptiv, ihre Erhebung ist standardisiert, ohne Kontextbezüge. Streng genommen bleibt unklar, was tatsächlich abgefragt wird: Die Identität, die Zustimmung oder Wissen? Soll sich die Identität auch schon auf die Beitrittsländer beziehen oder »nur« auf das von Bush beschimpfte »alte Europa«? In sozialwissenschaftlicher Perspektive bringen die empirischen Erhebungen nur wenig Erkenntnisgewinn, denn es lassen sich im Anschluss an die Daten einander ausschließende Interpretationen formulieren (zur Kritik siehe Riketta/Wakenhut 2002; Teetzmann 2001; Walkenhorst 1999).

1.2 Eine »Europäische Identität« ist politisch unnötig und widerspricht als Ziel den Prinzipien Politischer Bildung

Nun gebe es die Möglichkeit, hier eine vorzufindende Definition zur »Europäischen Identität« zu übernehmen oder einen eigenen Versuch der Definition zu unternehmen. Zu fragen ist zuvor jedoch, ob diese Anstrengung überhaupt lohnen könnte. Was braucht die EU tatsächlich als Legitimationsbasis, damit sie ihre Vorhaben mit der nötigen Akzeptanz der Bürger/innen in der EU durchsetzen kann (z. B. gemeinschaftliche Ausgleichszahlungen im Rahmen der Europäischen Regional- und Strukturfonds)? Die zweite These lautet, dass eine »Europäische *Identität*« zum jetzigen Zeitpunkt nicht nötig ist. Die Idee von der »europäischen Identität« ist eine traditionelle Idee, angelehnt an den Konstruktionen nationaler Identitäten, die historisch gesehen für die Nationen zur Herrschaftsstabilisierung und -legitimierung wichtig waren (vgl. Weidenfeld 1991; 2001). Dafür wurden Gründungsmythen gebildet, Symbole geschaffen und ideologische Attribute gefördert – je nach Voraussetzungen fielen sie unterschiedlich aus (vgl. Walkenhorst 1999: 76 ff.). Es ist zu bezweifeln und nicht zu wünschen, dass diese Mechanismen im heutigen Europa funktionieren könnten. Kollektivierungsversuche waren vielfach mit Prozessen der Ausgrenzung und Diskriminierung verbunden.

Plausibel scheint, dass die Europäische Union dann von den Bürger/innen der Mitgliedstaaten als Solidar- und Sozialgemeinschaft akzeptiert wird, wenn sichtbare Erfolge der Gemeinschaft ihre Existenz begründen. Dies ist eine politische Aufgabe, die bislang weder wirtschaftlich noch friedenspolitisch befriedigend gelungen ist. Auch die Informationspolitik über die »Super-Bürokratie« ist ungenügend, und die Zufriedenheit mit »Brüssel« wird in Äußerungen mancher Politiker/innen gleichfalls nicht immer unterstützt. Hier aufzuklären, zu informieren und entsprechende Visionen für ein künftiges Europa aufzuzeigen, kann jedoch als Ziel einer europazentrierten politischen Bildung formuliert werden. Die Forderung nach einer »europäischen Identität« ist aus politischer Sicht nicht nötig, denn dies wäre eine »Verwechslung von Ursache und Wirkung: Es ist nicht die Abwesenheit eines europäischen Zusammengehörigkeitsgefühls, das eine erfolgreiche europäische Integration verhindert; es sind vor allem strukturelle

Eigenarten sowie gesellschaftliche, politische und ökonomische Umstände des Integrationsprozesses, der eine erfolgreiche Identitätsbildung verhindern« (Walkenhorst 1999: 220 f.).

Ein weiterer gewichtiger Einwand kommt aus Sicht politischer Bildung hinzu: Es ist nicht zulässig, für eine bestimmte »Identität« bilden zu wollen – auch nicht für eine scheinbar so harmlose wie die europäische. Aussagen wie diese sind insofern zu kritisieren: »Jugendliche an Europa heranzuführen, sie für Europa zu begeistern und mit ihnen eine europäische Identität herauszubilden, ohne die nationale Identität zu verlieren, ist eine wichtige Herausforderung für die nächsten Jahre« (Kelbling 2002: 21). Schüler/innen an Europa heranzuführen, ist akzeptabel. Aber die Entwicklung konkretistischer Vorstellungen über die sog. »europäische Identität« und das Ziel, Schüler/innen da*für* begeistern zu wollen, ist eine Bevormundung, die ihnen keinen Entscheidungsfreiraum zugesteht und die dem Beutelsbacher Konsens eindeutig widerspricht. Zudem ist es eine Instrumentalisierung von Lehrenden und Lernenden, wenn Bildungseinrichtungen die Auswirkungen tendenziell gescheiterter Politik korrigieren sollen. Nicht zuletzt können solche pädagogischen Bemühungen Fremdenfeindlichkeit provozieren, indem die Stärkung eigener Wir-Gruppen-Identitäten zu Ausgrenzungen von Anderen führen. Aus diesem Grund wendet sich Butterwegge gegen die Betonung einer nationalen Identität, was sich auf die Betonung einer europäischen Identität und möglichen Eurozentrismus übertragen lässt: »Charakteristisch für den Standortnationalismus wie für jede andere Spielart des Chauvinismus ist die Betonung des staatsbürgerlichen ›Innen-außen‹-Gegensatzes. Aufgabe der politischen Bildung wäre es, die Bedeutung dieser Konfliktlinie dadurch zu relativieren, dass der innergesellschaftliche ›Oben-unten‹-Gegensatz schärfer konturiert wird« (Butterwegge 2002: 97).

Die »einzige vernünftig begründbare Norm«, der Politikunterricht – und Geschichtsunterricht – folgen könnte, ist »die Norm der Ich-Identität und der Identitätserweiterung, der kritisch bedachten Ich-Identität und der kritisch bedachten Identitätserweiterung« (Bergmann 1998: 310). Der Unterricht kann »durch seine Praxis den Vorschein und die Utopie einer pluralistischen Gesellschaft kenntlich machen, die die Freiheit des Andersdenkenden zum höchsten Prinzip erhebt und in der Praxis garantiert. Eine Gesellschaft, die darin ihre Identität fände, überließe es den Schülern, welches Verhältnis sie zu dem Land (und zu Europa, D. R.) und seiner Vergangenheit entwickeln, in dem sie geboren und aufgewachsen sind und in dem sie leben. Sie würde und sie könnte es sich versagen, alle Schüler unterschiedslos auf eine bestimmte soziale Identität hin auszurichten« (Bergmann 1998: 310). Dieser Anspruch impliziert einen entsprechenden Identitätsbegriff.

2. »Doing European« als Alternative

Seit Mitte der neunziger Jahre setzen sich in den Wissenschaften Subjekttheorien durch, in denen die soziale Konstruktion der Identität und die Vielfalt ihrer möglichen Ausgestaltungen betont werden. Die Begriffe selbst werden hinterfragt, das binäre Denken in Kategorien wie »Identität« und »Nicht-Identität« soll überwunden werden. Als problematisch erkannt wurden Zuschreibungen, wie sie z. B. bei der Geschlechtsidentität oder der nationalen Identität erfolg(t)en, in die sich das Subjekt wie in eine Schablone hineinfügen sollte. Zur Kritik an den verbreiteten bipolar einschränkenden Sichtweisen bedarf es einer normativen Folie. Sie besteht z. B. nach Klinger (1998) aus historisch-empirisch gehaltvollen Allgemeinbegriffen, die Regeln des Konstruierens in Kontexten und ihrer Geschichtlichkeit analysieren, sowie aus universalistischen normativen Konzepten: Geschichte dient als Korrektiv, Utopie dient als Perspektive, so dass die Gegenwart aufgeklärt und kritisiert werden kann. Mit dieser Folie können auch im Politikunterricht Begriffe wie »Europäische Identität« hinterfragt und im Sinne von Bergmann weiter entwickelt werden.

Die Betrachtung der Subjekte ist *dekonstruktiv* (Klinger 1998): Sie ist anti-essentialistisch und anti-fundamentalistisch, indem moderne Identitätstheorien mit einem dezentrierten Subjektbegriff operieren, der sich – relationierend, relativierend und reformulierend – immer wieder neu an Differenz und Ungleichheit abarbeiten kann – und muss. Identität wird nicht als etwas angesehen, das wir haben oder sind, sondern als etwas, das wir *tun*. Der Identitätsbegriff wird damit nicht aufgegeben. Die »personale Identität« charakterisiert die Persönlichkeit des Subjekts, die soziale Identität hat gleichfalls »Kernbestandteile«. Beide werden aber als Prozesskategorien verstanden, die sich weiterentwickeln, allerdings auch (pathologische) Rückschläge erleiden können. Identität wird immer wieder situativ konstruiert und gewandelt. Identität ist ein *Handlungsbegriff*. Sprachlich anschaulich ist die angloamerikanische Formulierung »Doing Identity« – oder im Zusammenhang mit Geschlecht als »Doing Gender«.

Die konkrete Formung der sozialen Identität ist kontingent und variabel. Die Vielfalt sozialer Identitäten wird deutlich: Wir können uns je nach Kontext präsentieren und handeln bzw. werden »umgekehrt« angesehen als Europäerin, Deutsche, Hochschullehrerin, Frau, Skiläuferin usw. Die Bezüge überschneiden sich. Politische, kulturelle oder Geschlechtsidentitäten lassen sich nicht voneinander abspalten; es gibt viele Formen an Europäern oder Skiläufern. Während der Begriff »Europäische Identität« Menschen als Kulturträger fokussiert – egal, ob sie gerade politisch debattieren oder Ski laufen, akzentuiert der Handlungsbegriff neben den individuellen Verhältnissen der Person zur Geschichte oder zur kulturellen Umgebung das gezeigte Verhalten in einer konkreten Situation. Für unseren Zusammenhang nenne ich es entsprechend ›*Doing European*‹.

Soziale Identität wird immer wieder situativ konstruiert und gewandelt. Zentraler Fokus sind Prozesse der Interaktion. Da Interaktionen in gesellschaftliche, institutionelle, soziale oder familiale bzw. private Kontexte eingebettet sind, also historisch gewachsenen strukturierenden Bedingungen unterliegen, gibt es keine völlige »Freiheit« im Doing Identity, also auch nicht im Doing European. Erwartungshaltungen von anderen oder auch biografische Faktoren wie die eigene lebensgeschichtliche Kontinuität mit ihren Gewohnheiten und entwickelten Fähigkeiten sind ebenso wirksame Faktoren wie Strukturen. Mögliche plurale Formen der Ausgestaltung von sozialer Identität sind faktisch reduziert; sie bleiben in der Regel hinter den Möglichkeiten zurück. Doch neben den »Zwängen« gibt es durchaus Handlungsspielräume, so dass von einer Mit-Verantwortung für das Handeln gesprochen werden kann. Auch Strukturen, die im Vergleich zu Handlungen von Individuen zwar relativ stabil sind, können verändert werden, und Erwartungshaltungen wandeln sich. Theoretisch ist mit dem Aufzeigen und Analysieren von Regeln des Konstruierens in Kontexten und seiner Geschichtlichkeit die Hoffnung verknüpft,

- vielfältige Varianten nicht nur innerhalb der Gruppen und Nationen, sondern auch hinsichtlich der Individuen in den Blick nehmen zu können und somit den »Nationalcharakter« oder »Europacharakter« zu überwinden;
- das Doing European als lebenslang veränderlichen Prozess zu verstehen, in dem sich die Subjekte immer wieder neu an Differenz und Gleichheit innerhalb der Staaten der EU und bezogen auf außereuropäische Staaten und Kontinente abarbeiten;
- Einflussfaktoren auf das Doing European im Feld von europäischer Kultur und Geschichte, aktueller Politik der EU und geschaffenen europäischen Strukturen sowie individuellen und sozialen Handlungsspielräumen zu verorten.

3. Doing European im Fokus politischer Bildung

Ziel politischer Bildung ist mit dieser Sicht auf Identitäten weder eine Politisierung von Identitätsvorstellungen (Instrumentalisierung) noch eine Moralisierung (im Sinne »guter« und »schlechter« Europäer) oder gar Naturalisierung (Mentalitäten als biologische Fakten); es ist auch keine Abgrenzungskategorie.

Doing European als Prozess- und Handlungskategorie entsteht in Interaktionen, in (kommunikativen) Auseinandersetzungen mit Europa, d. h. also mit (politischer, kultureller, religiöser etc.) Gleichheit und Differenz innerhalb Europas und bezogen auf Europa in der Welt. Ziel politischer Bildung ist dann ein Reflektieren der Konstruktionsprozesse von Doing European, über die beispielsweise mit folgenden Fragen in Interaktionen politischer Bildung nachgedacht werden kann: Wirkt sich die EU auf mein Leben und Handeln aus, wie auf das Leben und Handeln anderer Bürger Europas? Welchen Unterschied macht es, in einem Staat der EU oder außerhalb zu leben? Welche Leitbilder europäischer Politik möchte ich verfolgen? Welche Leitbilder haben andere Europäer/innen? Lassen sie sich verbinden?
Für politischen Unterricht:

1. Fragen nach den Lernvoraussetzungen: Wie setzen sich (Grund)Schüler/innen mit den verschiedenen Aspekten von Europa und insbesondere mit der EU auseinander? Welche Differenzen, welche Gleichheit und Ungleichheiten innerhalb Europas und im Zusammenhang mit der Weltgemeinschaft nehmen sie wahr? Wie interpretieren sie diese?
2. Möglichkeiten der Kommunikation mit Europäer/innen und anderen finden, z. B. via Internet. Zu klären ist dafür, welche Formen interkulturellen Lernens für politisches Lernen förderlich ist. Wie kann es in europabezogenen Kommunikationen zu weltoffenen Positionen kommen, die eurozentristische Positionen überwinden?
3. Gemeinsam handlungsorientierte Ziele aufstellen: Welche Leitbilder einer europäischen Integrationspolitik lassen sich mit den Schüler/innen als Zukunftsvisionen entwerfen? Wie kann die europäische Dimension als »Querschnittsthema« im Unterricht konstituiert werden?

Zu 1. Die erste Frage ist z. B. mit Hilfe empirischer Forschung zu beantworten; sinnvoll können hier qualitative Forschungen zum Politikunterricht sein, in denen Wahrnehmungen, Interessen und Fragehaltungen von Schüler/innen zum Thema EU analysiert werden. Im Unterricht selbst kann das Ziel im Rahmen von Persönlichkeitsbildung eine Selbstaufklärung der eigenen Normen sein. Zu fragen ist dann, wann man sich als Europäer/in wahrnimmt und wie die Bezüge zur Region, zu Europa oder der Welt gesehen werden, welche biografischen Veränderungen es schon gab.

Zu 2. Für die zweite Frage bietet sich für politische Bildung konkret eine Auseinandersetzung mit und Entwürfe von kulturellen Bildern an – innerhalb Europas und im globalen Zusammenhang. Bezogen auf interkulturelle

Kommunikation identifiziert Auernheimer vier Dimensionen, welche die Erwartungen der Kommunikationsteilnehmer/innen bestimmen können:

a. die Machtdimension
b. Kollektiverfahrungen
c. gegenseitige Fremdbilder
d. die kulturelle Dimension (im engeren Sinne) (Auernheimer 2002: 185).

Viele interkulturelle Kontakte – auch innerhalb der EU – sind von Ungleichheit bestimmt. Auernheimer nimmt an, dass es eine »Verschränkung von struktureller Ungleichheit und Fremdheitserfahrung« gibt, »sei diese nun objektiv (durch differente Kulturmuster) oder subjektiv bedingt« (Auernheimer 2002: 185). Diese Dimensionen in den Wahrnehmungen und Vorstellungen der Schüler/innen herauszuarbeiten, also auf eine bewusste Ebene zu heben und zu reflektieren, ist ein Ziel, wenn politische sich mit interkultureller Bildung verknüpfen soll:

a) »Macht« bezeichnet »die Überlegenheit hinsichtlich von Handlungsmöglichkeiten«. Sie bezieht sich auf die »ungleiche Verfügbarkeit von Ressourcen« im Sinne Bourdieus (Auernheimer 2002: 185 f.) Zur Machtasymmetrie gehören Status-, Rechtsungleichheit und Wohlstandsgefälle; insofern ist sie auch innerhalb Europas zu finden. Diskursive Macht in unsymmetrischen Beziehungen umschließt Definitionsmacht und das Bestimmen, was Thema sein darf und was Tabu ist. In symmetrischen Beziehungskonstellationen können die Beziehungen ausgehandelt werden. Politische Interaktionen können auf ihre Machtdimensionen hin analysiert werden.
b) Kollektiverfahrungen »bestimmen oder beeinflussen die gegenseitige Wahrnehmung und Verhaltenserwartung« (vgl. Auernheimer 2002: 187). Insbesondere in Einwanderungsgesellschaften und Gesellschaften mit Asylbewerber/innen sind Kommunikationen von diesen Erfahrungen, häufig Diskriminierungserfahrungen beeinflusst, die manchmal auf »Mentalitäten« zurückgeführt werden (Auernheimer 2002: 188). Daher ist die »Geschichte der Beziehung« (Rommelspacher) zum Thema zu machen. Hier bieten sich z. B. Analysen aktueller politischer Diskussionen zu Integrations- und Anpassungserwartungen von Einwanderern an die Mehrheitskultur an: Wie steht es mit der Religionsfreiheit, mit religiösen Symbolen und Praktiken? Welche besonderen Verhaltensweisen sind als Persönlichkeitsrechte zu achten, welche nicht?
c) Fremdbilder speisen sich z. T. aus den (historischen) Kollektiverfahrungen, z. T. aus dem gegenwärtigen gesellschaftlichen Diskurs; sie beinhalten Vorurteile und Stereotype. Fremdbilder können schnell zu Feindbilder werden. Dagegen wird ein »Aushandeln kultureller Identität« (Vester)

gesetzt: »Von beiden Seiten werden in diesem Fall kulturelle Merkmale und Mitgliedschaften zur Disposition gestellt« (Auernheimer 2002: 189).

d) Dies meint die kulturelle Dimension im engeren Sinne, d. h. Deutungsmuster, kulturelle Codes oder Drehbücher, »nach denen unser Alltagsleben organisiert wird«, also Rollenvorstellungen, Normen und Werte, nonverbale Ausdrucksformen (Auernheimer 2002: 190). Zu fördern ist eine »Fremdheitskompetenz« bzw. eine »reflexive Interkulturalität« (Hamburger 1999): Kritische »Reflexion der Implikationen und ungewollten Nebeneffekte des interkulturellen Diskurses« (Auernheimer 2002: 192). Dazu gehört auch, Vertrautes und Fremdes in ihrem Spannungsverhältnis zu erkennen (z. B. »Vereinnahmung/Ausgrenzung, Exotismus/Verachtung, Pluralismus/Universalismus, Nähe/Distanz, Kultur/Struktur, Herrschaft/Dialog«; Köpping 1995).

In Auseinandersetzung mit diesen Dimensionen interkultureller Kommunikation ist es möglich, Doing European bei anderen und bei sich selbst zu reflektieren und zu (re)konstruieren – an eigenen Kommunikationsprozessen, an Fallbeispielen oder Materialien, die z. B. die politischen Kommunikationen in der EU aufzeigen. Dabei geht es nicht allein um eine kritische Sicht auf persönliche Kompetenzen der Beteiligten (z. B. von Politikern), sondern zugleich auf institutionelle Strukturen sowie politische Rahmenbedingungen, welche die politischen Kommunikationen mit bestimmen.

Zu 3. Für die dritte Frage nach den Leitbildern der europäischen Integrationspolitik sind politikwissenschaftliche Arbeiten anregend. Erwartungen an die EU werden im Kontext stattfindender und wünschenswerter Politik, wahrgenommener Partizipationsformen und Wertvorstellungen konstruiert. Teetzmann formuliert beispielsweise folgende Leitbilder, die im Unterricht zu diskutieren wären: Das politische Europa

- als Friedens- und Zufriedenheitsgemeinschaft durch politische Stabilität,
- als Wohlstandsgemeinschaft durch einen Wirtschafts- und Währungsverbund und als Verantwortungsgesellschaft gegenüber armen Ländern in der Welt; und
- als Wertegemeinschaft, die ihre Werte und Normen, ihre Maßstäbe für Lebensqualität immer wieder im globalen und regionalen Zusammenhang prüft; zur Zeit zum Beispiel unter dem Stichwort »Nachhaltigkeit« (nach Teetzmann 2001).

Didaktische Ansatzmöglichkeiten bieten u. a. Arbeiten zum »globalen Lernen«, an denen Jugendliche interessiert sind: »Untersuchungen der Jugendforschung belegen, dass sich sowohl Jungen wie Mädchen mehr für politische und gesellschaftliche Probleme interessieren, als gemeinhin angenommen wird, und zwar vor allem für ›*global*politische‹ Themenbereiche: Umweltschutz, Friedenssicherung und Bildung rangieren ganz oben (vgl. Melzer 1992: 91 f.). Ausgehend von globalen Problemen (Welthunger, Epidemien, Techno- und Naturkatastrophen), versucht das Globale Lernen, den ›klassischen‹ Spartendisziplinen wie etwa Friedenspädagogik, Umweltbildung, Menschenrechtserziehung und entwicklungspolitische Bildungsarbeit eine gemeinsame, sie alle übergreifende und verbindende Perspektive zu geben (vgl. Gugel/Jäger 1999)« (Butterwegge 2002: 96). Hierzu findet sich in der Tagespresse oder in EU-Verträgen viel Material.

Einen weiteren thematischen Zugang bieten die Grundwerte, die keineswegs in ganz Europa einheitlich interpretiert werden. Zwar hat der europäische Gerichtshof durch seine Rechtsprechung folgende Grundrechte als unverzichtbar anerkannt: die Würde der Person, der Gleichheitssatz, die Berufsfreiheit, das Eigentumsrecht, die Unverletzlichkeit des Privatlebens, der Wohn- und Geschäftsräume, die Achtung des Familienlebens, die Vereinigungs-, Meinungs- und Religionsfreiheit, das Recht auf einen fairen Prozess, auf rechtliches Gehör, einen effektiven Rechtsschutz und auf Verteidigung. Dennoch besteht in Europa über ihre konkreteren Ausformungen keine Einigkeit – Ansatzmöglichkeiten für die Klärung der verschiedenen »europäischen Wertvorstellungen«.

Doing European kann langfristig vielleicht zu der im Sinne von Habermas »vernünftigen« demokratischen Kollektividentität führen (1974), bei der alle Gemeinschaftsmitglieder am Erzeugungsprozess beteiligt sind und die auf ihre sozialen und politischen Grundbedürfnisse gerichtet ist. Doch gehören solche Überlegungen nicht zum Aufgabenbereich der Politikdidaktik.

Literaturhinweise

Auernheimer, Georg 2002: Interkulturelle Kompetenz – ein neues Element pädagogischer Professionalität? In: Ders. (Hrsg.): Interkulturelle Kompetenz und pädagogische Professionalität, Opladen, 183–205.

Bergmann, Klaus 1998: Geschichtsdidaktik, Schwalbach/Ts.

Butterwegge, Christoph 2002: »Globalisierung, Standortsicherung und Sozialstaat« als Thema der politischen Bildung, in: Ders./Hentges, Gudrun (Hrsg.): Politische Bildung und Globalisierung, Opladen, 73–108.

Gugel, Günther/Jäger, Uli 1999: Welt . . . Sichten. Die Vielfalt des Globalen Lernens, Tübingen.

Habermas, Jürgen 1974: Können Gesellschaften eine vernünftige Identität ausbilden?, in: Ders./Henrich, Dieter: Zwei Reden, Frankfurt/M., 23–83.

Kelbling, Michael 2002: Grenzgänge im neuen Europa: Internationale Jugendbildung zwischen Rückzug und Aufbruch, in: kursiv, Heft 2, 18–21.

Klinger, Cornelia 1998: Periphere Kooptierung. Neue Formen der Ausgrenzung feministischer Kritik. Ein Gespräch mit Cornelia Klinger, in: Die Philosophin. Forum für feministische Theorie und Philosophie, 9. Jg., Heft 18, 95–107.

Köpping, Klaus-Peter 1995: Ausgrenzung oder Vereinnahmung? Eigenes und Fremdes aus der Sicht der Ethnologie, in: Müller, Siegfried/Otto, Hans-Uwe/Otto, Ulrich (Hrsg.): Fremde und Andere in Deutschland. Nachdenken über das Einverleiben, Einebnen, Ausgrenzen, Opladen, 179–201.

Leggewie, Claus 1994: Europa beginnt in Sarajewo. Gegen den Skeptizismus in der europäischen Wiedervereinigung, in: Aus Politik und Zeitgeschichte, Nr. 42, 24–33.

Melzer, Wolfgang 1992: Jugend und Politik in Deutschland, Opladen.

Mickel, Wolfgang W. (1999a): Die internationale Dimension in der politischen Bildung, in: Ders. (Hrsg.): Handbuch zur politischen Bildung, Bonn, 639–642.

Mickel, Wolfgang W. (1999b): Europa, in: Richter, Dagmar/Weißeno, Georg (Hrsg.): Didaktik und Schule. Lexikon der politischen Bildung/Band 1, Schwalbach/Ts., 65–67.

Münch, Richard 1993: Das Projekt Europa. Zwischen Nationalstaat, regionaler Autonomie und Weltgesellschaft, Frankfurt/M.

Pfetsch, Frank R. 1998: Die Problematik der europäischen Identität, in: Aus Politik und Zeitgeschichte, B 25–26/98, 3–9.

Reese-Schäfer, Walter 1997: Supranationale oder transnationale Identität – zwei Modelle kultureller Integration in Europa, in: Politische Vierteljahreszeitschrift, Nr. 2, 318–329.

Riketta, Michael/Wakenhut, Roland 2002: Europabild und Europabewusstsein. Bestandsaufnahme der empirischen Forschung und sozialpsychologische Forschungsperspektiven, Frankfurt/M./London.

Sarcinelli, Ulrich/Hermann, Michael C. 1998: Europa in der Wahrnehmung junger Menschen – Bedingungen und Konsequenzen für Politikvermittlung und politische Bildungsarbeit, in: Aus Politik und Zeitgeschichte, B 25–26/98, 10–17.

Jugend 2000. 14. Shell-Jugendstudie, Frankfurt/M. 2002 (www.shell-jugendstudie.de/hauptergebnisse.htm)

Teetzmann, Doris 2001: »Europäische Identität« im Spannungsfeld von Theorie, Empirie und Leitbildern, Göttingen.

Walkenhorst, Heiko 1999: Europäischer Integrationsprozess und europäische Identität. Zur politikwissenschaftlichen Bedeutung eines sozialpsychologischen Konzepts, Baden-Baden.

Weidenfeld, Werner 1991: Identität, in: Ders./Korte, Karl-Rudolf (Hrsg.): Handwörterbuch zur deutschen Einheit, Bonn, 376–383.

Weidenfeld, Werner 2001: Geschichte und Identität, in: Ders./Korte, Karl-Rudolf (Hrsg.): DeutschlandTrendBuch. Fakten und Orientierungen, Bonn, 29–58.

Carla Schelle

Kulturelle Ausdrucksformen in europäischen Kontexten politisch neu deuten

»Die große Herausforderung des neuen Jahrhunderts für die Politik wie die Sozialwissenschaften ist in der Tat das Verstehen des Anderen. Lange vorbei sind die Zeiten, in denen Europäer und andere Bewohner des ›Westens‹ ihre Erfahrung und Kultur für jene Norm hielten, auf die sich die ganze Menschheit zu bewegt [. . .] Heute begreifen wir die ganze Anmaßung, die in der Vorstellung liegt, wir würden den Schlüssel zum Verstehen anderer Kulturen und Zeiten bereits besitzen.« *(Charles Taylor)*

Vorbemerkung

In diesem Beitrag werden Aspekte europapolitischer Bildung sowie »europapolitisches Lernen« (Sander 1999: 68) auf der Grundlage kulturtheoretischer Voraussetzungen entwickelt. In Anbetracht von empirisch nahegelegten Zugängen zum Verstehen und besonders dringlich erachteten Anforderungen an das Selbst- und Fremdverstehen werden überdies Bausteine einer hermeneutischen Kompetenzbildung von Schülerinnen und Schülern vorgeschlagen bzw. hermeneutische Schülerkompetenzen entfaltet, die es im Politikunterricht bzw. im Lernfeld Europa ermöglichen sollen, mit kulturellen Differenzen bzw. Differenzerfahrungen, Mehrdeutigkeiten und Fremdheit umzugehen (Schelle 2003).

Ausgangslage und Zielvorstellungen

Die hier eingeschlagene Blickrichtung bewegt sich damit im Feld von Politikdidaktik bzw. einer Didaktik der Sozialwissenschaften, Erziehungswissenschaft und Kulturwissenschaft. In den Mittelpunkt gerückt wird ein Theorieangebot, das sich mit dem Verstehen fremder Kulturen befasst und hier auf »Europa« bezogen werden kann. Es handelt sich dabei um den ethnographischen Ansatz von Clifford Geertz. Dieser Ansatz wird aufbereitet hinsichtlich seines Ursprungs und der impliziten Grundlinien und -annahmen, hinsichtlich der Sicht auf Selbst und Welt und den damit einhergehenden Anforderungen an das Subjekt, mit kulturellen Differenzen und Entwicklungen umzugehen. Schließlich werden daraus Möglichkeiten für eine europapolitische Bildung abgeleitet, bei denen Selbst- und Fremdverstehen als Bildungs- und Kompetenzproblem gefasst werden.

Grundlegende Gedanken und Überlegungen, von denen hier ausgegangen wird, sind:

- dass das Handeln in eine sinnstrukturierende Welt, in symbolisch vermittelte Bedeutungsstrukturen eingebunden ist;
- dass es bei symbolischen Auseinandersetzungen auch um gesellschaftliche Anerkennung geht und dabei Bildungsprozesse frei gesetzt werden können. »Bezogen auf Bildungsprozesse im Kontext von Migration könnte dies bedeuten, dass Prozesse der kulturellen Um- oder Neu-Identifizierung als Reartikulation von Identitäten zu verstehen wären. Identität konstituiert sich demzufolge nur, indem und sofern sie artikuliert, und d. h. sowohl symbolisch zum Ausdruck gebracht als auch mit anderen Elementen kultureller Praxis verknüpft wird. Bildungsprozesse bestünden dann darin, solche Artikulationen aufzulösen, neue Verknüpfungen herzustellen und auf diese Weise neue Identitäten bzw. Welt- und Selbstverhältnisse hervorzubringen« (Koller 2002: 197);

Weitere Grundgedanken sind:

- dass »sich Bildung heute mehr denn je in den oft kleinen Innovationen von Selbstausdruck und Handlungsfähigkeit im Alltagsleben« beweist (Sanders 2002: 167);
- dass im Bildungsprozess ein je eigenes Selbst- und Weltverhältnis erworben und verändert wird.

Es ist davon auszugehen, dass Probleme des Selbst- und Fremdverstehens bislang in der Politikdidaktik (anders etwa als in der Geschichtsdidaktik; von Borries 2001, Körber 2001) als Kompetenz- und Bildungsproblem kaum thematisiert wurden. Bezogen auf die Aneignungsperspektive der Schülerinnen und Schüler und die Anforderungen an das Individuum mit kulturellen Differenzerfahrungen und Mehrdeutigkeiten umzugehen, werden somit neue Pfade beschritten, die einen neuen Blick werfen sollen auch auf die Bedeutung des eigenen Werdegangs, des Einsozialisiertseins in unterschiedlichen politischen Systemen und Weltsichten.

Es soll also hier gehen um Voraussetzungen und Bedingungen, die im Sinne von Entwicklungsaufgaben zu bewältigen wären, die »in einem Prozess der Vermittlung gesellschaftlicher Anforderungen mit der eigenen

Persönlichkeitsstruktur, gewissermaßen als deren Synthese, herausgebildet« werden »und zwar von den Subjekten selbst unter Einsatz ihrer Kompetenzen und ihrer Identität« (Hericks/Spörlein 2000: 34), spezifiziert als reflektierte europäische Identität oder, wie Dagmar Richter in diesem Band vorschlägt, als ein »Doing European«.

Befunde – ein Blick auf die Diskussion

Ein kursorischer Blick über aktuelle politikdidaktische Veröffentlichungen zum Stichwort Europa zeigt überwiegend institutionenkundliche Bezüge. Dargelegt sind Modellvorstellungen, die die Ebene der politischen Systeme sowie Fragen von Integration und Aufgaben von Souveränitätsrechten betreffen (siehe Mickel 1999: 66). Aber bei Mickel beispielsweise heißt es auch weit mehr subjektorientiert: »Das gemeinsame Ziel [europäischen Lernens] besteht in der Ermöglichung eines friedlichen Zusammenlebens durch Vertrautheit mit den Denkstrukturen, Verhaltensweisen, Wertvorstellungen und Normen der je anderen wie der Gesamtheit« (Mickel 1999: 67). Und diese grundlegendere adressatenorientierte Ebene soll im Folgenden stark gemacht werden: Wie kann sich das Subjekt, das Zusammenhänge verstehen und durchschauen lernen will, einem Themenfeld nähern, in das es (immer schon) existentiell verwoben ist – das sich im Spannungsfeld zwischen Neugierde, Interesse am Neuen, am Anderen, am Fremden und der »Fremdheitszumutung« (Ziehe 1996) oder gar Abwehr und Überforderung bewegt (Diehm/Radtke 1999: 71 ff.). Dass dabei dem Verstehen eine entscheidende und basale Rolle zukommt und dies nicht selbstverständlich vorausgesetzt werden kann, darauf weist auch Thimmel indirekt hin, wenn er verschiedene Konzepte internationaler politischer Jugendarbeit unterscheidet: »*Hermeneutische und psychoanalytische Konzepte* betonen die Orientierung an Unterschiedlichkeiten und Differenzen auf der Ebene nationalkultureller Zugehörigkeiten und sprechen von der ›Sensibilisierung für eine interkulturelle Situation als eine des Nicht-Verstehens‹« (Demorgon zit. nach Thimmel 2002: 16).

Es kann also offenbar nicht – was die Zielvorstellungen anbelangt – um eine Homogenitätsvorstellung etwa im Sinne einer universell gültigen europäischen Identität gehen. Vielmehr wäre mit Rinke im Zusammenhang von »Identität, Kultur, Staatsangehörigkeit und Migration« zu berücksichtigen: »Homogenität wird vorausgesetzt oder implizit behauptet, doch Heterogenität steht dem in vielerlei Hinsicht entgegen« (Rinke 2002: 133).

Dass jedoch Auseinandersetzungen mit anderen fremden Milieus, Kulturen und ethnischen Zugehörigkeiten im Schulalltag von Kindern und Jugendlichen bzw. Heranwachsenden und Erwachsenen nebenher bewältigt werden bzw. bewältigt werden müssen, dies kann kaum bezweifelt werden. Vor diesem Hintergrund kann natürlich auch kritisch hinterfragt werden, ob der Europabezug nicht ohnehin zu eng gefasst ist im Kontext von Migration, von globalen Verstrickungen usf. Diese Diskussion würde hier vom Thema wegführen, und so lautet die Frage, der nachzugehen ist: Worin kann für Schülerinnen und Schüler bezogen auf das Themenfeld Europa die Bedeutsamkeit bestehen?

Dabei soll hier – jenseits der Ebenen, auf denen das Thema Europa institutionell und kategorial gefasst werden kann – von den Kommunikationszusammenhängen her ausgegangen werden, in denen Europa – aus dem Blickwinkel von Schülerinnen und Schülern – thematisierbar und kommunizierbar ist, so dass die Ansprüche und Verstehensbedürfnisse von Schülerinnen und Schülern aufgegriffen und weitergeführt werden können. Dies kann an der Stelle natürlich bloß theoretisch und gedankenexperimentell erörtert werden.

Ein Ansatz: Fremde Kulturen verstehen

Durchforstet werden soll nun exemplarisch der kulturwissenschaftliche Ansatz von Clifford Geertz danach, welche Vorschläge darin bereitgehalten sind zur Bildung und Veränderung eines Selbst- und Weltverständnisses, eines Verständnisses des Sozialen und des Politischen (Schelle 2003). Es geht also um die Frage, welche Weltsichten stellt die hier ausgewählte kulturwissenschaftliche Theorie bereit. Da der ethnographische Ansatz gleichsam eine methodische Anleitung zum Verstehen ist, scheint er hier besonders geeignet, die Anforderungen, die an eine europapolitische Bildung, an europapolitisches Lernen gestellt sind, einer Lösung nahe zu bringen.

Grundlinien von Fremdverstehen

Dem Ethnologen Clifford Geertz, der in seinen Studien fremde Kulturen teilnehmend beobachtet, geht es in erster Linie darum, kulturelle gesellschaftliche Ausdrucksformen zu deuten (vgl. Geertz 1999[6]). Über die von ihm herausgestellte Beobachtungshaltung einer sogenannten »dichten Beschreibung« ist ein Zugang zum Verstehen fremder Kulturen nahegelegt, der im Folgenden in seinen Grundzügen nachgezeichnet wird und in Hinblick auf didaktische und methodische Möglichkeiten für eine europapolitische Bildung diskutiert und geprüft werden soll.

Geertz beschreibt bzw. nimmt eine Beobachtungshaltung ein, bei der es um das Erkennen und Durchschauen von äußerlich sichtbaren Zeichen, von kulturellen Ausdrucksformen geht. Vorherrschend ist die Vorstellung von einer zeichenmäßig geordneten und strukturierten sozialen Welt, nach der Einzelne ihr Handeln ausrichten. Zur Disposition stehen nicht etwa innere Zustände, nicht das, was eine bestimmte Person in einem bestimmten Moment denkt, fühlt usw.. Vielmehr setzt der Versuch, Welt zu verstehen und sich in einer fremden Welt zurechtzufinden, an den öffentlich zur Geltung gebrachten alltäglichen kollektiven Verhaltensweisen an. Mit Geertz wäre auf eine bewusst distanzierte Haltung gegenüber kulturell geprägten Ausdrucksformen besonders zu achten, um dem tieferen Sinn von Handlungen und Verhaltensweisen auf die Spur zu kommen.

Dem ethnologischen Beobachter und Interpreten geht es darum, besondere Zusammenhänge und Erkenntnisse herauszustellen, die »das Andere« betreffen. Das Erkenntnisinteresse gilt also den Bedeutungen, die die jeweils anderen ihren Handlungen usf., ihrer sozialen Welt zuschreiben (lokales Wissen). Es lässt sich insofern ein Bild imaginieren von jemandem, der die eigene Provinz verlässt und loszieht, um das Andere an anderen zu entdekken. Es geht gewissermaßen darum, gedankenexperimentell die eigene ethnische Herkunft abzustreifen und nicht etwa darum, das Eigene im Fremden wiederzuerkennen.

Um einen Zugang zu anderen, zu fremden Kulturen zu bekommen, reicht es demnach nicht aus, die eigenen Vorstellungen, Werte und Normen als Erklärungsmuster heranzuziehen, vielmehr wäre zunächst zu klären, welche Vorstellungen usf. andere ihrem Handeln zugrunde legen. Das, was als fremd, undurchschaubar, rätselhaft und geheimnisvoll (exotisch) erscheint, soll aus sich selber heraus als lokales Wissen erklärt und verständlich werden, indem z. B. Situationen, Rituale genauestens beobachtet, beschrieben und analysiert werden.

Überträgt man diese Zugriffsweise auf den Politikunterricht, so scheint nahe liegend zu beleuchten, was es mit dem lokalen Wissen der beteiligten Schülerinnen und Schüler auf sich hat. In der Sinnlogik von Geertz geht es jedoch gerade nicht darum, aus der Perspektive der Schülerinnen und Schüler zu fragen, was beispielsweise eine bestimmte Beobachtung mit ihnen selber zu tun hat. Aufgabe des Politikunterrichts wäre es vielmehr, eine Neugierde und Fragehaltung wach zu halten, die Fremdes vor dem Hintergrund eigener Vorstellung nicht vorschnell zu klären sucht oder gar abwehrt, sondern in bewusster Zurückhaltung eigener Wertvorstellungen und Normen sich vielmehr auf die Antworten einlässt, die im Fremden und Anderen aufzuspüren sind.

Doch zunächst noch einmal zurück zu Geertz, dem zufolge die Kultur eines Volkes »aus einem Ensemble von Texten« besteht, »die ihrerseits wieder Ensembles sind, und der Ethnologe bemüht sich, sie über die Schulter derjenigen, für die sie eigentlich gedacht sind, zu lesen« (ebenda: 259). Hierzu lässt sich mit Fuchs/Berg kritisch anmerken: »Das Bild des über die Schultern der anderen Lesenden beschreibt [. . .] eine asymmetrische Beziehung. Geertz malt nicht [. . .] das Bild einer Begegnung von Angesicht zu Angesicht, eines Dialoges des Ethnologen mit Angehörigen der betreffenden Gesellschaft über das ›Gelesene‹ [. . .], sondern das Bild eines Erkenntnissubjekts, das hinter und über den Gesellschaftsmitgliedern verborgen, unsichtbar, an höchster und neutraler Position stehend sich die fremde Bedeutungswelt aneignet [. . .]« (Fuchs/Berg 1999^3: 57).

Als leitendes Prinzip gilt jedoch für Geertz: »Gesellschaften bergen wie Menschenleben ihre eigene Interpretation in sich; man muß nur lernen, den Zugang zu ihnen zu gewinnen.« (Geertz 1999^6: 260) Direkt angesprochen wird hier die Frage: Wie lernt man einen Zugang zum Verstehen des Fremden? Deutlich werden soll hier, dass es Geertz nicht um empathisches Einfühlen im engeren Sinne geht, sondern darum, »die Erfahrungen anderer Leute im Kontext ihrer eigenen Ideen über Person und Selbst« zu betrachten (ebenda: 294).

An späterer Stelle schreibt er: »Man stellt sich abwechselnd die Fragen: ›Welche allgemeine Form weist ihr Leben auf?‹ und ›Welches sind die materiellen Träger dieser Form, in denen sie sich verkörpert?‹ um schließlich zum Ende einer ähnlichen Spirale zu gelangen, mit dem Ergebnis, daß sie das Selbst als Kompositum, als Persona oder als Punkt in einem Muster sehen. [. . .] Kurz, man kann Erklärungen der Subjektivität anderer Völker versuchen, ohne dazu übermenschliche Fähigkeiten der Selbstaufgabe und des Einfühlungsvermögens heucheln zu müssen« (308).

Insgesamt nimmt Geertz also eher eine Haltung ein, in der nicht »Nähe« gesucht wird, sondern die Zumutung des Fremden oder die »Fremdheitszumutung« (Ziehe 1996: 936 ff.). Hier lassen sich aber auch Bedenken anführen. Eine solche Neutralität und Objektivität – wie sie Geertz für seine Beobachtungs- und Forschungshaltung geltend macht – ist dies überhaupt möglich?

Hier lässt sich kritisch weiterfragen: Was kann der Ausdruck anderer, den ich beobachte und versuche zu beschreiben, anderes sein als der Eindruck, den ich davon habe? Kann ich mich dabei von den eigenen inneren

Bildern lösen? Und wirkt sich die Form der dichten Beschreibung (die ja nicht wie eine Filmaufnahme »wieder«-holbar und reinterpretierbar ist) nicht auf die Interpretationen und die Schlussfolgerungen, die daraus gezogen werden, aus?

Mit Wolff scheint hier Skepsis angebracht: »Ist das, was Geertz behauptet, wirklich eine Rekonstruktion der Bedeutung, welche die betreffende soziale Handlungsweise für die Einheimischen besitzt, oder nur das, was Geertz heraus- bzw. hineinliest?« (Wolff 2000: 95). So kann kritisch von einem Dialog gesprochen werden, den Geertz gewissermaßen mit sich selbst führe.

Ein anderer Kritikpunkt findet sich bei Reckwitz, der in diesem Zusammenhang »das Risiko einer ›Illusion der autonomen Symbole‹« anspricht, insofern »die Voraussetzungen, unter denen die Rede von Bedeutungen ›in‹ Symbolen [. . .] Sinn hat«, nicht expliziert werden (Reckwitz 2000: 473). Vielmehr wäre also zu klären, inwiefern bzw. ob überhaupt den Beteiligten dasselbe wichtig ist, was dem Beobachter und Interpreten wichtig ist. Reckwitz zufolge schreibe Geertz »beobachtungsfiktionalistisch« Bedeutungen zu, also Bedeutungen, »die im Sinnhorizont des Kulturwissenschaftlers wurzeln und für das soziale Kollektiv selbst möglicherweise keine Relevanz besitzen« (ebenda: 476). So komme man »ohne einen Rekurs auf das Verstehen und Wissen der Teilnehmer« nicht aus, will man Symbolen einen öffentlichen Sinn zuschreiben (476).

Ein Kontextmodell für die europapolitische Bildung

Das Modell von Geertz lässt sich als ein Kontextmodell deuten. In Kontexten denken ist die innere Logik, die Sinnlogik, die diesem »kulturrelativistischen« Ansatz zugrunde liegt. Es geht bei Geertz darum, über dichte Beschreibungen die provinzielle Verhaftung des Menschen festzuhalten, d. h. um die »Sinnprovinzen« (Ritsert 1988: 268 ff.), in denen der Einzelne zunächst mal in seiner Alltagswelt lebt, in die er qua Geburt und Aufwachsen eingeschweißt wird bis hin zu rituellen Zusammenhängen, Sprache, Dialekt usw. Der Ansatz von Geertz lässt sich auf die Formel bringen: den anderen aus seinem Kontext heraus verstehen. Welche Möglichkeiten ergeben sich daraus für eine europapolitische Bildung?

Der herausgestellten Logik des Verstehens folgend, wäre von Schülerinnen und Schülern geäußertes Unverständnis etwa gegenüber fremden Kulturen nicht vorschnell als Unzulänglichkeiten oder abwehrende Unlust abzuwerten, sondern produktiv – im Sinne einer Zumutung von Fremdem – aufzufassen und weiterzuführen. Als Anhaltspunkte und Hilfe sind drei Kriterien herauszustellen, die den Ansatz von Geertz besonders charakterisieren:

- dem Nicht-Verstehen nachgehen;
- beobachten und nicht einfühlen, bewusste Distanz;
- in Kontexten denken, den anderen aus seinem Kontext heraus verstehen.

Außerdem können Auslösesituationen und Zugangsweisen zum Verstehen des Fremden und Unbekannten benannt werden, die in dem Ansatz von Geertz implizit angelegt sind. Für das Verstehen sozialer und politischer Zusammenhänge können dies sein:

- Grenzerfahrungen: rätselhaft erscheinende Szenen/Situationen – was fremden Beobachtern unverständlich erscheint – Anlass zu der Befürchtung, mit einem Aspekt der Erfahrung nicht fertig zu werden – Situationen, die Ängste auslösen – chronische Beunruhigung – Unfassbares durchschaubar machen (z. B. Terror und Krieg);
- Orts- und Milieuwechsel: ländliches Milieu, städtisch geprägtes Milieu – allgemeinere Integrationsmuster (z. B. Lokales und globale Verstrickungen).

Als Zugangsweisen zum Verstehen von sozialen und politischen Zusammenhängen lassen sich beschreiben:

- Beobachtungshaltung: bewusst distanziert eingenommene Haltung – sich mit anderen Antworten vertraut machen;
- Selbst als öffentliches Selbst: weniger Zentriertsein auf Personen – Umgangs- und Verhaltensformen sozialer Kollektive – Vorstellungsstrukturen, die die Handlungen bestimmen – typische Eigenschaften dieser Strukturen;
- Lokales Wissen: aus sich selber heraus – in dynamische Spannung zueinander bringen;
- Rituale, Situationen: genau beobachten, beschreiben, analysieren – in der selbst geschaffenen eigenen Gegenwart Ausdrucksformen als ausgearbeitetes Beispiel dieses sozialen Lebens betrachten – Durchbrechen üblicher begrifflicher Zuordnungen.

Ritualen kommt im Kontext europapolitischer Bildung eine besondere Funktion zu im Hinblick auf die Bildung eines Selbst- und Weltverhältnisses, da diese trotz vorgegebener Rahmenhandlung immer auch die Möglichkeit in sich bergen, Erfahrungen zu machen. »Rituale reklamieren den körperlich-praktischen, sinnlich-handelnden Bezug zur Welt, und sie sind dem kulturdominanten Habitus des rationalen Akteurs entgegenzusetzen« (Combe 2000: 111).

Offenbar kann auch über die Beschäftigung und den Umgang mit Ritualen, mit fremden Ritualen, ein unmittelbarer Zugang zur Welt hergestellt werden. »Sinn für symbolisches Handeln und Verstehen« kann geschärft werden, dazu bedarf es Combes Beobachtungen zufolge »feinfühliger Ethnologenseelen« (ebenda: 109). Anhand von Ritualen ließen sich Fragen z. B. von gesellschaftlicher und politischer Ordnung entzünden und auch sinnliche Erfahrungen machen.

Heterogenität im größer werdenden Europa

Mit Geertz wird hier ausgegangen von dem Stellenwert und dem Erkenntnisgewinn einer auf Distanz gebrachten Beobachtungshaltung, mit der unbekannte und fremde Kulturen bzw. kollektive Ausdrucksmuster beschrieben und enträtselt werden können (Fremdverstehen). Das Konzept einer dichten Beschreibung mündet so gesehen in dem Anspruch, den anderen mit dessen Augen zu sehen (Breit 1991). Der Ansatz von Geertz kann als Kontextmodell beschrieben werden, insofern soziokulturelle Zusammenhänge und das jeweilige »lokale Wissen« der Akteure berücksichtigt sind. Kontextbezüge zu deuten und die Sinndimensionen von Kontexten zu erkennen, dies stellt eine Lernanforderung an politische Bildung dar, die sich auseinander zu setzen hat mit den Anforderungen an zunehmend heterogene (Herkunfts)Milieus und Kulturen, die in den verschiedenen europäischen Ländern vorzufinden sind und die in den Diskussionen etwa um den Beitritt der Türkei in die Europäische Union sowie die Osterweiterung expliziert werden.

Diese Gedanken weiterführend lässt sich mit Giddens (Giddens 1997) sagen, dass die Arena politischen Handelns in der enttraditionalisierten Gesellschaft neu vermessen werden muss, da herkömmliche Koordinaten ihre Erklärungskraft verloren haben. Von einer Zuversicht in die gegebenen politischen Strukturen, etwa hinsichtlich drängender ökologischer, friedenspolitischer Probleme kann kaum die Rede sein. Erforderlich ist eine stärkere Partizipation auch von nichtinstitutionalisierten Gruppierungen am öffentlichen Geschehen, also ein breiter Einbezug der Bevölkerung ist notwendig. Statt sich auf Weisungen usf. von oben zu verlassen, müssen »Stimmen von unten« mehr Gewicht bekommen. Vieles, so könnte man sagen, hängt von der Entwicklung einer Dialogfähigkeit ab, von einem Dialog von unten. Dieses »Lernen des Dialogs« und die Entwicklung einer »Kompetenz zur Einflussnahme« wird bei Giddens zum Leitbegriff einer dialogischen Demokratie (Giddens 1997: 165 ff.), einer »Demokratisierung der Demokratie«, die »die alltäglichen Sorgen und Bedürfnisse der Bürger in politische Entscheidungen einzubeziehen« in der Lage ist (Giddens 2001: 97). Hier nun ließe sich dies aufnehmen als besondere Anforderung an eine europapolitische Bildung.

Mit Giddens können die Überlegungen zu Geertz dahingehend weitergeführt werden, dass kulturelle Kontexte (als »Konsequenzen der Moderne« 1999[3]) nicht länger als voneinander abgeschottet betrachtet werden können. Vielmehr sind Lokales, sind kulturelle, gesellschaftliche, ökonomische und politische Entwicklungen immer auch verstrickt mit globalen weltumspannenden Entwicklungen. Gleichzeitig sei aber mit Welsch den hier dargelegten Dialogerfordernissen hinzuzufügen: »Man sollte den Wunsch nach besonderer Identität ernst nehmen. Die Menschen setzen sich offenbar gegen ein Aufgehen im Einerlei globaler Uniformierung zur Wehr. Sie wollen nicht bloß universal oder global, sondern auch spezifisch und eigen sein. Sie möchten sich unterscheiden und in einer spezifischen Identität verankert wissen. Dieses Bedürfnis ist legitim« (Welsch 2001: 282).

Nun ist die Frage aufzugreifen, was könnte dies aus der Sicht, dem Blickwinkel von Schülerinnen und Schülern bedeuten? Als Anforderungen an eine ethnografische Deutungskompetenz von Schülerinnen und Schülern ließen sich hier – im Sinne längerfristiger Entwicklungsaufgaben – formulieren:

- symbolische Ausdrucksformen, Zeichen, Rituale usf. im jeweiligen kulturellen, gesellschaftlichen und politischen Kontext deuten lernen (ethnografische Neugierde befriedigen, auf Fremdheitsgefühle reagieren);
- lokale und globale Verstrickungen durchschauen lernen: Was hat das Fremde, das Entfernte mit mir zu tun, und umgekehrt, was bedeutet mein Handeln usf. für andere, die ich möglicherweise nie zu Gesicht bekomme?;
- sich Gehör verschaffen (als Einzelner ernst genommen werden) – mit anderen in einen Dialog treten – dialogfähig zu sein – also eine Dialogfähigkeit herstellen zu können zwischen eigenen und fremden Selbst- und Weltentwürfen (auch um eine eigenständige politische Urteilskraft entwickeln zu können).

Etwa indem:

- Fälle von »Solidarität unter Fremden« (Brunkhorst 1996) studiert werden;
- Probleme des Fremdverstehens, die täglich erfahren werden, thematisiert und politisch gedeutet werden (mehrdeutig, mehrperspektivisch);
- eigene fremde Gefühle erkundet werden, um sie nicht den »Anderen« zuschreiben zu müssen (Cohen 1993).

Bezogen auf die besonderen Anforderungen, die das Lernfeld Europa mit sich bringt, wäre den Schülerinnen und Schülern zu ermöglichen, ihren Alltag, ihre Erfahrungen, ihre soziale und politische Welt zu durchforsten nach existenziell wichtigen, nach subjektiv bedeutsamen »Grenz- und Auslösesituationen«, die sie selber enträtseln, verstehen und durchschauen wollen.

Schlussbemerkung

Was eine europabezogene politische Bildung anbelangt, so kann es also aus der hier vorgebrachten fachdidaktischen Perspektive nicht bloß darum gehen, inhaltlich-methodische Vorschläge sozusagen am »grünen Tisch« zu entwickeln und die, die es bereits gibt, in die Schulen hineinzutragen. Vielmehr wäre zunächst einmal zu klären: Welche drängenden Fragen haben Lehrerinnen und Lehrer, Schülerinnen und Schüler in diesen Zusammenhängen? Welche Vorstellungen und Erwartungen entwickeln etwa Schülerinnen und Schüler von sich aus zum Kontext/zum Erfahrungsbereich Europa?

Die Voraussetzungen heutigen Unterrichtens sind diesbezüglich keineswegs geklärt. Analysen von Unterrichtsstunden zum Themenfeld Europa sowie andere empirische Untersuchungen wie Befragungen von Lehrpersonen und Schülerinnen und Schülern hätten hier anzusetzen.

Plädiert werden soll abschließend für eine fallorientierte europapolitische Bildung. Beispielsweise könnten Situationen, Begebenheiten, also »Fälle« europäischer Integration und Transformation im Verlauf von Exkursionen dokumentiert werden (siehe die Projektidee der Wiesbadener Helene-Lange-Schule »Allein in der Fremde« in Becker/Kunze/Riegel/Weber 1997), um dann aus dem jeweiligen sozialen, politischen, kulturellen Kontext heraus analysiert und beurteilt zu werden.

Inhaltliche Schwerpunkte europapolitischer Bildung betreffen die soziale und kulturelle Herkunft und Milieus, betreffen kulturelle und politische Kontexte, die konstitutive Elemente eines Verständnisses und einer Vorstellung vom Sozialen bis hin zum Politischen sind, bis hin zur Urteilsfähigkeit und zu politischen Entscheidungen, die die Bürgerin/der Bürger als Europäerin/als Europäer betreffen. Es ist davon auszugehen, dass Jede und Jeder in einer entgrenzten, globalisierten und mehrdeutigen Welt lernen muss, kulturelle Schemata zu deuten und zu interpretieren, auch um sich selber im sozialen Raum und der politischen »Arena« positionieren zu können.

Literaturhinweise

Becker, Gerold/Kunze, Arnulf/Riegel, Enja/Weber, Hajo 1997: Die Helene-Lange-Schule Wiesbaden. Das andere Lernen. Entwurf und Wirklichkeit, Hamburg.

Borries, Bodo von 2001: Geschichtsdidaktik am Ende des 20. Jahrhunderts. Eine Bestandsaufnahme zum Spannungsfeld zwischen Geschichtsdidaktik und Geschichtspolitik, in: Pandel, Hans-Jürgen/Schneider, Gerhard (Hrsg.): Wie weiter? Zur Zukunft des Geschichtsunterrichts, Schwalbach/Ts, 7–32.

Breit, Gotthard 1991: Mit den Augen des anderen sehen – Eine neue Methode zur Fallanalyse, Schwalbach/Ts.

Brunkhorst, Hauke 1996: Solidarität unter Fremden, in: Combe, Arno/Helsper, Werner (Hrsg.): Pädagogische Professionalität. Untersuchungen zum Typus pädagogischen Handelns, Frankfurt/Main, 340–367.

Cohen, Phil 1994: Verbotene Spiele. Theorie und Praxis antirassistischer Erziehung, Hamburg.

Combe, Arno 2000: Wie tragfähig ist der Rekurs auf Rituale? In: Groeben, Annemarie von: Rituale in Schule und Unterricht, Hamburg, 105–111.

Diehm, Isabell/Radtke, Frank-Olaf 1999: Erziehung und Migration. Eine Einführung, Stuttgart, Berlin, Köln.

Fuchs, Martin/Berg, Eberhard 1999: Phänomenologie der Differenz. Reflexionsstufen ethnographischer Repräsentation, in: Berg, Eberhard/Fuchs, Martin (Hrsg.): Kultur, soziale Praxis, Text. Die Krise der ethnographischen Repräsentation, Frankfurt/Main (3. Aufl.), 11–108.

Geertz, Clifford 1999: Dichte Beschreibung. Beiträge zum Verstehen kultureller Systeme, Frankfurt/Main (6. Aufl.).

Giddens, Anthony 1999: Konsequenzen der Moderne, Frankfurt/Main (3. Aufl.).

Giddens, Anthony 1997: Jenseits von Links und Rechts. Die Zukunft radikaler Demokratie, Frankfurt/Main.

Giddens, Anthony 2001: Entfesselte Welt. Wie die Globalisierung unser Leben verändert, Frankfurt/Main.

Hericks, Uwe/Spörlein, Eva 2001: Entwicklungsaufgaben in Fachunterricht und Lehrerbildung – Eine Auseinandersetzung mit einem Zentralbegriff der Bildungsgangdidaktik, in: Hericks, Uwe/Keuffer, Josef/Kräft, Hans Christof/Kunze, Ingrid (Hrsg.): Bildungsgangdidaktik. Perspektiven für Fachunterricht und Lehrerbildung, Opladen, 33–50.

Körber, Andreas (Hrsg.) 2001: Interkulturelles Geschichtslernen. Geschichtsunterricht unter den Bedingungen von Einwanderung und Globalisierung. Konzeptionelle Überlegungen und praktische Ansätze, München, Berlin.

Koller, Hans-Christoph 2002: Bildung und Migration. Bildungstheoretische Überlegungen im Anschluss an Bourdieu und Cultural Studies, in: Friedrichs, Werner/Sanders, Olaf (Hrsg.): Bildung/Transformation. Kulturelle und gesellschaftliche Umbrüche aus bildungstheoretischer Perspektive, Bielefeld, 181–200.

Mickel, Wolfgang W. 1999: Europa, in: Richter, Dagmar/Weißeno, Georg (Hrsg.): Didaktik und Schule. (Lexikon der politischen Bildung Bd 1), Schwalbach/Ts, 65–67.

Reckwitz, Andreas 2000: Die Transformation der Kulturtheorien. Zur Entwicklung eines Theorieprogramms, Weilerswist.

Rinke, Kuno 2002: »Sind Sie Ausländer? – Nein, Türke!« Irritationen zu Fragen von Identität, Kultur, Staatsangehörigkeit und Migration, in: Politisches Lernen, Heft 3–4, 133–140 (Sammelrezension).

Ritsert, Jürgen 1988: Gesellschaft. Einführung in den Grundbegriff der Soziologie, Frankfurt/Main, New York.

Sander, Wolfgang 1999: Europa, in: Hufer, Klaus-Peter (Hrsg.): Außerschulische Jugend- und Erwachsenenbildung. (Lexikon der politischen Bildung Bd 2), Schwalbach/Ts, 68 f.

Sanders, Olaf 2002: Pop. Bildungstheoretische Überlegungen im Kontext der Cultural Studies, in: Friedrichs, Werner/Sanders, Olaf (Hrsg.): Bildung/Transformation. Kulturelle und gesellschaftliche Umbrüche aus bildungstheoretischer Perspektive, Bielefeld, 165–180.

Taylor, Charles 2002/2003: Den Anderen verstehen. Zum Gedenken an Hans-Georg Gadamer, in: Transit Europäische Revue, Heft 24, 162–177.

Thimmel, Andreas 2002: Internationale politische Jugendarbeit. Historie – Diskurse – Entwicklungsmöglichkeiten, in: Kursiv – Journal für politische Bildung, Heft 2, 12–17.

Schelle, Carla 2003 (im Erscheinen): Politisch-historischer Unterricht hermeneutisch rekonstruiert. Von den Ansprüchen Jugendlicher, sich selbst und die Welt zu verstehen. Bad Heilbrunn (Habilitationsschrift Hamburg 2002).

Welsch, Wolfgang 2001: Auf dem Weg zur transkulturellen Gesellschaft, in: Paragrana Bd. 10 Heft 2, 245–284.

Wolff, Stephan 2000: Clifford Geertz, in: Flick, Uwe/Kardorff, Ernst von/Steinke, Ines (Hrsg.): Qualitative Forschung. Ein Handbuch, Reinbek bei Hamburg, 84–96.

Ziehe, Thomas 1996: Vom Preis selbstbezüglichen Wissens, in: Combe, Arno/Helsper, Werner (Hrsg.): Pädagogische Professionalität. Untersuchungen zum Typus pädagogischen Handelns, Frankfurt/Main, 924–942.

Tilman Grammes

Europa im Unterricht

Rückblicke in die Stoff- und Inszenierungsgeschichte

Europa als Lerngegenstand ist kein Selbstläufer, der junge Menschen motiviert und begeistert:

> »Ein Lehrer, der heute politische Themen wie Dritte Welt, Kernkraft, Terrorismus, Umweltschutz oder Arbeitslosigkeit im Unterricht behandelt, wird bei seinen Schülern dafür – ganz im Gegenteil zu früher – ein hohes Maß an Lernbereitschaft, ja sogar Betroffenheit feststellen. Und selbst für aktuelle politische Ereignisse, die sich ›weit unten in der Türkei‹ abspielen, etwa der Konflikt zwischen China und Vietnam oder die islamische Revolution des Ayatollah Chomeini zeigen Schüler ab der 9. Jahrgangsstufe starkes Interesse und große Bereitschaft zur Mitarbeit im Unterricht.
>
> Bei ihrem Bemühen, kurzfristig übernommene Vertretungsstunden sinnvoll zu nutzen, richten Lehrer an ihnen fremde Klassen wie eh und je die Frage: Worüber wollen Sie diskutieren? Die Antworten reichen von den eingangs genannten Themen kunterbunt über Schlagworte wie Emanzipation, Doping, Nahost, Isolationshaft, Konsumzwang etc. Nur ganz selten fällt das Stichwort Europa, was dann prompt von der Mehrheit der Klasse verworfen wird. Realität in der Schule von heute: Das Interesse der Schüler an politischen Themen wächst, das für Europa schwindet. Schüler sind in ihrer Mehrzahl – wie auch die Erwachsenen – europamüde. ›Was ich über Europa denke? – Europa ist out!‹ ›Europa? – das sind doch die Spesenritter da oben in Brüssel, die unsere Gelder verpulvern!‹ ›Außer Euroscheck fällt mir zu Europa nichts ein!‹ ›Europa? – Hast Du einen Opa, schick ihn nach Europa!‹ Freude an der Provokation, Nachplappern, was Erwachsene sagen, Enttäuschung und Verärgerung, vor allem aber ein großes Maß an Unwissenheit und Unkenntnis über die EG mögen Ursachen für solche und ähnliche Schülerantworten sein, die der Verfasser bei den Recherchen zu Schulfernsehsendungen über die Direktwahl des Europaparlaments zu hören bekam« (Strubl 1979: 71).

Auf unterschiedlichen Ebenen lassen sich Bemühungen einer Europa-Bildung verorten. Europa ist nicht erst seit 30 Jahren Ziel und Gegenstand politischer Bildungsarbeit.

Erstens: Eine *bildungspolitische Europa-Programmatik* beginnt in der Weimarer Republik. Artikel 148,1 der Weimarer Reichsverfassung bestimmt,

»in allen Schulen ist sittliche Bildung, staatsbürgerliche Gesinnung, persönliche und berufliche Tüchtigkeit im Geiste des deutschen Volkstums und der Völkerversöhnung zu erstreben.« Das Grundgesetz der Bundesrepublik Deutschland formuliert in der Präambel: »Das deutsche Volk ist von dem Willen beseelt, als gleichberechtigtes Glied in einem vereinten Europa dem Frieden in der Welt zu dienen.« Ein Beschluss der Kultusministerkonferenz vom 25. 05. 1953 zur Stellung des Schülers in der Schule fordert, es müsse »friedliche Gesinnung im Geiste der Völkerverständigung geweckt werden«.

Zweitens: Auf der *konzeptionellen Ebene (Fachdidaktik)* beginnt nach der Katastrophe des 1. Weltkrieges eine auch didaktisch-methodische Reflexion zum Problem der Völkerverständigung (vgl. Bergsträsser 1930, verschiedene Aufsätze von Foerster 1964). Die politische Pädagogik der Nationalsozialisten vereinnahmt den Europa-Mythos unter dem negativen Vorzeichen einer großeuropäischen Rettungsidee in der Endphase des verlorenen 2. Weltkrieges (Baeumler 1943, im Schulbuch für den Gebrauch in der Wehrmacht Christoffel 1944). Theodor Wilhelm ist vor 1945 ein prominenter Autor, der dann nach 1945 und bis heute wichtige Beiträge zu einer demokratischen Europa-Bildung beigetragen hat (u. a. Wilhelm 1942, 1966, 1990; vgl. zur theoriegeschichtlichen Entwicklung Grammes 1989, für die politische Erwachsenenbildung van Cleve 1995, für die politische Jugendbildung Thimmel 2001; für Nachweise aus dem 19. Jahrhundert wären geschichtsdidaktische und heimatkundlich-geographiedidaktische Curricula mit einzubeziehen).

Drittens: In diesem Beitrag soll das Thema Europa jedoch einmal auf der *Ebene konkreten Unterrichts* (Planung und Durchführung) rekonstruiert werden. Dieses Vorhaben ist jedoch nicht ganz einfach umzusetzen. Die Schwierigkeiten verdeutlichen zwei Gedankenexperimente:

a) Ein Fachleiter möchte seinen Referendaren innovative didaktisch-methodische Umsetzungen des Inhalts »Europa« im Unterricht nicht nur referieren, sondern konkret anhand von Videoaufzeichnungen mit good-practice-Beispielen demonstrieren. Er wendet sich an das nächste Lehrerfortbildungsinstitut, an die Landes- oder Bundeszentrale für politische Bildungsarbeit oder an eines der zahlreichen Europa-Institute mit einer entsprechenden Anfrage. Fehlanzeige!
b) Eine Gruppe von Studierenden oder Referendaren plant eine Unterrichtssequenz zum Inhalt Europa. Die Gruppe ist klug und neigt nicht zur Selbstüberschätzung. Sie weiß: Viele Kolleginnen und Kollegen zuvor haben schon europabezogene Modell-Unterrichtseinheiten geplant, erprobt, revidiert – einige davon werden, teilweise als graue Literatur, veröffentlicht. Doch entsprechende Bibliographien von Unterrichtsein-

heiten sind in den 80er und 90er Jahren allesamt eingestellt worden (Hagemann 1982, Kurz/Graeff 1981, der Bib-Report, Adieu, Pädagogische Bibliographie). Das Klicken und Suchen von Unterrichtseinheiten im Internet dagegen bleibt flüchtig, und das Material ist von unterschiedlichster Qualität.

Dieser Beitrag soll einen Anstoß zu einer themenbezogenen Stoffgeschichte geben. Nicht eingehen kann ich auf das Pendant im anderen Deutschland vor 1989, die DDR-Erziehung zu Völkerfreundschaft und Solidarität im COMECON (vgl. Krüger-Potratz 1996: 196–203).

Inszenierungsmodi von Unterricht

Der Inhalt Europa läßt sich in drei unterschiedlichen Inszenierungsmodi, die selbstverständlich miteinander verschränkt sind, auf die »Bühne des Klassenzimmers« stellen:

- als reales Handeln: Lernen in europäischen Institutionen;
- als simulatives Handeln: Lernen, als ob man in europäischen Institutionen wäre;
- als reflektierendes Handeln: Lernen über Europa, bevorzugt mit Hilfe von Texten.

Eine vierte Form, das produktive Gestalten, kann Teilelement dieser drei Grundformen des Bezugs von Schule und außerschulischem Lerngegenstand sein. Diese Inszenierungsmodi stehen für systematische Formen der Öffnung des Unterrichts, die jeder professionelle Sozialkundelehrende beherrschen sollte.

Zu allen Inszenierungsmodi finden sich in der fachdidaktischen Tradition Unterrichtsreportagen und good-practice-Beispiele, von denen einige exemplarisch dokumentiert werden.

I. Reflektierendes Handeln: Lernen über Europa

Die Europa-Frage ist nach »Zusammenbruch« und »Stunde Null« ein wichtiges gesellschaftspolitisches Diskussionsthema der 50er-Jahre: Wie läßt sich der mehrfache »deutsche Sonderweg« in die Völkergemeinschaft integrieren? Korrespondierend setzt sich auch die herrschende bildungstheoretische Didaktik mit Fragen der Europa-Bildung auseinander. Wilhelm Flitner hatte 1952 – anknüpfend an erwachsenenpädagogische Beiträge aus der Weimarer

Republik – über die »Einheit der europäischen Bildung und Kultur« geschrieben; eine Studie über die »Europäische Gesittung« wird 1961 folgen. Kultur wird in diesen Arbeiten als herrschende Monokultur eines christlichen Abendlandes bestimmt. Der Abstand dieses Ansatzes zu einem Nestor der politischen Pädagogik Deutschlands im 20. Jahrhundert, zu Friedrich Wilhelm Foerster (1869–1961), ist groß. Dessen Kulturbegriff ist zwar auch christlich geprägt, aber wesentlich moderner, weil Heterogenität mitgedacht ist. Zwischen den mit Flitner und Foerster gekennzeichneten Polen wäre das Theorem der nachholenden »Westorientierung« politischer Bildung, das Walter Gagel (1995) ins Zentrum seiner Rekonstruktion der Theoriegeschichte der politischen Bildung in der Bundesrepublik Deutschland stellt, sowie die frühen politikdidaktischen Diskurse um Interkultura lität in der Politikdidaktik zu verorten.

»Was haltet Ihr von Europa?« Mit dieser Frage beginnt Kurt Gerhard Fischer an einer Frankfurter Berufsschule eine Unterrichtseinheit 1957 – dem Jahr der Gründung der EWG. Es handelt sich um eine heterogene Sammelklasse mit 14–17-jährigen bisherigen Volksschülern, einigen Mittel- und »abgebrochenen« Oberschülern. Unterrichtsberichte wie dieser erinnern daran, dass und in welchem Maße die didaktischen Konzeptionen der sog. »Altmeister« der politischen Bildung aus der Schulpraxis heraus entwickelt und dort erprobt wurden – eine heute nicht mehr selbstverständliche Verknüpfung von Theorie und Praxis!

»Nach Ankündigung dieses Themas vor der Klasse . . . bat ich um spontane Meinungsäußerungen. Tenor der Entgegnungen: Es wird nun schon fast zehn Jahre lang über das Vereinigte Europa geredet – wo aber bleiben die konkreten Ergebnisse?« (Fischer 1957: 26)

Der Lehrer Fischer wird mit massiven polemischen Stellungnahmen – dem »Vorurteil der redseligen Fortschrittslosigkeit« – konfrontiert, die es zu versachlichen gelte durch »Erkenntnis der Schwierigkeiten«: »Ferner wurde gefragt: Wie soll eine sprachliche Verständigung der Europäer untereinander erreicht werden? Müßten nicht die Währungen der europäischen Staaten ›vereinheitlicht‹ werden? Wie steht es mit der Wirtschaft der verschiedenen Staaten – gibt es da nicht ein ›Gefälle?‹ Und schließlich: Manche europäischen Völker sind doch gar nicht so kultiviert wie wir Deutschen . . . die Italiener sind faul, die Franzosen sind schmutzig und die Deutschen sind ›das Volk der Dichter und Denker‹« (Fischer 1957: 27).

Wie mag die Einwandbehandlung wohl aussehen? Menschen, die sich belehrt fühlen, lernen nicht. Also hilft nur der selbstreflexive Perspektivenwechsel, eine konsequente Dezentrierung: »Selbst überzeugende Gegenargumente erreichen hier nicht die Tiefe, in der das tradierte Vorurteil verankert ist; wer diesen pädagogischen Pessimismus nicht teilt, denke an sich selbst und seine ›Speisevorurteile‹; wird man, durch Argumente beredet, künftig gerne Katzenfleisch essen? Mit einer kurzen Richtigstellung oder floskelhaftem Gesinnungsunterricht ist es also nicht getan. Die Frage muß zum *selbständigen Thema* gemacht und anhand einer *Analyse alltäglicher Vorurteile* behandelt werden« (Fischer 1957: 27).

Aber, Europa nur als Problem, ohne positive Perspektive, das reicht nicht, weil es für junge Menschen nicht attraktiv ist. Der Praktiker weiß: Für junge Erwachsene müssen Handlungsmöglichkeiten mit Blick auf Zukunft zur Sprache kommen:

> »Dann fragte ich nach *Wünschen und Hoffnungen der Schüler*, die sie persönlich mit dem Europa-Gedanken verknüpfen. Zwei entscheidende Argumente wurden vorgetragen: Wir sind für die Vereinigung, wenn dadurch zukünftige Kriege verhindert werden – wir wünschen eine Vereinigung von Europa, die uns ermöglicht, ohne Schwierigkeiten und billig umherzureisen, zu arbeiten und zu bleiben, wo es uns gefällt. Beide Überlegungen zeigen einen realistischen politischen Blick – ich hielt sie für wertvoll genug, daran einige weitere Überlegungen anzuknüpfen. Wenn wir für ein kriegs-verhinderndes Europa sind, wogegen werden wir dann also sein müssen? Unsere in mehreren Anläufen erarbeitete Antwort: Wir werden jede europäische Vereinigungs-Unternehmung ablehnen, bei der auch nur der Verdacht aufkommt, dass sie im Dienste kriegerischer Politik erfolge. Wir werden prüfen müssen, ob wirklich das Gemeinsame gemeint ist oder ob unter dem Schlagwort ›Europa‹ sich nationaler Egoismus tarnt, ob echte Fortschritte erzielt werden oder ob nur ›geredet‹ wird und alles beim alten bleibt. Das andere Argument der persönlichen Freizügigkeit unserer jungen zukünftigen Möchte-gern-Europäer ist gespeist von Erfahrungen und Eindrücken derjenigen, die bereits im Ausland waren. Sie kommen hier zu Worte, berichten von Paßkontrollen, Zollschikanen – beispielsweise wegen vier Litern Wein an der österreichisch-bundesdeutschen Grenze und dergleichen mehr. Sie begründen nüchtern ihre Zukunftswünsche: sie möchten ›dazulernen‹ in ihrem Berufe, andere Arbeitsverfahren, fremde Sprachen – sie finden das Leben draußen interessanter, abwechslungsreicher, lebendiger als bei uns – einer redet vom ›Klima in Südeuropa‹, denkt, als ich weiterfrage, an seine zukünftigen Kinder (sie werden dann ja von vornherein mindestens zwei Sprachen erlernen) und an das Alter seiner Eltern.
>
> Zwei Unterrichtsstunden (90 Minuten) sind im Fluge vergangen. Abschließend gebe ich zwei ›Denkanstöße‹: Ist der Gedanke der europäischen Einigung eine grundlose oder zweckbestimmte ›Mode‹ unserer Zeit? und: Wo liegen die Schwierigkeiten, die der Europa-Politik entgegenstehen?« (Fischer 1957: 27)

Der Bericht zeigt: Schülerorientierung mit den didaktischen Prinzipien Interesse, Schülerfrage und fruchtbarer Moment ist selbstverständliches Gestaltungsprinzip. Lernen werde nur dort gelingen können, »wenn unser

Thema ›Sache‹ der Schüler ist, zu der sie im Zustand des *Interesses – des Dazwischen-Seins* – stehen. In der Berufsschule und in ihrem sozialkundlichen Unterricht soll daher die Schülerfrage regieren. Das subjektive Bildungsbedürfnis der jungen Menschen muß zu seinem Recht kommen, und das Copeische Stichwort des ›fruchtbaren Moments‹ hat fundamentale Bedeutung für den konkreten Lernerfolg« (Fischer 1957: 25).

2. Reales Handeln: Lernen in europäischen Institutionen

Sozialkundliche Studienfahrten gehören von Anfang an zum Repertoire politischer Bildung. Von solch einer Fahrt berichtet der Lehrer und spätere Hochschullehrer an der PH Karlsruhe, Wolfgang Mickel:

> »Die praktischen Auswirkungen der europäischen Einigungsbestrebungen wurden zum ersten Male an der Grenze sichtbar, die wir mit unserem Bundespersonalausweis ohne Aufenthalt in unserem Bus passieren konnten. Unser kunsthistorisches Interesse führte uns zuerst zu einem Abstecher nach Colmar zum Isenheimer Altar des Mathias Grünewald und zur Madonna im Rosenhag von Schongauer im Münster. Am Spätnachmittag gab der Verfasser in der Straßburger Jugendherberge die letzten zusammenfassenden Erläuterungen zu unserem Vorhaben und nicht zuletzt über das Verhalten des Einzelnen im Ausland. Die Klasse wurde alsdann in vier Gruppen eingeteilt und unter der Begleitung je eines Referendars zum abendlichen Stadtbummel beurlaubt. Den nächsten Morgen verbrachten wir mit der Besichtigung des Münsters und anderer Kulturstätten.
>
> Am Nachmittag fanden wir uns zur öffentlichen Sitzung im Europahaus ein. Der Leiter des Büros der deutschen Delegation besaß die Freundlichkeit, uns auf die Zuschauertribüne zu geleiten und einen kleinen Vortrag über die Zusammensetzung und Arbeitsweise der Beratenden Versammlung zu halten. Kleine Druckschriften (u. a. einen Sitzplan der anwesenden Abgeordneten), die zur Verteilung gelangten, unterstützten das Gesagte. Wir hatten Gelegenheit, zwei Stunden lang dem Plenum beizuwohnen und dabei einen so prominenten Redner wie Prof. Carlo Schmid über das Verhältnis des Westens zum Osten zu hören. Danach wurden wir in ein Tagungszimmer geführt und konnten dort mit zwei deutschen Abgeordneten, darunter dem ehemaligen hessischen Kultusminister Metzger, über eine Stunde diskutieren.
>
> Dabei zeigte sich der kritische Geist unserer Schüler, indem sie Fragen aufwarfen wie: Warum ist das Deutsche immer noch nur Verhandlungssprache und keine Amtssprache neben Englisch und Französisch? Warum soll Deutschland so große Opfer bringen für die europäische Gemeinschaft? (Anleihe an Frankreich für Nordafrika). Welches sind die Nah- und Fernziele des Europarates? Warum Montanunion, wenn dadurch die deutsche Kohle teurer wird? Warum keine großzügigere Liberalisierung des Handels? Liegt auf Seiten Frankreichs

ein ehrliches Interesse vor, an einer gemeinsamen überstaatlichen Einrichtung teilzunehmen, oder ist das nur ein Mittel, um aus seinen wirtschaftlichen Schwierigkeiten herauszukommen? Wie ist die Stellung Englands zu Europa, da es doch im Commonwealth verankert ist? Wie will man von einer nur beratenden Funktion des Europarates zu einer legislativen kommen? Warum behebt Frankreich seine schlechte wirtschaftliche Lage nicht dadurch, dass es die Landwirtschaft fördert?

Die entscheidende Antwort eines Schülers auf einen Teil dieser Fragen war, dass wir schließlich Opfer bringen müssten, wenn wir etwas erreichen wollten. Dies war dann auch der Ausgangspunkt für die Erwiderung eines Abgeordneten. Es liegt natürlich in der Sache selbst begründet, dass nicht alle Diskussionsbeiträge von Seiten der Abgeordneten die ungeteilte Zustimmung der Schüler fanden. Einmal ist die Materie für den Nichtfachmann viel zu kompliziert, und zum anderen erweist sich, wie sehr wir im Grunde im nationalstaatlichen Denken verhaftet sind. Man ist geneigt, das andere Volk nicht sui generis zu betrachten und zu messen, sondern an der vermeintlichen eigenen Tüchtigkeit. Gerade von dieser Fehleinstellung her ist es notwendig, durch Auslandsfahrten beizutragen, das Wesen eines fremden Volkes erkennen zu lernen. Die grundlegende Antwort eines Abgeordneten, dass wir vor der Alternative eines echten europäischen Zusammenschlusses oder des verstärkten Druckes aus dem Osten stünden, so dass wir also bei der Beurteilung von da auszugehen hätten, befriedigte zwar die Schüler vom Politisch-Militärischen her, aber nicht vom Grundsätzlichen, scheint doch jene Alternative alles Übrige zwangsweise zu implizieren.

Unser Besuch endete also mit vielen Fragen. Das war auch gar nicht anders zu erwarten und ist gut so. Eine Nachbereitung der gewonnenen Eindrücke in der nächsten Unterrichtsstunde konnte noch manches klären« (Mickel 1957: 332 f.).

Wenn auch die Studienfahrt konventionelle kultur- und institutionenkundliche Elemente hat, so sind es doch auch hier, wie bei Fischers Unterricht, ganz schülerorientiert die »Eindrücke und Fragen«, die am Ende den Lernertrag markieren. In den Berichten dieser Zeit finden sich schon skeptische Reflexionen, ob diese Art von Reisepädagogik wirklich, in jedem Fall und zwangsläufig, Verständigung fördert. Noch einmal Fischer, der mit einer Gruppe kaufmännischer Berufsschüler/innen im April/Mai für zwei Wochen an die Küste von Amalfi südlich von Neapel reist, um dort eine internationale Begegnung durchzuführen: »Wir stehen vor einer fatalen Alternative: die einen sagen, daß es darauf ankomme, die eigene Heimat zu erwandern, zu durchdringen, zu erforschen; und die anderen meinen, man könne im Zeitalter europäischer Gedanken einerseits und der touristischen Reisewelle andrerseits nicht am Bedürfnis junger Menschen vorübergehen, die Ferne und Fremde kennenzulernen« (Fischer 1957b: 264).

Fischer macht das Erlernen der Landessprache – neben vielem anderen – für die deutschen Teilnehmer zur Reisebedingung!

Der Zugang zum Europa-Thema erfolgt bei Mickel über Kulturdenkmäler und endet bei politischen Fragen. Einerseits wird das »nationalstaatliche Denken« hinterfragt, andererseits werden Nationalstaaten noch selbstverständlich kulturhomogen gedacht, so daß das »Wesen eines fremden Volkes« erkannt werden könne.

Diese Vorstellung des kultur- und sprachhomogenen Nationalstaates ändert sich erst, als mit einer gegenläufigen Reiserichtung – mit Migration – verstärkt »Kinder von Ausländern und Gastarbeitern« im deutschen Klassenzimmer sitzen. Die folgende Reportage von 1967 ist das früheste Beispiel für diese Wahrnehmung veränderter Lernbedingungen durch Pädagogen, das ich finden konnte:

»Kinder von Ausländern und Gastarbeitern lernen in unseren Schulen

Es ist leider eine Tatsache, daß sich gegenüber den Gastarbeitern eine ebenso unchristliche wie ungerechte Stimmung breitzumachen droht, eine Stimmung, die überwiegend darauf beruht, dass man nicht oder nur schwer dazu in der Lage ist, die Andersartigkeit fremder Menschen und Mentalitäten in den gewohnten Alltag einzuordnen. So kann es geschehen, dass sonst friedlich-normal erscheinende Mitbürger mit aggressiven, böswilligen Schimpfwörtern über die Gastarbeiter reden und sie als »Eindringlinge« und unerwünschte Ausländer bezeichnen. Da sie über die wirtschaftlichen Zusammenhänge ebenso wenig Bescheid wissen, wie über die Herkunftsländer der Gastarbeiter, kommen sie aus ihrem beschränkten Blick zu hässlichen Vorurteilen. Oft wird dabei auch vergessen, dass unser Wirtschaftswunder und noch viel früher die Industrialisierung des Ruhrgebiets und anderer Industriegebiete Deutschlands in der zweiten Hälfte des 19. und zu Beginn des 20. Jahrhunderts durch Gastarbeiter, die uns ihre Arbeitskraft zur Verfügung stellten, maßgebend gebildet wurden . . .

Seit einigen Jahren hat der Prozeß der Eingliederung – von vielen unbemerkt – bereits begonnen. In vielen Volksschulen sitzen Kinder spanischer, italienischer oder griechischer Nationalität neben ihren deutschen Klassenkameraden, und in den meisten Fällen hat sich schnell eine freundschaftliche Atmosphäre gebildet, wenn die ersten Hemmungen überwunden waren. Allerdings bedarf es dabei einer konsequenten Mithilfe der Lehrer, die nicht nur selbst keine Vorurteile haben sollten, sondern bei Eltern und Kindern zum Abbau des Misstrauens beitragen müssen.

Als vor einiger Zeit auch für die Gastarbeiterkinder die Schulpflicht begann, standen viele Volksschulen vor einem schwierigen Problem. Wie sollten Kinder, die der deutschen Sprache nicht mächtig waren, erfolgreich am Unterricht teilnehmen, ohne ihn zu stören oder gar zu behindern? Es gab nur wenige Lehrer, die spanisch, türkisch, italienisch oder griechisch sprachen. Überraschenderweise erwies sich jedoch das Sprachproblem als nicht so groß, wie man angenommen hatte. Auch beim zweiten Problem, dem sozialen Verhalten zwischen ausländischen und deutschen Kindern, dauerte es – mit kleinen Unterschieden und von einigen Fällen abgesehen – nur kurze Zeit, bis die Anfangsschwierigkeiten überwunden waren.

An meiner Schule hatte ich gleich vier Kinder aus verschiedenen Nationen ... zu unterrichten. Von diesen Kindern war Angelina am meisten benachteiligt. Sie stammte aus einer einfachen Familie, und der Vater arbeitete hier in Deutschland als Gastarbeiter. Durch ihre einfache und manchmal ärmliche Kleidung fiel sie auf, und auch ihr Haar war nicht immer sehr gepflegt. Ihr Ansehen in der Klasse litt sichtlich darunter. Auch war der Einfluß des Elternhauses zu spüren, wenn die Schulkinder sie kindlich-grob mit ›Itakerin‹ – Landserjargon – bezeichneten. Unter dieser herabsetzenden Bezeichnung litt Angelina sehr, zumal sich niemand zu ihr in die Schulbank setzen wollte. Auch in den Pausen war sie stets allein. Ich sprach mit den Eltern Angelinas über diese Probleme. Angelina kam nach einiger Zeit sauber und ordentlich angezogen zur Schule, und nun änderte sich auch – nicht von heute auf morgen! – das Verhalten der Mitschüler. Ihr Selbstgefühl hob sich dadurch sehr. Sie lernte in sehr kurzer Zeit mit meiner Hilfe die deutsche Sprache und wurde von ihren Klassenkameraden voll anerkannt.

Martin, der Spanier, hatte es von Anfang an leicht in der Schule. Sein Vater arbeitete in Deutschland als anerkannter Fachmann. Mit Hilfe eines Wörterbuches wurden die ersten Sprachschwierigkeiten überwunden. Da seine Eltern gut deutsch sprachen, lernte er die fremde Sprache schnell. Um ihn drängten sich die Kinder der Klasse, und er musste immer wieder von Spanien erzählen. ›Hast du schon einmal einen Stierkampf gesehen?‹ fragten sie ihn und wollten wissen, was ›de la Torre‹ bedeutet. Alle Buben suchten seine Freundschaft. Er wusste auch zu viel Neues zu berichten.

Nalàn, die hübsche Türkin, bestach alle durch ihr etwas fremdländisches Aussehen und Wesen. Der Vater arbeitet als Facharbeiter in einem Automobilwerk. Bei ihr fiel besonders auf, dass das soziale Empfinden der Kinder sehr von Äußerlichkeiten geprägt wird. Da Nalàn immer fein und modern angezogen zur Schule kam, suchten alle Mädchen ihre Freundschaft. Bald entwickelte sie sich zu einer Musterschülerin. Bei den Sprachschwierigkeiten gab es keine Hilfe. Sie fand sich mit Hilfe des Vaters, der gut deutsch sprach, bald in die fremde Sprache hinein.

Nanna, die kleine Griechin, hatte gleich von Anfang an einen Beschützer. Die Eltern wohnten im Hause eines Schülers meiner Klasse. Es war rührend anzusehen, wie er ihr die deutsche Sprache beibrachte. Mit Erfolg! Der Vater arbeitete als Arzt-›Gastarbeiter‹ in einem Krankenhaus. Auch hier sprachen die Eltern ein gutes Deutsch. Es dauerte nur wenige Wochen, und sie konnte dem Unterricht folgen. Sie hatte in der Klasse keinerlei Schwierigkeiten.

Was fiel mir bei diesen Kindern besonders auf? Erstaunlich war, wie lernbegierig diese Kinder waren ... Mit der Zeit wuchs das Zusammengehörigkeitsgefühl auch bei diesen Schulkindern und es gab keinerlei Unterschiede mehr« (Meißner 1967: 88 ff.).

Das sozialkundliche Klassenzimmer wird seit den 60er-Jahren zunehmend heterogen und interkulturell – Europa im Klassenzimmer. Die Politikdidaktik hat daraus noch immer kein systematisches curriculares Konzept entwickelt, das auf der Inhaltsebene die Chancen heterogener Lerngruppen aufnimmt.

3. Simulatives Handeln: Lernen durch Spiel

»Sandkastenarbeit demonstriert Grenzschwierigkeiten

Einige hatten indessen im Sandkasten Europa aufgebaut, wobei sie allerdings nur die Oberflächenbeschaffenheit und die Grenzen berücksichtigten. Aber trotz dieser Beschränkung war ihnen, wie wir sahen, der Aufbau Europas mit seiner vielfältigen Grenzziehung nicht ganz geglückt. So hatte uns diese Arbeit in augenfälliger Weise einen kleinen Einblick in die tatsächlichen Schwierigkeiten des Schrebergartens Europa mit seinen 26 Lattenzäunen vermittelt und uns zugleich den Weg zur Beantwortung der nächsten Fragen gewiesen.

Kritik eines Gesprächs

Hier erzählte ich den Schülern von einem Gespräch, das ich einmal mit einem recht skeptischen Zeitgenossen hatte. Er sagte mir damals: ›Bei einem Zusammenschluß Europas werden sich nur die anderen auf unsere Kosten bereichern. Denn wir Deutschen sind doch die besten Arbeiter, die andern aber oft faul und bequem. Im übrigen ist der ganze Europa-Rummel nur eine Sache der Reichen, der Kapitalisten. Wir kleinen Leute müssen immer nur schuften. So war es früher, so ist es heute und so wird es auch in einem Vereinigten Europa sein. Und dann kommt wieder ein Krieg – und alles ist vorbei. Denn die Kriege wird man nie aus der Welt schaffen können, und die Franzosen sind und bleiben unsere Feinde. Gegen die Sowjetunion aber sind wir sowieso machtlos, und mit den Amis können wir wirtschaftlich doch nicht konkurrieren. Im übrigen ging es doch bisher auch. Warum auf einmal das Bestreben, die verschiedenen europäischen Völker alle zu einigen?‹

Ohne dass ich die Schüler nach ihrer Meinung zu fragen brauchte, kam zuerst eine spontane Kritik an derartigen Verallgemeinerungen und Unwahrheiten und dann eine mehr oder minder begründete positive Stellungnahme zu einer Vereinigung der europäischen Staaten. Sie meinten: ›Andere sind auch fleißig – In jedem Volk gibt es Faule und Fleißige. Freilich müssen wir arbeiten, aber jeder Arbeiter bekommt doch auch seinen Lohn. Vor dem Krieg fürchten sich heute alle, weil die Atombomben alles kaputt machen würden. Vielleicht kommt dadurch kein Krieg mehr. Wenn sich Europa vereinigt, gibt es keine Grenzen mehr . . .« (Bergener 1959: 69 f.).

Der Sandkasten, ein klassisches Arbeitsmittel der Arbeitspädagogik und Volksschulpädagogik der 20er-Jahre, wird im modernen sozialwissenschaftlich orientierten Unterricht, wie er sich seit Mitte der 60er-Jahre herausbildet, durch Modelle (und heute durch Computersimulationen) abgelöst. Dazu zählt das Planspiel, das in den 70er-Jahren eine erste Konjunktur in den Schulen hat. Eine Hamburger Lehrerin dokumentiert und reflektiert in einer geschichtsdidaktischen Zeitschrift (!) ein Planspiel (sie nennt es Rollenspiel, präzise handelt es sich um eine Konferenzsimulation) in der 11. Klasse zum aktuellen Thema »Stahlkrise in der EG« (Caspar 1979). Gegensätzliche Positionen nahmen vor allem die Bundesrepublik und Frankreich ein. Während die Bundesrepublik aus der Position der ökonomischen Stärke einen EG-Eingriff so lange wie möglich zu verhindern suchte, drohte Frankreich mit einem nationalen Alleingang in der Frage der Importrestriktionen, falls auf supranationaler Ebene keine energischen Maßnahmen ergriffen würden.

Tonbandprotokoll des Rollenspiels (Auszug)

»L.: Ich bitte jetzt die Beobachter, sich noch einmal ganz kurz ihre Aufgaben anzuschauen und sich dazu während des Spiels Notizen zu machen.

K.: Also, wir haben festgestellt, dass es zwei grundsätzliche Hauptprobleme gibt: erst einmal, dass wir zu unproduktiv arbeiten, dass wir also unseren Stahl billiger machen müssen, und zum zweiten, dass die Importe aus Drittländern zu billig sind. Also, die Leute arbeiten da mit Dumpingpreisen, Japan z. B., und das müsste auch durch irgendwelche Maßnahmen verhindert werden.

F.: Ja, den zweiten Punkt finde ich sehr interessant.

A.: Man kann zwar nicht sagen, dass die Punkte falsch sind, aber sie treffen das Problem nicht. Es gibt viel zu viel Stahl auf der Welt und unsere Krise liegt daran, dass es überall zuviel Stahl gibt und wir nicht mehr genug exportieren können.

K.: Und was schlagen Sie zur Lösung vor?

A.: Das sollten wir eigentlich hier diskutieren.

E.: Ja, bitte!

A.: Zur Lösung dieses Problems gibt es eigentlich nur eins: weniger Stahl produzieren. Das wäre aber für uns äußerst ungünstig. Wir müssen nach anderen Lösungen suchen, daß wir uns durchsetzen können, also uns neue Märkte erschließen bzw. die bereits vorhandenen Märkte besser ausnutzen. Das heißt, dass wir z. B. versuchen, verstärkt in Drittländer zu exportieren. Vor allem in Entwicklungsländer, wobei wir aufpassen müssen, da in Entwicklungsländern auch eine Stahlindustrie existiert. Die bereits über das Maß des Eigenverbrauchs hinaus produziert.

E.: Ja, wir haben da schon einen Vorschlag ausgearbeitet und zwar, dass man einmal staatliche Zuschüsse gibt, wenn Länder neue Märkte erschließen wollen und unter Umständen ihre Preise senken müssen und damit ohne Profite arbeiten, und dass man diesen Verlust ausgleicht, dass sie also nicht dadurch in die Krise kommen.

A.: Womit wollen Sie das denn ausgleichen?

E.: Durch Zuschüsse.

A.: Und wie kriegen Sie diese Zuschüsse?

E.: Das ist ja noch ein anderer Punkt.

A.: Ich glaube, wir können uns sehr schnell darauf einigen: wir können die Außenzölle für Stahl einfach anheben und diese dadurch frei werdenden Gelder . . .

K.: für Zuschüsse verwenden.

A.: Genau.

K.: Das ist natürlich eine Idee.

S.: Das würde uns entgegenkommen . . .

A.: Das versteh' ich nicht ganz. Sie wollen schließlich nicht nach Japan exportieren. Das ist eigentlich das Land mit den Billigpreisen«.

Der Aufsatz Caspar 1979 dokumentiert das vollständige Wortprotokoll.

Ein Vergleich mit Reportagen und kritischen Analysen von aktuellen Europa-Simulationen ist möglich (vgl. den Beitrag von Holger Müller in diesem Band).

Fazit: »Erziehung zu Europa« oder »Doing European«?

Der Rückblick zeigt immer wieder, wie eng bei dem Inhalt Europa die Verknüpfung von Bildung und Politik gesehen wird:

»Das Europa-Thema war seit den fünfziger Jahren ein bevorzugter Gegenstand aller Lehrpläne und Richtlinien der Schulbehörden. Die Lehrerschaft widmete sich in weitem Maße der Aufgabe mit Ernst und auch mit Begeisterung. Die Verlangsamung und die Rückschritte in den Einigungsbemühungen seit 1963 haben allerdings auch in der Schule zunehmend zu kritischer Zurückhaltung der Lehrerschaft geführt. Ein bekannter Pädagoge der politischen Bildung äußerte vor kurzem, ihm falle zum Europa-Thema unter den gegenwärtigen Umständen nichts mehr ein. Man habe bisher so viel pädagogisches Denken investiert, und nun bleibe die Politik den Erfolg schuldig« (Große 1970: 109).

»Ich muß mit einer Feststellung beginnen, die für das, was ich zu sagen habe, so wichtig ist wie das Stimmen des Orchesters für den Klang des Konzerts. *Europa kann nicht durch Erziehung und Bildung herbeigeführt werden, sondern nur durch Poli-*

tik. Es ist freilich keineswegs unwesentlich, was auf dem Gebiet der Erziehung geschieht, während sich die Politiker um die Einigung Europas mühen. Aber die Erziehung kann die politische Initiative, die politische Raison und die politische Macht nicht ersetzen . . . Das haben wir auf Grund des Erlebten begriffen: wo die Schule politischen Erwartungen unterworfen wird, ist das zugleich das Zeichen einer Politik, vor der man auf der Hut sein muß. In der Demokratie ist es freilich so, dass es keineswegs ohne Bedeutung ist, was gleichzeitig mit der Politik im Bereich der Erziehung und Bildung geschieht. Demokratische Politiker sind auf die Schützenhilfe des öffentlichen Bewußtseins angewiesen, und an diesem öffentlichen Bewußtsein sind Schule und Volksbildung in hohem Maße beteiligt. Indessen auch solche europäische Bewußtseinsbildung, ohne dass die politische Realität Europas bereits einigermaßen greifbar ist, kann zu gefährlichen Rückschlägen führen. Wenn die Politik nicht in der Lage ist ›nachzuziehen‹, gerät entweder die Pädagogik in den Geruch der politischen Phantasterei oder die Politik in den der Ungeistigkeit.« (Wilhelm 1966: 255; Niederschrift eines Vortrags, der im Winter 1964/65 im Rahmen der Schleswig-Holsteinischen Universitätsgesellschaft mehrfach gehalten worden ist.)

Fazit:

Wie wird das Thema Europa in der politischen Bildung seit den 50er-Jahren inszeniert? Unser didaktikgeschichtlicher Rückblick in die Stoff- und Inszenierungsgeschichte zeigt, daß auf der Inhaltsebene Schlüsselprobleme der Europäischen Gemeinschaft beherzt angegangen werden. Auf der methodischen Ebene ist Schülerorientierung von Anfang an didaktisches Prinzip, da der Inhalt Europa sonst nicht in den Verstehenshorizont der Schülerinnen und Schüler gerückt werden kann. Auf der Zielebene allerdings wird eine normative Europa-Didaktik mit emphatisch-gesinnungsethischer Prägung – Erziehung zu Europa – erst allmählich durch eine reflexive Europa-Bildung – »doing european« (vgl. den Beitrag von Dagmar Richter) – abgelöst, die um konflikthafte Interessen und kulturelle Heterogenität weiß und diese systematisch zur Unterrichtsgrundlage macht. Über die demokratietheoretischen Grundannahmen, die den Europa-Inszenierungen zugrunde liegen (Partizipation), läßt sich auf der Basis des vorliegenden Materials noch wenig aussagen.

Dieses Ringen der Europa-Didaktik mit dem Überwältigungsverbot und Kontroversgebot des Beutelsbacher Konsenses, zwischen »Erziehung zu« und »Reflexion über« läßt sich exemplarisch an einem Unterrichtsmitschnitt »Europa – Idee und Wirklichkeit« (1968 Jungengymnasium Wittlich, Rheinland-Pfalz, 9. Klasse, FWU Projekt »Unterricht in Dokumenten«) verfolgen. Die Aufzeichnung ist im Rahmen einer Testreihe entstanden, d. h. es wurden noch keine Begleithefte für Pädagogen produziert. Es existiert eine zweieinhalbseitige maschinenschriftliche Unterrichtsplanung des Lehrenden, ein Sitzplan (Gruppentisch) sowie ein Wortprotokoll der Aufzeichnung. Handreichungen wurden erst später im FWU-Projekt erstellt. Schwerpunkte der Aufzeichnungen waren die PH Bonn zusammen mit der Universität Hamburg und der PH Heidelberg. Die Aufzeichnung ist auf knapp 30 Minuten gekürzt, weil die Filmrollen der Zeit nicht mehr hergeben. An diesem Dokument lassen sich die hier bilanzierten Inszenierungsformen exemplarisch verfolgen. Das vollständige Material ist dokumentiert im »Archiv Politikunterricht« unter www.erzwiss.uni-hamburg.de/personal/grammes.html. Es ist geeignet für die distanzierende Reflexion in allen Phasen der Lehrerausbildung. Ein entsprechendes »Archiv Politikunterricht« mit Unterrichtsmitschnitten müsste einen »Europa-Frenzel« untersetzen. Das Lexikon »Stoffe der Weltliteratur« (Frenzel 1998) verfolgt die wesentlichen, immer wieder von Dichtern aller Zeiten und Völker behandelten literarischen Stoffe wie Faust, Amphitryon, Antigone oder Don Juan in ihren großen und auch kleineren dichterischen Verwirklichungen und untersucht zugleich den jedem einzelnen Stoff eigenen poetischen Gehalt.

»Don't worship originality« (Lewis 2002: 79) lautet ein Motto der Unterrichtsentwicklung, die nicht auf Lehrproben-Shows fixiert ist, sondern auf die kontinuierliche Verbesserung des Normalunterrichts. Die Politikdidaktik kann Standards durch eine themenvergleichende Unterrichtsforschung unterstützen, die Unterrichtsreportagen und -planungsentwürfe vergleichend dokumentiert und unter Leitfragen analysiert – eine Art »Frenzel« für gesellschaftlich-politisches Lernen.

Mit vergleichbaren Studien zur Dramaturgie der großen Themen, der Prozessierung von Wissen, könnte die politikdidaktische Theoriebildung ihre »konstruktivistische Wende« untersetzen. Hören wir abschließend noch einmal Kurt Gerhard Fischer: »Veranstaltungen der Lehrerfortbildung, die etwa diesem Aufbau genügen, sollten – in aller Vorläufigkeit – als ausgearbeitete Protokolle und damit zugleich als ausgewachsene Unterrichtsmodelle fixiert und bescheiden publiziert werden. Dadurch könnte – und wird im Land Hessen jedenfalls seit dem Jahr 1968 – eine Multiplikation von Aufwand und Ergebnissen erzielt werden, durch die Tausende von Lehrern in die Weiterbildung einbezogen werden. Diese Unterrichtsmodelle können zugleich als Grundlage für empirische fachdidaktische Forschungen und für Lehrveranstaltungen in der zweiten und ersten Phase der Lehrerbildung dienen« (Fischer 1970b: 108).

Literaturhinweise

Baeumler, Alfred 1943: Weltdemokratie und Nationalsozialismus. Die neue Ordnung Europas als geschichtsphilosophisches Problem, Berlin.

Bergener, Herbert 1959: Europa – unser größeres Vaterland, in: Ders: Weltpolitische Fragen. Berichte aus der Arbeit einer Volksschuloberstufe, Stuttgart, 65–85

Bergstraesser, Arnold 1930: Sinn und Grenzen der Verständigung zwischen Nationen, München.

Caspar, Hildegard 1979: Bericht über ein Rollenspiel in der Sekundarstufe II zum Thema »Stahlkrise in der EG«, in: Geschichtsdidaktik, H. 4, 368–382.

Christoffel, Karl 1944: Volk, Bewegung, Reich, Frankfurt.

van Cleve, Bernd 1995: Erwachsenenbildung und Europa. Der Beitrag politischer Bildung zur europäischen Integration. Bilanz und Perspektive aus pluralismustheoretischer Sicht, Weinheim.

Fischer, Kurt Gerhard 1957: Was haltet ihr von Europa? Gedanken zur Unterrichtsgestaltung in der Berufsschule, in: Gesellschaft-Staat-Erziehung, H. 1, 25–30.

Fischer, Kurt Gerhard 1957: Sinn und Nutzen gegenwartskundlicher Auslandsreisen, in: Freiheit und Verantwortung, H. 6, 264–268.

Fischer, Kurt Gerhard 1970: Entwicklungspolitik und Entwicklungsländer in der Lehrerfortbildung. Ein Modell-Entwurf, in: Gesellschaft–Staat–Erziehung, H. 1, 101–108.

Flitner, Wilhelm 1952: Die Einheit der europäischen Bildung und Kultur, Hamburg.

Flitner, Wilhelm 1961: Europäische Gesittung. Ursprung und Aufbau abendländischer Lebensformen, Zürich/Stuttgart.

Foerster, Friedrich Wilhelm 1964: Schriften zur politischen Bildung. Besorgt von K.G. Fischer, Paderborn.

Frenzel, Elisabeth 1998: Stoffe der Weltliteratur. Ein Lexikon dichtungsgeschichtlicher Längsschnitte, München.

Gagel, Walter 1995: Geschichte der politischen Bildung in der Bundesrepublik Deutschland 1945–1989, Opladen.

Grammes, Tilman 1989: Auf der Suche nach der Fachdidaktik »Politik«. Community, Gemeinschaft und die Rede vom Partner, in: Dithmar, Reinhard (Hrsg.): Schule und Unterrichtsfächer im Dritten Reich, Neuwied, 259–274.

Große, Helmut 1970: Europa-Thema – pädagogisch überholt? In: Gesellschaft-Staat-Erziehung, 109–115.

Hagemann, Cornelia 1982: Europa im Unterricht. Bibliographie, Bonn.

Krüger-Potratz, Marianne u. a. 1996: Völkerfreundschaft und internationale Solidarität, in: Freundschaft! Die Volksbildung der DDR in ausgewählten Kapiteln, Berlin, 171–260.

Kurz, Alfred/Graeff, Robert 1981: Bibliographie zu Unterrichtseinheiten der politischen Bildung. Veröffentlichungen in Zeitschriften, Bonn.

Lewis, Catherine 2002: Lesson-Study: A Handbook of Teacher-Led Instructional Change, Philadelphia.

Meißner 1967: Kinder von Ausländern und Gastarbeitern lernen in unseren Volksschulen. in: Welt der Schule, H. 2, 88–90.

Mickel, Wolfgang W. 1957: Zur Anlage und Durchführung sozialkundlicher Studienfahrten, in: Gesellschaft–Staat–Erziehung, 330–333.

Mickel, Wolfgang W. 1993: Lernfeld Europa. Didaktik zur europäischen Erziehung, Opladen.

Müller, Werner 1987: Von der »Völkerverständigung« zum »interkulturellen Lernen«. Die Entwicklung des internationalen Jugendaustauschs in der Bundesrepublik Deutschland, Starnberg.

Strubl, Heinz 1979: Eurovision für Schüler. Schulfernsehen in der EG – die EG im Schulfernsehen, in: Materialien zur politischen Bildung, H. 2, 71–79.

Thimmel, Andreas 2001: Pädagogik der internationalen Jugendarbeit. Geschichte, Praxis und Konzepte des Interkulturellen Lernens, Schwalbach.

Wilhelm, Theodor 1942: Le Problème de l'Education dans l'Europe Nouvelle, in: Internationale Zeitschrift für Erziehungswissenschaft, 117–128.

Wilhelm, Theodor 1966: Der Beitrag der deutschen Schule zur europäischen Integration, in: Ders. (Hrsg.): Die Herausforderung der Schule durch die Wissenschaften, Weinheim, 255–270.

Wilhelm, Theodor 1990: Aufbruch ins europäische Zeitalter. Eine politisch-pädagogische Besinnung am Ende des 20. Jahrhunderts, Stuttgart.

Bodo von Borries

Europa im Geschichtsunterricht

Vorhandenes Schülerbewusstsein, wünschenswerte Inhalte und problematische Lernprogression

Der Titel weist in seiner Dreierformel darauf hin, dass die angesprochenen Aufgaben nur knapp angerissen werden können. Es geht zunächst um eine Skizze von empirischen Befunden über Europakenntnisse und -interessen Jugendlicher, dann um Vorüberlegungen zu curricularen Entscheidungen und schließlich um den Nachweis ungeklärter Voraussetzungen für unterrichtsmethodische Zugänge. Dabei werden – aus Sicht der Geschichtsdidaktik – drei Bälle ins Spielfeld geworfen, die hoffentlich aufzufangen und produktiv zu nutzen sind. Alle drei Zugriffe sind allerdings nicht perfekt (und zudem unzureichend miteinander vernetzt):

1. Das empirische Material ist veraltet (1992, 1995); aus anderen Untersuchungen, z. B. Shell-Studien (»Jugend« 2000 und 2002), läßt sich aber nur teilweise Einschlägiges heranziehen.
2. Der curriculare Vorschlag ist unerprobt, ja weitgehend undiskutiert; das Gespräch darüber muss erst noch geführt werden.
3. Der entwicklungslogische Teil zielt – jedenfalls in der deutschsprachigen Geschichtsdidaktik – in eine Forschungslücke; er kann daher nur ganz grob Fragestellungen aufreißen.

I. Empirische Befunde zu Europabegriffen und -einstellungen von Jugendlichen

1.1 Jugendliche in Deutschland 1992

Viele Ergebnisse stammen aus einer repräsentativen Befragung (N = 6 480) von Jugendlichen der 6., 9. und 12. Klassenstufe (ersatzweise 2. Berufsschuljahr) in Süd-, West- und Ostdeutschland 1992. Dabei waren vorwiegend Statements auf fünfstufigen Likertskalen von »nein, gar nicht« (–2) bis »ja sehr« (+ 2) anzukreuzen, so dass positive Mittelwerte Zustimmung, negative Ablehnung bedeuten. Aus der breiten Palette aller Items zu Motivation und Vorlieben, Kenntnissen und Lesefähigkeit, Einstellungen, Deutungen und Urteilen, Mediengewohnheiten, Unterrichtsformen und Sozialisationsbedingungen (vgl. v. Borries u. a. 1995) sind hier nur ganz wenige Gruppen zu betrachten.

Bei den *Europabegriffen* (v. Borries u. a. 1995: 179 ff.) zeigt sich eine geringe Altersabhängigkeit und eine mäßige positive Zuwendung der Mehrheit. Die beliebtesten Äußerungen (»Ansammlung mehrerer unabhängiger Nationalstaaten mit ganz verschiedenen Traditionen« und »Beispiel dafür, dass früher verfeindete Nachbarländer heute friedlich zusammenarbeiten«) werden im Prozess der Schullaufbahn (und der Sozialisation insgesamt) weder »erlernt« noch »verlernt«. Der »bloß erdkundliche Begriff« wird abgelehnt, und zwar in höheren Alter etwas stärker. Die Zustimmung zu »Heimat von Demokratie, Aufklärung und Fortschritt« schrumpft ein wenig, ähnlich wie die zu »lockerer Staatenbund, der auf einer langen gemeinsamen Tradition beruht«. Der »Club der reichen weißen Länder . . . (mit) Schuld an der Kolonialausbeutung und Umweltzerstörung« wird vollends neutral eingeschätzt. Schon 1992 gibt es also (in diesem Zusammenhang!) nur geringe Auswirkungen eines antikolonialistischen und umweltschützerischen Engagements. Das spricht nicht für eine intensive Bearbeitung in der Schule oder in den Massenmedien, sondern für ziemlich feste Voreinstellungen ohne große Änderungen durch Unterricht.

Zum Vergleich sind die *Nationsbegriffe* (v. Borries u. a. 1995: 176 ff.) heranzuziehen: Dominant ist die (durch Lernen noch verstärkte) Überzeugung, Nationen seien »in den letzten Jahrhunderten die Ursache vieler Bürgerkriege und Massenvertreibungen« gewesen. Freilich ist die Meinung fast ebenso stark, Nationen würden »von ihren Angehörigen geliebt, weil sie natürliche Gebilde (seien), die auf gemeinsamer Sprache, Abstammung und Kultur beruhen«. Die darin sich äußernde Neigung zu einem naturalen und illusionistischen Nationsbegriff wird durch die Beantwortung des Items, Nationen seien »ebenso entstanden und vergänglich wie andere geschichtliche Größen, z. B. Reiche oder Herrscherhäuser«, noch unterstrichen. Dieser offensichtlich triftigen Historisierung stimmen zwar die Jüngeren einigermaßen zu, verblüffenderweise nicht jedoch die Älteren. Diese lehnen aber gleichzeitig – anders als die Jüngeren – »Unantastbarkeit, Zeitlosigkeit und Wertvollsein« der Nationen ab. Die Behauptung, Nationen seien eine »veraltete Organisationsform, weil die Menschheit heute über alle Grenzen hinweg ihr Überleben sichern« müsse, lösen weder Zustimmung noch Ablehnung aus. Besonders heftige Reaktionen ruft der Nationsbegriff in

Deutschlands Jugend also nicht hervor. Und gelernt oder verlernt wird in diesem Kontext fast nichts. Ein Hauptthema des Geschichtsunterrichts bewirkt also wenig, vermutlich weil die Zugriffe zu wenig explizit, reflektiert und theoriebewußt ausfallen.

Klarere Befunde liefern die Items zur *Kolonialgeschichte* (v. Borries u. a. 1995: 60 ff.). Diese wird im Mittel durchaus negativ gesehen, und zwar mit steigendem Alter und größerer Bildung noch weit negativer (Lerneffekt durch Schule und Massenmedien). Den Kennzeichnungen als »langdauernde Ausbeutung von Ländern und Völkern in Übersee« und als »Verachtung und Vorurteile gegenüber farbigen Menschen« wird von den Kleinen noch nicht lebhaft zugestimmt, von den Großen ganz entschieden. Dagegen sind »großartige Beiträge für den Fortschritt anderer Erdteile« für die Jüngeren noch neutral, bei den Älteren aber eindeutig abgelehnt. Die »mutigen Forschungsreisen weißer Wissenschaftler ins Unbekannte« lösen (als »Stanley-Livingston-Syndrom«) in der 6. Klasse noch eine hohe Faszination aus, in der 12. Klasse (außer in Ostdeutschland) weit weniger. Die anti-kolonialistischen Stereotype zugleich moralisierenden und konventionellen Charakters sind eindeutig belegbar; sie gehen (das wurde schon 1990 gefunden) sogar weit über das fachlich Triftige hinaus (vgl. v. Borries u. a. 1992: 70ff.), bilden sich aber offenbar nicht in den »Europabegriffen« ab. Solche Inkonsistenzen sind nicht nur für die Äußerungen der Jugendlichen typisch, sondern auch für die von Erwachsenen. Man folgt – ohne großen Analyseaufwand – der öffentlichen Konvention. Als besonders deutliches Beispiel dafür konnte 1992 die Stellung zum *Fortschritt* aufgewiesen werden (v. Borries u. a. 1995: 182ff., 384ff.), der einerseits eine selbstverständliche Voraussetzung aller Wahrnehmungen bildet, andererseits explizit bestritten wird.

1.2 Jugendliche in Europa 1995

1995 wurden über 31 500 Jugendliche der 9. Klassenstufe in fast ganz Europa befragt. Wiederum ging es vorwiegend um fünfstufige Likertskalen von »nein, gar nicht« (1) bis »ja sehr« (5), also mit 3 (»teils-teils«) als Neutralitätspunkt. Teilweise wurden sehr ähnliche oder identische Items benutzt wie 1992 in Deutschland. Erneut standen Motivation und Mediennutzung, Lernziele und Unterrichtsformen, Kenntnisse und Deutungen, geschichtsbezogene Einstellungen und politische Entscheidungen im Vordergrund (vgl. Angvik/v. Borries 1997, v. Borries u. a. 1999), von denen nur wenige knapp berichtet werden können. Differenziertere Fragen nach Kontinent-

Europa, EU-Europa, Euro-Europa, Europarats-Europa oder Schengen-Europa sollte man – so erwünscht sie wären – lieber nicht stellen. Sie erweisen sich als ziemlich sinnlos, weil sie die Unterscheidungsfähigkeit der Mehrheit von Jugendlichen (und vielleicht auch Erwachsenen) offenkundig überfordern.

Vergleicht man die *Wichtigkeit* zahlreicher Werte und Institutionen für die Jugendlichen (v. Borries u. a. 1999: 119 f.), dann besitzt die »europäische Zusammenarbeit« nur einen sehr geringen Stellenwert (besonders natürlich in Israel und Palästina), weit hinter den privaten Bereichen von »Familie«, »Freunden« und »Hobbys«, aber auch universalen Werten wie »Frieden«, »Umweltschutz« und »Solidarität«. »Demokratie« bekommt einen vergleichbar geringen Wert. Die Unterschätzung der objektiven Bedeutung »Europas« (z. B. Wirtschaft, Freizügigkeit, Währung) ist offenkundig, eine starke emotionale Bindung besteht nicht. Das *Interesse* an der (eigenen) Nationalgeschichte ist meist (Ausnahmen Schweden und Südtirol) etwas stärker ausgeprägt als das *an europäischer Geschichte* (v. Borries u. a. 1999: 41f.); von einem eng chauvinistischen Geschichtszugang kann aber – außer in wenigen Ländern am Mittelmeer (Griechenland, Türkei, Israel, Palästina) – nicht die Rede sein.

Die *Europabegriffe* (v. Borries u. a. 1999: 108f., 126) ähneln durchaus denen in Deutschland: Sämtliche positiven Äußerungen über Europa werden (schwach) bejaht, sämtliche negativen neutral bewertet oder schwach zurückgewiesen. Damit ist eine gewisse vage Europafreundlichkeit, freilich ohne Engagement und Leidenschaft, schon vorweg geklärt. Die »Friedenssicherung« und der »Wirtschaftsmotor« werden besonders betont, die Vorbildlichkeit hinsichtlich »Demokratie und Aufklärung« findet nur in Griechenland größere Zustimmung; eine Schuld an Kolonialismus und Umweltbelastung wird schwach zurückgewiesen. Die Nationalkulturen der Erwachsenen spiegeln sich im Material, wenn auch sehr gedämpft. Die – damals noch künftigen – Beitrittskandidaten Ostmitteleuropas sind am positivsten eingestellt, die Alt-Mitglieder in Mittel- und Südeuropa ebenfalls durchaus günstig. Am meisten Skepsis findet sich bei den Isolationisten auf der britischen Insel und der skandinavischen Halbinsel (damals im Beitrittsprozess). Diese – völlig plausible – Beobachtung wird durch parallele Befunde bei der Frage nach *hypothetischen Abstimmungen* (über gemeinsame Währung, Stärkung der nationalen Regierungen etc.) gestützt (v. Borries u. a. 1999: 120ff., 132). Die günstigste Beurteilung des künftigen Euro findet sich z. B. in der italienischen Region Südtirol (Sonderstichprobe aller drei nationalen Gruppen), wo er das Nebeneinander von drei Währungen (Lira, Schilling und D-Mark) abzulösen verspricht.

Die *Nationsbegriffe* (v. Borries u. a. 1999: 101ff., 124) zeigen erstaunlicherweise keinen Gegensatz zwischen dem »westeuropäischen« politischen Konzept (Ernest Renans) und dem »mittel- und osteuropäischen« kulturell-sprachlichen Konzept (Johann Gottfried Herders). Beiden wird zugestimmt, und beide weisen einen beträchtlichen positiven Zusammenhang auf! Zwar wird auch in Europa die große Rolle der Nationen bei Kriegen in den letzten Jahrhunderten gesehen, aber ein Auslaufen des Nationskonzeptes und der Ersatz durch übernationale Regelungen findet nur eine ziemlich geringe Resonanz. Erwartungsgemäß stehen »traditionalistische« Länder mit einer höheren Nationsbegeisterung und »modernisierte« mit gedämpfteren Tönen sich deutlich gegenüber; das BSP pro Kopf und die Intensität der religiösen Bindung erweisen sich als die Variablen mit der höchsten Erklärungskraft überhaupt (v. Borries u. a. 1999: 288ff.)! Deutschland ragt *nicht* als besonders nationsfeindlich (oder »negativ nationalistisch«) heraus, sondern ordnet sich in die Gruppe der hoch »modernisierten« Länder ein.

Besonders spannend ist das Verhältnis »der Europäer und der ›anderen‹«. Die *Kolonialgeschichte* (v. Borries u. a. 1999: 113ff., 129) wird auch in Europa eher ungünstig eingeschätzt. Der »Ausbeutungs«-Charakter wird fast durchgehend bejaht, allerdings in Italien, Türkei und Norwegen weit deutlicher als etwa in Island, Dänemark und den Niederlanden (und den ehemaligen Kolonialmächten überhaupt). Die Anerkennung als »Fortschrittshilfe« fällt im ganzen – wenn auch weit niedriger – ebenfalls positiv aus. In einzelnen Ländern (Türkei, Ukraine, Dänemark, Griechenland) ist der positive Wert sogar etwa gleich hoch. In anderen Fällen (Italien, Island, Ungarn und Tschechien) fällt der Gegensatz besonders krass aus (sie alle haben für »Fortschrittshilfe« negative Werte). Interessanterweise gibt es keinen Zusammenhang (Nullkorrelation) zwischen der Beurteilung der Kolonialgeschichte als »Ausbeutung« (im Mittel durchaus anerkannt) und der Kennzeichnung Europas als »Ausbeuterclub« (wie erwähnt eher abgelehnt), obwohl man das logisch erwarten sollte. Wahrscheinlich wird das eine als eine Beschreibung der Vergangenheit (»Geschichte«), das andere als Urteil über die Gegenwart (»Politik«) angesehen. Man kann dafür recht gute Belege beibringen.

Gefragt wurde nämlich auch nach der etwaigen Verpflichtung zu *Kolonialreparationen*, falls schwarzafrikanische Länder sie fordern (v. Borries u. a. 1999: 115f., 130). Festgestellt wurde eine eindeutige Verweigerung von Pflicht-Hilfsleistungen nach dem »Solidaritätsprinzip« (»alle reichen Länder«), aber eine hohe Akzeptanz von Erstattungen nach dem »Verursacherprinzip« (»ehemalige Kolonialmächte«). Schon das ist recht auffällig. Noch wichtiger ist ein hoher Zusammenhang von »Zahlungen nach Verursacherprinzip« und »Kolonialgeschichte als Ausbeutung« (recht relevante und signifikante Korrelation auf Länderebene) und eine ebensolche Verwandtschaft zwischen »Zahlungen nach Solidaritätsprinzip« und »Europa als Ausbeuterclub«. Offenbar gilt das eine (ehemalige Ausbeutung und heutige Rück-Erstattung) als pragmatische und rationale Analyse, das andere (anhaltende Ausbeutung und heutige Solidaritäts-Hilfe) als bloß moralische und normative Entscheidung. Konsequenterweise ist das zweite – anders als das erste – hoch geschlechtsspezifisch verteilt, d. h. weiblich getönt.

Europa ist nicht nur ein Phänomen für Vergangenheitsdeutungen und Gegenwartswahrnehmungen, sondern auch für *Zukunftserwartungen* (v. Borries u. a. 1999: 109ff., 127f.). Gefragt wurde nach den Aussichten in sieben Dimensionen (Demokratie, Frieden, Wohlstand, Überbevölkerung, Umweltverwüstung, soziale Konflikte, ethnische Unruhen). In vielen Ländern (besonders bei den alten EU-Mitgliedern) wird eine Unterscheidung zwischen den Aussichten Europas und denen des eigenen Landes praktisch nicht mehr gemacht. In Skandinavien und Großbritannien dagegen schätzen die Jugendlichen die Prognose für ihren Nationalstaat in jeder Hinsicht günstiger ein als die für Europa, an dessen Integration sie – mit »heiligem Egoismus« – wohl vor allem deshalb nur bedingt und distanziert teilnehmen wollen. In einigen wenig begünstigten Ländern im Osten (Rußland) und Südosten (Bulgarien) haben die Jugendlichen bereits eingesehen, dass ihr Staat die europäischen Standards nicht erreichen und am Schicksal Europas nicht voll teilhaben wird. Das ist wohl eine realistische, aber auch eine beklemmende Sichtweise.

2. Wünschenswerte Lerninhalte zur europäischen Geschichte

Was sollen Schüler über Europa im Geschichtsunterricht lernen; was könnte dort »Europäische Geschichte« ausmachen und bewirken (vgl. Schönemann 2002)? Es geht um einen Katalog, der nicht so sehr die europäische Geschichte (schon gar deren Gemeinsamkeiten) abbildet, sondern Grundqualifikationen und -einsichten für den Prozess der Integration, seine Risiken und Chancen, vermittelt. Was jetzt vorzutragen ist, ist nicht allgemein anerkannt und nicht mit anderen Notwendigkeiten abgestimmt, obwohl viele Einheiten erkennbar sind, die auch anderen Auswahlkriterien gerecht werden. Ausgelassen ist (vorläufig) die Frage der Lernbarkeit, weil sie in der Forschung noch kaum eine Rolle gespielt hat (vgl. aber 3.). Doch zunächst muss der Stellenwert des Europa-Themas abgeschätzt werden.

2.1 Thesen zum Zusammenhang von »Europäischer Integration« und Geschichtslernen

Erstens: *Das Fach »Geschichte« hat schon immer den Orientierungsaufgaben der Gegenwart gedient. Erkenntnislogisch kann es auch nicht anders sein.* Die Gegenwarts- und Zukunftsbezogenheit der Geschichte und die Indienstnahme der öffentlichen Geschichtsunterweisung durch die Mächtigen (die »politische Klasse«) kann man ideologisch-affirmativ (z. B. Weniger [4.] 1969) sehen oder ideologiekritisch-reflexiv (z. B. Bergmann 1975). Sie kann also als legitim und unabwendbar bejaht (Weniger) oder als Übel bekämpft und begrenzt werden (Bergmann). Für historisch-politische Urteile bleibt in der pluralistischen Demokratie nur der mündige Bürger/die mündige Bürgerin (übrigens auch der mündige Gast!) als zuständige Instanz übrig. Das gilt – wenn schon nicht in jedem Einzelschritt auf jeder Altersstufe – jedenfalls im Sinne einer regulativen Klausel, eines obersten Prinzips.

Zweitens: *Die »Europäisierung« auf allen Ebenen des öffentlichen und privaten Lebens ist ein Faktum (und ein Orientierungsproblem), auf das reagiert werden muss.* Die tatsächliche Angleichung der Lebensverhältnisse und die Freizügigkeit im Alltag (Währung, Grenzkontrollen, Examensanerkennung, Niederlassungsfreiheit) haben für Westeuropa ein Ausmaß erreicht, das man sich vor sechzig Jahren kaum vorstellen konnte. Der »vor-gemeineuropäische« Zustand ist damit aber auch heutigen Jugendlichen gar nicht mehr leicht vermittelbar, überhaupt nur »historisch« zu überliefern und verständlich zu machen. Man soll sich nicht täuschen, wie rasch solche Zustände aus dem »kommunikativen Gedächtnis« entschwinden. Vertragsgeschichte und Institutionalisierung »Europas« dagegen haben sich als ausgesprochen langweiliges und frustrierendes Thema erwiesen. Die »Europäisierung« ist zugleich zutiefst uneindeutig und umstritten und schon gar ganz unfertig. Mit anderen Worten: Sie ist mehr ein politisches als ein historisches Thema, was natürlich überhaupt nicht gegen curriculare Konsequenzen für das Fach Geschichte spricht.

Drittens: *Die »Europäisierung« lässt sich nicht von anderen Orientierungsaufgaben trennen, jedenfalls nicht isolieren und verabsolutieren (»Globalisierung«, »Massenmigration«, »inter- und subkulturelle Pluralisierung«).* Die »Globalisierung« hat natürlich schon um 1500 mit Kolumbus, Vasco da Gama und Magellan begonnen. Das Welthandelssystem des 17. und 18. Jahrhunderts, die Telegrafenleitungen des 19. und die Weltkriege des 20. Jahrhunderts symbolisieren weitere Schritte eines nach Rhythmen, Räumen und Sektoren höchst komplizierten Prozesses des Zusammenwachsens (ohne dass den genannten Beispielen dadurch schon eine besondere Schlüsselbedeutung im

Curriculum zugesprochen werden soll). Außerdem heißt Globalisierung Vernetzung und Interdependenz, jedoch keineswegs Einheitlichkeit und Gleichförmigkeit. Die entstehenden Parallelkulturen und Subkulturen, »Kolonien«, Gettobildungen, Konflikte, »Unterschichtungen« werden – auch außerhalb rechtspopulistischer Hetze und rassistischer Ressentiments – teilweise als bedrohlich und verunsichernd wahrgenommen. Solche Erfahrungen sind jedoch keineswegs neu. Stark vergröbernd kann man wahrscheinlich sogar sagen, dass frühere Gesellschaften oft mit sehr hoher Inhomogenität umgehen mussten und konnten. Erst die Nationalstaaten des 19. Jahrhunderts mit ihren unterstellten Staatsnationen haben – recht künstlich und teilweise sehr konflikthaft – auf Einheitlichkeit und Totalloyalität ihrer Bevölkerungen bestanden. Umgekehrt kann das allerdings keineswegs heißen, die vormodernen interkulturellen Gesellschaften seien erfreulich konfliktfrei oder vorbildlich demokratisch organisiert gewesen. Sie zu studieren, heißt von ihnen lernen, nicht sie kopieren zu wollen.

Viertens: *Europa wird – im Alltag der Menschen – in seiner Bedeutung grob unterschätzt und ist nicht besonders beliebt, aber auch nicht eigentlich verhasst.* Das geht u. a. aus den oben vorgetragenen empirischen Befunden unter Jugendlichen zwingend hervor.

Fünftens: *Die nationalstaatliche Identifikation hat sich als ausgesprochen stark und bleibend erwiesen.* Die Nationsbildung kann eindeutig in fast jedem Fall rückblickend als relativ willkürlich (»kontingent«) und nicht zwingend (»alternativenfähig«) erwiesen werden (vgl. Irland gegen die Schweiz, Südslawien gegen Deutschland und Rumänien gegen Belgien). Die Kriterien »Sprache/Dialekt«, »Religion/Konfession«, »Kultur/Lebensweise«, »Herrschaft/Dynastie« und »Geschichte/Staat« laufen einmal miteinander und einmal gegeneinander, sind einmal dominant und einmal marginal. Ebenso intensiv gilt die einmal getroffene Entscheidung dann aber, die einmal erfolgten Nationsbildungen kann man nicht mehr als beliebig oder veränderbar ansehen (»prospektive Festigkeit«). Mit einer Renationalisierung der Massen (und der Politik), genauer mit einem ausgesprochen engherzigen Alltags-Chauvinismus, muss weiterhin jederzeit gerechnet werden. Diese Perspektive ist durchaus für das Fach Geschichte lernrelevant, gerade wenn man nicht – wie oft geschehen – bei jedem politischen Problem dem Geschichtsunterricht die Verantwortung zuschieben will (»*Haltet den Dieb – und verprügelt den Geschichtslehrer!*«).

Sechstens: *Geschichte ist immer Konstruktion und bleibt stets umstritten, aber das bedeutet keine Beliebigkeit und keine Gleichwertigkeit aller Interpretationen.* Nicht nur Kinder, sondern auch Erwachsene setzen gerne Vergangenheit und Geschichte gleich, unterscheiden also nicht zwischen vergangener Realität und sinnbildender Erzählung darüber (eben »Historie«). Nur dass sie der »maßstabsverkleinerten, quasi-fotorealistischen Reportage« einen verminderten Wirklichkeitsgrad – und vermindertes Interesse – zuerkennen. Das ist erkenntnistheoretisch ein unglückliches Modell. Statt dessen ist Historie immer retrospektiv, blickt zurück, weiß nicht nur weniger, sondern auch mehr als die Zeitgenossen, z. B. wie es weiterging. Schon deswegen schreibt sich Geschichte nicht automatisch aus den Quellen, sondern wird bewusst und absichtsvoll synthetisiert. Die Quellen müssen »multiperspektivisch« gewählt und angeordnet werden, die Deutungen sind als »kontrovers« vorzustellen und zu behandeln, die möglichen Orientierungen als »pluralistisch« zu kennzeichnen und anzubieten. Aber gerade daraus folgt, dass Beliebigkeit zu vermeiden ist. Es gibt durchaus Qualitätsmaßstäbe. Keineswegs alle Interpretationen sind gleichwertig und gleich akzeptabel. An der Forderung nach wissenschaftlicher Zuverlässigkeit ist nichts abzumarkten; sie ist nicht durch »Multiperspektivität«, »Kontroversität« und »Pluralität« zu ersetzen, sondern nur durch diese einzulösen. Das geschieht fast durchweg noch nicht, wird allenfalls behauptet. Wenn man aber strukturell und unausweichlich in einem interkulturellen Feld (»Globalisierung«, »Europäisierung« und »Migration«) arbeitet (und genau das tut der Geschichtsunterricht), dann wird das »Fremdverstehen«, der »Perspektivenwechsel«, die experimentelle »Rollenübernahme« sehr eindeutig zur entscheidenden Leistung,

Siebtens: *Geschichte kann – reflexiv betrachtet – beim Europathema etwas zur Orientierung beitragen.* Historie hat auch früher Stärkung und Entscheidungshilfe geliefert, allerdings meist bloß im Sinne eines großen »Tanks«, aus dem Selbstsicherheit und Kraft bei der rücksichtslosen Durchsetzung der eigenen Gruppe geschöpft wird. Genau dieses Modell hat – jedenfalls im europäischen Kontext – keine besondere Überzeugungskraft mehr. Es ist intellektuell unredlich und nicht friedensdienlich. Also muss es durch einen reflexiv-selbstprüfenden Umgang mit Geschichte ersetzt werden, was – auch heute noch – eine Sisyphusarbeit darstellt.

Achtens: *Ein einheitliches Geschichts-Schulbuch und Geschichts-Curriculum für ganz Europa ist keine Lösung.* Der Versuch dazu wurde schon gemacht und ist vorerst – zu Recht – gescheitert. Das entsprechende »Europäische Geschichtsbuch« (Aldebert 1992) war zwar von Gelehrten aus zwölf Nationen geschrieben und abgestimmt, vernachlässigte aber völlig Osteuropa und war didaktisch-methodisch rückwärtsgewandt (vgl. z. B. v. Borries 1993).

Neuntens: *Wer Europa sagt, muss auch Ost-West-Gefälle (West-Ost-Gefälle) sagen. Das heißt natürlich nicht, es gäbe nur zwei Europas, zwei geschlossene Blöcke. Vielmehr sind alle Übergangsformen und eine Fülle von schicksalshaften Grenzlinien festzustellen (z. B. Ostsee/Triest und Bug/Karpaten).* Das gilt für die meisten historischen Betrachtungen; es gilt aber noch mehr für das frühere und heutige Gefühl der Menschen (Vorurteile und Ressentiments). Im Westen kümmert man sich nicht nennenswert um den Osten; Gleichgültigkeit und Überlegenheitsdünkel machen z. B. Austauschprogramme mit Polen und Rußland (von Tschechien, Bulgarien und Rumänien zu schweigen) ungleich schwieriger als solche mit Frankreich und den USA. Im Osten fühlt man sich oft zugleich als – stets missverstandene – heroische Grenzwacht

Zehntens: *Für ein Überlegenheitsgefühl Europas gegenüber anderen Weltregionen gibt es keinerlei Grund. Genau eine solche Illusion kann aber – bei naiver Betrachtung von und normativer Identifikation mit »Europäisierung« – drohen.* Bestehende kulturelle und ökonomische Unterschiede müssen im Wesentlichen historisch erklärt werden, nicht biologisch (vgl. Lévi-Strauss 1972); nur ökologischen Bedingungen kann eine bescheidene Mitverursachung zugewiesen werden (vgl. Diamond 1999). Sonst landet man sehr schnell bei einem neuen (»kulturalistischen«) Rassismus. Andererseits hat es keinen Sinn, offenbar vorhandene Unterschiede einfach zu leugnen. Sonst würde der zur Vordertür hinausgetriebene Rassismus ganz rasch durch die Hintertür wieder einwandern.

2.2 Liste kategorial zentraler Themen

Als erwünschte (notwendige?) Lern-Einheiten, die zur historischen Orientierung wesentlich beitragen können, ergeben sich relativ viele Themen, die allerdings nicht nur durch »Europäische Integration« sondern teilweise auch durch andere »Orientierungsaufgaben« Jugendlicher (z. B. durch »Globalisierung«, »Massenmigration«, »Pluralisierung« und »Extremtechnologien« wie Genmanipulation und Klonen, Nuklearwirtschaft und Informationselektronik) gefordert sind. Fast die gleichen Probleme stellen sich also in allen Richtliniendebatten des Faches Geschichte. Die folgenden Vorschläge sind möglicherweise bereits viel zu umfangreich. Sie sollen daher *mehr zur Diskussion gestellt als definitiv gefordert* werden.

Bevor solche Einheiten allerdings als zu schwer verdächtigt werden, ist deutlich zu sagen: Die allgemeineren und generalisierbaren Phänomene sollen anhand konkreter Beispiele (»Fallstudien«) angegangen werden, in denen Taten und Leiden einzelner Menschen stets sichtbar bleiben, also als »Pulsschlag von Abstraktion und Rekonkretisierung« im Sinne Hilligens (1975). Dann sind die erwähnten Komplexe nicht mehr anspruchsvoller als viele, die traditionell oder jüngst bei vielen Bundesländern schon in Lehrplänen der

Sekundarstufe I stehen. Entscheidend sind weniger die europaweiten Inhalte (z. B. »Karl der Große«, »Kolumbus«, »Luther«) als die Kategorien, die nicht selten an verschiedenen – jeweils auch nationalen und/oder lokalen – Beispielen erworben werden können.

Als Lesehinweis ist noch wichtig, dass aus Gründen des Umfangs nur die thematische Seite im Überblick vorgestellt werden kann:

1. Staat und Nation, Staatsnation und Nationalstaat
2. Gleichgewichtsmechanismen und Hegemoniekämpfe im europäischen Staatensystem
3. Europa und »die anderen«
4. Ein anderer (»außereuropäischer«) Kulturerdteil
5. Migrationen und Minderheiten zwischen Gettoisierung und Assimilation
6. Ost-West-/West-Ost-«Gefälle« in Europa
7. »Modernisierung«, »Globalisierung«, »Industrialisierung«, »Amerikanisierung«
8. Das Zusammenwachsen von Gemeinschaften, Gesellschaften und Staatswesen
9. Die Menschenrechte – Kulturelle Relativität versus rationale Universalität
10. Soziale Bewegungen und kollektive Identitätsbildungsprozesse.

3. Unerforschte Lernprogression bzw. Entwicklungslogik

Wenn man Mathematiklehrer/innen oder Englischlehrer/innen) fragt, was bei ihnen einfach, was schwieriger und was ausgesprochen anspruchsvoll sei, was also früh, was später und was abschließend behandelt werden müsse, werden sie – unter Verweis auf Traditionen, Richtlinien und systematischen Aufbau der Unterrichtswerke – ziemlich präzise Auskunft geben. Bei Geschichtslehrer(inne)n steht es ganz anders. Außer einem Verweis auf die chronologische Anordnung in allen Curricula und die Notwendigkeit, bei den Kleinen ganz anschaulich und konkret zu arbeiten, werden sie wahrscheinlich keine Gesichtspunkte vorzutragen wissen, nicht zuletzt, weil sie in der Geschichtsdidaktik kaum Unterstützung finden. Ohne eine »entwicklungslogische Lernstruktur und Lernprogression«, was noch keine Zuschreibung an bestimmte Altersgruppen bedeutet, ist aber ein Fach nicht lehr- und lernbar. Wann können Schüler/innen eigentlich was über Europäische Geschichte lernen? Die folgenden Beispiele zeigen mehr die Misere und die Bearbeitungsnotwendigkeit, als dass sie schon Lösungshinweise geben (ausführlicher v. Borries 2002a/b).

Die Dringlichkeit des Problems ist durch PISA (vgl. Artelt u. a. 2002) – für die Fachdidaktiken fast schockartig – ganz deutlich geworden. 42 % der befragten Jugendlicher (15 Jahre) in Deutschland geben an, außerhalb der Schule nicht »zum Vergnügen« zu lesen; nur 27 % behaupten, darauf täglich eine Stunde zu verwenden (Artelt u. a. 2001: 114f.). Und 45 % zeigen im Test, dass sie Texte allenfalls bis zur zweiten von fünf Kompetenzstufen in der drei Teilbereichen der »Informationsentnahme«, »Textverarbeitung« und »Textreflexion und -beurteilung« entschlüsseln können. Für historisch-politisches Sinnbilden und Urteilen, wie sie in allen Schulbüchern des Arbeitsfeldes angestrebt werden, dürften aber Stufe 4 (ganz sicher mindestens Stufe 3) nötig sein, die nur 28 % der Fünfzehnjährigen erreichen, wobei bereits die richtige Lösung von 62 % der Aufgaben anerkannt wird. Die beiden Gruppen der nicht Lese-Willigen und der nicht Lese-Fähigen sind natürlich nicht voll identisch, dürften sich aber überschneiden (r = .28). Daher steht fest: Mindestens die Hälfte der Jugendlichen in Deutschland kann bzw. mag nicht differenziert lesen. Für das Fach Geschichte wird der Befund durch eine eigene neuere qualitativ-quantitative Befragung nur allzu perfekt bestätigt (vgl. v. Borries 2003).

- Was also soll mit dieser Hälfte der künftigen Wahlbürger/innen – ohne die herausragend wichtige Schlüsselfähigkeit »Lesen« – geschehen?
- Wo gibt es praktikable Modelle einer fachspezifischen Stufung des Geschichtslernens nach Schwierigkeitsgraden?
- Inwieweit lassen sich durch genauere Abstimmung auf die jeweilige »Zone der nächsten Erreichbarkeit« die fachspezifischen Lesekompetenzen und -motivationen fördern?
- Womit soll historisches und politisches Lernen – auch zum Europathema – eigentlich anfangen?

3.1 Einschlägige experimentelle Befunde

In England wurden zahlreiche Kinder auf ihr Verständnis von *Evidenz*, d. h. auf das Verhältnis von historischer Erzählung und vergangener Wirklichkeit, untersucht. Der Untergang des Römischen Reiches war in zwei sehr einfachen Sachtexten einmal auf 476 und einmal auf 1453 datiert (vgl. Lee/Ashby 2000). Mehrere ähnliche Probedilemmata sind hier nicht darzustellen. Es leuchtet aber unmittelbar ein, dass der Umgang mit solchem scheinbar widersprüchlichen – mindestens aber komplexen und mit Distraktoren gespickten – Material für ein Lernen über Europa äußerst wichtig und einschlägig ist. In der 2. und 5. Klasse hielt die überwältigende Mehrheit (80 %) beide Berichte (476 versus 1453) für unvereinbar, da für sie vergangene Fakten und gegenwärtiger Bericht noch identisch sind. Erst in der 6. und 8. Klasse gibt es einen nennenswerten Anteil (6. Klasse knapp 20 %, 8. Klasse 40 %), der einsieht, dass es eine Frage der Kriterien und der Begriffsbildung ist, ob man das Ende des Weströmischen oder das des Oströmischen Reiches als »Untergang des Römischen Reiches« bezeichnet. Dazu kommt im Übergang eine Gruppe (6. Klasse 30 %, 8. Klasse 25 %), die mit dem alternativen Konzept einer »multiplen Vergangenheit« rechnet (Lee/Ashby 2000: 208). Es ergibt sich ein sechsstufiges Schema, das die Autoren aber vorsichtshalber nicht als »entwicklungslogisch zwingenden Verlauf« interpretieren.

Vergleichbar wichtig ist das *Begriffsverständnis*. Die Gründung eines Staates – hier Altägypten – war in Italien Kindern der 2. und 3. Klasse noch keineswegs verständlich zu machen (jedenfalls nicht mit den geläufigen Schulbüchern). Auch in der 5. Klasse entwickelten noch zwei Drittel ausgesprochene Fehlkonzeptionen. Erst in der 8. Klasse bekamen fast 70 % den richtigen Begriff mit. Setzt man einen erfundenen modellhaften Fall statt des historisch besonderen (Altägypten) an, dann ändern sich die Quoten nicht wesentlich. Dasselbe gilt übrigens für das Konzept des »Staatszerfalls« (Sezession), wie er zur Zeit der Untersuchung in Jugoslawien, der Tschechoslowakei und der UdSSR gerade ablief. Auch diese Idee wird in der 3. Klasse gar nicht, in der 5. Klasse nur von einer Minorität und in der 8. Klasse knapp mehrheitlich (aber bei weitem nicht perfekt) verstanden (vgl. Berti 1994). Worin besteht nun die – vielleicht als Durchgang notwendige – »Fehl- oder Alternativkonzeption«. Staatseinigung ist zunächst physisches Zusammensiedeln der Dörfer, danach physisches Verbinden durch Straßen und Verkehr und dann erst Zentralmacht durch Verwaltungs-Hierarchie. Bei der »Sezession« finden sich genau dieselben Schritte: »physische Trennung«, »physische Trennung mit politischen Aspekten« und »politische Trennung«. Anders gesagt, die »Kleinen« können sich abstrakte Beziehungen mit einer symbolischen Hierarchie und lokalen Beauftragten noch nicht vorstellen. Räumliche und sachliche Einheit gehören noch zusammen. Der abstrakte Staatsbegriff – und ähnliche andere Kategorien – werden – z. B. bei der Erörterung der Europäischen Integration – meist als voll verständlich und leicht eingängig vorausgesetzt.

Die Frage nach Art und *Motiven* historisch Handelnder – auch das für das Europathema absolut zentral – wurde in Spanien am Beispiel »Entdeckung von Amerika« in interessanter Weise beantwortet. Bis zur 10. Klasse werden fast nur Individuen, kaum Gruppen und Institutionen als Handelnde genannt. Erst bei den Geschichtsstudenten (nicht den Psychologiestudenten) überwiegen bei weitem die Kollektive. Die »Kleinen« bis zur 10. Klasse nehmen vor allem Neugier und Entdeckerfreude als Ursachen wahr, die »Großen« (besonders die Geschichtsstudenten) meist wirtschaftliche und politische Gründe. Religiöse Instanzen und Antriebe fehlen in allen Altersgruppen, obwohl sie früher sicherlich häufig genannt worden wären (Jacott u. a. 1998). Die bisher geläufigen Sozialisationspraktiken spiegeln sich in diesem Befund zweifellos ebenso wie die größere Abstraktheit von »Kollektiven« (statt Individuen) und »wirtschaftlichen Ursachen« (statt persönlicher Wünsche).

Das Resultat wurde in einer – deutlich elaborierteren – britischen Studie zu historischer *Kausalität* (diesmal zum Thema Eroberung Britanniens unter Kaiser Claudius) völlig repliziert (Lee e.a. 1997). Im 3. Schuljahr waren persönliche Wünsche des Claudius ganz dominant, im 6. wurde meist ein (struktureller) Grund genannt. Erst in der 7. Klassenstufe vermochte die (zunächst knappe) Mehrheit zwei oder gar drei Ursachen namhaft zu machen (9. Klassenstufe ca. 72 %). Anders gezählt, sehen die »Kleinen« fast nur persönliche Motive, die »Größeren« (5. und 7. Klasse) nehmen mehrheitlich die Kaiserrolle und -funktion wahr und erst die fast schon Erwachsenen (9. Klasse) schaffen überwiegend (ca. 52 %) eine kausale »Analyse der Situation« (Lee e.a. 1997: 239). Vermutlich nehmen wir – nicht nur in England – im Unterricht etwa über die EU-Erweiterung meist an, dass das bereits relativ junge Lernende – und ohne besondere Anleitung – können.

3.2 Einschlägige fachliche Fähigkeitsniveaus

Es wäre leichter, eine »Lernprogression« des Historischen zu entwerfen, wenn die Fähigkeiten historischen Denkens ungefähr altersspezifisch gestuft wären. Das ist aber keineswegs der Fall. Da zeigt eine Gelehrte an der Interpretation von antiken Objekten aus einem Museum, dass in der gleichen Klasse (von Dreizehn- bis Vierzehnjährigen) alle sieben Stufen der Kompetenz im Umgang mit Gegenstandsquellen vorhanden sind, von schlichtester Benennung in vier Worten bis zu elaboriertester Interpretation über eine halbe Seite (vgl. Nakou 2001). Da finden sich Siebenjährige mit einem Geschichtsbewusstsein wie Pubertierende (»seven-year-gap«) (vgl. Lee e.a. 2001: 113 f.) und Pubertierende, die viele erwachsene Politiker und Journalisten überragen (Lee/Ashby 2000: 215).

Mit sehr großer *Streubreite der Qualifikationen* in den einzelnen Klassen ist zu rechnen; der gleiche Frontalunterricht für alle hat dabei keine Zukunft.

Er unterfordert entweder die Spitze oder geht über die Köpfe der Schwächeren hinweg oder – was das Wahrscheinlichste ist – leistet sich beides zugleich. Immerhin: Wer eine solche Spreizung der Kompetenzen überhaupt feststellt, muss offenbar über diagnostische Modelle verfügen, die Schüleräußerungen verlässlich auf Hierarchien und Taxonomien einzuordnen. Genau das ist der Fall (vgl. Nakou 2001). Zu bedenken ist allerdings, dass hier nur an eine Art »(Re)-Konstruktion« aus Quellen (und zwar in Details ohne wirkliche Synthesenbildung), nicht gleichermaßen an eine »(De)-Konstruktion« fertiger und zugemuteter Narrationen gedacht ist.

Kategoriensystem für eine »Methodologie« der Geschichte

Stufe	Charakterisierung
1	»A-historisches Denken: Beschreibung des Überrests als eines Objektes der Gegenwart«
3	»Pseudo-historisches Denken (ohne jedes Bedürfnis nach Demonstration in historischen Begriffen): Reproduktion von historischer Information oder Kenntnis«
5	»Rationales Denken: Schlüsse aufgrund rationaler Überlegungen«
7	»Entwickeltes historisches Denken: Fortgeschrittene historische Schlüsse aufgrund historischer (Denk)-Prozesse«

Quelle: Nakou 2001: 81f, übers. B.v.B.

Die Debatte über im Fach Geschichte zu erreichende Standards hat in anderen Ländern früher begonnen als in Deutschland. Dabei geht man im britischen National Curriculum (»History«, revidierte Fassung von 1995) selbstverständlich davon aus, dass nicht alle Kinder gleichzeitig das gleiche Niveau erreichen. Vielmehr ist – getreu den erwähnten britischen Forschungen – durchaus vorgesehen, dass Kinder mit 14 Jahren (am Ende der Erschließungsstufe 3) Niveaus zwischen Stufe 3 und Stufe 7 bewältigen (»History« 1995). Auch diese Standards gehen von – allerdings ziemlich niedrig angesetzten und nicht besonders exakt operationalisierten – Qualifikationen aus. Es mag sein, dass sie weit realistischer formuliert sind als in Deutschland – und deswegen auch zuverlässiger erreicht werden.

»Niveau 3:

Die Schüler/innen zeigen ihr Verständnis von Chronologie durch ihr wachsendes Bewusstsein, dass die Vergangenheit in verschiedene Zeitabschnitte (Perioden) eingeteilt werden kann, durch ihre Erkenntnis einiger Ähnlichkeiten und Unterschiede zwischen diesen Perioden und ihren Gebrauch von

Daten und Begriffen. Sie zeigen Kenntnis von Tatsachen und Verständnis für einige der hauptsächlichen Ereignisse, Personen und Wandlungen, die sie aus geeignetem Lernmaterial ziehen. Sie fangen an, einige wenige Ursachen für und Folgen von hauptsächlichen Ereignissen und Wandlungen anzugeben. Sie identifizieren einige der verschiedenen Weisen, in denen die Vergangenheit dargestellt wird. Sie finden Antworten auf Fragen über die Vergangenheit, indem sie Informationsgrundlagen in einer Weise benutzen, die über einfache Beobachtungen hinausgeht« (»History« 1995: 15, übers. B.v.B.).

Niveau 3 wird übrigens umgekehrt schon von den Stärksten der Erschließungsstufe 1, also den »besten« Siebenjährigen erreicht.

»Niveau 7:

Die Schüler/innen stellen Verbindungen zwischen ihren umrisshaften und detaillierten Kenntnissen von Tatsachen und ihrem Verständnis für die Geschichte von Britannien und anderen Ländern her, die sie aus den Lehrgängen von Stufe 3 beziehen. Sie benutzen dies, um Beziehungen zwischen Merkmalen einer spezifischen Periode oder Gesellschaft zu analysieren und Ursachen für oder Folgen von Ereignissen und Wandlungsprozessen zu analysieren. Sie erklären, wie und warum verschiedene historische Interpretationen aufgestellt worden sind. Die Schüler/innen fangen an, beim Verfolgen von Richtungen der Untersuchung Unabhängigkeit zu zeigen, indem sie ihr Wissen und Verständnis benutzen, um Informationsgrundlagen (»Quellen«) zu identifizieren, zu bewerten und kritisch zu gebrauchen. Sie fangen an, selbständig erhärtete Schlussfolgerungen zu erreichen. Sie wählen relevante Information aus, organisieren sie und setzen sie ein, um gut strukturierte Erzählungen, Beschreibungen und Erklärungen zu produzieren, wobei sie angemessenen Gebrauch von Daten und Begriffen machen« (»History« 1995: 16, übers. B.v.B.).

Gerade die britischen Standards sind nicht stofforientiert organisiert. Neben den Bereichen »Chronologie« (1) und »Reichweite und Tiefe historischen Wissens und Verstehens« (2) werden nämlich – ganz methodenorientiert und auf »Lernen des Lernens« ausgerichtet – »Interpretation (›Deutung‹, ›Sinnbildung‹) von Geschichte« (3), »Historische Untersuchung und Erforschung« (4) sowie »Organisation und Kommunikation« (5) verlangt (»History« 1995: 5).

Auch in den USA, an der Elite-Universität Harvard, beschäftigen sich Wissenschaftler/innen und Schulpraktiker/innen mit einem fächerübergreifenden Modell »Teaching for Understanding«, das Stofforientierung durch Methodenorientierung ersetzen soll (Wiske 1998). Wichtig ist, dass dabei

Geschichtsverständnis (»Teaching for Understanding«)

Stufe	Kenntnis	Methode	Lebensbezug	Form
Meister	Reiche Karte der Vergangenheit, gut verbundenes Netz von Details	Ausführliche Diskussion der Bedeutung von Tendenz und Gesichtspunkt, Notwendigkeit der Einnahme verschiedener Perspektiven	Wichtigkeit für die eigene Identität, Entwicklung eines persönlichen Standpunktes, Bedeutung für Sinnbildung im Leben	Tiefes Verständnis der Gattungen, bewusste Wahl von Symbolen, Sprache und Bildern
Geselle	Schwierigkeiten der Verbindung von Ereignissen/ Personen zu disziplinären Themen/ Konzepten	Vielzahl von Quellen ohne Diskussion unterschiedlicher Qualität und Gültigkeit von Positionen	Bedeutung im eigenen Leben (ohne Rückbezug auf Schule und Disziplin), Wichtigkeit für Sinnbildung ohne Folgen für das Lernen	Gutes Verständnis der Genres (mit geringerer Intentionalität und Zweckhaftigkeit der Produktionen)
Lehrling	Keine Verbindung der Information mit geschichtlichen Vorstellungen	Notwendigkeit verschiedener Quellen (ohne methodische Begründung)	Identifikation der großen Fragen des Curriculums, Erwägung der Bedeutung dieser übergreifenden Fragen außerhalb des Klassenraums	Mechanische Regelanwendung, simple oder banale Darstellungen, Fehldarstellungen
Naiver	Unverbundene und unorganisierte Information; Fehlkonzeptionen und Stereotype über die Vergangenheit	Anführung nur eines Buches oder des Lehrers (eine Fundstelle als genügend)	Keine Äußerung zu bzw. Identifikation von Zielen des Geschichtslernens	Darstellungen ohne intendierte Symbole

Quelle: Hammerness e.a. 1998: 235–239, übers. B.v.B.

neben »Kenntnis« auch »Methode«, »Lebensbezug« und »Form« gefordert wird. Davon ist als »Gegenwartsbezug«, »Lebensweltbezug« und »narrative Kompetenz« zwar in der deutschsprachigen Geschichtsdidaktik unentwegt die Rede, nicht aber in deutschen Klassenzimmern. Jedenfalls ist das der bezwingende Eindruck, der sich aus einer neuen qualitativen und quantitativen Befragung 2002 (N 1 291) ergeben hat (vgl. v. Borries 2003).

Das amerikanische Modell ordnet die Leistungen in den vier erwähnten (interdependenten) Feldern auf je vier Stufen – vom Naiven über Novizen und Lehrling bis zum Meister – an. Im Deutschen wären allerdings »Anfänger«, »Lehrling«, »Geselle« und »Meister« vorzuziehen. Freilich ist eine leicht übertragbare Operationalisierung auch bei diesem Modell noch keineswegs erreicht. Es zeigt aber, dass – unbeschadet größeren Pragmatismus in anderen Ländern – der theoretisch anspruchsvolle deutsche Versuch einer »Förderung von ›reflektiertem und selbstreflexivem Geschichtsbewusstsein‹ durch Geschichtsunterricht« (»FUER Geschichtsbewusstsein) (vgl. Schreiber 2002) international keineswegs ganz isoliert und auch nicht völlig größenwahnsinnig dasteht.

Abschließend ist daran zu erinnern, dass nur versucht wurde, drei Bälle ins Spielfeld zu werfen, nicht aber, schon ein festes Regelwerk für das gesamte Spiel zu entwickeln. Was in einer »verdummenden« Medien- und Spaßgesellschaft, was in der schleichenden – wenn nicht galoppierenden – Aushöhlung von Demokratie an Gegenkräften durch Bildungsprozesse überhaupt noch möglich ist, darüber muss man sich klarzuwerden versuchen. Ob gerade Unterricht in seinen einerseits öffentlichen (und angeblich neutralen), andererseits hoch ritualisierten (und unvermeidlich asymmetrischen) Formen (mit Benotung) viel bewirken kann, ist heftig umstritten (vgl. Hollstein u. a. 2002).

Literaturhinweise

Aldebert, Jacques u. a. 1992: Europäisches Geschichtsbuch. Geschichtliches Unterrichtswerk für die Sekundarstufe I und II; Stuttgart.

Angvik, Magne/Borries, Bodo v. (Eds.) 1997: YOUTH and HISTORY. A Comparative European Survey on Historical Consciousness and Political Attitudes among Adolescents. Volume A: Description, Volume B: Documentation (containing the Database on CD-ROM); Hamburg (edition Körber-Stiftung).

Artelt, Cordula u. a. 2001: Lesekompetenz: Testkonstruktion und Ergebnisse, in: PISA 2000. Basiskompetenzen von Schülerinnen und Schülern im internationalen Vergleich; Opladen, 69–137.

Bergmann, Klaus 1975: Geschichtsunterricht und Identität, in: Aus Politik und Zeitgeschichte, B39, 19–25.

Berti, Anna Emilia 1994: Children's Understanding of the Concept of the State, in: Carretero, Mario/Voss, James F. (Eds.): Cognitive and Instructional Processes in History and the Social Sciences; Hillsdale N.J., 49–75.

Borries, Bodo v. (unter Mitarbeit von Dähn, Susanne/Körber, Andreas/Lehmann, Rainer H.) 1992: Kindlich-jugendliche Geschichtsverarbeitung in West- und Ostdeutschland 1990. Ein empirischer Vergleich, Pfaffenweiler.

Borries, Bodo v. 1993: Gemeinsame Geschichte für europäische Schüler? Zwischen Einheits-Illusion, Kantönli-Geist und Identitäts-Reflexion, in: Geschichte lernen, Heft 32, 4–8.

Borries, Bodo v. (unter Mitarbeit von Weidemann, Sigrid/Baeck, Oliver/Grzeskowiak, Sylwia/Körber, Andreas) 1995: Das Geschichtsbewusstsein Jugendlicher. Erste repräsentative Untersuchung über Vergangenheitsdeutungen. Gegenwartswahrnehmungen und Zukunftserwartungen in Ost- und Westdeutschland, Weinheim/München.

Borries, Bodo v. (unter Mitarbeit von Körber, Andreas/Baeck, Oliver/Kindervater, Angela) 1999: Jugend und Geschichte. Ein europäischer Kulturvergleich aus deutscher Sicht; Opladen.

Borries, Bodo v. 2001: Wettbewerbe als Herausforderungen zur Projektarbeit: Erfahrungen aus dem Schülerwettbewerb Deutsche Geschichte, in: Die Neue Sammlung 41. Jg., 555–585.

Borries, Bodo v. 2002a: Angloamerikanische Lehr-/Lernforschung – ein Stimulus für die deutsche Geschichtsdidaktik?, in: Demantowski, Marko/Schönemann, Bernd (Hrsg.): Neuere geschichtsdidaktische Positionen, Bochum 2002, 65–91.

Borries, Bodo v. 2002b: Lehr-/Lernforschung in europäischen Nachbarländern – ein Stimulus für die deutschsprachige Geschichtsdidaktik?, in: Handro, Saskia/Schönemann, Bernd (Hrsg.): Methoden geschichtsdidaktischer Forschung; Münster, 13–49.

Borries, Bodo von u. a. 2003: Reflexiver Umgang mit Geschichts-Schulbüchern? Befunde einer Befragung von Lehrern, Schülern und Studierenden 2002, in: Zeitschrift für Geschichtsdidaktik, Jahresband (im Druck).

Dehio, Ludwig 1997: Gleichgewicht oder Hegemonie. Betrachtungen über ein Grundproblem der neueren Staatengeschichte, Zürich.

Diamond, Jared 1999: Arm und Reich. Die Schicksale menschlicher Gesellschaften, Frankfurt/M.

Fröhlich, Klaus/Rüsen, Jörn (Hrsg.) 1990: Menschenrechte im Prozeß der Geschichte, Pfaffenweiler.

Hammerness, Karen e.a. 1998: What Do Students in Teaching for Understanding Classrooms Understand?, in: Wiske, Martha Stone (Ed.): Teaching for Understanding. Linking Research with Practice; San Francisco, 233–265.

Hilligen, Wolfgang 1975: Zur Didaktik des politischen Unterrichts I, Opladen.

History in the National Curriculum 1995. England; London (HMSO).

Hollstein, Oliver u. a. 2002: Nationalsozialismus im Geschichtsunterricht. Beobachtungen unterrichtlicher Kommunikation. Bericht zu einer Pilotstudie; Frankfurt/M.

Jacott, Liliana e.a. 1998: Generating Explanations in History, in: Voss, James F./Carretero, Mario (Eds.): Learning and Reasoning in History, London, 294–306.

Jugend 2000. 13. Shell Jugendstudie, 2 Bde.; Opladen.

Jugend 2002. Zwischen pragmatischem Idealismus und robustem Materialismus, 14. Shell Jugendstudie; Frankfurt/M.

Lee, Peter/Dickinson, Alaric/Ashby, Rosalyn 1997: »Just Another Emperor«: Understanding Action in the Past, in: Voss, James F. (Guest Ed.): Explanation and Understanding in Learning History (= International Journal of Educational Research Vol. 27), 233–244.

Lee, Peter/Ashby, Rosalyn 2000: Progression in Historical Understanding among Students Ages 7–14, in: Stearns, Peter N./Seixas, Peter/Wineburg, Sam (Eds.): Knowing, Teaching, and Learning History; New York & London, 199–222.

Lee, Peter/Dickinson, Alaric/Ashby, Rosalyn 2001: Children's Ideas about Historical Explanation, in: Dickinson, Alaric e.a. (Eds.): Raising Standards in History Education; London, 97–115 (= International Review of History Education 3).

Lévi-Strauss, Claude 1972: Rasse und Geschichte; Frankfurt/M.

Nakou, Irene 2001: Children's Historical Thinking within a Museum Environment: An Overall Picture of a Longitudinal Study, in: Dickinson, Alaric e.a. (Eds.): Raising Standards in History Education, 73–96 (= International Review of History Education 3).

Schönemann, Bernd 2002: Europäische Geschichte als Gegenstand und Problem der Geschichtsdidaktik, in: Seidenfuß, Manfred/Reese, Armin (Hrsg.): Vorstellungen und Vorgestelltes. Geschichtsdidaktik im Gespräch, 211–229.

Schreiber, Waltraud 2002: Reflektiertes und (selbst-)reflexives Geschichtsbewußtsein durch Geschichtsunterricht fördern – ein vielschichtiges Forschungsfeld der Geschichtsdidaktik, in: Zeitschrift für Geschichtsdidaktik, 1. Jg. (Jahresband), 18–43.

Weniger, Erich 1969: Neue Wege im Geschichtsunterricht, Frankfurt/M. 4. Aufl.

Wiske, Martha Stone (Ed.) 1998: Teaching for Understanding. Linking Research with Practice, San Francisco.

III.
Unterrichtspraxis

Holger Müller

Konferenzsimulation zur europäischen Umweltpolitik

Fallgruben im handlungsorientierten Politikunterricht

1. Einleitung: Problemstellung

Konferenzsimulationen bzw. Planspiele sind zwar nicht neu im Politikunterricht. Sie gelten aber immer noch als innovative Zugänge, mit denen die Ziele politischer Bildung gut erreicht werden können. Nach Beobachtungen von Peter Massing dominiert im Schulalltag jedoch »noch immer rezeptive Wissensvermittlung, Stoffhuberei, verbalabstrakte Belehrung, Lehrerzentrierung und Lehrerlenkung« (Massing 1998: 145). Diese Beobachtung wird auch durch die Studie »Jugend und Demokratie in Sachsen-Anhalt« bestätigt (Kötters-König 2001: 12). In diesem Beitrag wird eine Konferenzsimulation zur EU-Klimapolitik, die im Schuljahr 1999/2000 im Gymnasialzweig einer niedersächsischen kooperativen Gesamtschule mit neunzehn Schüler/innen einer achten Klasse durchgeführt wurde, vorgestellt und analysiert. Diese Konferenzsimulation ist von der Landeszentrale für politische Bildung Baden-Württemberg veröffentlicht worden (Landeszentrale für politische Bildung Heft 1/1995: Politik und Unterricht) und geringfügig an Bedingungen vor Ort angepasst worden.

Mit dem Unterricht konnten die Lernenden zu umfangreicher Selbsttätigkeit motiviert werden. Es gab viel Raum für Aushandelungsprozesse von Bedeutungen. Der Unterricht ermöglichte damit konstruktiven Wissensaufbau, der an dem Vorwissen und den Deutungen der Schüler/innen ansetzt. Auch konnten die potentiellen Begabungen der Schüler/innen vergleichsweise breit gefördert werden. Hierin sieht z. B. Heinz Klippert wichtige Gründe für den Einsatz von Konferenzsimulationen und Planspielen im Unterricht (Klippert 1996: 30f). Eine solche, weitgehend an der Oberfläche bleibende Begründung reicht allerdings im Rahmen politischer Bildung nicht aus. Erst nach einer eingehenden rekonstruktiven Sachanalyse des Unterrichts und der verwendeten Materialien konnte herausgefunden werden, dass der Unterricht trotz oberflächlichen Erfolgs auf einer tieferen Ebene gescheitert ist. Dies zu zeigen und wie mit den strukturellen Problemen dieser Konferenzsimulation umgegangen werden kann, ist Ziel dieses Beitrags. Die These des Artikels lautet: Auch mit einem vermeintlich innovativen Zugang wie Konferenzsimulationen handelt man sich typische Strukturprobleme des Politikunterrichts ein. Konferenzsimulationen sind nicht per se besser als andere Unterrichtsformen. Konferenzsimulationen sind nur dann gelungen, wenn mit ihnen sachlich angemessene Lernprozesse initiiert, strukturiert und reflektiert werden können.

Im vorliegenden Beitrag kann nur illustrativ vorgegangen werden, wenn es um die Unterrichtskommunikation und die verwendeten Materialien geht. An den ausgewählten Materialien lassen sich dennoch die zentralen Probleme dieser Konferenzsimulation veranschaulichen. Mit Hilfe dieses kasuistischen Vorgehens soll ein Theoretisieren lernen am Einzelfall ermöglicht werden. D.h. dass die Kritik, die am Einzelfall expliziert wird, dazu anleiten kann, andere Konferenzsimulationen auf ähnliche Weise kritisch zu überprüfen. Die Frage der Übertragbarkeit auf andere Konferenzsimulationen kann an dieser Stelle nicht diskutiert werden.

Zunächst wird in diesem Artikel die Materialvorlage für die Simulation kurz beschrieben. Anschließend wird ein kurzer Auszug aus den Verhandlungen der Achtklässler/innen dokumentiert und zusammenfassend dargestellt, welche Stärken diese Konferenzsimulation hat. Dann wird in einer rekonstruktiven Sachanalyse nachgewiesen, dass in der Konferenzsimulation die politische Realität auf EU-Ebene für Unterrichtszwecke nicht nur vereinfacht, sondern dass diese politische Realität essenziell verändert im Unterricht repräsentiert wurde. Im letzten Abschnitt wird eine Alternativplanung, die bewusst an den verwendeten Materialien ansetzt, vorgestellt.

2. Konferenzsimulation zur EU-Klimapolitik: Verhandlungen im Ministerrat zu Senkung und Besteuerung des CO_2-Ausstoßes

Die Materialien für die Konferenzsimulation aus *Politik und Unterricht* (1/1995) enthalten laut den Angaben der Verfasser/innen der Konferenzsimulation einen Richtlinienvorschlag der Europäischen Kommission als Spielaufgabe. Es soll eine Sitzung im EU-Ministerrat simuliert werden. Es liegt ein realer politischer Prozess aus dem Jahr 1993, als dem Ministerrat dieser Richtlinienvorschlag zur Abstimmung vorgelegt wurde, zugrunde. In dieser Spielaufgabe spiegelt sich wider, dass im Institutionengefüge der EU die Europäische Kommission ein Initiativrecht besitzt und für die verschiedenen EU-Ministerräte Richtlinienvorschläge ausarbeitet. Im Falle der EU-Klimapolitik muss, da auch Fragen der Besteuerung tangiert sind, einstimmig zugestimmt werden, soll der Vorschlag als Richtlinie angenommen werden.

Die Planspielunterlagen sehen für die Schüler/innen die Übernahme von Spielrollen vor, die den Mitgliedern des EU-Ministerrates nachempfunden sind. Die Schüler/innen sollen laut Tagesordnung zwei Fragen klären: 1. In welchem Umfang und in welchem Zeitraum soll der CO_2-Ausstoß gesenkt werden? 2. Wie soll eine Steuer auf CO_2-Emissionen und Energieverbrauch aufgeteilt werden?

In der Konferenzsimulation sind die Vertreter/innen von vier Mitgliedstaaten der EU vertreten, und zwar von Deutschland, Großbritannien, Frankreich und Portugal. Den Materialien zur Vorbereitung können die Schüler/innen entnehmen, dass es vor allem einen grundlegenden Interessengegensatz zwischen den hochindustrialisierten Ländern, Deutschland, Großbritannien, Frankreich auf der einen Seite und dem weniger industriell entwickelten Portugal auf der anderen Seite gibt. Aufgrund der unterschiedlichen Bedeutung der Atomenergie (besonders hoch in Frankreich), eigener Erdölförderung (Großbritannien) und eines vage formulierten Umweltbewusstseins (Deutschland) ergeben sich weitere Interessengegensätze zwischen den »großen« Mitgliedstaaten der EU. Zusätzlich gibt es die Rolle der Presse.

Die Rollen innerhalb des EU-Ministerrates sind in den Materialien nicht weiter spezifiziert. Die Schüler/innen werden lediglich darauf hingewiesen, dass sie in ihrem Land ihr Diskussions- und Abstimmungsverhalten begründen können müssen. Wirtschaftsverbände, die Einfluss auf den Ministerrat ausüben könnten, sind in der Konferenzsimulation nicht explizit vorgesehen. Im Bedarfsfalle sollen laut Vorlage die Lehrenden die Rolle von Lobbyverbänden der Wirtschaft wahrnehmen. Den Vorsitz hat während der Verhandlungen im Wechsel eine verhandelnde Länderpartei inne. Nach jeder Verhandlungsphase, die sich durch den Unterrichtstakt in der Schule ergibt, wechselt der Vorsitz. Der Lehrende hat im Rahmen dieser Simulation bei der gruppenförmigen Vorbereitung die Funktion eines Lernberaters. Während der Verhandlungen tritt der Lehrende laut Spielvorlage nicht in Aktion, sondern beobachtet die Verhandlungen. Eine Lernreflexion zu den Verhandlungen schließt die Unterrichtseinheit ab.

3. Verhandlungen von Schüler/innen einer achten Gymnasialklasse

An einem kurzen Ausschnitt aus der vierten Stunde der Verhandlungen soll illustriert werden, auf welche Weise Schüler/innen einer achten Gymnasialklasse (Die Schülernamen sind fiktiv.) ihre Rollen in der Simulation ausgestaltet haben. Insgesamt verhandelten die Schüler/innen sechs Stunden lang. In den gut drei Stunden vor dem hier dokumentierten Abschnitt thematisierten sie die grundlegenden Interessengegensätze zwischen den hochindustrialisierten Ländern, Deutschland, Großbritannien, Frankreich, und dem weniger industrialisierten Portugal. Die politische Macht der portugiesischen Delegation in diesen Verhandlungen resultiert aus ihrem Vetorecht: Beschlüsse zur Einführung einer CO_2- und Energiesteuer können in dieser Konferenzsimulation nur einstimmig getroffen werden. Wirtschaftlich stärker hingegen sind Deutschland, Frankreich und Großbritannien, wofür die Schüler/innen ein klares Bewusstsein entwickeln.

Claus Arge (Portugal): Wir stoßen drei Tonnen pro Kopf aus im Moment in unserem Land 1991 nach dieser Liste.
Jan Richter (Deutschland): Das stimmt nicht. Portugal stößt vier Tonnen pro Kopf aus . . .
Claus Arge (Portugal): Ja 'tschuldigung. Vier Tonnen. Drei Tonnen, es wären drei Tonnen pro Kopf, wenn wir 25 % runtergehen würden.
Axel Treut (Portugal): Herr Saute bitte.
Stefan Saute (Großbritannien): Ich wollt' noch mal was anknüpfen zu dem, was Frau Heller gesagt hat. Sie meinen jetzt, Sie kommen mit den vier Tonnen sehr schlecht aus. Aber warum haben Sie denn keine höheren CO_2-Emissionen? Es gibt aber bis jetzt noch keine Begrenzung.
Axel Treut (Portugal): Frau Postel bitte.
Annette Postel (Portugal): Ja, also erst mal zu Ihrer Frage. Wir haben halt nicht genug Geld, um halt noch mehr Industrie zu bauen und es hat vorhin . . . Ich glaub', Frau Waldeck war das irgendwie, meinte, dass wir mehr, ähm, Wasserkraftwerke oder so und Windräder. Was wollten Sie noch mal? Das haben Sie ja vorgeschlagen.
Ines Waldeck (Großbritannien): Ja aber, bei Wasser- und Windenergie, da stößt man ja kein CO_2 aus.
Axel Treut (Portugal): Frau Schmidt bitte.
Johanna Schmidt (Großbritannien): Ja, Sie meinten ja, Sie wollten den CO_2, den CO_2-Ausstoß erhöhen.
Annette Postel (Portugal): Ja, wir wollen es einerseits erhöhen, aber dann auch wieder nicht. Also, deswegen ja. Wir wollen Windräder bauen und Wasserkraft also halt auch bauen. Also Strom und so, also Strom erzeugen und damit keinen

CO_2 ausstoßen. Aber damit wir den CO_2-Ausstoß erhöhen können, möchten wir doch wieder Industrien bauen. Ist das verständlich?
Axel Treut (Portugal): Herr Arge bitte.
Claus Arge (Portugal): Ähm, ja . . . meine Frage hat sich erübrigt.
Axel Treut (Portugal): Frau Gehn bitte.
Regina Gehn (Frankreich): Irgendwie habe ich das Gefühl, dass Sie sich selber noch nicht im Klaren sind, was Sie eigentlich wollen. Denn einerseits wollen Sie mehr CO_2 ausstoßen, andererseits wollen Sie den CO_2-Ausstoß verringern. Also, da bin ich jetzt noch nicht ganz durchgestiegen.
Stefan Saute (Großbritannien): Wie möchten Sie denn, bitteschön, Industrien aufbauen? Das hätten Sie ja eigentlich auch schon früher tun können. Sie haben ja eigentlich kein Geld. Eigentlich sehe ich bei Ihnen überhaupt gar keine Möglichkeit, die CO_2-Emissionen so stark zu erhöhen.
Axel Treut (Portugal): Frau Gellers bitte.
Karin Gellers (Deutschland): Ich möchte noch mal darauf zurückgreifen, was Frau Postel vorhin gesagt hat. Ähm, das hat Frau Gehn zwar schon angesprochen, aber ich bin auch der Meinung, Frau Postel sollte sich noch einmal überlegen, für was sie denn jetzt eigentlich ist. Ob die CO_2, ähm, ob das vermindert werden soll, oder Sie das erhöhen wollen.
Axel Treut (Portugal): Herr Arge bitte.
Claus Arge (Portugal): Wenn wir mehr Wind- und Wasserkraft betreiben würden. Also bei so 'nen Windrädern, da würden ja auch eigentlich keine Arbeitsplätze geschaffen werden. Und das ist ja auch ein Problem. Wenn wir Industrien bau. . . äh, bauen würden, dann wären ja auch weniger Arbeitslose.

Die Verhandelnden befinden sich jetzt an dem Punkt, an dem sie Lösungsmöglichkeiten für den Konflikt auszuloten beginnen. Kurz nach dem hier dokumentierten Ausschnitt aus der Unterrichtskommunikation erfolgt ein Wendepunkt in den Verhandlungen: die konfrontative Haltung gegenüber der portugiesischen Delegation weicht einer kooperativeren Haltung. Damit wird der Weg für einen Kompromiss geebnet. Am Ende der Verhandlungen in dieser Simulation verpflichten sich Deutschland, Großbritannien und Frankreich zur Senkung der CO_2-Emissionen um 25 % in zwanzig Jahren. Portugal wird für diese Senkung 40 Jahre Zeit gegeben, es darf zwischenzeitlich seine Emissionen sogar erhöhen. 40 % der zu erhebenden Steuern sollen auf CO_2-Emissionen, 60 % auf den Energieverbrauch erhoben werden.

Die portugiesische Delegation (Axel) hat in dieser Phase den Vorsitz inne. Claus und Annette (und Maike Heller, die hier nicht selber zu Wort kommt, auf die Stefan aber verweist) befinden sich in der Defensive. Sie müssen sich mit drei Vorwürfen auseinander setzen:

1. Portugal argumentiere fehlerhaft, indem es falsche Angaben über seine CO_2-Emissionen mache.
2. Portugal habe aufgrund eigener Fehler in der Vergangenheit keine Industrien aufgebaut und werde auch in Zukunft keine Möglichkeit zur wirtschaftlichen Weiterentwicklung haben. Die Forderung nach einem erhöhten CO_2-Ausstoß sei deshalb nicht haltbar.
3. Portugals Position sei inkohärent.

In diesem Abschnitt tragen die Schüler/innen einen Konflikt über die weitere Entwicklung der CO_2-Emissionen und die Motive Portugals aus. Sie diskutieren kontrovers, glätten bestehende Widersprüche nicht, sondern akzentuieren sie. Damit liefert dieser Abschnitt einen Beleg dafür, dass Konflikte und Kontroversen in dieser Konferenzsimulation ausgetragen werden. Das offene Austragen von Konflikten und Kontroversen lässt sich in den gesamten sechs Stunden der Verhandlungen nachweisen. Offenkundig ist das Bemühen der Schüler/innen, ihren Verhandlungen den Anstrich realer politischer Verhandlungen zu geben, indem sie sich mit Nachnamen anreden.

Konstitutiv für reale politische Verhandlungen ist die Komplementarität von sachorientiertem Argumentieren *(arguing)* und strategischem Aushandeln *(bargaining)*. *Arguing* und *bargaining* sind ineinander verwoben. Letztendlich entscheidet sich die Qualität verständigungsorientierter Argumente in Verhandlungen daran, ob es den Verhandelnden mit ihrer strategisch ausgerichteten Kommunikation gelingt, Deutungsmacht zu erlangen. Oder anders gesagt: Politische Verhandlungen sind kein politikwissenschaftliches Uniseminar. In politischen Verhandlungen gewinnt diejenige inhaltliche Position, die von den Mächtigeren vertreten wird. Dies gilt auch für die umwelt- und energiepolitische Kommunikation (von Prittwitz 1998: 557).

Auch wenn den Schüler/innen notgedrungen einschlägige Kenntnisse zu internationalen Verhandlungen und zu diplomatischer Sprache fehlen, so lassen sich doch etliche, strategisch motivierte Beiträge, wie sie auch für reale Verhandlungen charakteristisch sind, in den Verhandlungen der Schüler/innen identifizieren. Das verwundert nicht weiter, da Formen des *bargaining* auch in der Lebenswelt der Schüler/innen vorkommen. In der Unterrichtskommunikation lässt sich nachweisen, dass mit der Konferenzsimulation der Brückenschlag von Mikro- zu Makrowelt, also von der Lebenswelt der Schüler/innen zur politischen Systemperspektive, gelingt (Grammes 1995). In den sechsstündigen Verhandlungen versuchen die Schüler/innen über Beschleunigung bzw. Verzögerung, durch De- bzw. Thematisierung ihren Positionen zum Durchbruch zu verhelfen. In dem hier ausgewählten Abschnitt sind sanfte und harte Diskursausschlüsse zu erkennen. Die von Regina und Karin verfolgte politische Strategie, Widersprüche in den Äußerungen anderer Delegationen aufzudecken, wird von den Schüler/innen in den Vorbereitungsmaterialien als eine wichtige Taktik politischer Verhandlungen benannt.

Dass den Schüler/innen systemspezifische Kenntnisse zu politischen Verhandlungen in der EU fehlen, führt offenkundig nicht zu ihrem Verstummen. Dies liegt daran, dass sie über Deutungsmuster aus ihrer Lebenswelt verfügen, mit deren Hilfe sie in den Verhandlungen Beiträge formulieren können (Arnold 1983; Lüders/Meuser 1997). In dem hier dokumentierten Abschnitt tritt in Stefans und Annettes Äußerungen ein personalisierendes Deutungsmuster zutage, mit dessen Hilfe sie staatliches Handeln verstehen: Der Staat handele so wie ein privater Bauherr. Der Staat baue Industrien so wie der Bauherr ein Haus baue. Wenn Industrien unterentwickelt seien, habe der Staat zuvor versagt, so wie der Bauherr versage, wenn er nicht genügend Geld angespart und früh genug investiert habe.

Nicht nur in diesem Abschnitt, sondern in allen sechs Stunden der Konferenzsimulation in der achten Klasse wird der Staat wie ein autonom handelndes Individuum konstruiert. Wirtschaft und Staat erscheinen nicht als differente Systeme mit komplexen Interdependenzen. Innergesellschaftliche und innerstaatliche Konflikte, auf die Regierungshandeln antwortet, tauchen in den Äußerungen der Achtklässler/innen nicht auf. Das ist zu diesem frühen Zeitpunkt im Lernweg der Schüler/innen nicht besonders dramatisch, weil im fortschreitenden Unterricht die notwendigen Kenntnisse erworben werden können.

Es lassen sich, zusammenfassend dargestellt, folgende Stärken der Konferenzsimulation an der Unterrichtskommunikation nachweisen:

a) Ein *Konflikt* wird Gegenstand der Unterrichtskommunikation.
b) Der Konflikt wird *kontrovers* verhandelt.
c) Das komplementäre Verhältnis von *arguing* und *bargaining* scheint auch in der Unterrichtskommunikation auf: Das komplementäre Verhältnis von *arguing* und *bargaining* im politischen Prozess wird in den Schüleräußerungen sichtbar im Erzeugen von Zeitdruck, in Diskursausschlüssen und in der aktiven Suche nach Bündnispartner/innen. Ein darüber hinausgehender geschickter Umgang mit der Geschäftsordnung lässt sich nicht beobachten.
d) *Repräsentation politischer Verhandlungen auf EU-Ebene*: Entscheidungsfindung in der EU erscheint als intergouvernementales Handeln. Sie erscheint als ein Feilschen zwischen Vertretern nationaler Regierungen. Die EU-Kommission, die in der Realität ein Initiativrecht innehat, taucht nur zu Beginn der Konferenzsimulation auf.

e) Es finden *strukturierte Verhandlungen* statt: Es lassen sich klare Themenschwerpunkte (Gemeinwohl versus partikulare Interessen, Industriestaaten versus unterentwickelte Staaten, bereichsspezifische Interessengegensätze, Lösungsansätze usw.) rekonstruieren.
f) Ein *personalisierendes Deutungsmuster* lässt den Staat wie einen privaten Bauherrn erscheinen.
g) Die Schüler/innen sind *motiviert*.
h) Sie sind *aktiv und selbstständig*: Es gibt sechs Stunden lang eine sehr hohe Beteiligung fast aller Schüler/innen.
i) Der Unterricht ist *multiperspektivisch*: Es wird *in* der Sache verhandelt, nicht *über* die Sache geredet.
j) Es ist ein *anschaulicher Lernprozess*: Anschaulichkeit wird auch dadurch gewährleistet, dass die Schüler/innen ihre lebensweltlichen Deutungsmuster einbringen können.

Es scheint sich mithin um eine geglückte Konferenzsimulation zu handeln, weil zentrale Forderungen der Politikdidaktik (Konfliktorientierung, Kontroversität, Multiperspektivität, Selbsttätigkeit der Lernenden, Anschaulichkeit) erfüllt sind. Die Konferenzsimulation ist allerdings nur oberflächlich geglückt. Auf einer tieferen Ebene ist die Simulation gescheitert. Dieses Scheitern versuche ich in dem folgenden Ausschnitt aus meiner rekonstruktiven Sachanalyse deutlich zu machen.

4. Rekonstruktive Sachanalyse: ein nur scheinbar reales Dokument als Spielgrundlage

Die rekonstruktive Sachanalyse setzt an den Unterrichtsmaterialien an, die im Rahmen dieser Konferenzsimulation eingesetzt worden sind. Diese Unterrichtsmaterialien erzeugen die Medienwirklichkeit des Unterrichts. Die rekonstruktive Sachanalyse geht der Frage nach, wie diese Wirklichkeit aussieht. Welche Veränderungen des Bedeutungsgehalts ergeben sich bei der Transformation des Wissens von den realen politischen Vorgängen hin zur Repräsentation politischer Vorgänge im Unterricht (Grammes 1998: 70)?

Auch hier kann ich nur illustrativ vorgehen: hier ist ein entscheidendes strukturelles Problem politischer Bildung bei der Transformation des Wissens in den Unterrichtskontext hinein ausgewählt. Was geschieht mit dem realen politischen Bedeutungsgehalt eines Richtlinienvorschlags der Europäischen Kommission zur Senkung der CO_2-Emissionen und die Einführung einer CO_2-Steuer beim Übergang von dieser Dokumentenwirklichkeit zur Medienwirklichkeit des Unterrichts?

Die Analyse ergibt, dass an dieser Stelle eine auf den ersten Blick geringfügige Änderung nicht nur zu einer notwendigen Transformation des Wissens, sondern auch zu einer Verzerrung des Wissens geführt hat. Es handelt sich um eine Verzerrung, die als solche zunächst nicht erkennbar ist. Sie ist aber folgenschwer. Denn der reale institutionelle Ort der Verhandlungen wird mit dieser Verzerrung aufgelöst. Laut Spielvorlage soll im Ministerrat verhandelt werden. Die zu bewältigende Aufgabe wird im europäischen Institutionengefüge allerdings in der Kommission geleistet. Dadurch aber erscheinen die Verhandlungen der Schüler/innen als kontext- und institutionenlos.

Die Spielunterlagen aus *Politik und Unterricht* (1/1995) enthalten einen Vorschlag der Europäischen Kommission als Spielaufgabe. Die Tagesordnung mit den beiden zu verhandelnden Punkten fußt auf diesem Vorschlag. In dieser Spielaufgabe spiegelt sich wider, dass im Institutionengefüge der EU die Europäische Kommission das Initiativrecht hat und für die verschiedenen EU-Ministerräte Richtlinienvorschläge ausarbeitet. Die Spielunterlagen fordern von den Schüler/innen nun die Übernahme von Spielrollen, die den Mitgliedern des EU-Ministerrates nachempfunden sind. Hier zur Veranschaulichung die im Unterricht eingesetzte Spielgrundlage:

Kommission der Europäischen Gemeinschaften *Brüssel, den 30. Juni 1992*

Vorschlag für eine Richtlinie des Rates zur Einführung einer Steuer auf Kohlendioxidemissionen und Energie

Der Rat der Europäischen Gemeinschaften –

auf Vorschlag der Kommission,
nach Stellungnahme des Europäischen Parlaments,
in Erwägung nachstehender Gründe:

Das Problem des Treibhauseffekts bedarf einer wirksamen und in sich stimmigen Lösung.

Einige Mitgliedstaaten haben Steuern auf Kohlendioxidemissionen und den Energieeinsatz eingeführt oder ziehen dies in Erwägung; ein harmonisches Vorgehen ist geboten, um das Funktionieren des Binnenmarktes zu gewährleisten.

Wegen ihres Ziels, die CO_2-Emissionen zu begrenzen, muß die Steuer auf Energieerzeugnisse fossilen Ursprungs und wegen ihres Zieles, die rationelle Energieerzeugung zu fördern, auf alle Energieformen Anwendung finden.

Zur Förderung alternativer Energiequellen ist es geboten, die erneuerbaren Energieträger aus dem Geltungsbereich der Steuer auszunehmen.

Hat folgende Richtlinie erlassen: (Artikel)
Geschehen zu Brüssel am . . .
Im Namen des Rates
Der Präsident

Quelle: Amt für Veröffentlichungen der Europ. Gemeinschaft, L-2985 Luxemburg. Hier zitiert nach: Politik und Unterricht 1/1995, S. 23 f.

Die Realitätsnähe der Materialien scheint hoch zu sein und wird u. a. durch die amtlich klingende und für Schüler/innen der Mittelstufe schwierige Sprache erzeugt. Ihnen muss der Vorschlag der EU-Kommission als ein Originaldokument erscheinen. Es ist von den Verfasser/innen der Konferenzsimulation eine Auslassung am Ende des Vorschlags im Unterrichtsmaterial kenntlich gemacht: »*Hat folgende Richtlinie erlassen:* (Artikel) Geschehen zu Brüssel am . . .« Es wird durch die Darbietung dieses Vorschlags der Eindruck erweckt, als sei an diesem Dokument nichts geändert, sondern lediglich etwas ausgelassen worden.

Tatsächlich aber handelt es sich bei diesem Dokument nicht um das Originaldokument der Europäischen Kommission, sondern um eine erheblich gekürzte Version. Der entsprechende reale Richtlinienvorschlag ist im Bulletin der EG 5–1992 unter der Nummer 1.1.114. erschienen. Die Schüler/innen bekommen damit etwas als Realität präsentiert, was bereits durch die Spielverfasser transformiert wurde. Dadurch wird eine künstliche Schulbuchrealität (Grammes 1998: 17–55) aufgebaut, die als solche nicht zu erkennen ist. Künstliche Schulbuchrealität ist aber die schlechteste aller Realitäten. Tatsächlich sind in diesem scheinbar realen Richtlinienvorschlag der EU-Kommission nur die einleitenden Formulierungen enthalten. Die operativen Klauseln – es handelt sich dabei um einen Text von gut einer DinA4-Seite – sind ausgelassen worden.

Die Krux für diese Konferenzsimulation ist folgendes: In der originalen Richtlinie der Europäischen Kommission sind der Umfang der CO_2-Reduktion und die Verteilung der Steuern auf CO_2-Emissionen und Energie bereits als Vorschlag ausformuliert worden. Der Ministerrat, den die Schüler/innen simulieren sollen, hatte in der Realität darüber zu entscheiden, ob dieser sehr detaillierte Vorschlag angenommen oder abgelehnt werden sollte.

In der Konferenzsimulation wird jedoch der Eindruck erweckt, als wenn dieser Vorschlag von Ministern im EU-Ministerrat in der Realität entwickelt werden könnte. Damit weicht die Tagesordnungspunkte in der Spielanleitung signifikant von der Realität ab. An dieser Bearbeitung des Richtlinienvorschlags der EU-Kommission für die Verwendung im Unterricht liegt es, dass Verhandlungen auf der Ebene des Ministerrats von den Schüler/innen als ein Feilschen von Vertreter/innen nationaler Regierungen konstruiert werden. Die wichtige Rolle der Kommission als Institution mit exekutiven Kompetenzen und Initiativrechten ist damit in der Simulation nicht zu erkennen.

In der Konferenzsimulation konnte beobachtet werden, dass die technischen Fragen der Besteuerung für die Schüler/innen nicht sachlich angemessen zu beantworten waren. Es gab für sie in den Materialien zur Konferenzsimulation keine Vergleichsangaben über Besteuerung einzelner Energieträger. Über systemspezifische Kenntnisse verfügten weder Lernende noch Lehrender. Die Schüler/innen waren gezwungen, recht global und allgemein zu argumentieren, hätten aber bereits in der Richtlinie entscheidende konkrete Argumentationshilfe erhalten können.

Darüber hinaus enthält besagter Richtlinienvorschlag operative Klauseln, die Diskussionen in den Simulationen der Schüler/innen überflüssig gemacht hätten. Denjenigen Staaten, die zur Zeit eine solche Steuer z. B. aus Wettbewerbsgründen nicht einführen können, – dies gilt für die ärmeren Länder der EU, Griechenland, Spanien, Portugal und Irland – wird ausdrücklich eine Steueraussetzung ermöglicht. In der Konferenzsimulation waren es vor allen Dingen Portugals industrieller Nachholbedarf und seine geringere Wirtschaftskraft, die von den Schüler/innen als Argumente gegen die Einführung einer Klimaschutzsteuer vorgebracht wurden. Um die Beseitigung dieses grundsätzlichen portugiesischen Vetos drehten sich die Verhandlungen in den Simulationen lange.

Ferner sieht der reale Richtlinienvorschlag Ausnahmeregelungen für solche Industriezweige vor, »deren Energiekosten mindestens 8 % der Wertschöpfung betragen« (EU-Kommission: Richtlinienvorschlag 1.1.114). Einzelne Unternehmen können vorübergehend vollständig von der Steuer ausgenommen werden, wenn sie bereits Anstrengungen zur Senkung ihres CO_2-Ausstoßes vorgenommen haben. In den Verhandlungen der Schüler/innen spielten Fragen nach unterschiedlicher Behandlung verschiedener Industriezweige keine Rolle.

Gerade die von der EU-Kommission in der Realität vorgeschlagene Ausnahmeregelung für solche Industriezweige, deren Energiekosten besonders hoch und die damit besonders klimaschädigend sind, ist aber problematisch. Die ökologische Effektivität der vorgeschlagenen CO_2- und Energiesteuer wird durch diese Ausnahmeregelung entscheidend vermindert. Es sind gerade die klimaschädlichsten Sektoren, denen damit die Externalisierung von Umweltkosten durch die Emission von Kohlendioxid weiterhin erlaubt werden sollte (Caspari 1995: 173).

Die Schüler/innen sind in ihren Verhandlungen nicht auf derartige Argumentationszusammenhänge gekommen. Durch den Abdruck des kompletten Richtlinienvorschlags würden derartige Auseinandersetzungen jedoch gefördert und damit eine sachlich stichhaltigere Kritik der EU-Klimapolitik ermöglicht. Vor dem genannten Hintergrund wirken die Verhandlungen der Schüler/innen recht abgehoben. Die Auslassung in dem Richtlinienvorschlag der Europäischen Kommission seitens der Spielverfasser/innen hat nicht nur zur einer Transformation geführt. Es wurde darüber hinaus eine Veränderung des politischen Inhalts bewirkt, die ein sachlich angemessenes Verständnis von EU-Politik erschwert, teilweise auch verzerrt. Bei der Transformation von der Dokumentenwirklichkeit der Kommission in die Medienwirklichkeit der Unterrichtsmaterialien ist der politische Gegenstand essenziell verändert worden. Durch diese Veränderung wird es den Schüler/innen erschwert zu erkennen, was es konkret bedeutet, dass die Europäische Kommission mit ihren exekutiven Kompetenzen ein Initiativrecht innehat. Den Schüler/innen wird nicht kenntlich gemacht, dass offensichtlich sehr viel umfangreichere und fundiertere Vorbereitungen von der Kommission und ihrer Bürokratie erbracht worden sind, als es in der Konferenzsimulation den Anschein hat. Es wird in der Simulation nicht erkennbar, auf welche Weise die europäischen Institutionen bei der Formulierung einer Richtlinie eingebunden sind. Eine konzise Übersicht über diesen Ablauf findet man bei Volker Eichener (Eichener 2000: 128 f.).

Zwar verhandeln die Schüler/innen z. T. über zentrale Probleme einer Klimaschutzsteuer. Dies gilt besonders für die Auseinandersetzungen in der Simulation zu der Behandlung Portugals. Es scheint, als wäre es in diesem Falle zu Verhandlungen gekommen, die auf analoge Weise auch in der Realität von Bedeutung waren. Nur fanden diese politischen Verhandlungen in der Realität in der EU-Kommission und nicht im Ministerrat statt. Das zentrale Problem an dieser Konferenzsimulation ist also, dass der reale institutionelle Ort der Verhandlungen mit der Veränderung des Originaldokuments und der von den Spielverfasser/innen vorgeschlagenen Tagesordnung aufgelöst wird. So fällt weder Lernenden noch Lehrendem auf, welche Bedeutungsveränderung sich dadurch ergibt. Sie haben den Eindruck eines geglückten Lernprozesses. Und auch die Überprüfung der Konferenzsimulation mit den gängigen Kriterien ließ diese Konferenzsimulation als erfolgreich erscheinen. Ein sachlich angemessenes Verständnis europäischer Politik wird mit der Verschiebung des Verhandlungsortes aber gerade verhindert. Das ist eine Fallgrube für Konferenzsimulationen zur EU, die hier exemplarisch nachgewiesen werden konnte. Diese Fallgrube bedeutet das Scheitern eines nur oberflächlich geglückten Unterrichts.

5. Alternativplanung und Fazit

Professionalisierung besteht darin, Unterrichtsmodelle nach Erprobung zu verbessern und neu zu inszenieren. Eine Alternativplanung sollte deshalb an dem eingesetzten Material ansetzen und nicht grundständig eine komplett neue Einheit entwickeln. Beim Einsatz von Konferenzsimulationen reicht es nicht aus, wenn der Politikunterricht lediglich oberflächlich daran gemessen wird, ob Selbsttätigkeit der Schüler/innen angeregt, ob ein Konflikt kontrovers und multiperspektivisch verhandelt wird. Allein mit diesen wünschenswerten und wichtigen Merkmalen von Politikunterricht wird ein zentrales Ziel politischer Bildung verfehlt: die Vermittlung von Wissen zu europäischen Institutionen und Politikprozessen. Die entscheidende inhaltliche Verzerrung entstand hier durch die Veränderung des Originaldokuments beim Übergang in die Medienwirklichkeit des Unterrichts. Deshalb soll mit der hier vorgestellten skizzenhaften Alternativplanung dieser Fehler behoben werden: An den Anfang der Konferenzsimulation wird der originale Richtlinienvorschlag gestellt.

---

1. 1 114 Vorschlag für eine Richtlinie des Rates
zur Einführung einer Steuer auf Kohlendioxidemissionen und Energie.

Bezug: Mitteilung der Kommission über eine Gemeinschaftsstrategie für weniger CO_2-Emissionen und mehr Energieeffizienz – Ziff. 1. 1 113 dieses Bulletins

Genehmigung in der Kommission am 27. Mai. Der Vorschlag ist Bestandteil der allgemeinen Gemeinschaftsstrategie, die darauf gerichtet ist, mit den bedeutenden Risiken des Treibhauseffekts für die gesamte Menschheit fertig zu werden. Um in der gesamten Gemeinschaft bis zum Jahr 2000 zu einer Stabilisierung der CO_2-Emissionen auf ihren Stand von 1990 zu gelangen, muß sich in erster Linie das Verhalten sämtlicher Energieverbraucher ändern.

Der Richtlinienvorschlag sieht daher zum einen die Einführung einer Energie-/CO_2-Steuer und zum anderen steuerliche Anreize für Investitionen vor, die durch die Energie gespart oder die Kohlendioxidemissionen verringert werden. Die Steuer wird auf Gemeinschaftsebene festgelegt, doch bleibt es Sache der Mitgliedstaaten, den Steuereinzug im Einzelnen zu regeln. Auch das Steueraufkommen fließt in die Staatskasse der einzelnen Mitgliedstaaten.

Dabei haben die Mitgliedstaaten das Prinzip der *Steuerneutralität* einzuhalten, d. h., die Steuer darf keine Erhöhung der Steuerbelastung insgesamt bewirken. Daher müssen die Einnahmen, die durch die neue Steuer in die Staatskasse strömen, durch eine Senkung anderer öffentlicher Abgaben (Steuern oder Sozialbeiträge) oder durch die Gewährung von Steueranreizen kompensiert werden.

Der *Anwendungsbereich* der Steuer umfaßt sämtliche fossilen Energieträger (Erdgas, Erdöl, Kohle und ihre Derivate) und elektrischen Strom. Ausgeschlossen sind erneuerbare Energiequellen (Wind- und Sonnenenergie, Biomasse, Biokraftstoffe usw.), in der Wirtschaft als Rohstoff verwendete Energieträger und elektrischer Strom aus Wasserkraftwerken mit einer Leistung von unter 10 Megawatt.

Die Einführung der Steuer vollzieht sich schrittweise: Zum 1. Januar 1993 wird die Steuer auf 3 USD pro Barrel Rohöleinheit festgesetzt (dies entspricht einem Steuersatz von 17,70 ECU pro t RÖE); sodann erhöht sie sich jedes Jahr um 1 USD pro Barrel, so daß sie im Jahr 2000 mindestens 10 USD pro Barrel RÖE betragen wird. Den Mitgliedstaaten steht es selbstverständlich frei, höhere Steuersätze anzuwenden.

Die Steuer wird zur Hälfte nach der Höhe der CO_2-Emissionen der betreffenden Energieträger (ausgedrückt in Tonnen) und zur anderen Hälfte nach ihrem Wärmewert (ausgedrückt in Gigajoule) bemessen; ausgenommen sind erneuerbare Energiequellen. Für fossile Energieträger wird der Basissteuersatz auf 2,81 ECU pro Tonne freigesetztes Kohlendioxid und 0,21 ECU pro Gigajoule erzeugte Energie festgesetzt; für die wichtigsten Mineralölerzeugnisse wurde der Satz bereits im Voraus festgelegt.

Elektrizität, die von Wasserkraftwerken mit einer Leistung von über 10 Megawatt erzeugt wird, wird mit 0,76 ECU pro Megawattstunde besteuert. Aus anderen Primärenergieträgern gewonnener elektrischer Strom unterliegt hinsichtlich der CO_2-Komponenten dem Basissteuersatz und zur anderen Hälfte einem Steuersatz von 2,1 ECU pro Megawattstunde. In Ausnahmefällen besteht die Möglichkeit der Steueraussetzung, um außergewöhnlichen Situationen in den Mitgliedstaaten Rechnung zu tragen.

Um die Wettbewerbsfähigkeit der Wirtschaft der Gemeinschaft aufrechtzuerhalten, wird die Anwendung der Steuer überdies davon abhängig gemacht, daß andere OECD-Länder eine ähnliche Steuer oder Maßnahmen einführen, die sich finanziell in gleicher Weise auswirken *(Prinzip der Konditionalität)*. Findet die Steuer Anwendung, so sind zusätzliche Bestimmungen vorgesehen, um ihren Auswirkungen auf die Wettbewerbsfähigkeit der Industrie der Gemeinschaft gegenüber den nicht der OECD angehörenden Ländern Rechnung zu tragen:

- Progressive Steuerermäßigungen werden denjenigen Unternehmen gewährt, deren Energiekosten mindestens 8 % der Wertschöpfung betragen, die bei den Produkten, die mit dieser Energie hergestellt werden, erzielt wird.
- Außerdem können die Mitgliedstaaten Unternehmen vollständig – allerdings nur vorübergehend – von der Steuer befreien, sofern diese erhebliche Bemühungen zur Energieeinsparung oder zur Verringerung des CO_2-Ausstoßes unternommen haben.

Schließlich sind in dem Vorschlag *Steueranreize* vorgesehen, durch die die Energie-/ CO_2-Steuer auf einer breiteren Ebene wirksam gemacht werden soll, indem alle Unternehmen einen Anreiz erhalten, Investitionen zur Energieeinsparung oder zur Verringerung des CO_2-Ausstoßes vorzunehmen. Alle Unternehmen können die Ausgaben für neue Investitionen, die sie zu diesem Zweck getätigt haben, von ihrer Steuerschuld abziehen. Übersteigen die Ausgaben den Energie/CO_2-Steuerbetrag, so erhalten die Unternehmen eine entsprechende Steuergutschrift.

Quelle: KOM (92) 226

Ein Richtlinienvorschlag der EU-Kommission mit sämtlichen operativen Klauseln ist für Schüler/innen der Sek.I eine anspruchsvolle Lektüre. Eine solche Darbietung erfordert deshalb eine intensivere Vorbereitungsphase zur Durchführung der Konferenzsimulation. Es wird durch diese Alternativplanung aber gewährleistet, dass der reale institutionelle Ort der Verhandlungen als solcher im Unterricht repräsentiert wird. Es wird mit dem originalen Richtlinienvorschlag im Unterricht ein Stück realer Kommunikation im Unterricht eingesetzt.

Die Verwendung des originalen Richtlinienvorschlags lässt außerdem ein zentrales Problem europäischer Klimapolitik erkennen: Auf Belange der Wirtschaft wird besondere Rücksicht genommen, siehe die diversen Ausnahmeregelungen. Durch die Ausnahmen für wirtschaftlich schwächere EU-Mitgliedstaaten und durch die Bedingung, dass die Maßnahmen erst verwirklicht werden sollen, wenn auch andere OECD-Länder ähnliche Maßnahmen ergreifen, ähnelt die avisierte Klimapolitik einem löchrigen Schweizer Käse.

Bei der Formulierung der EU-Klimapolitik bestehen vielfältige formelle und informelle Beeinflussungsmöglichkeiten der Kommissionspolitik durch die Wirtschaft. Die EU-Kommission ist hier allerdings nicht nur Getriebene von starken Wirtschaftsverbänden und Konzernen. Sie selber fördert den Aufbau solcher transnationaler Netzwerke mit Wirtschaftsvertretern, um ihre Machtposition gegenüber den nationalen Regierungen und den Ministerräten auszubauen. Es geht bei der inhaltlichen Ausgestaltung europäischer Klimapolitik also gleichzeitig auch um die Verteilung der Kompetenzen zwischen nationalen Regierungen und supranationalen Institutionen im europäischen Institutionengefüge (Scharpf 1999).

Es gilt auch, bei der sehr motivierenden Unterrichtsform der Konferenzsimulation ein sachlich angemessenes Verständnis europäischer Institutionen und Politikprozesse zu gewährleisten. Das aber wird verfehlt, wenn der Politikunterricht im motivationalen, moralischen und nicht spezifisch politischen Begründungsdiskurs hängen bleibt. Lehrer/innen in der Schule mit ihrer zumeist hohen Stundenzahl und Vielzahl von Aufgaben sind strukturell überfordert, aufwändige Analysen von Materialien für Konferenzsimulationen durchzuführen. Sie sind deswegen darauf angewiesen, dass Spielmaterialien nicht nur motivierenden Unterricht ermöglichen, sondern auch die politische Realität angemessen repräsentieren. Es ist Aufgabe der Politikdidaktik, Konferenzsimulationen dahingehend zu überprüfen und erprobte Konferenzsimulationen zu europäischer Politik zu dokumentieren.

Literaturhinweise

Arnold, Rolf 1983: Deutungsmuster, in: Zeitschrift für Pädagogik, Heft 6, 893–912.

Caspari, Stefan 1995: Die Umweltpolitik der Europäischen Gemeinschaft: eine Analyse am Beispiel der Luftreinhaltepolitik, Baden-Baden.

Eichener, Volker 2000: Das Entscheidungssystem der Europäischen Union, Opladen.

Grammes, Tilman 1995: Brücken von der Mikro- zur Makrowelt, in: Massing, Peter/Weißeno, Georg: Politik als Kern der politischen Bildung, Opladen, 133–159.

Grammes, Tilman 1998: Kommunikative Fachdidaktik, Opladen.

Klippert, Heinz 1996: Planspiele, Weinheim.

Kötters-König, Catrin 2001: Handlungsorientierung und Kontroversität, in: Aus Politik und Zeitgeschichte, Heft 50, 6–12.

Lüders, Christian/Meuser, Michael 1997: Deutungsmusteranalyse, in Hitzler, Ronald/ Honer, Anne: Sozialwissenschaftliche Hermeneutik, Opladen, 57–79.

Massing, Peter 1998: Lassen sich durch handlungsorientierten Politikunterricht Einsichten in das Politische gewinnen? in: Breit, Gotthard/Schiele, Siegfried (Hrsg.): Handlungsorientierung im Politikunterricht, Bonn, 144–160.

Politik und Unterricht 1995: Internationale Klimapolitik, H. 1.

Prittwitz, Volker von 1998: Umwelt- und energiepolitische Kommunikation, in: Jarren, Otfried/ Sarcinelli, Ulrich/ Saxer, Ulrich (Hrsg.): Politische Kommunikation in der demokratischen Gesellschaft. Ein Handbuch mit Lexikonteil, 555–561.

Scharpf, Fritz W. 1999: Regieren in Europa. Effektiv und demokratisch? Frankfurt/M.

Sabine Manzel

Ist die Stimme von 450 Millionen EU-Bürgerinnen und Bürgern mehr als nur ein Kreuz?

Die Europawahlen 2004 im Politikunterricht

> »Ich würde mir mehr Transparenz in der Europa-Politik wünschen. Wenn man nicht gerade super engagiert ist, weiß man gar nicht genau, worum es geht und welche Parteien welches Programm haben. Es wird weniger der Öffentlichkeit mitgeteilt als z. B. bei Bundestagswahlen. Daher wahrscheinlich auch die niedrige Wahlbeteiligung, weil manche denken, das EU-Parlament hätte eh nichts zu sagen.« (Gästebucheintrag auf der offiziellen deutschen Europawahl-Website unmittelbar nach der Wahl am 13. Juni 1999, Quelle: http://www.europadigital.de.aktuell/europanorama/volltextep.shtml)

Im Juni 2004 dürfen circa 450 Bürger/innen ein neues Europaparlament wählen. Auch die durch die EU-Osterweiterung hinzugekommenen Beitrittsländer nehmen teil. 732 Sitze stehen laut dem Vertrag von Nizza den Parlamentarier/innen zur Verfügung. Aus Deutschland können am 13. Juni 2004 insgesamt 99 Kandidat/innen ins Europaparlament einziehen. (Weitere Grundlagen vgl. W. Woyke in diesem Band.)

I. Europazentrierte Politikdidaktik

Dieser Beitrag basiert auf der These, dass politische Bildung immer auch europazentriert sein muss. Viele Bereiche des staatlichen Handels und gesellschaftlichen Lebens werden durch die europäische Integration stark beeinflusst. Einzelne Entscheidungen werden bereits ausschließlich auf supranationaler Ebene gefällt und wirken so unmittelbar in nationales Recht ein, beispielsweise das europäische Arbeitsrecht, die Hochschuldiplom-Richtlinie oder die Richtlinien zum Verbraucherschutz. Für Schüler/innen reicht es somit nicht aus, nur ein Bewusstsein europäischer Zusammengehörigkeit zu erlangen. Sie sollen vielmehr die Interdependenz politischen Handelns erkennen und verstehen, dass die Probleme menschlichen Zusammenlebens nicht mehr nur national, sondern in zunehmenden Maße europäisch entschieden werden (Janssen 1991: 55).

»Aufklärung« heißt in diesem Kontext, Handlungskompetenz auf der Grundlage der Einsicht in die eigenen Interessen und die eigene gesellschaftliche Stellung erlangen. Gleichzeitig sollen Schüler/innen die gesellschaftliche und politische Struktur verstehen sowie den Zusammenhang der verschiedenen Interessen und ihre jeweilige Legitimität reflektieren. Das Ziel bestimmt sich somit innerhalb des Rahmens der objektiven Bedeutung des EU-Integrationsprozesses für das politische Leben und der unmittelbaren Betroffenheit der Schüler/innen als EU-Bürger/innen und zukünftige Wähler/innen.

2. Was ist dran am Gegenstand »Europa-Wahl«?

Die Auswahl eines Gegenstandsbereichs ist eine didaktische Entscheidung, die bewusst unter zu Hilfenahme von bestimmten Instrumentarien getroffen wird. Im Gemeinschaftskundeunterricht steht dabei die Suche nach dem »Politischen« des Gegenstandsbereichs im Vordergrund, um nicht beim sozialen Lernen zu verharren Ein mögliches Instrument zur Bestimmung des Politikkerns eines Gegenstandsbereiches sind die drei Dimensionen des Politischen. In Anlehnung an Breit/Weißeno (2003:16) kann der Gegenstandsbereich »EU-Wahlen« mit den politikwissenschaftlichen Dimensionen policy, politics und polity wie folgt aufgeschlüsselt werden:

Dimension Inhalt (policy)	Dimension Prozess (politics)	Dimension Form (polity)
Programme und Funktionen der nationalen und europäischen Parteien sowie anderer Akteure	Auseinandersetzung im Wahlkampf zwischen nationalen Parteien, insbesondere über den Ausbau der EU-Institutionen	Europäisches Wahlrecht, Fraktions-Zusammenschlüsse auf europäischer Ebene

Wendet man den Massing'schen »Politikzyklus« zur Erschließung des Politischen im Sinn von Breit/Weißeno (2003: 16 f) an, so kommt man bei den Wahlen zum Europaparlament zu mehreren Gegenstandsbereichen. Um auszuschließen, dass je nach Instrument die Dynamik von Politik oder der politische Handlungsrahmen aus dem Blickwinkel geraten, ist die Kombination beider Vorgehensweisen anzuraten. »Der Politikzyklus mit seinen Phasen und der Handlungsrahmen von Politik bilden das Gerüst eines Suchinstrumentariums« (a. a. O.: 18). Im Fall der EU-Wahlen kann der Gegenstand wie folgt erschlossen werden:

Phasen des Politikzyklus	Politischer Handlungsrahmen
Problem: Sinkende Wahlbeteiligung bei der EU-Wahl, Frage der Legitimität *Auseinandersetzung:* Wie weit sollen Integrationsbestrebungen gehen? Auseinandersetzung in den EU-Fraktionen und den nationalen Regierungen *Entscheidung:* Der EU-Konvent bereitet eine europäische Verfassung mit erweiterten Kompetenzen des Europäischen Parlaments vor. Europawahl	Kenntnisse über Institutionen wie Europäisches Parlament, über das Wahlverfahren und die Wahlbeteiligung in den Mitgliedsländern, die zur Wahl stehenden Parteien sowie die Medienberichterstattung im Wahlkampf

Teilinhalte lassen sich leichter mit Hilfe von Kategorien bzw. Schlüsselbegriffen identifizieren. Fragen nach den Problemursachen, dem Problemausmaß und der -lösung, den Akteuren und ihren Interessen, rechtlichen Grundlagen, dem Einsatz von Macht und Kontrolle, dem Mitteleinsatz, den Begründungen und Folgen sowie der Transparenz können leitend für die Auswahlentscheidung sein. Angewendet auf den Gegenstand Europäisches Parlament ergeben sich als mögliche Unterthemen der folgenden Unterrichtseinheiten: Die Direktwahl zum Europäischen Parlament, Wahlmotivation und Parteipräferenz der EU-Bürger/innen, die rechtliche Stellung und Aufgaben des EU-Parlaments, das Misstrauen der Bürger/innen in die europäischen Institutionen, das Informationsdefizit und die mangelnde Transparenz der EU-Politik sowie die Notwendigkeit einer Kompetenzerweiterung des EU-Parlaments und das Verständnis von Demokratie und Parlamentarismus.

3. Skizze einer Unterrichtseinheit

Die Unterrichtseinheit ist für Schüler/innen der Sekundarstufe II entwickelt worden. Sie sind potentielle Wähler/innen und deshalb von der Sache her motiviert, sich mit den politischen Zusammenhängen der Wahl zu beschäftigen. Die Materialien sind so ausgewählt, dass sie generelle Strukturen verdeutlichen, aber auch aktuelle Bezüge aufweisen. Letztere können jeweils von den Lehrenden mit Hilfe des Internet aktualisiert und ausgetauscht werden. Meine Intention ist es, die Wahl als »aktuellen« Fall zu behandeln. Ein »Doing European« (vgl. D. Richter in diesem Band) macht die Auseinandersetzung mit leichten englischen Quellen (Europäische Amtssprache) erforderlich.

1. Stunde: Was wissen deutsche Jugendliche über die Wahlen zum Europäischen Parlament?

Über die Bedeutung der Europawahl gibt es eine Reihe von (Vor-) Urteilen bei Jugendlichen. Um die Möglichkeit einer reflexiven Auseinandersetzung zu schaffen, sollen sich die Lernenden zunächst mit den Meinungen jener Akteure beschäftigen, um die es in einem Wahlakt geht: Erstwähler/innen und Kandidat/innen. Die Schüler/innen sollen befähigt werden, ihr Eigeninteresse zu formulieren und die Bedeutung für das politische System der EU einschätzen lernen. Nur so kann deutlich werden, welche Mitwirkungs- und Gestaltungsmöglichkeiten die Bürger/innen in einer demokratischen Union haben. Insofern lenkt die Einstiegsstunde den Blick auf die Schwerpunkte Eigeninteresse, Partizipation, Demokratie. Es geht nicht nur um Urteilsbildung über die Wahl, sondern auch um die Bedeutung und die Folgen für das System der EU. Die Gegenüberstellung von Ansichten verschiedener Jungwähler/innen und einem jungen Europakandidaten zeigt die unterschiedlichen Erwartungen und die Problemfelder der Reihe: Politikverdrossenheit, fehlende Transparenz, mangelndes Wissen, politische und unpolitische Interessen bzw. Einstellungen unterschiedlicher Akteure sowie vielfältige Sachfelder europäischer Politik. Methodisch bietet es sich deshalb an, die Lernenden in zwei Gruppen einzuteilen, Jugendliche und Europaabgeordnete, um dann in einer »amerikanischen Debatte« (Gugel 1997: 169 ff.) Argumente, Meinungen und Sachwissen auszutauschen. Dabei können auf beiden Seiten je unterschiedliche Deutungsmuster die Frage des Stundenthemas beantworten und somit die Mehrperspektivität auf beiden Seiten fördern.

Ziel der Stunde: Schüler/innen sollen zusammentragen, was sie über europäische Wahlen wissen. Sie sollen darüber nachdenken, welchen Stellenwert das europäische Parlament für sie hat und welche Bedeutung sie der EU-Wahl zumessen.

Materialien

M1: Welchen Stellenwert hat das europäische Parlament für Jugendliche?

a) »Das Europäische Parlament ist eine bessere, größere Stammtischrunde. Das ist doch so: die Politiker, die da hinkommen, das sind teilweise Leute, die haben da ihren Ehrenplatz gekriegt von der Partei und dürfen da dann auch noch Politik machen.«
b) »So wie du einen Staat wie Frankreich lenken kannst und Staaten wie Großbritannien oder Deutschland, kannst du auch mit einer Regierung Europa lenken.«
c) »Wieviele Sitze im Europaparlament sind, das interessiert mich nicht, weil ich mich auch nicht daran Beteiligen kann.«
d) »Ich meine, das müsste so eine Art Europäisches Parlament mit einem starken Einfluss sein und nicht wie jetzt, wo die Abgeordneten im Grunde genommen rumdiskutieren, schöne Sachen entwickeln, aber dann nichts durchsetzen können, weil sie eben keine Macht in der Hand haben. Das Parlament müsste dann auch irgendwie respektiert werden.«

Quelle: Melanie Piepenschneider 1992: Die Europäische Generation. Europabilder der Jugendlichen in der Bundesrepublik Deutschland, Bonn, S. 155 f.

M2: Interview mit Daniel Caspary, Europakandidat für die CDU 2004 (geb. 1975)

Frage 1: Das Statistische Bundesamt verzeichnet bei Jugendlichen im Alter von 18–21 Jahren eine Wahlbeteiligung von 35 % bei den Wahlen zum Europäischen Parlament 1999. Welche Strategie haben Sie persönlich und die EVP, um das Interesse der Jugendlichen für die Europawahlen zu stärken?
Antwort: Die Jugend möchte Europa mitgestalten – nur haben sehr viele Jugendliche den Eindruck, keinen Ansprechpartner zu haben, der ihnen hier weiterhelfen kann. Mein Ziel ist es, direkt auf diese Generation zuzugehen. Da ich ihr selbst angehöre, sollte das doch klappen!

F2: Würde ein personalisiertes Verhältniswahlrecht bei der Europawahl Europa den Bürger/innen näherbringen?
A: Europa steht bei vielen Menschen für Bürokratie, Regelungswut und »weit weg«. Europa darf künftig nicht mehr zentral verordnet werden, sondern muss von den Menschen gestaltet und gelebt werden. Mit dem Wahlrecht hat das aber wenig zu tun.

F3: Warum gibt es die EVP, wenn im Wahlkampf mit der CDU geworben wird?
A: Die EVP ist der Zusammenschluss der christdemokratischen Parteien Europas. Die CDU ist Teil davon.

F4: Wie kann sich Ihrer Meinung nach eine europäische Identität bei Jugendlichen herausbilden, wenn Politik im Wahlkampf national dargestellt wird?
A: Diesen Widerspruch teile ich nicht. Europa und die Nationalstaaten stehen nicht im Widerspruch, sondern wir brauchen beides: ein Europa, das sich um

Dinge wie Außenpolitik, Außenwirtschaft, Währungspolitik kümmert und starke Nationalstaaten. Niemand möchte einen europäischen Einheitsbrei, sondern die Stärke in Europa ist die regionale und nationale Gestaltungskraft mit den verschiedenen kulturellen Eigenarten.

F5: Seit 1979 wird das Europaparlament direkt vom Volk gewählt. Seine Rechte haben sich durch die Verträge von Maastricht und Amsterdam sowie den EU-Konvent zwar erweitert, ihm kommen aber immer noch nicht die gleichen legislativen Kompetenzen zu wie den nationalen Parlamenten. Wie fuhren Sie Wahlkampf, wenn Ihre Forderungen nach mehr Kompetenzen nicht erfüllt werden?
A: Ich kämpfe für mehr Kompetenzen – das ist ein Wahlziel.

F6: Sind Sie mit der Gewichtung Deutschlands im Zuge der EU-Osterweiterung zufrieden? Reichen Ihrer Meinung nach 99 Abgeordnete im Europäischen Parlament, um Deutschland bürgernah zu vertreten?
A: Die Zahl der Abgeordneten pro Mitgliedsstaat sollte sich noch mehr als bisher an den Bevölkerungszahlen orientieren – und da hat Deutschland Nachholbedarf. Grundsätzlich gibt es jedoch ein Spannungsfeld zwischen effizienter und kostengünstiger Parlamentsarbeit mit weniger Abgeordneten und dem Anspruch an Bürgernähe. Heute vertritt ein deutscher Europaabgeordneter 800 000 Menschen. Da ist es eine große Herausforderung mit möglichst vielen Mitbürgern in Kontakt zu treten.

Mehr Informationen zur Person unter http://www.caspary.de

2. Stunde: Kann ein europäisches Wahlrecht die Bürger/innen an Europa heranführen?

Das Wahlrecht hat einen regulierenden Einfluss auf das Entstehen von Parteien und die Sitzverteilung im Parlament. Der Zuschnitt der Wahlkreise kann das Ergebnis für eine bestimmte Partei beeinflussen. Diese auf den ersten Blick »trockenen« Fragen bieten somit politische Sprengkraft. Das Europaparlament versucht, über den Neu-Zuschnitt länderübergreifender Wahlkreise den europäischen Gedanken zu stärken und die Parteienlandschaft zu europäisieren. Es hat sich auf einen EU-typischen Aushandlungsprozess mit dem Ministerrat eingelassen, das Ergebnis ist offen, ein Kompromiss für 2004 gefunden. Mit dem Konflikt auf europäischer Ebene einher gehen Streitigkeiten auf nationaler Ebene. Das Beispiel Frankreichs beleuchtet eindrücklich die Machtstrukturen, die über das Wahlrecht in die Parteienlandschaft hineinwirken. Der Perspektivwechsel auf ein Nachbarland Deutschlands soll die Schüler/innen ermuntern europäisch denken zu lernen. Dies gilt umso mehr, da in der BRD eine Änderung des Wahlrechts noch nicht nötig war. Das politische Mehrebenensystem – EU plus nationale Systeme – wird mit seinen Einflusskomponenten und Steuerungselementen deutlich.

Ziel der Stunde: Schüler/innen sollen den Unterschied der Verhältniswahl auf europäischer Ebene einschätzen lernen. Sie sollen sich eine Meinung bilden über die Listenform und die Bedeutung von Wahlkreisen. Als Beispiel dient der Umbau eines Wahlkreises in acht Wahlbezirke in Frankreich. Im Anschluss daran sollen sie diskutieren, welche Vor- und Nachteile ein europäischer Wahlkreis mit einer länderübergreifenden Kandidat/innen-Liste für die EU-Bürger/innen haben könnte.

Methodisch können diese Ziele in zwei Schritten umgesetzt werden. Zuerst werden Informationen zum europäischen Wahlrecht in Textarbeit behandelt. Dabei ist der Blick insbesondere auf das Mehrebenensystem zu richten. In einem zweiten Schritt sollen die Lernenden die Diskussionen in Frankreich selbstständig verstehen lernen, indem sie jeweils die Rede eines Abgeordneten des FN gegen und eine der RPR für die Wahlrechtsreform vorbereiten. Vor der fiktiven Abstimmung in der Nationalversammlung teilen sich die Schüler/innen in Gruppen. In diesen werden die dreiminütigen Reden so ausgewertet, dass nationale und europäische Aspekte des Wahlrechts herauskristallisiert werden: Wie weit ist eine nationale Argumentation noch sinnvoll? Wie kann der Machterhalt auf europäischer Ebene gesichert werden?

Materialien

M1: Noch keine Einigung auf einen europäischen Wahlkreis – Auf dem Weg zu einem einheitlichen Wahlsystem in Europa

Für die nächsten Europawahlen im Frühsommer 2004 sind die rechtlichen Weichen gestellt. Obwohl wesentliche Forderungen des Europäischen Parlaments noch nicht erfüllt wurden, stimmten die Europaabgeordneten am 12. Juni in Straßburg einer Vorlage des EU-Ministerrats zu. Die Zustimmung erfolgte, weil einerseits die Zeit für eine gemeinsame Rechtsgrundlage zur Durchführung der Wahl drängt, zumal der Ministerrat und nicht das Parlament selbst darüber bestimmen darf. Andererseits sieht das Parlament in dem Vorschlag auch einen noch akzeptablen Kompromiss für eine Übergangszeit, da er immerhin ein Schritt zu einem einheitlichen Wahlsystem ist. [. . .]

Da die Abgeordneten zu dem Beschluss nach dem Verfahren der Zustimmung nur mit Ja oder Nein stimmen konnten, mussten sie ihre grundsätzlichen, über die nächste Wahl hinausgehenden Forderungen in einem Bericht an den Rat und als Arbeitsdokument für den Verfassungskonvent festhalten. Darin verlangen sie vor allem, dass für die Wahlen 2009 ein einheitlicher europäischer Wahlkreis festgelegt wird, um zehn Prozent der Abgeordneten auf einer europäischen Liste und nicht nur nach nationalen Listen zu wählen. [. . .]

Quelle: Hartmut Hausmann, in: Aus Politik und Zeitgeschichte, Nr. 25, 21. 6. 2002

M2: France to change European electoral system

France is likely to be divided into eight regions for the next European elections. The French government is expected to adopt a new electoral System for the next European elections in 2004 that would divide the country into eight large constituencies, reports Le Figaro. [. . .] The new System marks a turnaround since Christmas when it seemed that a deal had been struck to divide France into 22 constituencies to correspond with the regional administrations. The project is one that was envisaged by EU Regional Commissioner, Michel Barnier, five years ago, which sees ten MEPs being allocated to each new region.

Plans seem to have suddenly changed because the intention to use 22 constituencies would only have favoured the two largest partys, the UMP and the Socialists, giving them the majority of elected representatives. This had caused an outcry from the smaller political partys, from the Communists to the supporters of Jean-Marie Le Pen, who benefited from the national list System used in 1999. Although the Socialists would have profited from having 22 constituencies they could Not been seen in December to be supporting the UMP shortly before their congress. Socialist MP, Bruno Le Roux, denounced the plan on 18 December ass an attempt bring about a »UMP state«.

By choosing the model of eight electoral regions, the government is staying faithful to its intention to regionalise the election while disarming the extreme minority partys, says Le Figaro. The surprise proposal will be voted by the French Parliament in February.

Quelle: Nicola Smith, in EU-Observer,10. 01. 03,
http://www.euobserver.com/index.phtml?print=true&sid=9&aid=8963

---

3. Stunde: Sollen Jugendliche zur EU-Wahl gehen?

Das geringe Interesse an der Europawahl hat verschiedene Ursachen. Eine ist sicher der geringe Kenntnisstand über die Aufgaben der europäischen Institutionen und den politischen Prozess innerhalb der EU. Nachdem das Wissen in den ersten beiden Stunden erweitert worden ist, können Schüler/innen über die geringe Wahlbeteiligung und die Folgen für die demokratische Entwicklung nachdenken. Der Stellenwert von Wahlen ist ihnen aus dem Unterricht über Bundes-, Landtags- oder Gemeinderatswahlen bekannt. Methodisch kann das Stundenthema zum Thema einer Talkshow werden. Die Lernenden werten das Material aus und bereiten selbst Thesen zu ihrer

Materialien

M1: Wahlbeteiligung an der EU-Wahl 1999

Die Wahlbeteiligung zu den Europawahlen geht insgesamt zurück. Gingen 1994 in Deutschland noch 60 % der Wahlberechtigten zur Wahl, waren es 1999 nur noch 45 %. Besonders auffallend ist die geringe Wahlbeteiligung bei Jugendlichen: 35,4 % der 18–21-jährigen und nur 32,3 % der 21–25-jährigen machten von Ihrem Stimmrecht Gebrauch.

Quelle: Statistisches Bundesamt (Hrsg.) 1999: Wahl der Abgeordneten des Europäischen Parlaments aus der Bundesrepublik Deutschland am 13. Juni 1999. Erste Ergebnisse aus der Repräsentativen Wahlstatistik für die Bundesrepublik Deutschland, Wiesbaden, S. 7.

M2: Wählerschaft der Parteien nach Altersgruppen:[1] bei der Europawahl 1999 (in Prozent)

Alter von bis unter Jahren	Wahlberechtigte	Wählerschaft der Parteien							
		Wähler insges.	SPD	CDU/CSU	GRÜNE	PDS	FDP	Sonstige	REP
				Insgesamt					
18–25	8,2	6,4	5,2	5,9	9,3	7,1	9,0	11,3	9,5
25–35	16,8	12,9	11,4	11,5	25,4	11,7	16,8	17,9	16,5
35–45	19,9	18,1	17,6	15,4	34,8	19,9	16,3	23,1	21,1
45–60	23,7	25,6	26,6	25,0	22,5	28,8	29,1	23,6	23,9
60 und mehr	31,4	37,1	39,1	42,2	8,1	32,5	28,9	24,1	29,0
Insgesamt	100,0	100,0	100,0	100,0	100,0	100,0	100,0	100,0	100,0
				Männer					
18–25	8,8	7,0	5,4	6,7	9,4	7,6	11,0	12,6	10,4
25–35	18,2	13,8	11,9	12,8	25,1	12,0	18,5	18,4	16,8
35–45	21,4	19,1	18,8	16,8	34,7	19,7	17,1	21,5	21,0
45–60	25,1	26,6	28,6	25,6	23,0	29,3	29,7	24,0	24,2
60 und mehr	26,5	33,4	35,2	38,1	7,8	31,3	23,6	23,5	27,6
Zusammen	100,0	100,0	100,0	100,0	100,0	100,0	100,0	100,0	100,0
				Frauen					
18–25	7,7	5,7	5,0	5,2	9,1	6,7	6,7	9,8	7,3
25–35	15,6	12,1	11,0	10,4	25,6	11,4	14,8	17,3	15,6
35–45	18,5	17,2	16,6	14,1	34,8	20,0	15,5	24,8	21,4
45–60	22,5	24,6	24,8	24,4	22,1	28,3	28,3	23,2	23,2
60 und mehr	35,7	40,4	42,6	45,9	8,4	33,6	34,5	24,9	32,4
Zusammen	100,0	100,0	100,0	100,0	100,0	100,0	100,0	100,0	100,0

1 Hochgerechnete Ergebnisse einer Unterstichprobe; vorläufige Werte.

Quelle: Statistisches Bundesamt (Hrsg.) 1999: Wahl der Abgeordneten des Europäischen Parlaments aus der Bundesrepublik Deutschland am 13. Juni 1999. Erste Ergebnisse aus der Repräsentativen Wahlstatistik für die Bundesrepublik Deutschland, Wiesbaden, S. 16 f.

Rolle vor. Folgende Rollen können besetzt werden: Moderation, Vertreter/in einer Partei-/Jugendorganisation, Europaabgeordnete/r, Schülersprecher/in und Jungunternehmer/in (z. B. Organisator/in für Musikveranstaltungen für Jugendliche). Während die beiden Parteivertreter/innen für den Wahlgang plädieren, bezweifeln die beiden anderen die Notwendigkeit. Bei der Auswertung der Talkshow können durch diese kontroverse Zuordnung die unterschiedlichen Wahlmotive, die Gesichtspunkte der Legitimation durch Wahlen, das Wahlverhalten und die Politikverdrossenheit thematisiert werden.

Ziel der Stunde: Schüler/innen erhalten Informationen über die Wahlbeteiligung und Parteienpräferenz. Sie sollen Ursachen erkennen, die zu einer geringen Wahlbeteiligung bei Jugendlichen in Europa führen. Schüler/innen können sich untereinander austauschen, welchen Stellenwert die Wahl für sie selbst einnimmt und dies mit der institutionellen Bedeutung von Wahlen für die Legitimation einer Demokratie vergleichen.

4. Stunde: Wählt Europa 2004 schwarz oder rot?

Die Herausbildung von Fraktionen im Europaparlament erfolgt nach den Erfordernissen des politischen Systems. Die national gewohnten Bilder von Parteien werden gebrochen und bleiben doch erhalten wie das Beispiel der spanischen Konservativen zeigt. Das Abstimmungsverhalten folgt meist einer anderen Logik als der Rechts-Links-Ausrichtung. Rückwirkungen auf das Verhalten der nationalen Parteien sind bisher nicht festzustellen. Auch die Vision eines sozialdemokratischen oder konservativen Europas bringt keine Klärung, da es keine europäische Regierung gibt, die vor dem EU-Parlament verantwortlich wäre. Gerade die Kommunikationsfunktion des Europaparlaments folgt noch überwiegend nationalen Leitlinien. Sie ist zu schwach entwickelt, um das EU-Parlament aus der Rolle der »Opposition« herauszubringen. Initiativen können nur eingeschränkt vom Parlament ausgehen, obwohl es in den letzten Jahren immer mehr Rechte erhalten hat. Die Möglichkeit konservativer oder liberaler Politikgestaltung ist deshalb nur in Ansätzen möglich. Das politische System lässt Politisierungen nicht zu, um sich nicht selbst zu blockieren.

Ziel der Stunde: Schüler/innen sollen sich über das Verhalten der europäischen Parteien im Europaparlament informieren. Sie sollen die Entwicklung der politischen Strömungen nachskizzieren und die Richtungsbegriffe Rechts-Mitte-Links problematisieren. Sie sollen beurteilen, welche Ursachen die »Farbverschiebung« haben könnte und diskutieren, welche Folgen daraus für die Politikgestaltung in der Union entstehen.

Methodisch bietet sich eine Aufteilung der Stunde in zwei Blöcke ein. Zunächst werden die drei Texte in ihrem Sinn rekonstruiert. Anschließend sollen die Aussagen des Textes in ihr Gegenteil verkehrt werden: Die Lernenden sollen eine Zeitungsmeldung aus dem Jahr 2020 formulieren, die von einem europäisch gewählten Parlament mit neuen europäischen Parteien handelt.

Materialien

M1: Fraktionen im Europäischen Parlament seit 1999

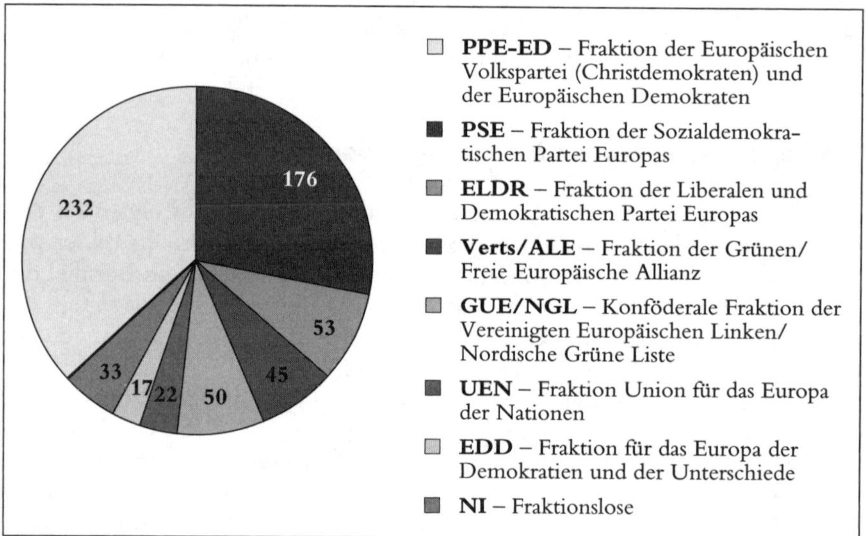

Quelle: Europäisches Parlament – Informationsbüro München, 2003

M2: Abstimmungsverhalten

»[. . .] Die Abstimmungsergebnisse im Europäischen Parlament zeigen, dass die Stimmabgabe nach Parteizugehörigkeit an Relevanz gewonnen hat. Vergleicht man den Zeitraum von 1984 bis 1989 mit dem Zeitraum von 1989 bis 1994, dann hat die Abstimmung nach Fraktionen von 76,2 % auf 84,1 % zugenommen. Freilich ist das für nationale Parlamente typische Abstimmungsverhalten nach Regierungsmehrheit und Opposition im Europäischen Parlament nicht üblich. Dies hängt aber nicht mit der Bedeutungslosigkeit der Parteien zusammen, sondern mit dem Erfordernis der absoluten Mehrheit im europäischen Gesetzgebungsprozess etwa im Verfahren der Mitentscheidung. Eine solche Mehrheit kann nur erreicht werden, wenn sich Fraktionen von Volksparteien, Liberalen und Sozialdemokraten zu einer großen Koalition zusammenschließen. Das Europäische Parlament muss sich durch die Art und Weise des europäischen Regierungssystems als politische Einheit gegenüber der Kommission und dem Rat verstehen. . .«

Quelle: Christine Landfried 2002: Das politische Europa. Differenz als Potential der Europäischen Union, Baden-Baden, S. 262

M3: EU parliamentarians from EPP to vote for socialist

The future President of the European Parliament, with a mandate to run until the next elections for the European Parliament in 2004, will be voted upon by the end of the year. Several Spanish members of the European Parliament from the Christian Democratic Group plan to support a socialist at the elections for the next President of the European Parliament, thus breaking the arrangement made between the EPP and the European liberals for sharing the two presidencies during Parliament‹s present mandate. According to El Pais, Spanish MEPs want to prevent the leader of the Liberais, Patrick Cox, from taking over the presidency of the European Parliament, ass they think that his weak stance on the fight against terrorism would Not be in the best interests of Spain. They would prefer to support the candidate for the European Socialists and to obey national interests rather than to political group interests, commented an official of the Parliament.

At the beginning of the present mandate of the European Parliament in 1999, the European People's Party and the Liberais made an agreement on sharing the presidency between Nicole Fontaine (EPP) and Patrick Cox (Liberal). During the previous legislatures, the Socialists and the Conservatives, the two largest partys in the European Parliament, always shared the presidency of the European Parliament alternatively. The Socialists (180 seats) refuse to accept the agreement between the EPP (233 seats) and the Liberals (51 seats), and announced that they would present their own candidate for the presidency, British Labour MEP David Martin. [. . .]

Quelle: Daniela Spinant, in EU-Observer, 5. 9. 01 http://www.euobserver.com

M4: Die europäische Parteienlandschaft ist im Umbruch

Am »Ende des sozialdemokratischen Jahrhunderts« sind in den meisten Ländern der Europäischen Union Regierungen der linken Mitte im Amt. Die konservativen Parteien in den großen Demokratien sind mit wenigen Ausnahmen in einer politischen Krise. [. . .] Nun, nach dem Wahlsieg der SPD und dem vorläufigen Scheitern der Mitte-Links-Regierung in Rom, gehen wir der Frage nach: Kann Schröders Erfolg einen positiven Impuls für Europa bedeuten? Und wie geht es weiter in Italien? [. . .] Die achtziger Jahre waren harte Lehrjahre für Europas Linke.

Das neoliberale Paradigma, verkörpert in der transatlantischen Achse Reagan-Thatcher, degradierte die kontinentalen Sozialdemokraten auf lange Zeit zur politischen Statisterie. Die Formulierung vom »Ende des sozialdemokratischen Jahrhunderts«, geprägt von Ralf Dahrendorf, wurde allmählich zum geflügelten Wort. Die romanischen Sozialisten Mitterrand in Frankreich und González in Spanien brachten kein ideologisches Gegengewicht zu den Angelsachsen auf die Waage, Labour – old Labour – fiel aus, ebenso der skandinavische Reformsozialismus, seit die klare Stimme Olof Palmes fehlte. [. . .]

Europaweit bröckelten alte Frontstellungen zwischen rechts und links, erst in der Praxis, dann auch in der Theorie. In den neunziger Jahren warben Sozialdemokraten in Skandinavien erfolgreich mit Spar- und Sanierungsprogrammen um Wählerstimmen. Ein Haushaltssanierer wie Viktor Klima in Österreich wurde mit seiner Politik so populär, dass er alsbald ins Kanzleramt umziehen musste. Und die niederländische Arbeiterpartei machte unter Wim Kok vor, wie man mit der historischen Gegenseite, den Unternehmern, gemeinsame Arbeitsmarktpolitik machen und dennoch sozialdemokratisch bleiben kann. Das Programm an der Realität korrigieren, nennt das Schröder.

Quelle: Werner A. Perger, in: Die Zeit, Nr. 43, vom 15. 10. 98

5. Stunde: Was haben Bürger/innen von den Vorschlägen des EU-Konvents?

Die Legitimation der EU-Institutionen soll durch eine Verfassung verstärkt werden. Der Entwurf des Konvents sieht deshalb u. a. folgende Neuerungen vor: Eine Ausweitung des Anwendungsbereichs der Mitentscheidung durch das Europäische Parlament in rund 40 Fällen, eine Erweiterung der Haushaltsrechte, die Wahl der/des Kommissionspräsidentin/en durch das EU-Parlament, die Wahl einer/s EU-Präsidentin/en und die Möglichkeit eines Bürgerbegehrens. Die bisherigen Mitwirkungsrechte der Bürger/innen werden gestärkt und ein/e EU-Präsident/in kann zur Festigung einer europäischen Identität beitragen. Das politische Mehrebenensystem wird durch neue Akteure bereichert.

Ziel der Stunde: Schüler/innen sollen anhand aktueller Zeitungsberichte und Interviews den Verfassungsprozess unter der Fragestellung analysieren, welche Folgen dies für ihre Mitgestaltungsrechte und europäische Identität hat. Sie sollen herausarbeiten, welchen Kompetenzzuwachs das Parlament durch die neue Verfassung bekommt und beurteilen, ob sie somit durch die EU-Wahl mehr mitbestimmen können.

Materialien:

M1: Erträumen wir Europa

[. . .] Und die Demokratie? Davon redet die Verfassung viel und gern, gleich im ersten Satz ihrer Präambel wird die Volksherrschaft beschworen.

Tatsächlich erhält das EU-Parlament mehr Rechte den je. Die Straßburger Volksvertreter dürfen künftig nicht nur mitreden, sondern sogar mitentscheiden, sobald es um die Verteilung von Agrarzuschüssen oder um eine gemeinsame Grenzpolizei geht. Doch müssen die bald 450 Millionen Europäer weiter rätseln, warum sie eigentlich zur Europawahl gehen sollen. Denn ihre Stimme entscheidet allenfalls sehr indirekt darüber, wer der nächste oder übernächste Chef von Brüssels Kommission sein wird. Stattdessen bauen die Staats- und Regierungschefs ihre Gipfeltreffen nun zur zentralen, omnipotenten Instanz aus. Und sie schaffen sich mit ihrem neuen »EU-Präsidenten« einen Statthalter, der das labile Gleichgewicht der Macht in Europas Hauptstadt zu Lasten aller anderen kippen wird.

Als Trost bleibt – typisch europäisch – die Hoffnung auf die Zukunft. In mehreren Artikeln lässt die EU-Verfassung mehr Effizienz, auch mehr Demokratie zu – später, viel später. Eine Hintertür in der neuen Ordnung führt etwa zu einem (dann von den Völkern gewählten) Kommissionschef, der (vielleicht) auch den Tafelrunden der Regierungschefs Vorsitzen darf. Oder jenes sehr bescheidene Geschenk, das Giscard zuletzt Europas Bürgern überreichte: Die dürfen, als Akt direkterer Demokratie, Brüssel. Der Bürgerbegehren zum Handeln tragen.

Quelle: Christoph Wernicke, in: Süddeutsche Zeitung, 14. 06. 03

M2: Europäische Verfassung

[. . .] Möglich wurde die Einigung, nachdem Giscard mit letzten Korrekturen den Bedenken kleiner EU-Staaten und zahlreicher Parlamentarier entgegengekommen war. Demnach wurde die Stellung der Kommission vor allem in der Außenpolitik deutlich gestärkt. Auch erhält sie das Recht, gemeinsam mit dem neuen »EU-Präsidenten« die regelmäßigen Gipfeltreffen der Staats- und Regierungschefs vorzubereiten. Zudem verbietet der Verfassungsentwurf den EU-Gipfeln weiterhin, selbst Gesetze zu erlassen.

Noch am Donnerstagabend hatten Konventsmitglieder aus kleinen Staaten gedroht, den Verfassungsentwurf abzulehnen. Vor allem die Regierungen Österreichs und Finnlands beharrten auf ihrer Forderung, die ab 2009 nur noch 15 Posten von stimmberechtigten Kommissaren müssten im Rahmen einer »gleichwertigen Rotation« zwischen großen und kleinen Nationen vergeben werden.

Das EU-Parlament erhielt zugleich das Recht, auch über die Auswahl der zehn nicht-stimmberechtigten Kommissare mitbestimmen zu dürfen. Auf Drängen Großbritanniens fügte Giscard jedoch überraschend eine Klausel in den Verfassungstext ein, die die verbindliche Wirkung der Grundrechtscharta schwächt. [. . .]

Dazu hatten vor allem die großen Staaten auf die Schaffung des neuen Amtes eines EU-Präsidenten gedrängt, der den bislang halbjährlichen Wechsel im Vorsitz des Europäischen Rats beendet. Die Rechte des EU-Parlaments wurden deutlich gestärkt. [. . .]

Der CDU-Europaabgeordnete Elmar Brok forderte, die Regierungskonferenz dürfe das Gesamtergebnis des Konvents nicht in Frage stellen. Der Entwurf »bringt die EU dem Bürger näher und stellt eine dynamische Entwicklung Europas sicher«. Brok kritisierte aber erneut die Schaffung des hauptamtlichen Ratspräsidenten.

Quelle: Alexander Hagelüken/Christian Wernicke, in: sueddeutsche.de, http://www.sueddeutsche.de/ausland/artikel/891/12879, 13. 06. 03

M3: Das neue Machtgefüge im Sinne des Konvents

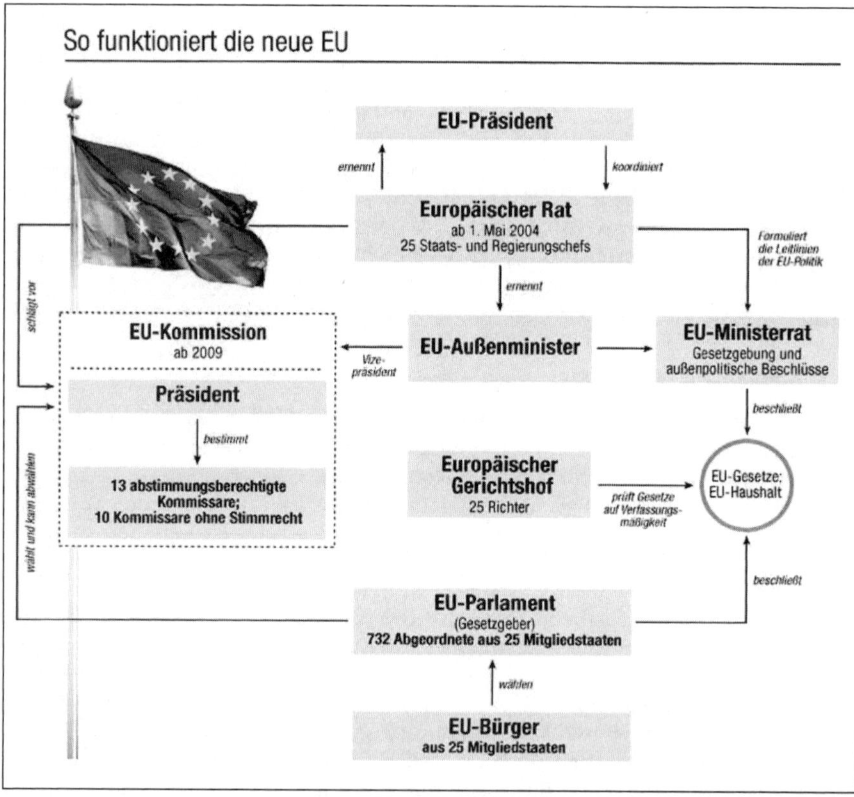

Quelle: Frankfurter Allgemeine Zeitung 2003: Immer noch am Scheideweg – Europa nach dem Konventsentwurf, 18. 6. 2003, S. 6.

M4: Schritt vorwärts für direkte Demokratie

In den hitzigen Verhandlungen der letzten Konvent-Tage gelangte zur Überraschung Vieler eine Klausel in den Verfassungsentwurf, der die Möglichkeiten partizipativer Demokratie auf europäischer Ebene begründet: ein Bürgerbegehren soll künftig der Kommission Beine machen können, zu einem Thema mit Gesetzesvorschlägen in Aktion zu treten. Ein noch größeres Projekt – das Referendum über die Verfassung in allen Mitgliedsländern – musste dagegen draußen bleiben. [. . .]

Artikel I–46: Grundsatz der partizipativen Demokratie Absatz 4:

Eine erhebliche Anzahl von Bürgern – nicht weniger als eine Million – aus einer erheblichen Anzahl von Mitgliedstaaten können die Kommission auffordern, geeignete Vorschläge zu Themen zu unterbreiten, zu denen es nach Ansicht der Bürger eines Rechtsakts der Union bedarf, um diese Verfassung umzusetzen. Die Bestimmungen über die besonderen Verfahren und Bedingungen, die für ein solches Bürgerbegehren gelten, werden durch ein Europäisches Gesetz festgelegt. [. . .]

Quelle: Axel Heyer, in: europa-digital,
http://www.europa-digital.de/aktuell/dossier/konvent/begehr.shtml, 16. 6. 03

Schüler/innen können anhand des Materials prüfen, ob sie sich durch die geplanten Veränderungen besser repräsentiert fühlen. Sie können den Prozess der Verfassungsgebung auf sich und ihr Eigeninteresse beziehen und mit den Erwartungen vergleichen, die sie in der ersten Stunde erhoben haben. Wie realistisch die Bürger/innenbeteiligung als zusätzliches partizipatives Element ist und welche Auswirkungen die Ausweitung der Rechte des EU-Parlaments haben, kann mit der Herausbildung einer europäischen Identität kontrastiert werden. Eine europäische Identität trägt wesentlich zur Legitimierung der europäischen Institutionen bei. Die Kompromisssuche auf europäischer Ebene macht die unterschiedlichen Interessen noch einmal deutlich ebenso wie die divergierenden Vorstellungen eines vereinten Europas. All diese Argumente können die Schüler/innen abschließend aufgreifen und in einer persönlichen Stellungnahme zur Bedeutung der Bürger/innen in der EU verarbeiten. Ihre Positionen, in denen sie ihre Eigeninteressen, Demokratie- und Partizipationsvorstellungen erläutern, können sie einer/m EU-Abgeordneten ihrer Wahl senden (per E-Mail oder Brief) mit der Bitte um Antwort. (Diese Rückmeldungen müssten allerdings in einer weiteren Stunde ausgewertet werden.) Durch diese Darstellungs- und Verarbeitungsform sind die Lernenden gezwungen, ihr bisher erworbenes Wissen über das politische Handeln auf Europaebene zu bündeln und ein eigenes Urteil zu formulieren. Dazu eignet sich die letzte Stunde besonders, weil sie den

Bogen schließt zu den anfangs formulierten Problemstellungen. Darüber hinaus kommen die politischen Implikationen demokratischer Wahlen zur Anwendung in der Diskussion über die Ergebnisse des Konvents. Schüler/innen nehmen ihre Bürger/innenrolle urteilend wahr, indem sie versuchen, mit Politiker/innen in Kontakt zu treten. Das erworbene Faktenwissen soll in einen individuellen Begründungszusammenhang überführt werden, der den Ansprüchen politischer Urteilsbildung genügt.

Literaturhinweise

Breit, Gotthard/Weißeno, Georg 2003: Planung des Politikunterrichts. Eine Einführung, Schwalbach/Ts.

Europäisches Parlament, Informationsbüro für Deutschland \ http://www.europarl.de/index. php?psize=1280&rei=4&dok=179.

Europawahl-Webseite 1999: http://www.europa-digital.de/aktuell/europanorama/volltextep.shtml.

Frankfurter Allgemeine Zeitung 2003: Immer noch am Scheideweg – Europa nach dem Konventsentwurf, 18.06.03, 6.

Gugel, Günther 1997: Methoden-Manual I: Neues Lernen, Weinheim.

Hagelüken, Alexander/Wernicke, Christian 2003: Europäische Verfassung, in: sueddeutsche.de, http://www.sueddeutsche.de/ausland/artikel/891/12879, 13.06.03.

Hausmann, Hartmuth 2002: Noch keine Einigung auf einen europäischen Wahlkreis – Auf dem Weg zu einem einheitlichen Wahlsystem in Europa, in: Aus Politik und Zeitgeschichte, Nr. 25, 21. 6. 2002.

Heyer, Axel 2003: Schritt vorwärts für direkte Demokratie, in: europa-digital, http://www.europa-digital.de/aktuell/dossier/konvent/begehr.shtml, 16.06.03.

Janssen, Bernd 1991: Europäische Bildung, in: Cremer, Will/Schmuck, Otto (Hrsg.): Politische Bildung für Europa. Die europäische Dimension in der politischen Bildung der zwölf EG-Staaten, Bonn, 51–63.

Landfried, Christine 2002: Das politische Europa. Differenz als Potential der Europäischen Union, Baden-Baden, 262.

*Perger, Werner A.*1998: Die europäische Parteienlandschaft ist im Umbruch, in: Die Zeit, Nr. 43, vom 15. 10. 1998.

Piepenschneider, Melanie 1992: Die Europäische Generation. Europabilder der Jugendlichen in der Bundesrepublik Deutschland, Bonn, 155f.

Smith, Nicola 2003: France to change European electoral System, in EU-Observer, http://www.euobserver.com/index.phtml?print=true&sid=9&aid=8963, 10. 1. 2003.

Spinant, Daniela 2001: EU parliamentarians from EPP to vote for socialist, in EU-Observer, http://www.euobserver.com, 5. 9. 2001.

Statistisches Bundesamt (Hrsg.) 1999: Wahl der Abgeordneten des Europäischen Parlaments aus der Bundesrepublik Deutschland am 13. Juni 1999. Erste Ergebnisse aus der Repräsentativen Wahlstatistik für die Bundesrepublik Deutschland, Wiesbaden.

Wernicke, Christoph 2003: Erträumen wir Europa, in: Süddeutsche Zeitung, 14.06.03.

Ingo Juchler

Europäische Außenpolitik – eine Fallanalyse

Die Gemeinsame Außen- und Sicherheitspolitik der Europäischen Union

Der nach dem Ende des Zweiten Weltkriegs einsetzende Prozess der europäischen Integration stellt sich bislang insbesondere als die Erfolgsgeschichte ökonomischer Verflechtungen der daran beteiligten Staaten dar. Hier spielte das politische Motiv, künftig Kriege auf dem Kontinent zu verhindern und vor allem auch die »Erbfeindschaft« zwischen Deutschland und Frankreich beizulegen, eine entscheidende Rolle: Der von dem französischen Außenminister Robert Schuman im Jahre 1950 vorgelegte Plan der Vergemeinschaftung der europäischen Kohle- und Stahlproduktion sollte sicherstellen, dass »jeder Krieg zwischen Frankreich und Deutschland nicht nur undenkbar, sondern materiell unmöglich ist« (Schuman 1993). In der Folgezeit bildete der auf der Grundlage des Schuman-Plans ein Jahr später von Frankreich, Belgien, den Niederlanden, Luxemburg, Italien und der Bundesrepublik Deutschland unterzeichnete Vertrag über die Gründung der Europäischen Gemeinschaft für Kohle und Stahl den Ausgangspunkt für den wirtschaftlichen Integrationsprozess westeuropäischer Staaten, der nunmehr mit der Umsetzung der dritten Stufe zur Wirtschafts- und Währungsunion und damit der Einführung eines einheitlichen europäischen Zahlungsmittels seinen bisherigen Höhepunkt erreicht hat.

Die frühen Protagonisten des europäischen Einigungsprozesses hatten diese Entwicklung der stetig zunehmenden wirtschaftlichen Vergemeinschaftung von Anfang an intendiert. So hat etwa Walter Hallstein, 1958 bis 1967 Präsident der EWG-Kommission, die Frage einer Eigendynamik des Integrationsprozesses mit dem Begriff »Sachlogik« beschrieben (Hallstein 1979: 22 ff.), und dieses Konzept weist große Ähnlichkeiten zum integrationstheoretischen Ansatz des Neofunktionalismus auf (Bellers/Häckel 1990: 286 ff.). Danach entsteht bei der Integration eines wirtschaftlichen Teilbereiches bei den beteiligten Staaten ein spill-over-Effekt, d. h. die Integrationsdynamik des einen Bereiches springt auf andere wirtschaftliche und politische Bereiche über. Allerdings konnte der europäische Integrationsprozess im ökonomischen Feld eine weitaus stärkere Vergemeinschaftungsdynamik entwickeln als im politischen. Im Rückblick muss deshalb das neofunktionalistische Integrationskonzept der 1950er-Jahre, über den Weg der ökonomischen Integration letztlich auch die politische Integration Europas zu erreichen, als nur sehr bedingt erfolgreich bezeichnet werden. Nach wie vor besteht eine signifikante Diskrepanz zwischen dem außenwirtschaftlichen und dem außenpolitischen Profil der Europäischen Union, dem ökonomischen Riesen steht der politische Zwerg gegenüber (Weidenfeld/ Algieri 1999: 884 f.).

Vor diesem Hintergrund gibt die Tempelkonstruktion mit ihren drei Säulen, wie sie zur sinnbildlichen Darstellung der Europäischen Union nach dem Vertrag von Maastricht 1992 genutzt wird, nicht den derzeitigen Status quo des Integrationsprozesses wieder, sondern stellt lediglich einen Verweis auf die zukünftig noch zu erfüllenden Integrationsaufgaben der Union dar: Während die Säule Europäische Gemeinschaften mit den Elementen Zollunion und Binnenmarkt, Agrarpolitik, Wirtschafts- und Währungsunion,

Abb. 1: Tempelkonstruktion

Quelle: Erich Schmidt Verlag, Zahlenbilder, 714 020.

Verbraucherschutz etc. bereits zur Lebenswirklichkeit der Unionsbürgerinnen und -bürger geworden ist, sind die beiden Säulen Gemeinsame Außen- und Sicherheitspolitik sowie Zusammenarbeit in der Innen- und Rechtspolitik noch äußerst schwach ausgeprägt, wenngleich auch hier insbesondere seit dem Maastrichter und dem Amsterdamer Vertrag Fortschritte für eine weitere Integration dieser Politikbereiche zu verzeichnen sind.

Ein früher Versuch, eine integrierte europäische Außen- und Sicherheitspolitik auf den Weg zu bringen, stellte das Projekt der Europäischen Verteidigungsgemeinschaft und damit eng verknüpft der Europäischen Politischen Gemeinschaft zu Beginn der 50er-Jahre dar. Politischer Hintergrund des Projektes einer Europäischen Verteidigungsgemeinschaft bildete zum einen die Furcht westeuropäischer Staaten vor der sowjetischen Bedrohung, die insbesondere auch durch den nordkoreanischen Angriff auf Südkorea im Juni 1950 genährt wurde. Daneben existierten vor allem bei den Franzosen große Vorbehalte gegenüber einer von den Amerikanern forciert geforderten Schaffung einer westdeutschen Armee. Dieses frühe Projekt einer Europäischen Verteidigungsgemeinschaft – und damit verbunden auch der Europäischen Politischen Gemeinschaft – scheiterte jedoch schließlich endgültig an der Ablehnung durch die Französische Nationalversammlung im August 1954, nachdem die Benelux-Staaten und die Bundesrepublik Deutschland den Vertrag zur Europäischen Verteidigungsgemeinschaft bereits ratifiziert hatten (Loth 1996: 91 ff.). Die Bemühungen um eine Integration der europäischen Außen- und Sicherheitspolitik waren in der Folgezeit von diesem frühen Misserfolg geprägt.

Eine markante Zäsur für die weitere Ausgestaltung der Gemeinsamen Außen- und Sicherheitspolitik bildeten der Kosovo-Konflikt und insbesondere die in diesem Kontext durchgeführten NATO-Luftoperationen im Frühjahr 1999. Letztgenannte hatten, so die Einschätzung von Rudolf Scharping, »beträchtliche Defizite« in den Fähigkeiten der europäischen NATO-Mitglieder offen gelegt. Deshalb wirke die Kosovo-Krise wie ein »Katalysator« für eine gemeinsame europäische Haltung in Fragen der Außen- und Sicherheitspolitik einschließlich einer gemeinsamen Handlungsfähigkeit (Scharping 2000). Die Weichen in Richtung auf die Entwicklung einer Operationsfähigkeit der Europäischen Union im Hinblick auf Konfliktverhütung wie auf Krisenbewältigung wurden von den Staats- und Regierungschefs auf dem Europäischen Rat von Köln im Juni 1999 gestellt. Die Mitglieder des Europäischen Rates erklärten dort ihr entschlossenes Eintreten dafür, dass die Europäische Union »ihre Rolle auf der internationalen Bühne uneingeschränkt wahrnimmt«. Zur künftigen Konfliktverhütung und Krisenbewältigung müsse die Europäische Union die »Fähigkeit zu autonomem Handeln, gestützt auf glaubwürdige militärische Fähigkeiten, sowie die Mittel und die Bereitschaft besitzen, dessen Einsatz zu beschließen, um – unbeschadet von Maßnahmen der NATO – auf internationale Krisensituationen zu reagieren« (Schlussfolgerungen des Vorsitzes des Europäischen Rates 1999: 133). Einen weiteren Schritt zur außen- und sicherheitspolitischen Integration der Europäischen Union stellte die Wahl von Javier Solana im Oktober 1999 zum Hohen Vertreter der Gemeinsamen Außen- und Sicherheitspolitik dar.

Damit nahmen die Mitgliedstaaten der Europäischen Union den Faden wieder auf, der mit dem Scheitern der Europäischen Verteidigungsgemeinschaft im Jahre 1954 im Bereich der europäischen Außen- und Sicherheitspolitik abgerissen war. Die von den Vereinten Nationen mandatierte Intervention europäischer Streitkräfte in die Demokratische Republik Kongo im Juni 2003 stellt die erste militärische Maßnahme dar, welche auf der Grundlage der vom Europäischen Rat in Köln 1999 getroffenen außen- und sicherheitspolitischen Entscheidungen durchgeführt wird. Doch beschränken sich die Bemühungen der Europäischen Union im Hinblick auf eine Gemeinsame Außen- und Sicherheitspolitik nicht allein auf das Militärische.

Internationaler Strafgerichtshof

Auch wenn die europäische Außenpolitik bis auf weiteres in der zweiten Säule verbleibt, lässt sich doch von einem spezifischen außenpolitischen Profil der Europäischen Union sprechen. Das Charakteristikum dieses Profils besteht darin, dass die europäische Außenpolitik durch die Kooperation der verschiedenen Mitgliedstaaten, des Hohen Vertreters der Gemeinsamen Außen- und Sicherheitspolitik und dem EU-Kommissar für Außenbeziehungen bestimmt wird. Da es sich somit nicht um einen einheitlichen außenpolitischen Akteur handelt, sind entsprechend die durch die europäische Außenpolitik zu vertretenden Interessen durchaus heterogener als dies bei der Außenpolitik eines klassischen Nationalstaates wie den Vereinigten Staaten der Fall ist. Die Notwendigkeit, dass diese verschiedenen Interessen der Mitgliedstaaten bei der Zielbestimmung und Operationalisierung europäischer Außenpolitik dennoch übereinkommen, fördert jedoch gerade das Spezifikum europäischer Außenpolitik, nämlich deren Multilateralismus.

Neben der durch den Einigungsprozess gebotenen Notwendigkeit zum Multilateralismus der europäischen Staaten hat die Europäische Union auch in realistischer Einschätzung ihrer eigenen Kräftepotenziale meist auf den

Multilateralismus als außenpolitisches Instrument zur Förderung ihrer Interessen gesetzt. Die europäische Außenpolitik tritt in diesem Zusammenhang insbesondere auch für eine zunehmende Verrechtlichung und Normierung der internationalen Politik ein und fördert deshalb ein immer dichteres Netz internationaler Institutionen und Vereinbarungen.

Als jüngere Beispiele gelten hierfür die Politik der Europäer im Bereich der Umweltpolitik sowie im Hinblick auf die Entwicklung des Völkerrechts. Die europäische Staatengemeinschaft zählt deshalb zu den entschiedensten Befürwortern für die Fortschreibung des Völkerrechts im Zusammenhang mit der Errichtung eines Internationalen Strafgerichtshofs (siehe unten Materialen, Text 1 – Javier Solana: Entschlossen gegen Völkermord). Zwar wurde die Idee zu dessen Errichtung bereits unter dem Eindruck der Tätigkeit der Internationalen Militärgerichtshöfe von Nürnberg und Tokyo nach dem Zweiten Weltkrieg in den Vereinten Nationen diskutiert. Diese Vorstellungen konkretisierten sich jedoch erst in der Folge der Einrichtung der beiden ad-hoc-Strafgerichtshöfe für das ehemalige Jugoslawien (1993) und für Ruanda (1994) durch die Vereinten Nationen. Das am 17. Juli 1998 in Rom von den Vereinten Nationen verabschiedete Statut des Internationalen Strafgerichtshofs beschränkt dessen Gerichtsbarkeit auf vier besonders schwere Verbrechen, welche die internationale Gemeinschaft als Ganzes berühren: Völkermord, Verbrechen gegen die Menschlichkeit, Kriegsverbrechen und das Verbrechen der Aggression. Dabei ergänzt der Internationale Strafgerichtshof die innerstaatliche Gerichtsbarkeit, deren Vorrang im Statut verankert ist. Gemäß dem Grundsatz der Komplementarität soll der Internationale Strafgerichtshof tätig werden, wenn sich nationale Strafverfolgungsinstanzen als unfähig oder unwillig erweisen, die Ermittlungen oder die Strafverfolgung ernsthaft durchzuführen.

Der Verabschiedung des Römischen Statuts gingen erhebliche Auseinandersetzungen unter den Delegierten voraus, die sich im Wesentlichen unter zwei Staatengruppen mit zwei unterschiedlichen Ansätzen hinsichtlich der konkreten Ausgestaltung des Internationalen Strafgerichtshofs subsumieren lassen. Eine Gruppe, die von den Vereinigten Staaten angeführt wurde, zeigte sich primär auf ihre nationale Souveränität bedacht und wollte dem Internationalen Strafgerichtshof das Tätigwerden möglichst erst mit der Einzelfallerlaubnis betroffener Staaten gestatten. Demgegenüber setzte sich eine Gruppe »gleichgesinnter Staaten«, darunter sämtliche Mitgliedstaaten der EU, für das Ziel eines möglichst effektiven und unabhängigen Internationalen Strafgerichtshof ein – eine Position, die sich letztlich auch bei der Schlussabstimmung über das Römische Statut durchsetzen konnte. Im April 2002 hatten nun schließlich 60 Staaten ihre Ratifikationsurkunde zur

Schaffung des Internationalen Strafgerichtshof bei den Vereinten Nationen hinterlegt – darunter sämtliche EU-Staaten, so dass das Statut zum 1. Juli 2002 in Kraft treten konnte und der Internationale Strafgerichtshof als ständige Einrichtung mit Sitz in Den Haag eingerichtet werden kann. Die USA lehnen diese Einrichtung nach wie vor ab (siehe unten Materialien, Text 2 – Henry Kissinger: Die Herausforderung Amerikas).

Exemplarische Fallanalyse und transnationale politische Urteilskraft

Zur unterrichtlichen Auseinandersetzung mit der Thematik europäische Außenpolitik bietet sich die Analyse eines ausgewählten exemplarischen Falles an. Ein Fall ist für den Politikunterricht dann ergiebig, »wenn er eine *Inhaltsgeneralisierung* und/oder eine *Methodengeneralisierung* zulässt« (Breit 1999: 74). Bei der Fallorientierung im Politikunterricht kann von der konkreten Lernebene ausgegangen werden, um dann allmählich zum abstrakten Kern des Politischen zu gelangen. Ein weiterer Vorteil des Fallprinzips liegt in der »Ermöglichung von Betroffenheit, die für die Motivation und die Vermittlung abstrakter, umfassender sozialwissenschaftlicher Erkenntnisse gleichermaßen hilfreich ist« (Weißeno 1992: 96).

Im Hinblick auf die exemplarische Auswahl des Falles verwies Kurt Gerhard Fischer in Anlehnung an Theodor Ballauff darauf, dass exemplarisches Lehren und Lernen der Bildung von Laien angemessen sei. Während die »Spezialistenbildung« der ausgedehnten Stoffsammlung bedürfe, »der Vermittlung von breitem Kennen und Können, so zielt das Exemplarische auf Einsicht, um dem Laien angemessene Einstellungen, also Verhalten, zu begründen«. Da der Schule der »politisch gebildete Laie« aufgegeben sei, erweise sich das »exemplarische Lehren und Lernen« als der dem Politikunterricht angemessene didaktisch-methodische Vorgang (Fischer 1993: 39). Diese Auffassung korrespondiert mit dem hier vertretenen Ansatz, wonach dem Politikunterricht in der parlamentarisch-repräsentativen Demokratie nicht die Ausbildung künftiger Aktivbürger, sondern primär die Entwicklung der Fähigkeit aller Schülerinnen und Schüler zur politischen Urteilsbildung aufgegeben ist (Juchler 2003: 204 ff.).

Die Bedeutung des Exemplarischen für die Bildung von Urteilskraft wurde bereits von Immanuel Kant in dessen *Kritik der reinen Vernunft* hervorgehoben. Urteilskraft, so Kant, sei ein »Talent (...), welches gar nicht belehrt, sondern nur geübt sein will«. Diese Übung ist nach Kant nur exemplarisch möglich – »Beispiele (sind) der Gängelwagen der Urteilskraft« (Kant 1977: 184 f.). Die Relevanz des Übens anhand von Beispielen für die politische Urteilsbildung wird heute durch neurobiologische Untersuchungen untermauert. Der Ort im menschlichen Gehirn, der für die Unterscheidung von Gut und Böse, die Verfolgung von Zielen, die Unterdrückung unmittelbarer Bedürfnisse, das Handeln im Rahmen eines bestimmten Kontextes wie auch für das Sich-in-andere-Hineinversetzen zuständig ist, stellt der orbitofrontale Kortex, ein über den Augen gelegener Bereich der Großhirnrinde, dar. Zur Ausbildung des orbitofrontalen Kortex als Bewertungszentrum ist die Varianz der frühen Erfahrungen von entscheidender Bedeutung. »Jede einzelne Bewertung«, so Manfred Spitzer, »schlägt sich in uns nieder, führt zum Aufbau langfristiger innerer Repräsentationen von Bewertungen, die uns bei zukünftigen Prozessen der Bewertung zu rascheren und zielsichereren Einschätzungen verhelfen« (Spitzer 2002: 346). Die Varianz der frühen Erfahrungen und Bewertungen führt im späteren Leben zu Differenziertheit, Toleranz und Weitblick bei Bewertungen. Spitzer resümiert in diesem Kontext: »Durch viele unterschiedliche Erfahrungen, durch unser Reiben an den Vorstellungen anderer und durch unser damit verbundenes dauerndes Bewerten werden Räume für Repräsentationen eröffnet, oder besser: aufgespannt. Je differenzierter diese Räume angelegt werden (und dies geschieht noch bis nach der Pubertät), desto eher ist der Erwachsene später zu Bewertungen komplexer Sachverhalte in der Lage« (Spitzer 2002: 356).

Zur Ausbildung politischer Urteilsfähigkeit der Schülerinnen und Schüler ergibt sich aus diesen Untersuchungsergebnissen der Neurobiologie für den Politikunterricht das Erfordernis zum Üben von exemplarischen Fällen, welche zum einen bedeutsame Inhalte der gegenwärtigen politischen Wirklichkeit widerspiegeln und auch prospektiv versprechen, von politischer Relevanz zu sein. Zum anderen sollten die Schülerinnen und Schüler auf der Grundlage dieser exemplarischen Fälle dazu angeregt werden, eine möglichst vielfältige Struktur innerer Repräsentationen dieser politischen Inhalte und deren Bewertungen vorzunehmen. Die Varianz von Erfahrungen, welche eine spätere Einseitigkeit der Bewertungen zu vermeiden hilft und statt dessen Umsicht bei politischen Einschätzungen fördert, kann durch das Üben politischer Urteile erreicht werden, die sich durch das verständigungsorientierte Abwägen von Eigeninteressen und tatsächlichen oder vorgestellten Interessen anderer auszeichnen.

Ziel dieses Unterfangens ist es, bei den Schülerinnen und Schülern die Fähigkeit zur politischen Urteilsbildung zu fördern, welche über den nationalen Kontext hinausreicht. Angesichts der außenpolitischen Neuerungen seit dem weltpolitischen Epochenumbruch von 1989/1991 und der in der

Folge Deutschland zugewachsenen europa- und weltpolitischen Verantwortung stellt sich der schulischen politischen Bildung verstärkt die Aufgabe, Kenntnisse nicht allein zur Beurteilung politischer Geschehnisse im nationalen Rahmen, sondern auch im Bereich der Außenpolitik zu vermitteln. Auf der Grundlage dieser Kenntnisse soll den Schülerinnen und Schülern die Fähigkeit zur Bildung transnationaler politischer Urteilskraft ermöglicht werden.

Komparative Textanalyse

Zur unterrichtlichen Bearbeitung der hier in Frage stehenden Thematik eignet sich das Verfahren der komparativen Textanalyse in besonderer Weise. Dabei soll der Politik der Mitgliedstaaten der Europäischen Union in einem bestimmten außenpolitischen Bereich – die Einrichtung des Internationalen Strafgerichtshofs – diejenige der Vereinigten Staaten *kontrastiv* gegenüber gestellt werden. Übergeordnetes Ziel dieses Verfahrens ist es, den Schülerinnen und Schülern hierdurch die Möglichkeit zu geben, das charakteristische Profil europäischer Außenpolitik in der Auseinandersetzung mit ausgewählten Texten zu erkennen und zu einer transnationalen politischen Urteilsbildung bezüglich dieses Politikbereichs zu gelangen.

Die vergleichende Methode verfügt in der sozialwissenschaftlichen Methodenlehre über eine lange Tradition. Zwar ist sie auch in anderen Disziplinen zuhause, doch, so Dieter Nohlen, »kann von ihr gesagt werden, dass sie im besonderen Maße der Politikwissenschaft eigen ist« (Nohlen 2002: 1020 f). Grundsätzlich sind Vergleiche im Hinblick auf Übereinstimmung, Ähnlichkeit oder Kontrast der Vergleichsgegenstände möglich (Massing 2000: 202). Für den hier interessierenden Lerngegenstand europäische Außenpolitik bietet sich zur Erarbeitung deren spezifischen politischen Profils im Politikunterricht der kontrastive Vergleich an, da durch die dabei vorgenommene Differenzierung die Eigenheit europäischer Außenpolitik verdeutlicht wird. Zu diesem kontrastiven Vergleich wurde hier als Tertium Comparationis die Einrichtung des Internationalen Strafgerichtshofs gewählt. Die Positionen der Europäischen Union und der Vereinigten Staaten sollen gegenüber diesem Gegenstand im Politikunterricht miteinander verglichen werden, um auf diese Weise zu einer Profilierung europäischer Außenpolitik zu gelangen. Der Vergleich soll auf diese Weise den Schülerinnen und Schülern das Lernen erleichtern und ihnen ermöglichen, trotz der Komplexität der Thematik zu einem vertieften Verständnis desselben zu gelangen.

Die Bedeutung der Analyse von Texten für den Politikunterricht ist evident, stellen doch schriftlich fixierte Texte »nach wie vor die wichtigste Informationsquelle im Alltag des Politikunterrichts dar« und »konstituieren vielfach erst politische Erfahrungen« (Weißeno 1993: 5). Darüber hinaus stellt Lesen die schulisch zu vermittelnde Schlüsselqualifikation schlechthin dar (Prange 2002: 3). Lesekompetenz wird in der PISA-Studie als »aktive Auseinandersetzung mit Texten aufgefasst«. Diese Auseinandersetzung mit dem Text lässt sich als ein »Akt der Bedeutungsgenerierung verstehen, bei dem das Vorwissen der Leser und die objektive Textvorgabe interagieren« (Artelt/Stanat/Schneider/Schiefele 2001: 70). Unter Lesekompetenz versteht PISA generell »die Fähigkeit, geschriebene Texte unterschiedlicher Art in ihren Aussagen, ihren Absichten und ihrer formalen Struktur zu verstehen und sie in einen größeren sinnstiftenden Zusammenhang einzuordnen, sowie in der Lage zu sein, Texte für verschiedene Zwecke sachgerecht zu nutzen« (Baumert/Stanat/Demmrich 2001: 22). Auf dieses Verstehen ist die Kunst der Auslegung von Texten, die Hermeneutik gerichtet. Für die ältere Tradition der Hermeneutik gliederte sich das hermeneutische Problem nach Hans-Georg Gadamer wie folgt: »Man unterschied eine subtilitas intelligendi, das Verstehen, von einer subtilitas explicandi, dem Auslegen, und im Pietismus fügte man dem als drittes Glied die subtilitas applicandi, das Anwenden, hinzu (. . .). Diese drei Momente sollen die Vollzugsweise des Verstehens ausmachen« (Gadamer 1975: 290 f.). Die Kunst, den Sinn von einem Text auszulegen, erfolgt mithin in dem Dreischritt a) *Verstehen*, b) *Auslegen* und c) *Anwenden*. Diese Trias wird cum grano salis auch in politikdidaktischen Arbeiten zur Textanalyse im Politikunterricht angewandt (Weißeno 1993: 28 ff.; Kuhn 2001: 159 ff).

a) Verstehen

Der erste Interpretationsschritt eines im Politikunterricht zu bearbeitenden Textes besteht in dessen Paraphrasierung durch die Schülerinnen und Schüler. Dabei geht es um ein erstes inhaltliches Verständnis des zu interpretierenden Textes. Beim ersten Lesen des Textes versuchen die Schülerinnen und Schüler dessen Inhalte in vorhandene Wissensstrukturen einzuordnen (Mietzel 2001: 215 ff.). Das Gelesene wird – soweit als möglich – in das inhaltliche Vorwissen integriert.

Zur inhaltlichen Erfassung des auszulegenden Textes bietet es sich in dieser Phase an, dass die Schülerinnen und Schüler des Weiteren wichtige Oberbegriffe benennen, Überschriften für Absätze formulieren und die inhaltliche Aussage des Verfassers zusammenfassen. Dieser Schritt kann deshalb als »formulierende Interpretation« (Straub 1999: 211 ff.) oder als »geistiges Nachkonstruieren« (Kuhn 2001: 160) der Textinhalte bezeichnet werden: »Man versucht die Textwelt immanent zu verstehen, indem man auf die eigene und die politische Erfahrungswelt zurückgreift. Dabei formuliert man den Sinngehalt des Textes neu, ohne zu seinen Geltungsansprüchen Stellung zu nehmen« (Weißeno 1993: 28).

Nach dieser ersten Erfassung des Textinhalts und der Formulierung einer eigenen Lesart durch den Interpreten sollte es zu einem Austausch über diese jeweiligen Lesarten im offenen Unterrichtsgespräch kommen. Dieser ermöglicht den Schülerinnen und Schülern eine tiefergehende Auseinandersetzung mit dem Textinhalt und der damit verbundenen möglichen Deutungen. Wichtig ist in dieser Phase, dass sich die Schülerinnen und Schüler darum bemühen, ausschließlich das vom Autor des Textes Gemeinte zu erfassen und dessen Perspektive zu rekonstruieren. Hierzu könnten entsprechend der Themenstellung auch Zusatzinformationen zum Autor oder Entstehungskontext des Textes vonnöten sein, die vom Lehrenden zur Verfügung gestellt werden müssen. Die formulierende Interpretation bildet als sinngemäße Übersetzung des Textes sodann die Grundlage für die nächste Phase der Vollzugsweise des Textverstehens.

b) Auslegen

Die Phase der Auslegung baut auf der vorausgegangenen Phase der formulierenden Interpretation auf und intendiert ein erweitertes und vertieftes Verständnis des zu interpretierenden Textes durch die Schülerinnen und Schüler. Hierzu können von dem oder der Lehrenden Schlüsselfragen formuliert werden, mit deren Hilfe sich die Schülerinnen und Schüler mit dem Text in den Arbeitsformen Einzel-, Partner- wie auch Gruppenarbeit auseinander setzen. Hieran sollte sich ein offenes Unterrichtsgespräch anschließen, in welchem die Schülerinnen und Schüler ihre unterschiedlichen Lesarten der Texte sowie ihre eigenen Standpunkte bezüglich des Lerngegenstandes zum Ausdruck und Austausch bringen können. Zur Formulierung dieses eigenen Standpunktes müssen die Schülerinnen und Schüler eine Differenzierung zwischen der Bedeutung oder dem Sinn des Textes, den dieser für den Autor besaß, und der Bedeutsamkeit des Textes für sie selbst beziehungsweise ihre Mitschülerinnen und Mitschüler vornehmen. Sie müssen mithin eine Unterscheidung zwischen dem wörtlich-historischen Sinn für den Autor und der aktuellen Relevanz für sie als Rezipienten in der Gegenwart und Zukunft treffen. Diese gegenwärtige Bedeutsamkeit des Textes ist eng verknüpft mit dessen allgemein gültigen Sinn. In der Abschlussphase dieses zweiten Interpretationsschrittes kann deshalb auch der Versuch unternommen werden, durch die Suche nach dem Typischen eine über den exemplarischen Fall hinausweisende Verallgemeinerung vorzunehmen (Weißeno 1993: 33). Die Auseinandersetzung der Schülerinnen und Schüler mit den verschiedenen Texten sowie der im offenen Unterrichtsgespräch erfolgte Austausch unterschiedlicher Positionen soll ihnen schließlich auch die Möglichkeit bieten, sich ein vorläufiges politisches Urteil bezüglich des in Frage stehenden Gegenstandes zu bilden.

c) Anwenden

Die Phase der Applikation schließt die Vollzugsweise des Verstehens von Texten ab. Ziel dieser dritten Phase der Auslegung sollte die transnationale politische Urteilsbildung der Schülerinnen und Schüler bezüglich des in Frage stehenden Lerngegenstandes sein. Hierzu sind die Lernenden in eine Entscheidungssituation zu versetzen, wobei sie im Hinblick auf die Einrichtung des Internationalen Strafgerichtshofs pointiert Stellung beziehen und ein Votum abgeben können.

Ein erweitertes Verständnis und damit eine qualifizierte transnationale politische Urteilsbildung ermöglicht allerdings erst der Einbezug von weiteren Texten. Hier kann ein kontrastiver Textvergleich vorgenommen werden, welcher zum einen die schärfere Konturierung der europäischen Außenpolitik ermöglicht und zum anderen die angemessene Würdigung weiterer Positionen bezüglich der Errichtung des Internationalen Strafgerichtshofes erlaubt. So bietet sich nach der Interpretation des Textes von Javier Solana (siehe Materialien unten, Text 1), der pointiert die europäische Perspektive zum Ausdruck bringt, die unterrichtliche Auseinandersetzung mit der amerikanischen Perspektive an, wie sie von Henry Kissinger vorgestellt wird (siehe Materialien unten, Text 2). Die Einbeziehung eines weiteren Textes wird somit zu einem erweiterten Verständnis und damit zur Revision des vorläufigen Urteils der Schülerinnen und Schüler führen. Diese hermeneutische Vorgehensweise kann durch die Heranziehung der Texte von Claus Kreß und Robert Kagan fortgesetzt werden (siehe Materialien unten, Text 3 und Text 4), wodurch die Schülerinnen und Schüler zu einer weiteren Komplexitätssteigerung ihres Urteils gelangen können. Dabei müssen für das Verständnis der jeweiligen Texte die oben angeführten Schritte Verstehen und Auslegen gleichfalls durchgeführt werden (siehe unten Schaubild).

Schaubild: Komparative Textanalyse

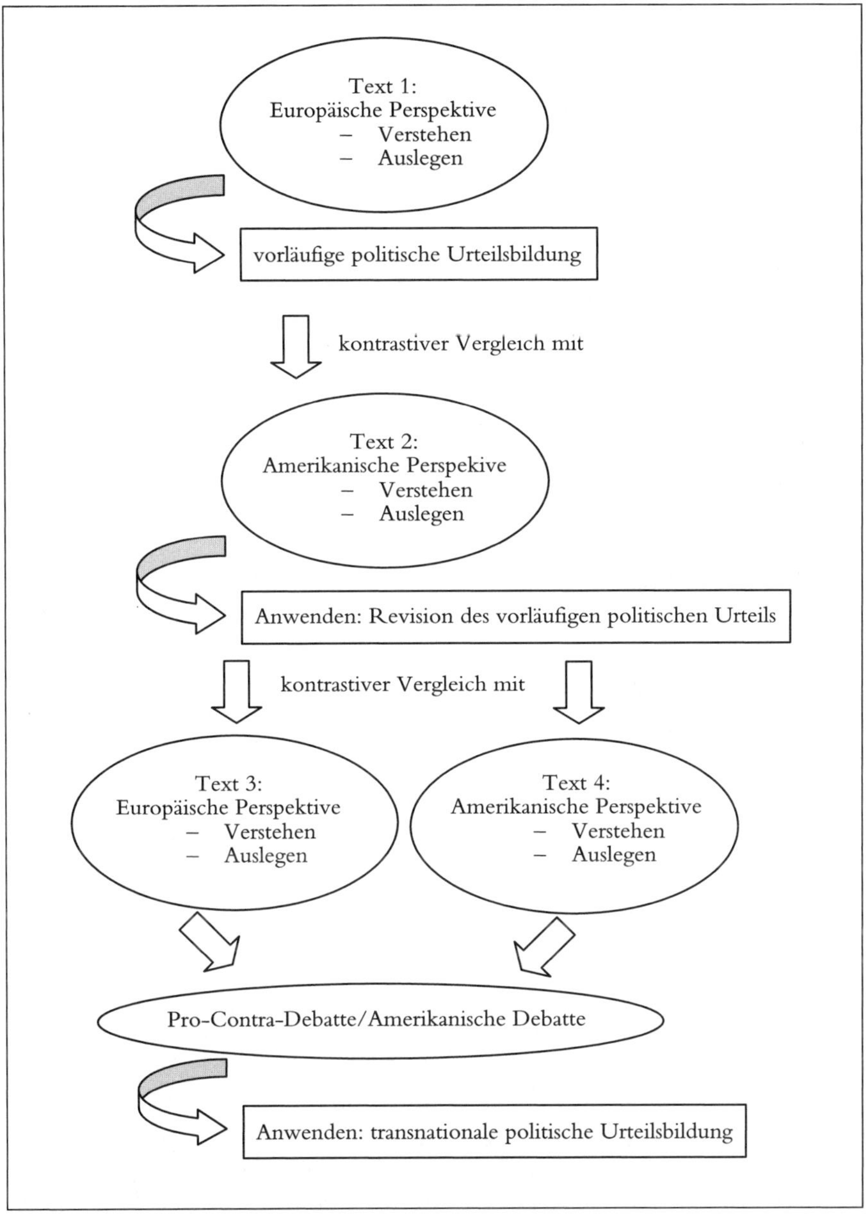

Für eine abschließende transnationale politische Urteilsbildung – die prospektiv durch den Einbezug weiterer Kenntnisse bezüglich der hier relevanten Thematik stets revidiert werden wird – bieten sich im Politikunterricht insbesondere Formen der Diskussion an, welche die Synopse der verschiedenen Argumente und die Artikulation der unterschiedlichen Standpunkte in zugespitzter Weise erlaubt und an deren Ende eine Entscheidung zu treffen ist. Die Methoden Pro-Contra-Debatte (Massing 2000a: 134 ff.) und amerikanische Debatte (Gugel 1997: 169) erfüllen diese Erfordernisse. Dabei können die Lernenden sich nochmals die unterschiedlichen Auslegungen der Texte und die hierauf gründenden jeweiligen Bewertungen vergegenwärtigen. Pro-Contra-Debatte und amerikanische Debatte bieten den Schülerinnen und Schülern in dieser abschließenden Phase die Möglichkeit zur Synopse der für die eigene transnationale politische Urteilsbildung erforderlichen Argumente.

Materialien

Text 1: Entschlossen gegen Völkermord

Nun werden wir Zeugen, wie eine neue Ära des internationalen Rechts beginnt. Das Inkrafttreten des Statuts von Rom, die Schaffung des Internationalen Strafgerichtshofes ist ein bemerkenswertes und sehr willkommenes Ereignis. Alle, die Freiheit, Gerechtigkeit und die Herrschaft des Rechts ehren, sollten sich über diese Entwicklung freuen. Alle, die Frieden und internationale Sicherheit wertschätzen, sollten sich dafür einsetzen, dass das Gericht den Erfolg hat, den es haben muss. Die Europäische Union ist fest entschlossen, zu diesem Erfolg beizutragen.

Das Inkrafttreten des Statuts von Rom macht die weltweite Entschlossenheit deutlich, diejenigen der Gerechtigkeit zuzuführen, (. . .) welche die schlimmsten Verbrechen begehen. Diese Entschlossenheit haben die Opfer – und die Täter – bei Völkermord, Verbrechen gegen die Menschlichkeit und Kriegsverbrechen verdient. In jeder Gegend der Welt haben Staaten das Statut ratifiziert, darunter – ich freue mich, das sagen zu können – alle europäischen Staaten. (. . .)

Wir haben uns für die Schaffung des Weltgerichts eingesetzt, weil es mit den Prinzipien der Gerechtigkeit und der Menschenrechte, die wir schätzen, völlig übereinstimmt und sie noch unterstützt. Unser eigener Kontinent wurde Zeuge schwerster Verbrechen, während zweier Weltkriege und zuletzt auf dem Balkan. Doch nicht nur Europa hat unter solchem Terror gelitten. Überall auf der Welt gab es schwer wiegende Verstöße gegen die internationalen Menschenrechte. Wir brauchen die Mittel, um diejenigen, die solche Verbrechen verüben, der Gerechtigkeit zuzuführen. Wir müssen dafür sorgen, dass solche Verbrechen künftig weniger wahrscheinlich werden, indem wir eine feste Erwartung schaffen, dass sich die Herrschaft des Rechts durchsetzen wird. Wir müssen die Ära der Straflosigkeit beenden, in der, allzu oft, die Opfer vergessen werden und die Täter ungestraft davonkommen.«

Quelle: Javier Solana: Entschlossen gegen den Völkermord, in: Süddeutsche Zeitung vom 2. Juli 2002.

Informationen zum Autor: Javier Solana ist Hoher Vertreter der Gemeinsamen Außen- und Sicherheitspolitik der Europäischen Union.

Text 2: Die Herausforderung Amerikas

Gewiss haben Menschenrechtsverletzungen, Kriegsverbrechen, Völkermord und Folter dem modernen Zeitalter derart Schande bereitet, und dies an so vielen verschiedenen Orten, dass das Bestreben, hier rechtliche Normen einzuschalten, um solche Übergriffe zu verhindern oder zu bestrafen, den Fürsprechern zur Ehre gereicht. Die Gefahr besteht darin, dass dieses Konzept zu weit getrieben wird und an die Stelle der Tyrannei von Regierungen die von Richtern tritt; in der Geschichte hat die Diktatur der Rechtschaffenen oft zu Inquisition und sogar zu Hexenjagden geführt. (. . .)

Kann zum Beispiel jeder Führer der Vereinigten Staaten oder anderer Länder vor internationale Tribunale gezerrt werden, die für andere Zwecke eingerichtet wurden? Dies ist genau das, was Amnesty International nahe legt, wenn es, wie im Sommer 1999, die »Beschwerde« einer Gruppe europäischer und kanadischer Rechtsprofessoren (. . .) unterstützte, die den Vorwurf erhoben, dass während der NATO-Kampagne im Kosovo Verbrechen gegen die Menschlichkeit begangen worden seien. (. . .) Die meisten Amerikaner wären wohl erstaunt zu erfahren, dass das Jugoslawien-Tribunal, auf amerikanische Veranlassung im Jahr 1993 ins Leben gerufen, um sich der Balkan-Kriegsverbrecher anzunehmen, sich das Recht anmaßt, gegen Amerikas politische und militärische Führer Ermittlungen wegen angeblichen kriminellen Verhaltens einzuleiten.

Quelle: Henry Kissinger: Die Herausforderung Amerikas. Weltpolitik im 21. Jahrhundert, München/Berlin 2002, S. 353 und S. 362.

Informationen zum Autor: Henry Kissinger war Sicherheitsberater der Präsidenten Kennedy und Nixon, 1973–77 US-Außenminister unter Nixon und Ford, 1973 erhielt er den Friedensnobelpreis. Er gilt als einer der erfahrensten Außenpolitiker unserer Zeit und ist noch heute international als politischer Berater tätig.

Text 3: Ein großes Vermächtnis

Mit dem Widerstand der USA gegen die Errichtung des IStGH wird das große Nürnberger Vermächtnis Amerikas ausgeschlagen, was auch Amerikaner an der Politik ihrer Regierung in dieser Angelegenheit verzweifeln lässt. Man denke an die Worte aus der Nürnberger Anklageschrift Robert Jacksons, »dass nach dem gleichen Maß, mit dem wir die Angeklagten heute messen, auch wir morgen von der Geschichte gemessen werden«. Und man erinnere sich an die Einsicht, mit der der amerikanische Chefankläger der Nürnberger Folgeprozesse für Kriegsverbrechen, Telford Taylor, sein Standardwerk über die Nürnberger Prozesse beschloss:

»Das Kriegsrecht gilt nicht nur für mutmaßliche Verbrecher besiegter Länder. Es gibt keinen moralischen oder rechtlichen Grund, siegreichen Ländern Immunität gegenüber einer gerichtlichen Untersuchung zu gewähren. Das Kriegsrecht ist keine Einbahnstraße.« Es scheint, als müssten die Freunde Amerikas diese hell leuchtenden Botschaften für einen geschichtlichen Augenblick gegen die amtierende Führung der Vereinigten Staaten wenden.

Quelle: Claus Kreß: Ein großes Vermächtnis, in: Frankfurter Allgemeine Zeitung vom 12. Juli 2002.

Informationen zum Autor: Claus Kreß ist Straf- und Völkerrechtler in der Abteilung ausländisches und internationales Strafrecht der Universität zu Köln und war Mitglied der deutschen Regierungsdelegation bei den Verhandlungen zum Internationalen Strafgerichtshof.

Text 4: Mission Ewiger Friede

Europa hat sich von der Macht losgesagt; es bewegt sich auf eine Welt zu, die fest in Gesetze und Regeln, in transnationalen Vereinbarungen und Kooperationen eingebunden ist. (. . .) Dagegen bleiben die Vereinigten Staaten in die Geschichte verstrickt; ihre Praxis der Machtausübung schließt den Einsatz von Stärke und militärischer Gewalt ein. (. . .) Aufgrund ihrer einzigartigen militärischen Stärke sind die Amerikaner viel eher geneigt, Gewalt anzuwenden, und haben deshalb auch ein festeres Vertrauen in die moralische Legitimität ihrer Macht. Umgekehrt hat Europa wegen seiner relativen Schwäche eine Abneigung gegenüber Gewalt als politischem Instrument in internationalen Beziehungen entwickelt. (. . .) Wer machtpolitisch in der Lage ist, Unilateralismus zu praktizieren, für den ist er zwangsläufig attraktiver als für andere. Umgekehrt engt das internationale Recht die Handlungsmöglichkeiten starker Staaten natürlich mehr ein als die von schwachen. (. . .)

Quelle: Robert Kagan: Mission Ewiger Friede, in: Die Zeit, 11. Juli 2002.

Informationen zum Autor: Robert Kagan arbeitete als Mitglied im Council on Foreign Relations von 1984 bis 1998 im Außenministerium der Vereinigten Staaten. Er ist einer der führenden Experten für strategische Fragen der US-Außenpolitik und forscht am Carnegie Endowment for International Peace in Washington.

Literaturhinweise

Artelt, Cordula/Stanat, Petra/Schneider, Wolfgang/Schiefele, Ulrich 2001: Lesekompetenz: Testkonzeption und Ergebnisse, in: Deutsches PISA-Konsortium (Hrsg.): PISA 2000. Basiskompetenzen von Schülerinnen und Schülern im internationalen Vergleich, Opladen, 69–137.

Baumert, Jürgen/Stanat, Petra/Demmrich, Anke 2001: PISA 2000: Untersuchungsgegenstand, theoretische Grundlagen und Durchführung der Studie, in: Deutsches PISA-Konsortium (Hrsg.): PISA 2000. Basiskompetenzen von Schülerinnen und Schülern im internationalen Vergleich, Opladen, 15–68.

Bellers, Jürgen/Häckel, Erwin 1990: Theorien internationaler Integration und internationaler Organisationen, in: Rittberger, Volker (Hrsg.): Theorien der internationalen Beziehungen. Bestandsaufnahmen und Forschungsperspektiven, Opladen, 286–310.

Breit, Gotthard 1999: Fallprinzip, in: Weißeno, Georg (Hrsg.): Lexikon der politischen Bildung, Bd. 1: Didaktik und Schule, herausgegeben von Dagmar Richter und Georg Weißeno, Schwalbach/Ts., 74–75.

Fischer, Kurt Gerhard 1993: Das Exemplarische im Politikunterricht. Beiträge zu einer Theorie politischer Bildung, Schwalbach/Ts.

Gadamer, Hans-Georg [4]1975: Wahrheit und Methode. Grundzüge einer philosophischen Hermeneutik, Tübingen.

Gugel, Günther 1997: Methoden-Manuel I: »Neues Lernen«, Weinheim/Basel.

Hallstein, Walter [5]1979: Die Europäische Gemeinschaft, Düsseldorf/Wien.

Juchler, Ingo 2003: Repräsentative Demokratie und politische Bildung – Demokratiekompetenz als normative Herausforderung an die Politikdidaktik, in: Schmitt, Karl (Hrsg.): Herausforderungen der repräsentativen Demokratie, Baden-Baden, 195–211.

Kant, Immanuel [3]1977: Kritik der reinen Vernunft 1. Werkausgabe, Bd. III. Herausgegeben von Wilhelm Weischedel, Frankfurt/M.

Kuhn, Hans-Werner 2001: Verschiedene Textsorten im Politikunterricht. Implikationen. Potenziale. Grenzen, in: Weißeno, Georg (Hrsg.): Politikunterricht im Informationszeitalter. Medien und neue Lernumgebungen, Schwalbach/Ts., 159–170.

Loth, Wilfried [3]1996: Der Weg nach Europa. Geschichte der europäischen Integration 1939–1957, Göttingen.

Massing, Peter 2000a: Pro-Contra-Debatte, in: Weißeno, Georg (Hrsg.): Lexikon der politischen Bildung, Bd. 3: Methoden und Arbeitstechniken, herausgegeben von Hans-Werner Kuhn und Peter Massing, Schwalbach/Ts., 134–137.

Massing, Peter 2000: Vergleich, in: Weißeno, Georg (Hrsg.): Lexikon der politischen Bildung, Bd. 3: Methoden und Arbeitstechniken, herausgegeben von Hans-Peter Kuhn und Peter Massing, Schwalbach/Ts., 202–203.

Mietzel, Gerd [6]2001: Pädagogische Psychologie des Lernens und Lehrens, Göttingen et al.

Nohlen, Dieter 2002: Vergleichende Methode, in: Nohlen, Dieter/ Schultze, Rainer-Olaf (Hrsg.): Lexikon der Politikwissenschaft. Theorien, Methoden, Begriffe, Bd. 2, München, 1020–1031.

Prange, Klaus 2002: Lesen lehren. Zum Kerngeschäft des Schulunterrichts, in: Lehren und Lernen, Heft 1, 3–7.

Scharping, Rudolf 2000: Die Kosovo-Krise wirkt wie ein Katalysator, in: Frankfurter Allgemeine Zeitung, 24. März 2000, 12.

Schlussfolgerungen des Vorsitzes des Europäischen Rates am 3. und 4. Juni 1999 in Köln, in: Internationale Politik, Heft 10, 133–137.

Schuman, Robert 1993: Erklärung der französischen Regierung über eine gemeinsame deutsch-französische Schwerindustrie vom 9.5.1950, in: Trost, Helmut:

Europa und der Binnenmarkt. Wirtschaftliche, politische und soziale Folgen des europäischen Integrationsprozesses, Paderborn, 15.
Spitzer, Manfred 2002: Lernen. Gehirnforschung und die Schule des Lebens, Heidelberg/Berlin.
Straub, Jürgen 1999: Handlung, Interpretation, Kritik. Grundzüge einer textwissenschaftlichen Handlungs- und Kulturpsychologie, Berlin/New York.
Weidenfeld, Werner/Algieri, Franco 1999: Europas neue Rolle in der Welt, in: Weidenfeld, Werner (Hrsg.): Europa-Handbuch, Bonn, 884–897.
Weißeno, Georg 1992: Fallorientierung als Prinzip des politischen Unterrichts – dargestellt am Beispiel der Unterrichtsstunde zum Thema Asylrecht, in: Gagel, Walter/Grammes, Tilman/Unger, Andreas (Hrsg.): Politikdidaktik praktisch. Mehrperspektivische Unterrichtsanalysen, Schwalbach/Ts., 92–102.
Weißeno, Georg 1993: Über den Umgang mit Texten im Politikunterricht. Didaktisch-methodische Grundlegung, Schwalbach/Ts.

Dirk Weller

Die Osterweiterung der Europäischen Union als Spiel im Unterricht

Institutionen zu unterrichten fällt Lehrer/innen oft schwer, da sie diese als zu komplex und kompliziert und außerdem als zu weit entfernt von der Lebenswelt ihrer Schüler/innen empfinden (Massing 1997: 288). Was für das politische System der Bundesrepublik Deutschland schon gilt, trifft für das Mehrebenensystem der Europäischen Union erst recht zu. Unterricht, der sich hier auf die polity Dimension beschränkt, ist aber nicht nur zu abstrakt oder didaktisch fragwürdig – er ist in erster Linie langweilig und verfehlt schon allein deshalb sein Ziel der Förderung politischer Mündigkeit.

Spiele im Politikunterricht und der Alltag

Problemorientierung, Handlungsorientierung, Schülerorientierung und Wissenschaftsorientierung auf der einen Seite, Selbstverantwortung, Selbstständigkeit, Methodenbeherrschung, Kommunikationsfähigkeit, Kreativität und soziale Kompetenzen auf der anderen Seite sollen alle unter einen Hut. Die genannten Forderungen lassen sich mit einer modernen Institutionenkunde im Rahmen von Rollen- oder Entscheidungsspielen gut verwirklichen.

Gute Spiele verlangen den Lehrer/innen allerdings auch einiges ab. Das liegt zum Teil an den Vorbildern für Spiele im Unterricht. An eine Simulation wie Pol & IS oder die Simulationen des Centrums für angewandte Politikforschung (CAP München) zu verschiedenen Europathemen ist im Schulalltag nicht zu denken, und leider kann nicht immer ein Projekttag oder eine außerunterrichtliche Veranstaltung durchgeführt werden.

Problematisch ist immer auch die den selbst entwickelten Spielen zu Grunde liegende Modellbildung. Selten lassen sich durch die Lektüre wissenschaftlicher Aufsätze und Lehrerhandreichungen in angemessener Zeit ausreichend Informationen über die politics-Details – insbesondere auf internationaler Ebene – zusammen tragen. Die Modellbildung im Spiel und in der Auswertungsphase zu thematisieren heilt so manche Wunde – bei vielen Schüler/innen bleiben aber eher die emotional aufwühlenden Prozesse und Erlebnisse im Rahmen des Spiels hängen und nicht die verstärkt lehrergesteuerten Reflektionen hinterher.

Spiele für den Politikunterricht müssen demnach das knappe Zeitbudget der vorbereitenden Lehrer und die Unterrichtszeit insgesamt schonen: Vier bis fünf Unterrichtsstunden mit Auswertung sind ein wohl angemessener Rahmen, fordern bei der didaktischen Reduktion aber Tribut genug: Die Auswahl des gespielten Konfliktes muss exemplarisch für die Konflikte der untersuchten Institutionen stehen. Andererseits darf die Reduktion aber auch nicht so weit gehen, dass keine Verhandlungsmasse mehr vorhanden ist und damit das Schnüren von Pakten und das Finden von Kompromissen durch zu starke Vereinfachung verunmöglicht wird. Und: Das dem Spiel zu Grunde liegende Modell muss nicht nur die Realität annähernd abbilden, es muss – soll mehr gespielt werden – auch wieder verwendbar, übertragbar oder aktualisierbar sein.

Vorüberlegungen

Ein übertragbares Modell für den Alltags-Unterricht, das sich leicht an die unterschiedlichsten Situationen und Institutionen anpassen lässt, kann erstellt werden, wenn die Institutionen selbst nicht mehr im Zentrum des Spielmodells stehen, sondern das zu lösende Problem. Das Spiel muss dann nicht mehr im eigentlichen institutionellen Rahmen des Konfliktes stattfinden: Die Vertreter der an der Problemlösung beteiligten Institutionen oder Länder treffen sich in einer »Arbeitsgruppe« außerhalb des bestehenden institutionellen Gefüges der Europäischen Union, sind einer bestimmten Institution jedoch zugeordnet.

Ein erstes Osterweiterungsspiel mit diesem Ansatz wurde im Schuljahr 01-02 unter der Fragestellung »Soll Ungarn in die EU aufgenommen werden?« im Rahmen eines Austausches mit einem ungarischen Gymnasium durchgeführt, mit dem meine Schule seit mehreren Jahren zusammenarbeitet. In diesem Fall wurde eine Arbeitsgruppe an der Kommission »eingerichtet«, die die möglichen Probleme bei der Aufnahme Ungarns diskutieren und nach Lösungsmöglichkeiten suchen sollte. Die Rollen wurden im Rahmen des Spiels vertauscht: Die Ungarn spielten die bestehende EU der 15, während die Deutschen die Rolle der Ungarn übernahmen. An eine Wiederholung war nach dem Kopenhagener Gipfel von 2002 nicht mehr zu denken. Alternativ wurden Spiele über die Aufnahme Bulgariens, Rumäniens oder der Türkei angedacht, nach Rücksprache mit meinen Klassen aber für die Zukunft aufgehoben. Ziel des Unterrichtsversuches sollte ja gerade sein, die Institutionen ins Zentrum zu stellen und nicht ökonomische Daten und Verteilungskonflikte über Haushalte, Förderprogramme und andere Beihilfen.

Der Ausgangspunkt für das Osterweiterungsspiel im Schuljahr 02-03 war demnach nicht mehr die Frage »Soll XY in die EU aufgenommen wer-

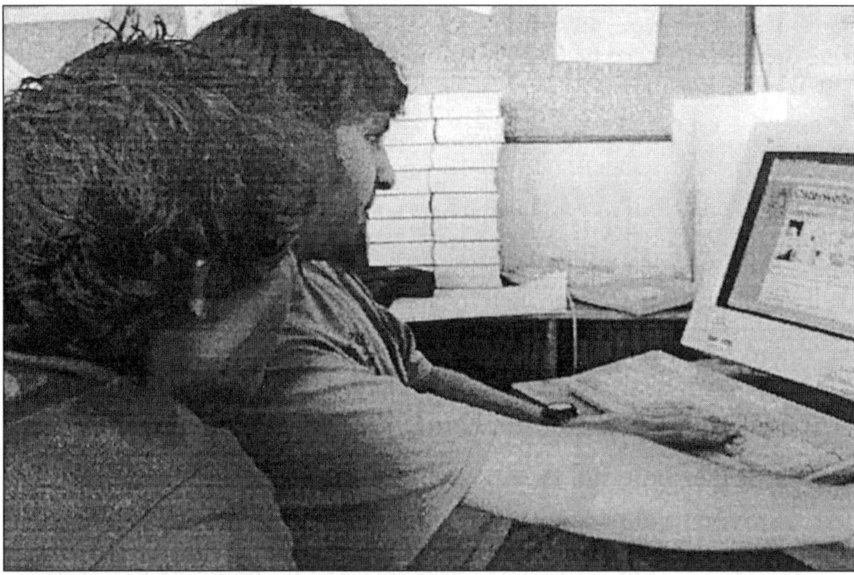

Zwei Schüler der Klassenstufe 11 bei der Arbeit am Webquest zur Osterweiterung der EU

den?« – hier lag im Unterricht die Betonung auf den Risiken und Chancen der Aufnahme. Der Fokus verschob sich auf das »vierte Kopenhagener Kriterium«, also die institutionelle Reform der EU. Die Arbeitsgruppe wurde dem Konvent zugeordnet, genauer dem Ausschuss »Vereinfachung der Rechtsetzungsverfahren und Rechtsakte«. Die Auswahl der Spielrollen orientierte sich an möglichen Konflikten zwischen »Idealisten« (Betonung der Handlungsfähigkeit der EU) und »Realisten« (Betonung der Souveränität der Nationalstaaten) einerseits und dem Konfliktpotential, das sich aus der Mitgliedschaft großer und kleiner Länder ergibt.

Vorlauf

Eingeführt in die Lehrplaneinheit »Europa« in Klasse 11 wurde mit der Frage »Warum Europa?«. Die hier diskutierten Gründe umfassten die ideologische (Werte), politische (Macht), ökonomische (Wohlstand) und soziale (Gerechtigkeit) Ebene. Die Analyse von Zeitungsmeldungen im Rahmen einer aktuellen Stunde leitete zum Konflikt zwischen Politikdominiertheit oder Leistungsorientiertheit bei der Aufnahme der Kandidatenstaaten über. Die Chancen und Risiken der Osterweiterung wurden auf den oben genannten Ebenen abgewogen: Nach Mehrheitsmeinung der Klasse überwiegen die Vorteile. Der institutionenkundliche Teil, der hier näher dargestellt wird, schloss mit der Frage an »Wie muss sich die EU verändern, damit sie sich erweitern kann?«.

Das Osterweiterungsspiel

Hier wurde das oben erwähnte Arbeitsgruppenmodell eingesetzt: Ein Mitglied des Konventes trifft sich zur Vorbereitung einer Sitzung des Ausschusses »Vereinfachung« mit Expertinnen und Experten. Vertreten sind: Bundesrepublik Deutschland Experten (für die Rolle des »Idealisten«), Experten für das Vereinigte Königreich (für die Rolle des »Realisten«) und Ungarns (für die Rolle eines kleinen Landes). Hinzu kamen eine Pressegruppe und eine Gruppe, die den Vorsitzenden der Arbeitsgruppe als Mitglied des Konvents spielte. Die Schüler/innen sollten über das sich auf Rechtssetzungsverfahren und -instrumente konzentrierende Mandat des Ausschusses »Vereinfachung« hinausgehen dürfen und sich direkt mit möglichen institutionellen Reformen beschäftigen können. Die Arbeit sollte mit der Formulierung der Verfassungsartikel zum Rat beginnen: Das Verhältnis der Mitgliedsländer zur Europäischen Union und der Konflikt zwischen »Idealisten«, »Realisten« sowie zwischen »kleinen« und »großen« Ländern sollte in der Diskussion über die Abstimmungsmodalitäten im Rat sichtbar werden.

Der Arbeitsauftrag wurde dem Vorentwurf des Verfassungsvertrages vom Oktober 2002 entnommen. Erste Formulierungsvorschläge – den Internetseiten des Konvents entnommen – wurden auf den jeweiligen Rollenkarten (siehe: Materialienteil) in das Spiel eingebracht. Sie sollten den Gruppen den Start erleichtern und dienten aber auch der Zuspitzung und Steuerung des Konfliktes. Weiteres Zusatzmaterial zur Reform der Kommission und des Europäischen Parlamentes wurde für den Fall bereitgestellt, dass die Ver-

Übersicht: Stundenplan

1. Stunde	Einführung in den Webquest – Struktur des Webquest – Materialien – Arbeitsauftrag	10′
	Arbeit in den Gruppen: Sammeln von Informationen über die Institutionen der EU, erste Formulierungsversuche der eigenen Position (Modul: Rat)	25′
	Feedback der Gruppen zum Webquest und zu den Materialien	10′
2. Stunde	Arbeit in den Gruppen: Formulieren der eigenen Position (Modul: Rat)	15′
	Plenumssitzung – Begrüßung durch Vorsitzenden – Verhandlungen/Diskussionen	20′
	Pressekonferenz	10′
3. Stunde	Arbeit in den Gruppen: Formulieren der eigenen Position (Modul: Kommission)	15′
	Plenumssitzung – Begrüßung durch Vorsitzenden – Verhandlungen/Diskussionen	20′
	Pressekonferenz	10′
4. Stunde	Arbeit in den Gruppen: Formulieren der eigenen Position (Module: Rat und Kommission)	10′
	Plenumssitzung – Begrüßung durch Vorsitzenden – Verhandlungen/Diskussionen	20′
	Pressekonferenz	15′
5. Stunde	Auswertung	

handlungen der Arbeitsgruppe stocken und keine Kompromissmöglichkeiten mehr erkennbar sind. Diese werden hier als Module bezeichnet.

Um Zugriff auf Originaldokumente, aktuelle Materialien und Meldung zu erhalten, sowie zur Motivation wurden die Positionen der Arbeitsgruppenmitglieder im Internet im Rahmen eines Webquests erarbeitet, der unter http://polis.bdjl.de/euindex.htm eingesehen werden kann. Webquests dienen, kurz gesagt, der gesteuerten Internetrecherche und stellen Links zu relevanten Informationen in gegliederter Form zur Verfügung. Die Verhandlungen im Plenum wurden offline durchgeführt.

Eingeplant wurden zwei Unterrichtsstunden für die Erarbeitung der eigenen Position mit Hilfe des Webquests und weitere zwei Stunden für die Verhandlungen zwischen den Ländern. Sollte sich im Lauf des Spiels herausstellen, dass weiterer Recherchebedarf vor der nächsten Verhandlungsrunde vorhanden ist, sollte Zeit hierfür gegeben werden. Eine weitere Stunde war für die Auswertung geplant. Da der Webquest und damit die gesamten Materialien für das Spiel im Internet waren, konnten die Gruppen von zu Hause aus arbeiten.

Spielverlauf

Der Spielverlauf selbst wich von den Planungen schon in der ersten Stunde ab. Statt eines Feedbacks zum Webquest und zu den Materialien wurde von der Klasse eine Überprüfung ihrer bis hierhin erarbeiteten Vorstellungen über die Zusammenarbeit der Institutionen der EU gefordert. Eine gemeinsame Karikaturenanalyse im Vergleich mit einem einfachen Organigramm der EU erwies sich als hilfreich, und der Webquest wurde darauf hin um eine Möglichkeit zum Selbsttest erweitert.

Die erste Verhandlungsrunde im Plenum über die Abstimmungsmodalitäten im Rat in der zweiten Unterrichtsstunde kam schnell zu einem Stillstand – in den Worten der Pressegruppe: »England blockiert die Erweiterung«. Hintergrund war eine Auseinandersetzung über qualifizierte Mehrheitsentscheide bei der Außenpolitik der EU. Die Schüler/innen diskutierten – wegen der zeitlichen Nähe zum Irakkrieg – kaum noch über den Entwurf des Artikels, sondern stritten über Völkerrecht und Moral. Die Gruppe der Vorsitzenden versuchte zwar die Diskussion wieder auf die Verfassung der EU zu lenken, hatte damit aber immer nur kurzfristig Erfolg. Die Möglichkeit, den Punkt »gemeinsame Außenpolitik« zurück zu stellen und an einem anderen Politikfeld weiter zu arbeiten wurde von keiner Gruppe gesehen. Auch auf die Idee, das Ratsmodul unabgeschlossen liegen zu lassen und ein weiteres Modul für die Verhandlungen zu öffnen, kamen die Vorsitzenden erst durch einen Hinweis der Spielleitung.

Im Kommissionsmodul kamen die Schüler/innen in der folgenden Stunde schnell weiter. Auf Anregung Ungarns wurde eine Rotationslösung für die Besetzung der Kommission formuliert: Die »großen Länder« Deutschland, Frankreich und Großbritannien sollten immer einen Sitz in der Kommission haben, während sich die »kleinen Länder« abwechseln sollten. Die Idee Ungarns, den Präsidenten der Kommission vom Europäischen Parlament wählen zu lassen, der sich dann seine Regierungsmannschaft selber zusammenstellen sollte, wurde nicht weiter bearbeitet. Vielleicht, weil die Zeit hierfür fehlte. Vielleicht aber auch, weil die Auswirkungen einer solchen Entscheidung von den Gruppen nicht abgeschätzt werden konnte.

Die vierte Stunde war durch erneute Verhandlungen zur Rolle des Rats gekennzeichnet. Erst nach einem Hinweis durch die Spielleitung an die Gruppe der Vorsitzenden kam hier ein Kompromiss zustande. Demnach sollten alle Mitglieder der Union bei der Annahme der EU-Verfassung angeben, in welchen Politikbereichen sie Mehrheitsentscheide des Rats für sich hinnehmen wollten. Die Länder, die sich weiter integrieren wollen, sollten dies tun dürfen, ohne in ihrer Arbeit behindert zu werden. Ähnlich wie bei der Einführung des Euros sollten alle Länder aber die Möglichkeit haben, einem vergemeinschafteten Politikbereich später beitreten zu können. Auch hier unterblieb eine Diskussion des Verhältnisses Kommission und Rat. Regelungen zur Stimmenzahl im Rat (Nizza) wurden ohne Diskussion in den eigenen Verfassungsentwurf übernommen.

Auswertungsphase

Obwohl alle Gruppen engagiert arbeiteten und sich auch von zu Hause aus immer wieder über die Links im Webquest selbständig Informationen beschafften, blieben zentrale Problembereiche bei der Aushandlung einer EU-Verfassung unbearbeitet. Am schwersten wog, dass das Verhältnis zwischen Kommission und Rat nicht geklärt wurde. Nach einer offenen Runde zum Rollenspiel allgemein war dies deshalb der erste Punkt, der in der Auswertungsphase vom Lehrer thematisiert wurde. Die Schüler/innen gaben übereinstimmend an, dass sie die Konsequenzen ihrer Entscheidungen nicht überblicken konnten und dass auch schlicht zu wenig Zeit zur Verfügung gestanden habe, um sich soweit in die Materie einzuarbeiten, dass diese Probleme zu erkennen gewesen wären. Eine Schlussfolgerung hieraus wäre, derartige Spiele in regelmäßigen Abständen zu unterbrechen und kurze Phasen mit Zwischenauswertungen einzuflechten. Alternativ kann von der Spielleitung auch die Pressegruppe dementsprechend informiert werden. Mein Eindruck war aber, dass die Presse in einem solchen Fall die Äußerungen der Spielleitung einfach nur abschreibt und sich oft noch Fehler einschleichen.

Die Probleme mit der gefundenen Rotationslösung für die Kommission wurden von einigen Schüler/innen selbst erkannt: Was wird z. B. Italien als Gründungsmitglied der EG dazu sagen, dass es hier als »kleines Land« kategorisiert wurde und nicht mehr regelmäßig mit am Kommissionstisch sitzen darf? Hier brachen die Rollen im Spiel in der Auswertung durch: Während fast alle Gruppen geschlossen dafür votierten, die Idee, den Kommissionspräsidenten vom EP wählen zu lassen und diesen im Rahmen eines quasi parlamentarischen Systems wie einen Bundeskanzler regieren zu lassen, fand in der Gruppe um Großbritannien keine Unterstützung mehr. Die »Idealisten« wollten die Kommission als einzige Exekutive installieren, die »Realisten« wollten sich einer Kommissionsentscheidung auf nationaler Ebene nicht beugen, wenn nicht mindestens einer aus ihrem Land mit am Tisch gesessen habe. Das Argument der »Idealisten«, dass sich auf nationaler Ebene (Deutschland) auch keiner darum kümmere, aus welchem Bundesland welcher Minister nun komme, wurde als »zu deutsch« verworfen. Der Vorschlag kam ursprünglich aus der Gruppe Ungarn – spielte diese ihre Rolle oder übertrug sie das föderale Modell Deutschland auf die EU?

«Das Grundgesetz ist halt die einzige Verfassung die wir kennen.« Dieser Einwand ist sicherlich nicht falsch. Dass sich dieses Modell aber der EU nicht einfach so überstülpen lässt, war am Ende des Spiels allen Beteiligten klar.

Fazit

Im Zusammenhang mit Spielen im Unterricht wird immer wieder eine andere Lehrerrolle gefordert: Er soll Moderator von Lernprozessen sein und sich möglichst auf die Vorgabe des Rahmens beschränken (z. B. Klippert 1999: 10 f). Dies kann aber nie soweit gehen, sich völlig aus dem Spiel herauszuhalten. Spiele sind keine Selbstläufer. Gerade wenn es um die Formulierung einer Verfassung oder auch nur einzelner Artikel geht, spielt die Beherrschung der Sprache und die Reflektion über mögliche Konsequenzen bei der Wahl eines bestimmten Wortes eine zu große Rolle. Hier muss der/die Lehrer/in – auch während den Gruppenarbeitsphasen – immer wieder nachhaken, kritische Fragen stellen und zur Not auch das Spiel kurz für eine Informationsphase unterbrechen, sollte die Arbeit der Pressegruppe zur Steuerung des Spiels nicht ausreichen.

Bleibt die Frage: Haben die Schüler/innen etwas gelernt – und was? Die eingangs gestellte Frage »Wie muss sich die EU verändern, damit sie sich erweitern kann?« konnte nur im Ansatz beantwortet werden. Die Klasse plädierte überwiegend für ein Europa der unterschiedlichen Geschwindigkeiten bei der Integration. Es kam aber auch der Einwand, dass dann »auch wieder keiner durchblickt«, wenn für jedes Mitgliedsland unterschiedliche Regelungen zutreffen. »Einen Tod musst du sterben« war die flapsige Zusammenfassung für die Widersprüche, die entstehen, wenn souveräne Staaten mit unterschiedlichen Interessen in gemeinsamen Institutionen zusammengeführt werden sollen.

Um den Lernerfolg der Schüler/innen besser einschätzen zu können, wurde eine computergestützte Fragebogenerhebung mit GrafStat durchgeführt. Die Schüler/innen sollten hier selbst einschätzen, wie viel und was sie gelernt hatten. Zwar wurde das institutionenkundliche Lernen nicht so hoch bewertet wie das Lernen über das Verhältnis EU–Nationalstaat, die verfassungsrechtlichen Probleme bei der Osterweiterung, die Konfliktursachen in der EU sowie die Möglichkeiten der Kompromissfindung. Insgesamt wurde die Methode Spiel aber sehr positiv bewertet: In persönlichen Stellungnahmen kam wiederholt das Argument hier »mit mehr Spaß« und auch intensiver gelernt zu haben als im Rahmen eines »normalen« Unterrichts. Zeit bleibt der Schlüssel zum Erfolg: Die Komplexität des politischen Systems Europa lässt sich nicht in fünf Unterrichtsstunden durchdringen. Diese Feststellung ist wohl unabhängig von der im Unterricht verwendeten Methode.

Als Erfolg dieses Spiels kann hier stehen bleiben, dass die Schüler/innen erfahren konnten, dass der doch so nahe liegende Export des föderalen politischen Systems der BRD auf die europäische Ebene so einfach nicht funktionieren will. Für die »Idealisten« in der Klasse war dies eine schmerzhafte Erfahrung. Daran ist der Lehrer nicht unschuldig: Durch den Aufbau der Einheit »Europa«, insbesondere durch den Start mit der Frage »Warum Europa?«, wurde einem politisch-moralischen Normativismus Vorschub geleistet, der sich nicht nur auf die Osterweiterung bezog, sondern von vielen Schüler/innen auf Verfassungsfragen übertragen wurde. Etwas mehr Binnenmarkt hätte der Einheit gut getan.

Materialien

Die folgenden Materialien wurden für einen Webquest entwickelt. Sie können deswegen hier nur teilweise wiedergegeben werden: Einerseits, weil sich die Querverbindungen zwischen den Dokumenten (Hyperlinks) nicht auf Papier drucken lassen. Andererseits würde der Umfang des Materialienteils den Umfang dieses Artikels sprengen. Ersatzweise können auch Materialien zur Europäischen Union

Webquest:
Der Arbeitsauftrag und die gegliederte Linkliste des Webquests als Bildschirmfoto.

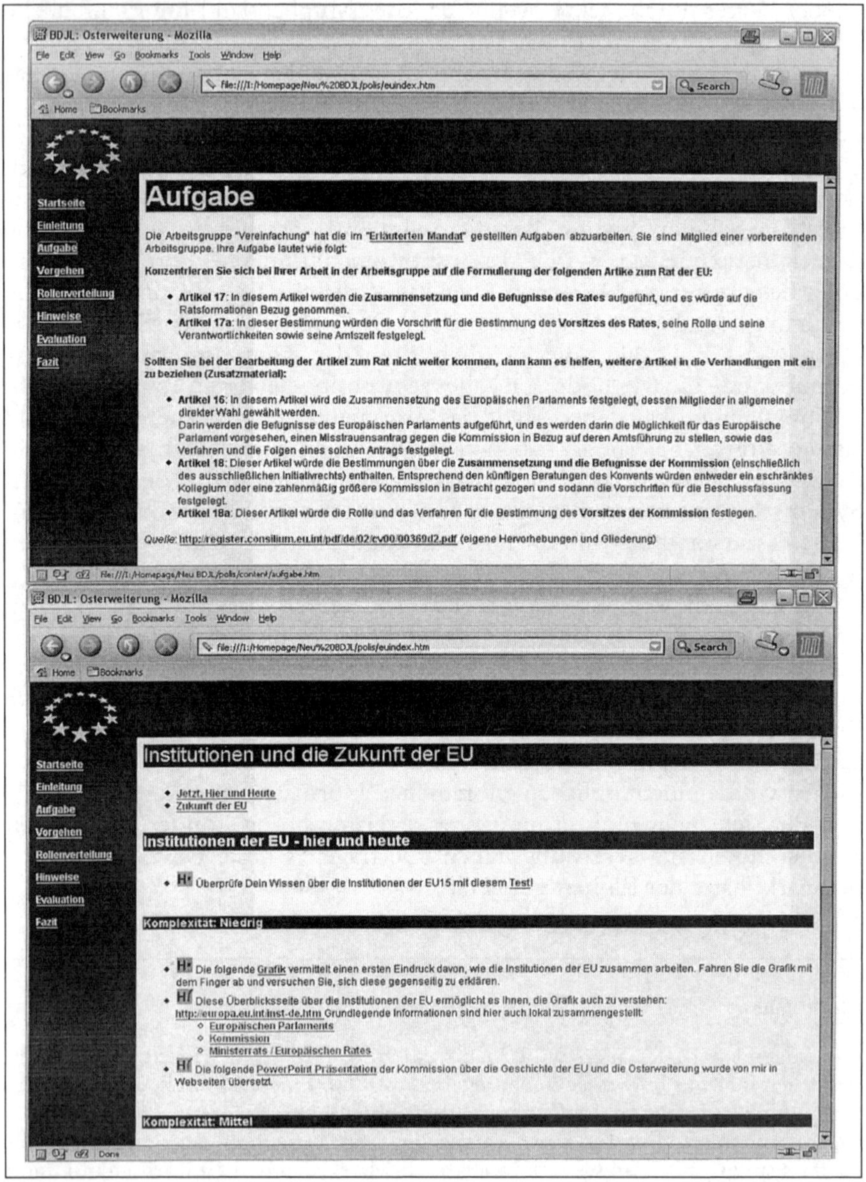

aus Schulbüchern oder andere Informationsmaterialien wie Broschüren der EU, sofern diese in ausreichender Zahl vorhanden sind, eingesetzt werden. Schriften aus den Reihen INFORMATIONEN ZUR POLITISCHEN BILDUNG oder POLITIK KURZGEFASST zur Europäischen Union erfüllen den gleichen Zweck – sind allerdings selten so aktuell wie die Internetseiten der EU.

Die Verwendung von Materialien aus dem Internet hat aber nicht nur den Vorteil meist aktueller und auch motivierender zu sein: Die Informationen können durch Hyperlinks zielgerichteter gegeben werden, und wenn die Links nach Komplexität und Informationsgehalt gegliedert werden, eröffnet dies vielfältige Möglichkeiten zur Binnendifferenzierung. Darüber hinaus erhalten starke Gruppen oder Gruppenmitglieder die Möglichkeit, über den vom Lehrer zur Verfügung gestellten Rahmen hinaus zu arbeiten und durch eigene Recherchen neue Anregungen für das Spiel zu geben.

Arbeitsauftrag

Die Arbeitsgruppe »Vereinfachung« hat die im »Erläuterten Mandat« gestellten Aufgaben abzuarbeiten. Sie sind Mitglied einer vorbereitenden Arbeitsgruppe. Ihre Aufgabe lautet wie folgt:
Konzentrieren Sie sich bei Ihrer Arbeit in der Arbeitsgruppe auf die Formulierung der folgenden Artikel zum Rat der EU:

- Artikel 17: In diesem Artikel werden die Zusammensetzung und die Befugnisse des Rates aufgeführt, und es würde auf die Ratsformationen Bezug genommen.
- Artikel 17a: In dieser Bestimmung würden die Vorschrift für die Bestimmung des Vorsitzes des Rates, seine Rolle und seine Verantwortlichkeiten sowie seine Amtszeit festgelegt.

[http://register.consilium.eu.int/pdf/de/02/cv00/00369d2.pdf]

ROLLENKARTEN

Rollenkarte: Vorsitzende/r

Rolle

Sie sind Mitglied des Ausschusses »Vereinfachung«. Die Arbeitsgruppe, die Sie sich hier zusammengestellt haben, soll Ihnen zuarbeiten. Sie leiten die Verhandlungen. Wichtig ist, dass Sie bei Artikel 17 und 17a (Ministerrat) weiterkommen.

Arbeiten Sie als Erstes ein Eröffnungsstatement für die erste Sitzung der Arbeitsgruppe aus. Gehen Sie hier schon auf mögliche Konflikte bei den Verhandlungen ein.

- Vergessen Sie nicht, die Teilnehmer an den Verhandlungen zu begrüßen!
- Sie legen die Tagesordnung fest und verkünden diese.
- Sie legen die Gesprächsreihenfolge und Gesprächszeiten fest.
- Sie fertigen ein Protokoll der Verhandlungen an.

Ihre Aufgabe ist aber nicht nur, mögliche Konflikte schon im Vorfeld zu erkennen und diese zu benennen. Sie müssen versuchen, diese zu entschärfen, Kompromisse auch in Einzelgesprächen auszuloten und diese dann im Plenum anzubieten. Nutzen Sie alle Möglichkeiten der Verhandlungsführung – Hinweise erhalten Sie hier.

Sollten Sie in einem Modul nicht weiterkommen – z. B. bei den Ratsverhandlungen – eröffnen Sie in Rücksprache mit der Spielleitung ein weiteres Modul. Dadurch wird den Gruppen ermöglicht durch »Pakete schnüren« doch noch zu Kompromissen zu kommen.

Positionen

Institution	Rat	Parlament	Kommission
Stand EU15	Info	Info	Info
Deutschland	Info	Info	Info
Vereinigtes Königreich	Info	Info	Info
Ungarn	Info	Info	Info

Rollenkarte: Presse

Rolle

Als Mitglied der Pressegruppe tragen Sie entscheidend zum Gelingen oder Scheitern der Verhandlungen bei. Sie haben die Möglichkeit, die Arbeitsgruppenmitglieder in Interviews zu ihrer Position in den anstehenden Verhandlungen zu befragen. Sie veröffentlichen Ihre Arbeiten am Medienbrett und erhalten im Rahmen der Verhandlungen Raum zum Verlesen Ihrer Beiträge.

Achten Sie auf Volkes Stimme: Informieren Sie sich auf der Statistik-Seite über die Haltung der Bevölkerung zu den diskutierten Problemen und intervenieren Sie, wenn Sie das diskutierte politische System nicht mehr verstehen. Sie können mit Ihrer Arbeit dafür Sorge tragen, dass die Institutionen der EU den Bürgerinnen und Bürgern auf verständliche Weise näher gebracht werden.

Positionen

Institution	Rat	Parlament	Kommission
Stand EU15	Info	Info	Info
Deutschland	Info	Info	Info
Vereinigtes Königreich	Info	Info	Info
Ungarn	Info	Info	Info

Die Tabellen am Ende der Rollenkarten für die Gruppe des Vorsitzenden und der Pressegruppe enthielten die Hyperlinks zu Webseiten der Europäischen Union (Stand EU15) und waren zu den Rollenkarten der anderen Gruppen nach den jeweiligen Spielmodulen gegliedert. Diese Informationen müssen bei einem Spiel ohne Internet den Gruppen als Kopie zur Verfügung gestellt werden.

Rollenkarte: BRD

Rolle

Sie sind Expertin für die Bundesrepublik Deutschland in dieser Arbeitsgruppe. Diese steht traditionell einer vertieften Integration positiv gegenüber.

Die Abgabe von Macht und Souveräntitätsrechten an die EU stellt politisch kaum ein Problem dar. Auch rechtlich gesehen ist Deutschland ein sehr europafreundliches Land: Das Grundgesetz erhebt in Artikel 23 die Verwirklichung einer demokratischen ... Europäischen Union sogar zum Staatsziel.

Mit einem föderalen Europa und damit mit einer Verfassungskonstruktion, die der in der BRD oder in den USA gleicht, haben Sie nicht nur kaum Probleme, sondern finden diese eher erstrebenswert.

http://www.bundesregierung.de/Themen-A-Z/-,5867/Europaeische-Union.htm

Positionen

Institution

Rat

Positionen

Einstimmigkeitsregelungen stehen Sie kritisch gegenüber, da dies die Handlungsfähigkeit der EU behindert. Sie favorisieren qualifizierte Mehrheitsentscheide in (fast) allen Politikbereichen – auch in der Außenpolitik.

Eine entsprechende Formulierung für Artikel 17 der EU Verfassung könnte deswegen lauten:

1. Der Ministerrat wird gemeinsam mit dem Europäischen Parlament als Gesetzgeber und Haushaltsautorität tätig und nimmt die Aufgaben der Politikfestlegung und Koordinierungsaufgaben nach Maßgabe der Verfassung wahr.
2. Der Ministerrat besteht aus je einem von jedem Mitgliedstaat auf Ministerebene ernannten Vertreter für jede seiner Zusammensetzungen. Dieser Vertreter ist als Einziger befugt, für den Mitgliedstaat, den er vertritt, verbindlich zu handeln und das Stimmrecht auszuüben.
3. Soweit in der Verfassung nichts anderes bestimmt ist, beschließt der Rat mit qualifizierter Mehrheit.

Einem Präsidenten aus dem Kreis der Regierungschefs im Europäischen Rat stehen Sie so lange kritisch gegenüber, wie die Aufgabenverteilung zwischen Europäischer Rat / Rat und Kommission nicht geklärt ist. So wollen Sie verhindern, dass die Kommission eine nachgeordnete Behörde des Europäischen Rates wird.

Rollenkarte: Vereinigtes Königreich

Rolle

Sie sind Experte für das Vereinigte Königreich in dieser Arbeitsgruppe. Diese stehen der EU traditionell eher kritisch gegenüber und vertreten ein Bild der EU, das sich als »Zusammenarbeit unter souveränen Nationalstaaten« zuspitzen lässt. Ein Aufgehen des VKs in einem »europäischen Einheitsstaat« – das ist nicht zu machen. Schließlich ist das VK Kopf des Commonwealth, und auch die Beziehungen zu den USA haben besonderes Gewicht, wie sich im Irakkrieg wieder gezeigt hat.

Die Verfassung des VKs ist nur teilweise schriftlich fixiert und auch nicht in einem Dokument systematisch zusammengefasst. Vielmehr sind die Verfassungsprinzipien historisch gewachsen. Einen formalen Unterschied zwischen normalen Gesetzen und Verfassungsgesetzen kennt das VK nicht. Zentral sind so genannte »Verfassungskonventionen«, die nicht einklagbar und nicht normiert sind, aber trotzdem als bindend erachtet werden. Darüber hinaus ist die »Parlamentssouveränität« wichtig: Kein Parlament kann einem nachfolgenden Parlament Vorschriften etc. machen. Die Annahme einer Verfassung (auch auf EU Ebene) durch das jetzige Parlament würde aber das folgende Parlament an eben diese Verfassung binden. Die Parlamentssouveränität wäre hierdurch verletzt. Unmöglich ist eine solche Entscheidung aber dennoch nicht – schließlich ist das VK ja auch der EG beigetreten. Da muss es nicht wundern, dass das VK stets kritisch gegenüber Verfassungsentwürfen auf europäischer Ebene gewesen ist – auch wenn sich die Ablehnung in den letzten Jahren weniger heftig äußert.

http://europa.eu.int/abc/governments/uk/index_en.html

Positionen

Institution

Rat

Positionen

Einstimmigkeitsregelungen stehen Sie in zentralen Politikbereichen positiv gegenüber, denn nur diese stellen sicher, dass das Vereinigte Königreich nicht überstimmt wird (dies gilt z. B. für die Außenpolitik und das Asylrecht). Mehrheitsentscheide - auch qualifizierte Mehrheitsentscheide - sollen auf die Politikfelder beschränkt bleiben, die die nationale Souveränität und die Parlamentssouveränität möglichst wenig beschränken oder zu ihrem Vorteil sind (dies gilt z. B. für die Bereiche Binnenmarkt und Dienstleistungen).

Artikel 17 der EU Verfassung könnte deswegen lauten:

1. Der Ministerrat wird gemeinsam mit dem Europäischen Parlament als Gesetzgeber und Haushaltsautorität tätig und nimmt die Aufgaben der Politikfestlegung und Koordinierungsaufgaben nach Maßgabe der Verfassung wahr.
2. Der Ministerrat besteht aus je einem von jedem Mitgliedstaat auf Ministerebene ernannten Vertreter für jede seiner Zusammensetzungen. Er kann durch einen Verwaltungsbeamten vertreten werden..
3. Soweit in der Verfassung nichts anderes bestimmt ist, beschließt der Rat einstimmig.

Am Europäischen Rat ist das Amt eines Präsidenten zu schaffen. Dieser soll von den Regierungschefs der Mitgliedsländer aus ihrer Mitte bestimmt werden und leitet in Zukunft die Geschäfte des Europäischen Rates. Amtszeit und genaue Aufgabenverteilung sind Verhandlungssache.

Rollenkarte: Ungarn

Rolle

Sie sind Experte für die Republik Ungarn und als solcher darüber im Klaren, dass Ungarn einer EU beitreten wird, die von den jetzigen Mitgliedern geformt wurde und auch wird. Politisch hat sich für Ungarn seit seinem Beitritt zur NATO 1999 nichts an dem Wunsch geändert, Mitglied der EU zu werden. Eine Ablehnung des Beitritts kommt für Ungarn aber auch aus ökonomischen Gründen nicht in Frage.

Als kleines, ökonomisch noch schwaches Land in der Mitte Europas versucht Ungarn sein Gewicht in Europa möglichst zu vergrössern.

http://europa.eu.int/comm/enlargement/hungary/index.htm

Positionen

Institution

Rat

Positionen

Einstimmigkeitsregelungen stehen Sie keineswegs immer ablehnend gegenüber, da dies die großen Länder dazu zwingt, die kleinen Länder zu respektieren und auf ihre Probleme einzugehen.

Eine Formulierung für Artikel 17 der EU Verfassung könnte deswegen lauten:

1. Der Ministerrat wird gemeinsam mit dem Europäischen Parlament als Gesetzgeber und Haushaltsautorität tätig und nimmt die Aufgaben der Politikfestlegung und Koordinierungsaufgaben nach Maßgabe der Verfassung wahr.
2. Der Ministerrat besteht aus je einem von jedem Mitgliedstaat auf Ministerebene ernannten Vertreter für jede seiner Zusammensetzungen.
3. Soweit in der Verfassung nichts anderes bestimmt ist, beschließt der Rat einstimmig.

ZUSATZMATERIALIEN

Zusatzmaterialien BRD

Parlament

Die Macht der einzig direkt demokratisch legitimierten Institution in der EU wollen Sie erweitern. Dazu könnte ein Initiativrecht des Parlamentes der Schlüssel sein. Darüber hinaus könnten die Kontrollfunktionen des Parlamentes weiter ausgebaut werden.

1. Das Europäische Parlament kann mit der Mehrheit seiner Mitglieder die Kommission auffordern, geeignete Vorschläge zu Fragen zu unterbreiten, die nach seiner Auffassung die Ausarbeitung eines Rechtsaktes der Union zur Durchführung dieser Verfassung erfordern (Initiativrecht).
2. Das Europäische Parlament wählt mit der Mehrheit seiner Mitglieder den Präsidenten der Europäischen Kommission auf der Basis von Vorschlägen des Europäischen Rates und entscheidet über die Zustimmung zur Kommission.

3. Das Europäische Parlament wird von den europäischen Bürgern für eine Amtszeit von fünf Jahren im Rahmen allgemeiner, freier und geheimer Wahlen direkt gewählt. Die Anzahl seiner Mitglieder darf 700 nicht überschreiten. Die europäischen Bürger sind im Parlament degressiv proportional vertreten, wobei eine Mindestanzahl von vier Mitgliedern des Europäischen Parlaments je Mitgliedstaat gilt.
4. Die Mitglieder der Kommission können an allen Sitzungen des Europäischen Parlaments teilnehmen und müssen auf ihren Antrag im Namen der Kommission jederzeit gehört werden.
5. Das Europäische Parlament kann der Europäischen Kommission mit der Mehrheit von zwei Dritteln der abgegebenen Stimmen und mit der Mehrheit seiner Mitglieder das Misstrauen aussprechen.

Kommission

Die »Regierung der EU« könnte zur Verwirklichung eines europäischen Bundesstaates gegenüber den Ländern eine Stärkung vertragen.

1. Die Europäische Kommission wahrt die allgemeinen europäischen Interessen. Sie trägt für die Anwendung der Bestimmungen der Verfassung sowie der von den Organen kraft der Verfassung angenommenen Bestimmungen Sorge. Sie erlässt außerdem delegierte Verordnungen und nimmt Koordinierungs-, Durchführungs- und Verwaltungsaufgaben nach Maßgabe der von der Verfassung festgelegten Bestimmungen wahr. Sie gibt Empfehlungen und Stellungnahmen auf den in dieser Verfassung bezeichneten Gebieten ab, und sie entscheidet nach Maßgabe dieser Verfassung in eigener Zuständigkeit.
2. Soweit in der Verfassung nichts anderes bestimmt ist, kann ein Rechtsakt der Union nur auf Vorschlag der Kommission angenommen werden (Initiativrecht).
3. Die Kommission besteht aus einem Präsidenten, höchstens vier Vizepräsidenten und höchstens vierzehn weiteren Mitgliedern. Ihnen können delegierte Mitglieder der Kommission zur Seite gestellt werden.
4. Die Beschlüsse der Kommission werden mit der Mehrheit ihrer Mitglieder gefasst.
5. Die Kommission übt ihre Tätigkeit in voller Unabhängigkeit aus. Die Mitglieder der Kommission dürfen bei der Erfüllung ihrer Pflichten Anweisungen von einer Regierung oder einer anderen Stelle weder anfordern noch entgegennehmen.

Zusatzmaterialien Vereinigtes Königreich

Parlament

Die Macht der einzig direkt demokratisch legitimierten Institution in der EU kollidiert mit dem Verfassungsprinzip der Parlamentssouveränität. So lange Sie die Möglichkeit haben, Entscheidungen in zentralen Politikbereichen für sich auszusetzen, stehen Sie einer Demokratisierung aber nicht im Wege.

Kommission

Der Rat und der Europäische Rat sind als die zentralen Institutionen für souveränitätsrelevante Politikbereiche einzurichten! Im Zweifel sind EP- und Kommissionsrechte hinten an zu stellen.

Als eines der grossen Länder in der EU müssen Sie darauf achten, auch einen Kommissar in der Kommission stellen zu dürfen. Das Auswahlverfahren für die Kommissionsmitglieder ist dementsprechend auszugestalten.

Sonstiges

Versuchen Sie die Möglichkeit zur Nichtteilnahme an vergemeinschafteten Politikbereichen in der Verfassung zu verankern. Stellen Sie klar, dass Sie aber auch nichts dagegen haben, wenn andere Länder in diesen Bereichen vorangehen und sich hier stärker oder früher zusammenschließen (also die Schaffung der Möglichkeit zu einer Integration mit unterschiedlicher Geschwindigkeit und Intensität), als Ihnen das für Ihr Land möglich erscheint.

Zusatzmaterialien Ungarn

Parlament

Länder in der bestehenden EU15 mit der gleichen Bevölkerungszahl haben mehr Sitze im Parlament als Ungarn: Sie sollen sich, so die Entscheidung in Nizza, mit 20 Sitzen zufrieden geben, während Belgien, Griechenland und Portugal jeweils 22 Sitze haben. Das Prinzip der proportionalen Repräsentation ist hier zu Ihren Ungunsten verletzt worden.

Kommission

Wichtig ist hier der Modus für die Auswahl der Kommissionsmitglieder: Als kleines Land besteht für Sie immer die Gefahr, nicht an den Tisch der Großen gelassen zu werden, die dann die Entscheidungen für Sie schlicht mit treffen. Setzen Sie sich für ein Verfahren ein, das sicherstellt, dass auch die kleinen Länder und die neu hinzu gekommenen Länder immer in der Kommission einen Sitz haben.

Zusatzmaterialien: Verhandlungen – wie geht's?

Die folgenden Strategien können bei den Verhandlungen die Durchsetzung der eigenen Position fördern:
- zeitliches Taktieren, Initiative ergreifen oder sich abwartend verhalten
- um Verständnis werben
- ein angenehmes/unangenehmes Verhandlungsklima schaffen
- Widersprüche aufzeigen
- vom Thema ablenken
- Ausflüchte machen
- Zeitdruck aufbauen («Wir haben nur noch 5 Minuten ...«)

- Suche nach Bündnispartnern
- gegnerische Koalitionen spalten
- Maximalforderungen stellen, um wenigstens Minimalforderungen durchzusetzen
- verschiedene Verhandlungsbereiche zu einem Paket verbinden
- Leistung und Gegenleistung aushandeln (eine Hand wäscht die andere)
- Nebenverhandlungen führen
- geheime Absprachen
- Einzelkontakte zu Meinungsführern suchen
- über die Presse Druck machen (Interviews)
- Verhandlungsleitung zu beeinflussen suchen
- Auszeit zum Recherchieren/Nachdenken fordern
- Verhandlung unter Protest (kurz) verlassen

Quelle: Politik und Unterricht. Internationale Klimapolitik, Heft 1, 1995, 29.

Auswertung

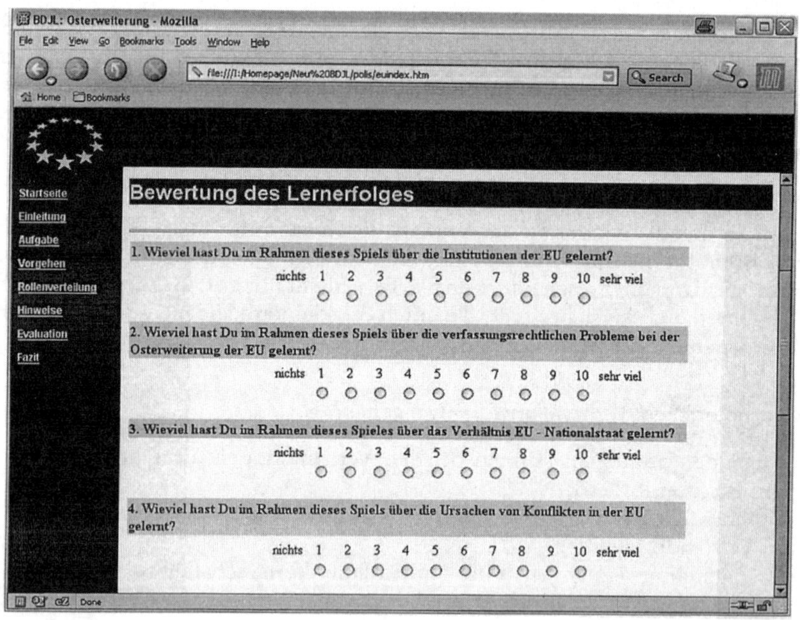

Ein Ausschnitt aus einem Fragebogen, der zur Bewertung des Lernerfolgs eingesetzt werden kann.

Literatur

Decker, Frank 2003: Parlamentarisch, präsidentiell oder semi-präsidentiell? Der Verfassungskonvent ringt um die künftige institutionelle Gestalt Europas, in: APuZ 1-2, 16-23.

Fritzler, Marc/Unser, Günther 1998: Die Europäische Union, Bonn.

Glotz, Peter 2003: Die letzte Chance für ein vereintes Europa. Der Kopenhagener Gipfel in realistischer Perspektive, in: APuZ 1-2, 3-6.

Gros, Jürgen 2002: Deutschland, in: Weidenfeld, W. (Hrsg.), Europahandbuch, Bonn, 99-112.

Informationen zur politischen Bildung 2002: Europäische Union, Heft 213, Bonn.

Inotai, Andreás 2002: Ungarn, in: Weidenfeld, W. (Hrsg.), Europahandbuch, Bonn, 314-321.

Kimmel, Adolf 2000: Die Verfassungen der EU-Mitgliedsstaaten, München.

Klippert, Heinz 1999: Planspiele. Spielvorlagen zum sozialen, politischen und methodischen Lernen in Gruppen, Weinheim und Basel.

Korte, Karl-Rudolf 2002: Deutschland in der EU, in: Weidenfeld, W. / Wessels, W. (Hrsg.), Europa von A-Z, Bonn, 100-105.

Lippert, Barbara 2003: Von Kopenhagen bis Kopenhagen: Eine erste Bilanz der EU-Erweiterungspolitik, in: APuZ 1-2, 7-15.

Massing, Peter 1997: Institutionenkundliches Lernen, in: Sander, Wolfgang (Hrsg.): Handbuch politische Bildung, Schwalbach/Ts, 287-300.

Mildenberger, Markus 2002: Die Europadebatte in Politik und Öffentlichkeit der ostmitteleuropäischen EU-Kandidatenländer, in: APuZ 1-2, 3-10.

Piazolo, Daniel 2002: Entwicklungsunterschiede innerhalb einer erweiterten Union. Herausforderungen und Chancen, in: APuZ 1-2, 11-22.

Präsidium des Europäischen Konvents, Vorentwurf des Verfassungsvertrages, Brüssel, 2002, http://register.consilium.eu.int/pdf/de/02/cv00/00369d2.pdf.

Politik und Unterricht 1995. Internationale Klimapolitik, Heft 1.

Varwick, Johannes 2002: EU-Erweiterung: Stabilitätsexport oder Instabilitätsimport?, in: APuZ 1-2, 23-30.

Wallace, Hellen 2002: Großbritannien, in: Weidenfeld, W. (Hrsg.), Europahandbuch, Bonn, 144-155.

Wessels, Wolfgang 2002: Das politische System der EU, in: Weidenfeld, W. (Hrsg.): Europahandbuch, Bonn, 329-347.

Frank Langner

Quo vadis, Europa?

Europabezogenes Lernen in einer Zukunftswerkstatt

Akzeptanz und Kritik als Ansatzpunkte für die unterrichtliche Behandlung Europas

Die europäische Integration gilt gemeinhin als sperriger Unterrichtsgegenstand, deren Behandlung in der schulischen Praxis vorwiegend auf Textarbeit beruht – und dies, obwohl sich die europäische Einigung mittlerweile in der Alltagserfahrung der Schülerinnen und Schüler niederschlägt (vgl. Münchmeier 2000: 327; Schneekloth 2002: 127) und sie daher eine Vielzahl lebensweltlicher Bezüge aufweist, die der politische Unterricht produktiv aufgreifen kann. Im Folgenden wird entsprechend ein unterrichtlicher Zugang zur europäischen Integration beschrieben, der an die Erfahrungen und Einstellungen der Lernenden anknüpft: einerseits an die zunehmende Kritik hinsichtlich der Europäischen Union, die als Lernanlass dient, und anderseits an die prinzipielle Akzeptanz des europäischen Einigungsgedankens, die als Motivation für die konstruktive Auseinandersetzung mit der Kritik genutzt wird. Den methodischen Rahmen dafür bildet eine Zukunftswerkstatt zur europäischen Einigung.

Die Zukunftswerkstatt im Kontext europabezogenen Lernens

Prinzipiell lässt ich die Zukunftswerkstatt nach Weinbrenner (2000: 214) einsetzen, um »wünschbare, aber auch vorläufig unmögliche Zukünfte zu entwerfen und deren Durchsetzungsmöglichkeiten zu überprüfen.« Die Methode der Zukunftswerkstatt kann damit als »eine Problemlösungsmethode zur Demokratisierung der Gesellschaft und zur Entwicklung von Visionen und Innovationen für eine ›zukunftsfähige‹ Gesellschaftsgestaltung« (ebd.) aufgefasst werden und ist insofern in besonderem Maß geeignet, Vorstellungen über die nähere Zukunft Europas bis hin zur »Finalität der europäischen Integration« (Fischer 2000) zu gewinnen. Zugleich erschließt sich damit für die Schülerinnen und Schüler exemplarisch ein Wissensbereich, der in der Politik, der Wissenschaft und in den Bildungsinstitutionen angesichts der Konzentration auf die »Mühen der Ebene« (Gerhard Schröder) zunehmend aus dem Blick gerät: das Zukunftswissen (zur fachdidaktischen Diskussion vgl. Weinbrenner 1997). Rolff (1992: 292) verweist auf die Bedeutung, die der Schule in diesem Zusammenhang zukommt: »Die Rückeroberung des Zukunftsglaubens ist zweifellos eine Aufgabe, die die Möglichkeiten der Schule überschreitet. Es handelt sich um eine Aufgabe, die nur der Staat und alle gesellschaftlichen Gruppen zusammen bewältigen können. Der Schule fällt dabei die Aufgabe zu, die Jugendlichen mit dem notwendigen Zukunftswissen auszustatten, das sie befähigt, an dieser gewaltigen Gestaltungsaufgabe mitzuwirken«.

Den Ausgangspunkt der Entwürfe für die Zukunft Europas bilden die unterschiedlichen Kritikpunkte an der aktuellen Situation der Europäischen Union, die von den Schülerinnen und Schülern vorgebracht werden. Diese Kritikpunkte werden im Verlauf der Zukunftswerkstatt konstruktiv gewendet und dem Anspruch einer Werkstatt entsprechend gedanklich, verbal und handwerklich bearbeitet. Nach Jungk/Müllert (1989: 17) besteht dabei das Ziel, »jeden interessierten Bürger in die Entscheidungsfindung mit einzubeziehen, die sonst nur Politikern, Experten und Planern vorbehalten ist«. Dieser Anspruch stammt aus der außerschulischen Emanzipationsbewegung der 70er-Jahre und lässt sich bezogen auf den Lerninhalt »europäische Integration« nur in abgeschwächter Form einlösen. Da es den Schülerinnen und Schülern kaum möglich ist, unmittelbar auf europapolitische Entscheidungen Einfluss zu nehmen, geht es im Zusammenhang mit der europäischen Integration vor allem um die Formulierung eigener Zukunftsvorstellungen und die Entwicklung eigener Beiträge zur kritischen Prüfung oder Realisierung dieser Zukünfte. Hier kommen neben politisch-ökonomischen Überlegungen und Projekten vor allem auch Beiträge zur Überwindung sozialpsychologischer oder kulturell-historischer Hemmnisse der europäischen Einigung in Betracht.

Die Idee, die hinter dem Werkstattansatz im Kontext des europabezogenen Lernens steht, ist, die Schülerinnen und Schüler aktiv am Bau des Hauses Europa zu beteiligen. Anders als die alternativ denkbare Analyse bestehender Zukunftsentwürfe, wie sie mittlerweile von nahezu allen europäischen Politikern vorliegen (vgl. www.europa-reden.de), setzt die Werkstattarbeit an der Wahrnehmung der Schülerinnen und Schüler an und fordert von ihnen einen konkreten Beitrag zur Integration Europas. Europa wird so aus der Sphäre des Unerreichbaren geholt und zu einer Sache der Schülerinnen und Schüler gemacht, die verhandelt, hinterfragt und gestaltet werden kann. Europa bzw. die Europäische Union wird mit Leben gefüllt und den Lernenden die Gelegenheit gegeben, sich auf Europa einzulassen. »Das Erfordert die Herausbildung einer politischen Selbstdefinition als Bürger Europas (im Englischen als European citizenship diskutiert). Eine solche politische Selbstdefinition wird sich [jedoch] nicht auf die institutionelle Grundlegung der Europäischen Union beschränken können, sondern muss einen Zusammenhang der Bevölkerung in diesem politisch definierten und wirtschaftlich ausgefüllten Raum spürbar werden lassen. Ein solcher Zusammenhang ist schwerlich als Wahrnehmung gemeinsamer wirtschaftlicher Interessen realisierbar; hinzukommen muss eine emotionale Dimension, die eine Zusammengehörigkeit sinnvoll erscheinen lässt« (Nieke 1999: 282).

Gerade in diesem Punkt liegt die Stärke der Zukunftswerkstatt: Auf Grund der Berücksichtigung der Vorerfahrungen und des produktiven Umgangs mit dem Lerngegenstand Europa erlangt dieser Gegenstand einen affektiven Bedeutungszuwachs, der neben der Unterstützung der Selbstdefinition als Bürger Europas zudem lernförderlich ist, da »Emotionalität auch die kognitive Verarbeitung von Inhalten beeinflusst. Kognition und Emotionalität lassen sich zwar analytisch trennen und auch neurophysiologisch unterscheiden, aber praktisch lässt sich kaum eine Kognition ohne emotionale Verankerung und kaum eine Emotion ohne gedankliche Operation feststellen« (Siebert 1999: 28). Diesem Umstand trägt die Zukunftswerkstatt durch ihre formale Struktur Rechnung, die eine »Integration von intuitiv-emotionalem und rational-analytischem Lernen« (Weinbrenner/Häcker 1991:119) impliziert.

Struktur und Ablauf einer Zukunftswerkstatt

Die Arbeit in einer Zukunftswerkstatt zeichnet sich bei aller thematischen Offenheit und teilnehmerbezogenen Flexibilität durch ein formales Strukturmodell mit einem klaren Regelwerk aus. Wie der Abbildung 1 zu entnehmen ist, umfasst eine Zukunftswerkstatt einen Kernbereich mit drei Phasen, der von einer vorbereitenden und einer nachbereitenden Phase eingerahmt wird.

Für das Gelingen der Werkstattarbeit ist das strikte Einhalten der durch das Strukturmodell vorgegeben Arbeitsschritte von Bedeutung, da es sonst, z. B. bei einer Vermischung von Phantasie- und Verwirklichungsphase, schnell zu Entmutigungen und in letzter Konsequenz zu einem vorzeitigen Abbruch des Kreativitätsprozesses kommen kann. Eine detaillierte Beschreibung der einzelnen Arbeitsschritte findet sich in dem Methodenleitfaden

Abb. 1: Das Strukturmodell einer Zukunftswerkstatt

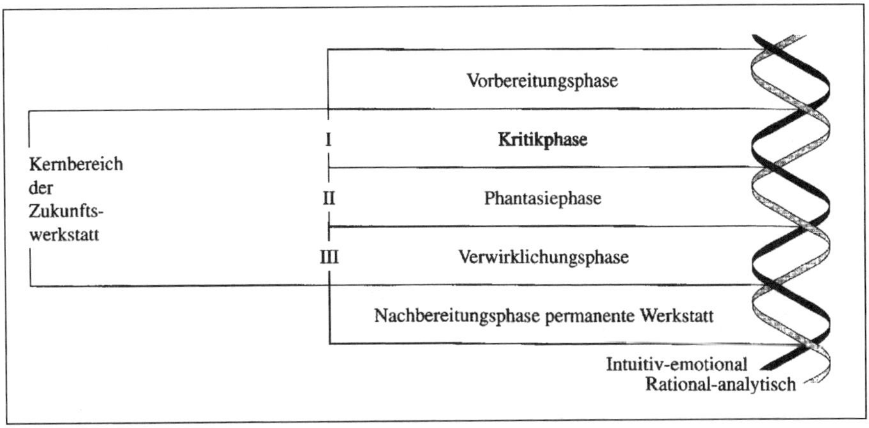

Quelle: Jungk/Müllert (1989: 221).

(s. Kasten), so dass an dieser Stelle eine ausführliche Schilderung des theoretischen Ablaufs unterbleiben kann (für eine prägnante Übersicht vgl. auch: Gugel 1998; Mickel 2003; Schappert 1999; Weinbrenner/Hacker 1991; Weinbrenner 2000). Hervorzuheben ist aber, dass der Methodenleitfaden keinen Modellcharakter beansprucht und daher Variationen zulässt, die sich allerdings an den Grundprinzipien der pädagogischen Werkstattarbeit zu orientieren haben. Nach Pallasch (vgl. 2000: 149) sind folgende Grundsätze zu beachten:

1. Das Partizipationsprinzip, nachdem alle Teilnehmer zu jeder Zeit die Möglichkeit haben, Einfluss auf den Verlauf und das Ergebnis zu nehmen;
2. das Strukturierungsprinzip, wonach der Arbeits- und Lernprozess einer bestimmten methodisch-didaktischen Abfolge (vgl. Abb. 1) unter Berücksichtigung lerntheoretischer Kriterien unterliegt;
3. das Ganzheitsprinzip, das eine Berücksichtigung möglichst aller Lerntypen sowie das aktive Einbeziehen des Individuums wie auch der Gesamtgruppe einfordert, um das kreative Potenzial optimal zu nutzen;
4. das Balanceprinzip zwischen Prozess und Ergebnis, wobei das Ergebnis nicht nur das nach außen sichtbare oder vorzeigbare Resultat meint, sondern auch den durch den Arbeits- und Lernprozess gewonnenen (Erkenntnis-) Gewinn für den Einzelnen und die Gruppe.

Sowohl das Partizipations- wie auch das Balanceprinzip heben den handlungsorientierten Charakter des Werkstattansatzes hervor, der zwei Aspekte beinhaltet: Einerseits den »Innenaspekt: Schülerinnen und Schüler handeln im Politikunterricht. Sie sind aktiv am Unterrichtsgeschehen beteiligt und gestalten den Unterricht mit. Dabei erlernen sie gleichzeitig die dafür notwendigen analytischen, problemlösenden, sozialen und kommunikativen Fähigkeiten und Fertigkeiten. [Und andererseits den, . . .] Außenaspekt: Schülerinnen und Schüler erwerben über handlungsorientierte Methoden Fähigkeiten und Kompetenzen, die ihnen späteres Handeln in Gesellschaft und Politik, d. h. die kompetente Wahrnehmung unterschiedlicher Bürgerrollen erleichtern« (Massing 1998 a: 151).

Die Zukunftswerkstatt zur europäischen Integration – eine Werkstattskizze

Die im Folgenden näher beschriebene Zukunftswerkstatt fand im Mai 2003 unter der Überschrift »Quo vadis, Europa? Zur Zukunft der europäischen Integration« mit 25 Schülerinnen und Schülern der Jahrgangsstufe 11 des Wüllenweber-Gymnasiums in Bergneustadt statt. Die Werkstatt war auf zwei ganze Tage ausgerichtet und nicht an den üblichen Unterrichtsrhythmus gebunden. Pausen konnten dem Verlauf der Arbeitsphasen entsprechend eingelegt werden. Der Arbeitsprozess der Werkstatt orientierte sich im Wesentlichen an der Abfolge des Methodenleitfadens; abgewichen wurde nur in begründeten Ausnahmefällen, wenn die konkrete Situation dies sinnvoll erscheinen ließ.

Durchgeführt wurde die Zukunftswerkstatt in dem Fachraum Sozialwissenschaften, in dem Tische für fünf Kleingruppen halbkreisförmig angeordnet waren, so dass die Raummitte frei blieb. Moderationsmaterialien wie farbige Papierblöcke, DIN A1-Plakate, Karteikarten, bunte Filzschreiber, Scheren, Klebepunkte und Klebeband lagen in ausreichender Anzahl bereit. Außerdem waren zehn Laptops mit einer Funkverbindung ins Internet verfügbar.

Allgemeiner Methodenleitfaden

Jede Werkstatt beginnt mit einer Vorbereitungsphase, in der das Thema fixiert, der Werkstattort hergerichtet (u. a. Bereitstellung von Materialien) und die Arbeitsweise in der Werkstatt erläutert wird. In der Einführungsphase ist es besonders wichtig, den Charakter der Werkstatt herauszuheben, damit die »neuen Lernformen« in den Blick geraten: gefragt sind subjektive Bestandsaufnahmen, spielerisches Erproben, Simulieren, produktorientiertes Arbeiten, kurzum: Kreativität.

Wenn die organisatorischen Vorbereitungen abgeschlossen sind, beginnt die eigentliche Werkstattarbeit – der Kernbereich – in drei aufeinander folgenden Phasen: *1. Beschwerde- und Kritikphase – 2. Phantasie- und Utopiephase – 3. Verwirklichungsphase.*

Das »systematische« Voranschreiten von Phase zu Phase – unter Berücksichtigung eines vorgegebenen Regelwerkes – kennzeichnet die besondere Arbeitsweise in der Werkstatt.

I. Beschwerde- und Kritikphase

Ausgangspunkt für den Einstieg in die Thematik ist eine in der Regel provokante politische Fragestellung/Feststellung: z. B.: »Die europäische Integration ist zur vollsten Zufriedenheit aller Bürger der EU vollendet.« Die Abfolge dieser Phase ist so denkbar:

1. Was stört mich an der Aussage? Stichwortsammlung auf Papierbögen oder DIN A4-Blättern.
2. Stichworte werden rubriziert.
3. Im Plenum werden die Beispiele – nach Bedarf – erläutert. Eine Verständigungsdiskussion zu den einzelnen Punkten in den Rubriken wird ermöglicht.
4. Zu den einzelnen Punkten/Stichworten erhalten Kleingruppen den Auftrag, Aussagen zu formulieren, die die Kritik deutlicher bündeln.
5. Im Plenum werden die Aussagen – wenn nötig – andiskutiert: Verständigungsdiskussion.

Für die Kritik- und Beschwerdephase gilt als Regel für die Dauer der Phase: *Diskussionsverzicht – Kritik nur in Stichworten – Visualisierung aller Äußerungen.*

II. Phantasie- und Utopiephase

Mit der Überleitung in die Phantasiephase geht es um das Querdenken des Themas. In einer Art Brainstorming werden positive Vorschläge gemacht, die geeignet sein können, den kritisierten Zustand zu verändern. Es gelten auch weiterhin die formal vereinbarten Regeln: *Keine Kritik am Vorgebrachten – freies Gedankenspiel – phantasievoll – positiv-freie Präsentation – Themenbezug.* Folgende Schritte sind möglich:

1. Kleingruppen formulieren die Negativaussagen positiv um und stellen die Aussagen im Plenum vor.
2. Die positiven Aussagen werden mit Ideen, Wünschen, Anregungen angereichert und erweitert. Spannendes und Neues werden festgehalten.
3. Es erfolgt eine Punktvergabe für die »neuen Ideen«: Phantasiethemenkreise.
4. Hochgepunktetes wird zum Ausgangspunkt für Utopie, Phantasie, Vision: Kleingruppen entwickeln ihre Utopie: »Ich wünsche mir in Bezug auf. . .«
5. Vorstellung erfolgt im Plenum: alle Formen der Präsentation sind möglich – u. a. Rollenspiel, Collage, Standbild u. a. m.
6. Faszinierendes wird festgehalten und auf Blätter geschrieben.
7. Die Blätter werden zu Sinngruppen verdichtet.
8. Durch Punktvergabe wird aus dem Faszinierenden ausgewählt.

III. Verwirklichungs- und Praxisphase

Auch für diese Phase gilt es Regeln zu beachten: um den schwierigen Übergang von der Phantasie zur Konkretion zu leisten, müssen Brücken zur Realität geschlagen werden. Als Leitfrage bietet sich an: »Wie kann mein Beitrag/der Beitrag meiner Gruppe gestaltet sein, um den Visionen zur europäischen Integration aus der Phantasie- und Utopiephase ›näher zu kommen‹ oder ihre Realisierbarkeit zu überprüfen?« Schritte dieser Phase können sein:

1. Die Schüler/innen finden Näherungen für Ausgewähltes.
2. In Kleingruppen werden Projekte zu den einzelnen Punkten entwickelt: Zur Konkretisierung der kleinen Projekte systematisiert eine Wandzeitung die Schrittigkeit eines möglichen Projektes: Titel. Was? Wie? Wer mit wem? Wo? Wann: konkreter Zeitablauf. Dabei ggf. Rückgriff auf das Rotationsgruppenverfahren: Zwischenzeitlich werden die Kleingruppen aufgelöst, um in neuen Gruppen den Zwischenstand der Planungen zu diskutieren. Die dabei aufkommenden Hinweise können anschließend von den Ursprungsgruppen, die sich erneut zusammensetzen, berücksichtigt werden. Vorstellung der Projekte im Plenum – zum Beispiel thematisch geordnet: kulturelle Barrieren beseitigen; Unwissenheit über Europa aufklären; Desinteresse an Europa überwinden u. a. m.
3. Im Plenum werden die Projekte geprüft und Anregungen sowie Ergänzungen diskutiert.
4. Die Projekte werden verdichtet, der Organisationsmodus wird jeweils geklärt.

Quelle: Reinders/Schulz (1994: 168 f.), verändert.

Die Werkstattarbeit begann mit der Vorstellung der Methode. Dazu haben die Schülerinnen und Schüler den nebenstehenden Methodenleitfaden mit der Aufforderung erhalten, diesen daraufhin zu untersuchen, worin sich der methodische Ablauf einer Zukunftswerkstatt von dem herkömmlichen Unterricht unterscheidet. Die Besprechung der Ergebnisse verdeutlichte den teilnehmenden Schülerinnen und Schülern die methodische Struktur und mündete in einen wichtigen Klärungsprozess bezüglich der Phantasie- und Utopiephase. Die Diskussion entzündete sich an dem Vorschlag, die Resultate auch in Form von Rollenspielen, Standbildern o. Ä. zu präsentieren. Die Schülerinnen und Schüler empfanden diesen Vorschlag als ungewöhnlich und der methodischen Gestaltung in der Sekundarstufe II unangemessen, ließen sich aber nach einer ausführlichen Erläuterung der Beweggründe für diese Anregung auf den Vorschlag ein (dies auch deshalb, weil der Präsentationsmodus freigestellt war).

Anschließend gab der Moderator eine kurze Einführung in das Thema der Zukunftswerkstatt und leitet mit der nachstehenden provokanten Fest-

Die Zwischenergebnisse der Gruppenarbeit werden im Plenum allen Teilnehmer/innen vorgetragen und diskutiert. Foto: Frank Langner

stellung die Beschwerde- und Kritikphase ein: »Seit dem 1. 11. 1993 besitzt jeder Staatsangehörige eines Mitgliedsstaates der Europäischen Union die so genannte Unionsstaatsbürgerschaft. Diese ist Ausdruck der mittlerweile (weitgehend) gelungenen Integration Europas.« Wie erwartet äußerten die Schülerinnen und Schüler sofort spontane Kritik an der Behauptung, die auf Drängen des Moderators durch jede einzelne Schülerin und jeden einzelnen Schüler auf DIN A4-Blättern fixiert wurde. Diese Sammlung von ungeordneten Kritikpunkten bot den Anlass für einen intensiven Austausch, während dessen die Kritik präzisiert und systematisiert wurde. Die intuitiv-emotionale Vorgehensweise ist damit einer streng rational-analytischen Auseinandersetzung gewichen. Im Ergebnis führte diese Diskussion zu einer Klassifikation von Gründen, die gegenwärtig gegen eine gelungene Integration sprechen. Benannt haben die Schülerinnen und Schüler

- sozial-psychologische Hemmnisse wie Vorurteile oder dominierende Nationalidentitäten,
- politisch-ökonomische Hemmnisse wie divergierende nationale Auffassungen zur Politik, ein undemokratisches Institutionengefüge und eine ungleiche Wirtschaftskraft innerhalb der EU sowie

- kulturell-historische Hemmnisse wie Sprachbarrieren oder das Konkurrenzdenken zwischen Angehörigen unterschiedlicher Nationalitäten auf Grund historischer Erfahrungen.

Nach diesen Rubriken geordnet wurden die beschriebenen DIN A4-Blätter auf die freie Bodenfläche in der Raummitte geklebt, so dass die artikulierte Kritik für alle Teilnehmerinnen und Teilnehmer der Zukunftswerkstatt gut sichtbar war.

Auf der Grundlage dieser Übersicht ging es in der Phantasie- und Utopiephase darum, die geäußerten Integrationshemmnisse ins Positive zu wenden und Vorschläge zu entwickeln, wie die Integrationshemmnisse überwunden werden können. Dazu hat der Moderator den Schülerinnen und Schülern in einem ersten Schritt den nachstehenden Satzanfang mit der Bitte vorgegeben, diesen so zu vervollständigen, dass die erarbeitete Kritik in gebündelter Form Berücksichtigung findet. Der Satzanfang lautete: »Eine (weitgehend) gelungene europäische Integration setzt aus unserer Sicht voraus, dass . . .« Die Schülerinnen und Schüler haben diesen letztendlich durch folgende Formulierungen ergänzt:

- »ein gemeinsames Selbstverständnis (bei gleichzeitiger Vielfalt) besteht,
- Unterschiedlichkeit akzeptiert wird,
- Demokratie herrscht,
- wirtschaftlicher Wohlstand hergestellt ist,
- Freiheit und Mobilität garantiert sind.«

Erstaunlich ist, wie nah diese Aspekte den Handlungsfeldern zur europäischen Integration kommen, die in der Politikwissenschaft (vgl. etwa Weidenfeld 2002: 24) und der politischen Öffentlichkeit (vgl. Pfetsch 2001: 255–308) diskutiert werden und die unter dem Schlagwort der »Vertiefung der Europäischen Union« firmieren. Auch wenn die Schülerinnen und Schüler nicht alle Handlungsfelder thematisiert haben, dokumentiert dieses Ergebnis die Leistungsfähigkeit der Werkstattmethode.

In einem weiteren Schritt haben die Schülerinnen und Schüler jeweils einen der ersten vier Merkmale einer gelungenen Integration aufgegriffen und in Kleingruppen ihrer Phantasie und Kreativität freien Lauf gelassen, um die Merkmale mit Inhalt zu füllen. Dabei entstanden fünf Visionen für die Zukunft Europas, die sich schlagwortartig wie folgt benennen lassen:

- »Europa der Menschen« (präsentiert als szenisches Spiel),
- »vorurteilsfreies Europa« (präsentiert als Wandplakat),
- »Europa der Vielfalt« (präsentiert als literarischer Reisebericht),
- »demokratisches Europa« (präsentiert mithilfe einer Europa-Charta),
- »reiches Europa« (präsentiert in Form eines Armutsberichts auf einem Plakat).

Abb. 2: Skizze der Zukunftswerkstatt »Quo vadis, Europa?«

Werkstattskizze »Quo vadis, Europa? Zur Zukunft der europäischen Integration«

Beschwerde- und Kritikphase

Provokation:

Seit dem 1.11.93 besitzt jeder Staatsangehörige eines Mitgliedsstaates der Europäischen Union die sogenannte Unionsstaatsbürgerschaft. Diese ist Ausdruck der mittlerweile (weitgehend) gelungenen **Integration Europas.**

Widerspruch:

Gegen eine (weitgehend) gelungene Integration sprechen derzeit ...

... sozial-psychologische Hemmnisse:	**... politisch-ökonomische** Hemmnisse:	**... kulturell-historische** Hemmnisse:
• Vorurteile, Ausländerfeindlichkeit • dominierende Nationalidentitäten • Angst vor Kulturverlust • Desinteresse an, Unwissenheit über Europa • negative Einstellung zu europäischen Projekten wie dem Euro • mangelndes Vertrauen in europäische Institutionen	• unterschiedliche nationale Auffassungen zur Politik • keine einheitliche Außen- und Sicherheitspolitik • undemokratisches Institutionengefüge, v.a. geringe Bedeutung des Europaparlaments • unterschiedliche Wirtschaftskraft • ...	• Sprachbarrieren (und ihre Auswirkung auf eine europäische Öffentlichkeit) • Konkurrenzdenken zwischen Nationalitäten aufgrund historischer Erfahrungen (z.B. Deutschland - Frankreich) • soziale Differenzen wie unterschiedliche Lebensgewohnheiten, verschiedene Mentalitäten • musikalische und sportliche Konkurrenz

Phantasie- und Utopiephase

Konstruktive Wende:

Eine (weitgehend) gelungene europäische Integration **setzt aus unserer Sicht** voraus, dass ...

- ein gemeinsames Selbstverständnis (bei gleichzeitiger Vielfalt besteht),
- Unterschiedlichleit akzeptiert wird,
- Demokratie herrscht,
- wirtschaftlicher Wohlstand hergestellt ist,
- Freiheit und Mobilität garantiert sind.

Entwicklung von Utopien:

Ein vereintes Europa, dessen Integration als (weitgehend) gelungen gelten kann, **wünschen wir uns** als ...

- »Europa der Menschen« (präsentiert als szenisches Spiel),
- »vorurteilsfreies Europa« (präsentiert als Wandplakat),
- »Europa der Vielfalt« (präsentiert als literarischer Reisebericht),
- »demokratisches Europa« (präsentiert mithilfe einer Europa-Charta),
- »reiches Europa« (präsentiert in Form eines Armutsberichts).

Verwirklichungs- und Praxisphase

Praktisches Tun:

Die **Planungen** zu folgenden Maßnahmen beschreiben Aktivitäten, mit denen wir einen Beitrag leisten, um
- ein vereintes Europa, dessen Integration als (weitgehend) gelungen gelten kann, zu realisieren oder
- die Realisierbarkeit unserer Utopien zu überprüfen:

- Raumschiff Europa? Eine Exkursion nach Brüssel
- Bereitschaft zu Europa? Ein empirischer Vergleich zwischen Jung und Alt zu den Motiven der europäischen Integration
- Vorurteile oder kulturelle Akzeptanz? Eine Ausstellung zu den Kulturen Europas
- Esperanto als kommunikatives Mittel der europäischen Zukunft? Ein Seminar zu kulturellen, sozialen und politischen Überlegungen zur Realisierbarkeit
- Demokratie in Europa? Eine Expertenanhörung mit einem Abgeordneten des Europäischen Parlaments

Jede dieser Visionen hat jeweils einen zentralen Aspekt in den Vordergrund gestellt und in verschiedene Richtungen hin ausgeführt. So war in der Europa-Charta, die ein »demokratisches Europa« begründen sollte, nicht nur von institutionellen Regelungen wie einem starken Parlament die Rede, das im Sinne einer Gewaltenteilung europäische Gesetze erlässt, sondern auch von der Verpflichtung eines jeden Bürgers, sich aktiv an der politischen Auseinandersetzung um Europa zu beteiligen und sich über die europäischen Strukturen und Entscheidungsfragen zu informieren. Zugleich wurde eine einheitliche Regierung für Europa (bzw. die Europäische Union) gefordert, die für ihr Regierungshandeln durch Ab- oder Wiederwahl zur Rechenschaft gezogen werden kann. Insbesondere der letzte Punkt verdeutlicht exemplarisch, wie utopisch die einzelnen Zukunftsentwürfe der Schülerinnen und Schüler gemessen an der derzeitigen Realität sind. Zugleich wird aber auch ihr kontroverser Gehalt deutlich: Ob Europas Geschicke tatsächlich von einer europäischen Zentralregierung aus maßgeblich (mit-) bestimmt werden sollen, ist politisch überaus umstritten.

Nicht verwunderlich ist, dass drei von fünf Gruppen sich eher der sozialpsychologischen Dimension der europäischen Integration zugewendet und Fragen des kulturellen Pluralismus, der Wirkung von Vorurteilen sowie der individuellen Einstellung zu Europa aufgegriffen haben. Schließlich ist die Wahrnehmung Europas der Schülerinnen und Schüler maßgeblich von diesen Fragen geprägt, weshalb die Zukunftswerkstatt gerade auch an diesen Punkten ansetzt. Das Beispiel der Vision von einem »demokratischen Europa« kann allerdings als Beleg für den Facettenreichtum der Ergebnisse einer Zukunftswerkstatt gelten, der neben fachübergreifenden Aspekten auch originär politische Gesichtspunkte in den Blick rückt.

Die Intensität des Arbeitsprozesses und die sich verselbstständigende Dynamik in einer Zukunftswerkstatt haben dazu geführt, dass die Schülerinnen und Schüler ihre Visionen methodisch variantenreich präsentiert haben. Zwar ist nur eine Gruppe von einer schriftlichen Fixierung ihres Zukunftsentwurfes abgewichen, die schriftlichen Dokumentationen wiesen aber einen erfreulichen Grad an Unterschiedlichkeit auf.

In der letzen Phase, der Verwirklichungs- und Praxisphase, musste die Rückkehr in die Wirklichkeit vollzogen werden. Es galt, Maßnahmen zu planen, mit denen die Schülerinnen und Schüler einen konkreten Beitrag zur Realisierung ihrer Visionen oder zur Überprüfung der Realisierbarkeit leisten können. Die konkrete Ausarbeitung der Planungen erfolgte nach dem Rotationsgruppenverfahren (vgl. Methodenleitfaden); zur Informationsbeschaffung griffen die einzelnen Gruppen über die bereitgestellten Laptops auf das Internet zu.

Am Ende dieser Phase haben die Schülerinnen und Schüler die Planungen für die folgenden fünf Projekte aufgestellt:

- Raumschiff Europa? Eine Exkursion nach Brüssel
- Bereitschaft zu Europa? Ein empirischer Vergleich zwischen Jung und Alt zu den Motiven der europäischen Integration
- Vorurteile oder kulturelle Akzeptanz? Eine Ausstellung zu den Kulturen Europas
- Esperanto als kommunikatives Mittel der europäischen Zukunft? Ein Seminar zu kulturellen, sozialen und politischen Überlegungen zur Realisierbarkeit
- Demokratie in Europa? Eine Expertenanhörung mit einem Abgeordneten des Europäischen Parlaments

Das breite Spektrum dieser Projekte dokumentiert einmal mehr, wie kreativ Schülerinnen und Schüler auch realistische Vorhaben ersinnen können. Zudem wird das Interesse der Schülerrinnen und Schülern an einer vertieften Auseinandersetzung mit der europäischen Integration deutlich. Beispielsweise sieht die Planung der Expertenanhörung auch eine intensive Beschäftigung mit den institutionellen Grundlagen des europäischen Parlaments vor. Und das Esperanto-Seminar beinhaltet u. a. die Analyse der theoretischen Auswirkungen einer gemeinsamen Sprache auf die Entstehung einer europäischen Öffentlichkeit. Das geweckte Interesse lässt sich überdies an dem Wunsch der Werkstattteilnehmerinnen und -teilnehmer erkennen, die gemeinsame Arbeit fortzusetzen: Die verschiedenen Projektplanungen wurden von den Schülerinnen und Schülern zum Anlass genommen, eine Weiterführung der Zukunftswerkstatt mit dem Ziel der Projektentwicklung und -durchführung anzuregen (vgl. dazu die Idee der »permanenten Zukunftswerkstatt« nach Weinbrenner 2000: 216).

Das gesteigerte Engagement der Mitwirkenden an der Zukunftswerkstatt schlug sich in der Nachbereitungsphase auch in der Beurteilung der Werkstattarbeit nieder. Als Evaluationsinstrument wurde ein Stimmungsbarometer (in Form einer Zielscheibe) eingesetzt, das die Schülerinnen und Schüler nutzen konnten, um ihre Bewertung des Werkstattverlaufs gegliedert nach den Rubriken Methode, Thema, Werkstattprodukte, Erkenntniszuwachs, Klima und Organisation mittels Klebepunkten mitzuteilen. Auffällig an der Bewertung der Schülerinnen und Schüler war insbesondere die hohe Zustimmung zur Themenwahl: Obwohl viele Schülerinnen und Schüler den Unterrichtsgegenstand Europa als »trocken« empfinden, hat mehr als die Hälfte der Werkstattteilnehmerinnen und -teilnehmer die Themenwahl als gut bezeichnet – ein Ergebnis, das sicher in dem gewählten Lernweg begründet ist.

Nachhaltiges Lernen in einer Zukunftswerkstatt

Bemerkenswert war ferner die hohe Einschätzung hinsichtlich des Erkenntniszuwachses, was die Frage nahe legt, inwieweit eine Zukunftswerkstatt effektives europabezogenes Lernen ermöglicht. Diese Frage stellt sich vor allem deshalb, weil sich eine Zukunftswerkstatt durch »ihren komplexen, situativen und daher fächerübergreifenden Charakter [. . .] schwer in ein fachliches Lernkonzept mit vorgegeben Inhalten und Notwendigkeiten von Leistungskontrollen integrieren« (Weinbrenner/Häcker 1991: 142) lässt. Am Ende einer Zukunftswerkstatt verfügen Schülerinnen und Schüler wahrscheinlich über weniger abprüfbares Wissen als am Ende eines konventionellen Unterrichtsarrangements. Dennoch kommt der Zukunftswerkstatt aus unterschiedlichen Gründen ein fester Platz im Ensemble der europabezogenen Lernwege zu. Neben der Bedeutung des in einer Zukunftswerkstatt generierten Zukunftswissens, auf die im zweiten Abschnitt bereits eingegangen wurde, sind vor allem lernpsychologische Gründe dafür ausschlaggebend. Denn als handlungsorientierte Methode fördert die Zukunftswerkstatt nicht nur in besonderer Weise auf den Unterricht und die Wahrnehmung von kompetenten Bürgerrollen bezogene Fähigkeiten und Kompetenzen, wie im dritten Abschnitt dargelegt, sondern führt zu einer nachhaltigen Sicherung des Gelernten, indem sie an Vorerfahrungen und Einstellungen der Schülerinnen und Schüler anknüpft und diese mit neuen Wissensinhalten verknüpft. Denn »Lernen [. . .] ist selten ein völliges Neulernen, sondern meist ein ›Anschlusslernen‹. Lernen heißt nicht lediglich neues Wissen erwerben, sondern kognitive Strukturen, vorhandene Wissensnetze erweitern« (Siebert 1999: 87). Noch eindringlicher hebt diesen Aspekt Spitzer (2002: 416) hervor: »Es geht darum, dass die Schüler das Gelernte mit ihren eigenen Erfahrungen verbinden müssen. Dies ist keine ›Kann-Bestimmung‹, nach dem Motto: Wenn möglich, sollte auch noch darauf (wie auf vieles andere auch) geachtet werden. Nein, wenn der Schüler es nicht schafft, die Inhalte, um die es in der Schule geht, mit seiner ganz individuellen Lebenserfahrung in Verbindung zu bringen, wird er letztlich nichts lernen. Vielleicht werden ein paar ›Leerformeln‹ hängen bleiben, mit großem Aufwand, und ohne jede Wirkung auf Verhalten«.

Bezogen auf die unterrichtliche Auseinandersetzung mit dem Lerngegenstand Europa bedeutet dies: Ein nachhaltiger Lernerfolg wird sich vor allem dann einstellen, wenn die europabezogenen Lerninhalte mit den Alltagserfahrungen der Schülerinnen und Schüler verknüpft werden. Und genau dies geschieht in idealtypischer Weise in einer Zukunftswerkstatt. Zudem weitet sie systematisch die kognitive Struktur der Schülerinnen und

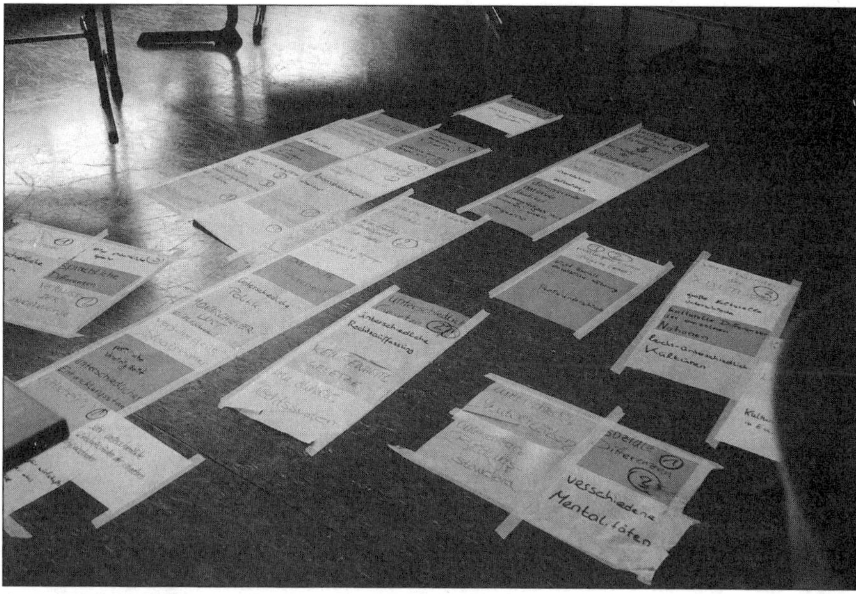

Auslage der Zwischenergebnisse auf dem Fußboden. Foto: Frank Langner

Schüler und gestattet so effektives Anschlusslernen. Im Falle der Schülerinnen und Schüler, die an der oben beschriebenen Zukunftswerkstatt »Quo vadis, Europa?« teilgenommen haben, ließen sich nach der Werkstattarbeit eine Fülle von Fragen zu den Motiven der europäischen Integration, zu dem institutionellen und strukturellen Demokratiedefizit sowie zu den divergierenden Zukunftsvorstellungen aus der öffentlichen Debatte sinnvoll thematisieren.

Zusätzlich gesteigert wird die Nachhaltigkeit des Lernprozesses im Rahmen einer Zukunftswerkstatt durch die Berücksichtigung unterschiedlicher Lerntypen. Schließlich kann nur eine Minderheit der Schülerinnen und Schüler »zu den ›verbal-abstrakten‹ Lernern gerechnet werden, die den dargebotenen Lernstoff rasch und wirksam aufnehmen und mit der entsprechenden Konzentration einspeichern. Die Mehrzahl zählt zu dem ›anschaulich-praktischen‹ Lerntypus, der einen möglichst aktiven und erfahrungsbetonten Arbeitsprozess braucht, um nachhaltig lernen zu können. Für einen solchen Lernprozess sprechen auch Ergebnisse der Kommunikationsforschung, nach denen die Menschen von dem, was sie selber tun und bewusst formulieren, weit mehr behalten als von dem, was sie lesen oder hören« (Massing 1998 b: 10).

Zusammenfassend lässt sich festhalten: Das methodische Arrangement einer Zukunftswerkstatt knüpft an die Vorerfahrungen der Lerner an, berücksichtigt die emotionale Dimension des Lernens und unterstützt die Erweiterung vorhandener Wissensnetze, es bringt Zukunftswissen hervor, fördert den Erwerb von zentralen Fähigkeiten und Kompetenzen und trägt den unterschiedlichen Lerntypen Rechnung. Insgesamt handelt es sich also um ein Konzept, dessen Einsatz sich lohnt.

Literaturhinweise

Fischer, Joschka 2000: Vom Staatenverbund zur Föderation – Gedanken über die Finalität der europäischen Integration, Rede in der Humboldt-Universität in Berlin vom 12. Mai 2000.

Gugel, Günter 1998: Methoden-Manual II: »Neues Lernen«. Tausend Praxisvorschläge für Schule und Lehrerbildung, Weinheim/Basel.

Jungk, Robert/Müllert, Norbert R. 1989: Zukunftswerkstätten – Mit Phantasie gegen Routine und Resignation, überarb. u. akt. Neuausg., München.

Massing, Peter 1998 a: Lassen sich durch handlungsorientierten Politikunterricht Einsichten in das Politische gewinnen? In: Breit, Gotthard/Schiele, Siegfried (Hrsg.): Handlungsorientierung im Politikunterricht, Schwalbach/Ts., 144–160.

Ders. 1998 b: Handlungsorientierter Politikunterricht. Ausgewählte Methoden, Schwalbach/Ts.

Mickel, Wolfgang W. 1999: Die internationale Dimension in der politischen Bildung, in: Ders (Hrsg.): Handbuch zur politischen Bildung, Bonn, 639–642.

Ders. 2003: Praxis und Methode. Einführung in die Methodenlehre der Politischen Bildung, Berlin.

Münchmeier, Richard 2000: Europa – Fassade oder Chance? In: Deutsche Shell (Hrsg.): Jugend 2000. 13. Shell Jugendstudie, Bd. 1, Opladen 2000, 327–342.

Nieke, Wolfgang 1999: Interkulturelles Lernen, in: Mickel, Wolfgang W. (Hrsg.): Handbuch zur politischen Bildung, Bonn, S. 279–284.

Pallasch, Waldemar 2000: Werkstattarbeit, in: Wiechmann, Jürgen (Hrsg.): Zwölf Unterrichtsmethoden. Vielfalt für die Praxis, 2. Aufl., Weinheim/Basel, 143–154.

Pfetsch, Frank 2001: Die Europäische Union. Eine Einführung, 2., erw. u. akt. Aufl., München.

Reich, Kersten 2002: Konstruktivistische Didaktik. Lehren und Lernen aus interaktionistischer Sicht, Neuwied.

Reinders, Karl-Ludwig/Schulz, Rolf (Hrsg.) 1994: Friedenssicherung: Wie können wir Frieden lernen? Sozialwissenschaftliche Studien für den Sekundarbereich II, Bd. 6, Hannover.

Rolff, Hans-Günter 1992: Die allgemein bildende Schule der Zukunft – Das Wissen für Morgen, in: Zeitschrift für Berufs- und Wirtschaftspädagogik, H. 4, 286–299.

Schappert, Sonja 1999: Zukunftswerkstatt, in: Peterßen, Wilhelm H. (Hrsg.): Kleines Methoden-Lexikon, München, 288–293.

Schneekloth, Ulrich 2002: Demokratie, ja – Politik, nein? Einstellungen Jugendlicher zur Politik, in: Deutsche Shell (Hrsg.): Jugend 2002. Zwischen pragmatischem Idealismus und robustem Materialismus, 14. Shell Jugendstudie, Frankfurt/M., 91–137.

Siebert, Horst 1999: Pädagogischer Konstruktivismus. Eine Bilanz der Konstruktivismusdiskussion für die Bildungspraxis, Neuwied/Kriftel.

Spitzer, Manfred 2002: Lernen. Gehirnforschung und die Schule des Lernens, Heidelberg/Berlin.

Weidenfeld, Werner 2002: Europa – aber wo liegt es? In: Ders. (Hrsg.): Europa-Handbuch, Bonn, S. 15–40.

Weidenfeld, Werner/Giering, Claus 2002: Die Zukunft Europas, in: Weidenfeld, Werner (Hrsg.): Europa-Handbuch, Bonn, 783–806.

Weinbrenner, Peter/Hacker, Walter 1991: Zur Theorie und Praxis von Zukunftswerkstätten. Ein neuer Methodenansatz zur Verknüpfung von ökonomischem, ökologischem und politischem Lernen, in: Bundeszentrale für politische Bildung (Hrsg.): Methoden in der politischen Bildung – Handlungsorientierung, Bonn.

Weinbrenner, Peter 1997: Zukunftsorientierung, in: Sander, Wolfgang (Hrsg.): Handbuch politische Bildung, Schwalbach/Ts., 128–140.

Weinbrenner, Peter 2000: Zukunftswerkstatt, in: Weißeno, Georg (Hrsg.): Lexikon der politischen Bildung, Bd. 3, Schwalbach/Ts., 214–217.

Karin Kroll

Politische Bildung – ein blinder Fleck in Europaschulen?

I. Fremdsprachen und Schüleraustausch – der Weg zur Europaschule

Bevor Grundschulen, Gesamtschulen oder Gymnasien den Status einer Europaschule erhalten, haben sie sich durch häufige und intensive internationale Kontakte profiliert. Die Beziehungen, die auf der institutionellen und der persönlichen Ebene entstehen, wenn z. B. ein regelmäßiger Austausch zwischen Gastschülern, Gasteltern und Lehrerkollegien stattfindet, erfordern eine Erweiterung der sprachlichen Kompetenz in der jeweiligen »Partnersprache«. Schulen, die internationale Beziehungen kontinuierlich pflegen, bilden in der Regel einen Schwerpunkt in den Fremdsprachen, die für die Kommunikation mit den Partnerländern notwendig sind.

Für Eltern, Schülerinnen und Schüler wird ein Schulprofil erkennbar, das wie ein Magnet auf diejenigen wirkt, für die Fremdsprachen und Verständnis für andere Kulturen einen hohen Stellenwert besitzen. An diesen Schulen treffen dann Schülerinnen und Schüler, Lehrerinnen und Lehrer sowie Eltern zusammen, die aktiv die Ziele der Schule wiederum in Bezug auf die Fremdsprachen und in Bezug auf den internationalen Austausch unterstützen.

Der Status einer Europaschule ist meist durch ein hohes Engagement aller Beteiligten über viele Jahre erarbeitet. Die Europaschule baut in diesen Fällen auf Erfahrungen auf, kann diese vertiefen und erweitern und profitiert von den bestehenden Kontakten.

Die Albert-Einstein-Oberschule in Berlin ist ein Beispiel für den Weg einer Schule mit dem oben beschriebenen Schulprofil zur Europaschule. Seit der Gründung der Schule 1947 existiert der Schüleraustausch mit französischen und englischen Schulen. Ab 1991 entstehen besonders enge Beziehungen zu Italien. Berlin als Drehscheibe zum Osten ermöglicht darüber hinaus auch ähnlich intensive Kontakte zu Polen und der Tschechischen Republik. In diesem Jahr 1991 wird zuerst Italienisch als zusätzliche

Fremdsprache ab der 11. Klasse eingeführt, seit 1995 kann Italienisch ab der 7. Klasse als 2. Fremdsprache gewählt werden.

Europaschule mit dem Schwerpunkt deutsch-italienisch ist die Albert-Einstein-Oberschule seit Beginn des Schuljahres 2001/2002. In der 7. und 8. Klassenstufe existieren je zwei Klassen, in denen bilingual unterrichtet wird. Die Mehrzahl der Schülerinnen und Schüler dieser vier Klassen kennen sich bereits aus der sechsjährigen Grundschulzeit. Sie haben die Grundschule des Berliner Nachbarbezirkes besucht, die ebenfalls den Status einer Europaschule mit dem Schwerpunkt Italienisch genießt. Zur Albert-Einstein-Oberschule sind somit von der Grundschule Schülerinnen und Schüler gewechselt, die nicht nur sprachliche Vorkenntnisse besitzen, sondern deren Familienbiografie eine besondere Beziehung zu Italien auszeichnet. Teils sind beide Elternteile aus Italien oder ein Elternteil hat eine italienische Herkunft oder Eltern haben zeitweise in Italien gelebt und gearbeitet. Hinzu kommen Eltern, die den Wunsch haben, dass ihre Kinder in der Schule eine Nähe zur italienischen Kultur und Sprache erlangen. Diese positive Auswahl erklärt, weshalb es möglich ist, die Fächer Geschichte/Sozialkunde, Erdkunde und Biologie auf hohem sprachlichen Niveau in italienischer Sprache durchzuführen. Allerdings werden in diese Klassen, die bilingual unterrichtet werden, auch Schülerinnen und Schüler aufgenommen, die von anderen Berliner Grundschulen kommen und das Gymnasium wegen des musischen und sprachlichen Schwerpunktes wählen. So ist es nachvollziehbar und verständlich, dass in den 7. und 8. Klassen noch der Unterschied zwischen den Schülern, die Italienisch als Muttersprache oder als Partnersprache beherrschen, gemacht wird. Sie werden in den ersten beiden Klassenstufen getrennt unterrichtet. Das Ziel ist, die sprachliche Kompetenz so zu entwickeln, dass ab der 9. Klasse eine Trennung in Mutter- und Partnersprachler nicht mehr nötig ist und eine Mischung in den Klassen vorzufinden ist.

2. Das fächerübergreifende Prinzip – eine Überlebensstrategie für Sozialkunde?

Der bilinguale Unterricht wird ab der 7. Klasse von Lehrerinnen und einem Lehrer durchgeführt, deren Muttersprache italienisch ist. Eine dieser Lehrerinnen ist von der italienischen Regierung finanziert und beauftragt, die italienische Sprache und Kultur zu fördern.

Für das Fach Sozialkunde in der Sekundarstufe I sind an dieser Europaschule zwei Fakten konstituierend: In der Berliner Schule wird bis zur Oberstufe das Fach Geschichte und Sozialkunde als ein Fach unterrichtet, wobei nach dem Berliner Lehrplan theoretisch Sozialkunde rund ein Drittel der Gesamtstunden für Sozialkunde genutzt werden soll. In der Mehrzahl unterrichten an Berliner Schulen Geschichtslehrerinnen bzw. -lehrer Sozialkunde, in den wesentlich selteneren Fällen Lehrerinnen und Lehrer, die das Fach Politik studiert haben. Es ist in den Berliner allgemeinbildenden Schulen kein Einzelfall, dass in der Praxis das Fach Sozialkunde wegen Zeitmangels oft zu kurz kommt.

Herr Y.: Er unterrichtet in den Europa-Klassen des Albert-Einstein-Gymnasiums das Fach Geschichte/Sozialkunde. Die folgende Interviewpassage ist aus einem Interview, das insgesamt 55 Minuten dauerte, ausgewählt, weil der Lehrer Herr Y. in diesem Ausschnitt inhaltlich auf Sozialkunde und die Thematik Europa eingeht.
I.: Würden Sie bitte erläutern, wie der Geschichts- und Sozialkundeunterricht in den Europa-Klassen konzipiert ist.
Herr Y.: Das Fach wird in den Klassen in der italienischen Sprache unterrichtet. Ich achte aber auch darauf, dass Fachbegriffe in beiden Sprachen bekannt sind. Wir verwenden Materialien . . . also auch Schulbücher aus Italien . . . oder wir lesen Zeitungen. Dabei kommt es in Geschichte nicht so sehr darauf an, dass wir einen Ritt durch die Geschichte machen. Ich gehe zum Beispiel selektiv vor . . . es werden Knackpunkte herausgegriffen. Wie wird Napoleon im italienischen Schulbuch dargestellt und wie im deutschen. Wir vergleichen viel. Der Kontrast spielt eine große Rolle.
I.: Wo liegen die Schwerpunkte in Sozialkunde?
Herr Y: Ja . . . Menschen- und Kinderrechte . . . also Menschenrechtserziehung ist wichtig. Oder wir sprechen über Gewalt und Konfliktlösungen. Werbung ist ein Thema . . . die Tiefenstrukturen oder Starkult und Fanverhalten. Ich setze Sendungen des italienischen Fernsehens ein, edulap 1 und 2 von RAI. Die Schüler haben sogar selber Spots gedreht . . . Es ist gut, wenn Stereotype . . . Klischees reflektiert werden.
I.: Legen Sie in den Europa-Klassen ein besonderes Gewicht auf die europäische Dimension?
Herr Y: Europa ist aus den Kreuzzügen entstanden . . . ein richtiges Blutbad. Oder der Faschismus . . . wie wird diese Zeit aufgearbeitet . . . in Deutschland und in Italien. Ich lege Wert auf Kontrastierung. Ja . . . Kontrastierung und komparativer Ansatz.
I.: Abgesehen von historischen Themen . . . wie kommt Europa im aktuell-politischen Zusammenhang im Sozialkundeunterricht vor? Z. B. politische Willensbildung oder Institutionen der Europäischen Gemeinschaft?
Herr Y.: Wir sprechen eher über das Alltagsleben . . . über Familie . . . die politisch-soziale Umgebung . . . über Jugendrechte.

I.: Bringen Sie die politische Realität des Prozesses der europäischen Vereinigung, die sich ja auf das Alltagsleben auswirken kann, zur Sprache?
Herr Y.: Verglichen mit den vielen interessanten Themen in Sozialkundeunterricht haben wir wenig Zeit . . . Deshalb kommt inhaltlich viel auch in den anderen Fächern vor . . . wir integrieren Sozialkunde in die anderen Fächer . . .z. B. in den Literaturunterricht. Da werden viele Bereiche angesprochen, die zum Sozialkundeunterricht gehören.
I.: In welche Fächer wird Sozialkunde integriert?
Herr Y.: In alle bilingualen Fächer . . . Biologie . . . Erdkunde . . . am meisten im Literaturunterricht . . . da passt es am besten . . . und natürlich Geschichte.
I.: Verstehe ich das richtig, Sozialkunde wird in den Europa-Klassen weitgehend fächerübergreifend unterrichtet?
Herr Y.: Ja . . . so kann man das sagen . . . wir haben Sozialkunde als fächerübergreifendes Prinzip.

Der Lehrer, dessen Muttersprache Italienisch ist, verbindet mit dem Fach Sozialkunde zuerst das Lesen von Zeitungen. Um eine seriöse Zeitung lesen zu können und sie zu verstehen, ist es ihm wichtig, dass die Schülerinnen und Schüler Fachbegriffe in beiden Sprachen kennen. Mit dem Lehrplan geht der Lehrer souverän um. Er arbeitet den Stoff nicht chronologisch ab, sondern sucht »Knackpunkte« heraus. Zwei Kriterien dienen ihm zur Auswahl: das Thema sollte sich zum Vergleich in den deutschen und italienischen Medien eignen und die Interpretation in den beiden Kulturen sollte möglichst kontrastreich sein.

In den Überlegungen des Lehrers fällt der bruchlose Wechsel von Sozialkunde zu Geschichte auf. Die Tatsache, dass Geschichte und Sozialkunde in einem gemeinsamen Fach unterrichtet werden, ist eine mögliche Erklärung für die fehlende Differenzierung.

Auf Sozialkunde direkt angesprochen nennt der Lehrer Inhalte für die Klassenstufen 7 und 8, von denen Lehrerinnen und Lehrer in der Regel annehmen, dass sie auf die Neugier und das Interesse der Schülerinnen und Schüler treffen. Die Unterrichtsthemen Werbung, Starkult und Fanverhalten, das Alltagsleben, Familie werden vom Lehrer X. dem Sozialkundeunterricht zugeordnet. Das Wort »Sozial-Kunde« verführt viele Lehrende in diesem Fach, das soziale Lernen und die Lebenshilfe für die Schülerinnen und Schüler in den Mittelpunkt zu stellen. Beide Grundintentionen sind Aufgaben aller Fächer in der Schule (Breit und Weißeno 2003). Der Einsatz der Medien und Methoden lässt auf einen lebendigen, teils handlungsorientierten Unterricht schließen.

Die Aufzählung der Themen ergibt keine Hinweise darauf, dass Europa als Inhalt ausgewählt wird. Die gezielte Frage nach einer europäischen

Dimension im Sozialkundeunterricht wird mit historischen Ereignissen verknüpft: »Europa ist aus den Kreuzzügen entstanden.« Die Aufarbeitung des Faschismus im europäischen Zusammenhang ist eine Herausforderung für jeden Lehrenden und verweist auf eine Schulkultur, die sich nicht vor schwierigen Aufgaben drückt (Henkenborg 1997). Diese lobenswerte Tatsache ändert aber nichts daran, dass dieser Gegenstand eindeutig zum Geschichtsunterricht gehört.

In der 8. Klasse sind im Berliner Rahmenplan für das Fach Sozialkunde politische Willensbildungsprozesse vorgesehen, die der Altersgruppe entsprechend angemessen zu vermitteln sind. Im Rahmen einer Europa-Klasse wäre zu vermuten, dass z. B. das Wahlsystem in Italien mit dem Wahlsystem in Deutschland verglichen wird, insbesondere wenn der komparative Ansatz ein wichtiges Kriterium für den Lehrer darstellt.

Die Nachfrage ergibt, dass Rechte der Jugendlichen, das Alltagsleben und das Thema Familie bevorzugt werden. Die Möglichkeit, dass europäische Politik in das Alltagsleben spürbar eingreift, findet keine Berücksichtigung. Die Inhalte und Themen, die im Sozialkundeunterricht behandelt werden können, sind für den Lehrer so vielfältig, dass die Stundenzahl, in der das Fach unterrichtet wird, nicht ausreicht. Die Tatsache, dass Sozialkunde nicht als eigenes Fach unterrichtet wird, ist an dieser Stelle nicht zu unterschätzen. Die Lösung des Dilemmas wird im fächerübergreifenden Unterricht gesucht (Sander 1997). Der Literatur- und Geschichtsunterricht wird als besonders geeignet für Themen des Sozialkundeunterrichts betrachtet.

Die nüchterne Bilanz ergibt unter dem Strich, dass Sozialkunde als politisches Lernen mit den Themen Menschen- und Kinderrechte, Konflikt- und Gewaltlösungen und Jugendrechte marginal vertreten ist und das Fach Geschichte sowie die Themen des sozialen Lernens und der Lebenshilfe vorherrschen. Das fächerübergreifende Prinzip ist die logische Folge aus der Annahme, dass soziales Lernen und Lebenshilfe den Kern des Sozialkundeunterrichts ausmachen. Eine Grundintention, die dem Fach Sozialkunde das Profil gibt, fehlt völlig: das politische Lernen.

3. Geschichte – ein nützliches Vehikel für das politische Lernen?

Wie das fächerübergreifende Prinzip für das Fach Sozialkunde von einer anderen Lehrerin praktiziert wird, zeigen die folgenden ausgewählten Passagen aus einem Interview, das insgesamt 100 Minuten dauerte.

(Zur Schreibweise der Transkription: Auslassungen werden durch das Zeichen (. . .) gekennzeichnet, Sprechpausen durch drei aufeinanderfolgende Punkte, deutlich artikulierte Betonung durch kursive Schreibweise.)

I.: Wenn Sie das Fach Geschichte und Sozialkunde unterrichten, wie machen Sie das? Haben Sie dann Schwerpunkte in europäischer, in italienischer Geschichte und Politik?
Frau X.: Also in der Hinsicht . . . haben wir . . . muss man auch von Lehrmitteln sprechen. Und zwar Lehrmittel für das Fach Geschichte, das Fach wird auf italienisch unterrichtet, und dazu haben wir . . . italienische Lehrmittel. Also wir haben praktisch Bücher aus Italien bestellt und Gott sei Dank . . . ich wusste schon . . . natürlich weil ich Geschichte schon in Italien unterrichtet habe . . . also italienische Geschichtsbücher sind wirklich . . . haben eine europaische . . . Gesichtspunkt. Und das hat natürlich uns sehr geholfen . . . Geschichte in einem umfangreicheren Sinn des Wortes zu unterrichten. Und es wird natürlich zusätzlich ein Akzent auf deutsche Geschichte . . . betont, damit die Schüler . . . sich später in der Oberstufe in gleichen Kursen sein werden . . . wie ihre Mitschüler aus anderen Klassen oder meinetwegen später an der Universität Geschichte studieren möchten . . . kein Hindernis und keine Benachteiligung . . . erleben oder haben.
I.: Jetzt haben Sie gesagt . . . das ist für mich sehr interessant . . . dass dann . . . die italienischen Bücher . . . die Schulbücher schon . . . zum Glück denke ich mal . . . diese europäische Dimension eher . . . haben. Sehen Sie da einen Unterschied . . . also auch als kritische Betrachtung . . . zu den deutschen . . . Schulbüchern?
Frau X.: Ich finde . . . die . . . mmh . . . die deutschen Schulbücher . . . ich habe sie natürlich hier . . . noch nie richtig verwendet . . . und anwenden können. Also ich habe mich auf italienische beschränkt, ich darf keine Geschichte auf deutsch unterrichten natürlich, aber ich habe natürlich . . . die Bücher angeschaut . . . und auch so . . . kritisch betrachtet sozusagen . . . und ich finde . . . ja . . . die deutschen Geschichtsbücher sind . . . betonen . . .also setzen den Akzent . . . verstärkt auf deutschsprachigen Raum. (. . .) Ich habe mir immer vorgestellt, . . . für einen Geschichtsschriftsteller in Italien ist es unmöglich, Geschichte zu schreiben . . . Geschichtsbücher zu schreiben . . . nur vom italienischen Gesichtspunkt, weil für Jahrhunderte ist Italien . . . zwangsläufig (Lachen) in der europäischen Geschichte verwickelt worden. und dann muss man natürlich auch über andere Völker und Länder und Politik . . . wie gesagt . . . wenn nicht freiwillig, dann zwangsläufig sprechen, ja? (Lachen).

Die Aussagen der Lehrerin über den Einsatz der Medien sind weitgehend identisch mit den den Aussagen des Lehrers. Geschichte wird von der Lehrerin in einem »umfangreicheren Sinn des Wortes« unterrichtet (Grammes

1998). Dieser umfangreichere Sinn – ein weiter Begriff von Geschichte – reicht völlig aus. Sozialkunde im Sinne des politischen Lernens ist im Bewusstsein der Lehrerin Frau Y. nicht präsent und kann daher nicht als ein Fehlen in der europäischen Dimension erkannt werden. Aus der Geschichte Italiens und der Darstellung in italienischen (Geschichts-)Büchern leitet die Lehrerin eine europäische Dimension ab – sie nennt es »einen europäischen Gesichtspunkt«. Auf den Unterschied zwischen deutschen und italienischen Geschichtsbüchern angesprochen, verstärkt sie die Behauptung, dass italienische Geschichte ohne die europäische Dimension nicht vermittelt werden kann. Für einen Schulbuchautor ist es ihrer Meinung nach unmöglich, italienische Geschichte ausschließlich durch Ereignisse im Land Italien zu vermitteln. Der Eindruck der Lehrerin in Bezug auf deutsche Geschichte und deutsche Geschichtsschulbücher ist dagegen ein anderer. Sie sieht eine deutliche Dominanz des deutschsprachigen Raumes in dem Medium Schulbuch.

4. Vergleichende Literaturinterpretationen – eine Transferleistung zur Politik?

Ein Beispiel, wie der Literaturunterricht, der das Fach Sozialkunde integriert, gestaltet wird, verdeutlicht eine andere Interviewpassage:

> Frau X.: Wir haben z. B. dieses Jahr Epik gelesen. Wir fingen mit griechischer Epik und lateinischer Epik an und dann haben wir auch ein paar Autoren aus der Renaissance auf italienisch gelesen. Und dann haben wir das Nibelungenlied gelesen und dann habe ich einen Film gezeigt, damit sie die ganze Handlung . . . ihnen klar sein konnte . . . und dann haben die Kinder gemerkt und mich darauf aufmerksam gemacht, wie . . . dunkel . . . und wie aussichtslos die deutsche Saga im Vergleich zu den . . . Mythen aus dem Mittelmeerraum . . . wo es immer wieder . . . wie soll ich sagen . . . heitere Momente gibt und das ist bei dem Nibelungenlied so gut wie nie der Fall. Und dann haben wir überlegt, warum ist das so . . . was wollten diese Völker darstellen? . . .
> Das war sehr interessant, worauf sie den Akzent gesetzt haben. Das muss natürlich der Lehrer . . . wie ich schon gesagt habe . . . begleiten und auch lenken und die Informationen dazu geben. Aber den logische Prozess, die Gedankenentwicklung können die Kinder schon nachvollziehen, wenn sie richtig . . . begleitet . . . werden. (. . .) Ich glaube, diese Kinder haben schon begriffen . . . also gefühlsmäßig . . . welche Welt .. eine Kultur einschließt . . . welche Tradition . . . beide Kulturen haben und sie merken, was heutzutage

von dieser Tradition noch zu erleben ist. Meinetwegen als dummes Beispiel ... sie haben selber erlebt, als sie in Italien waren ... wie wird der Begriff Familie in Italien dekliniert. Was heißt Familie in Italien? Und so was können sie wiederum in der Literatur berücksichtigen. Warum ist z. B. die Beziehung zwischen Äneas und seinem Sohn so wichtig für den Held ... und in dem Nibelungenlied sind Geschwister zum Teil Feinde oder ist für sie Macht oder Geld wichtiger als Familie ... oder die Rache wichtiger als die Liebe usw. ... Diese Kontraste haben sie schon bemerkt und können natürlich zurück Kopplungen ... feststellen. Das ist natürlich in einem sehr konfusen Bewusstsein.
I.: Sie sagen sehr richtig, die Schülerinnen und Schüler erleben die Differenzen der Kulturen sehr scharfsinnig, sie beobachten sehr genau. Das ist ja das Gegenteil von Vorurteilen. Dennoch gibt es ja diese Sichtweise ... da mag auch einiges stimmen ... was Sie über das Nibelungenlied gesagt haben ... das Deutsche sehr düster und nicht so lebensfroh sagen wir mal ... ist ... und das Italienische ... oder der Mittelmeerraum eher das Heitere, das Fröhlichere ... dem Leben positiv Zugewandte ... verkörpert. Das kann man differenziert betrachten ... und ich gehe davon aus, dass Sie in Ihrem Literaturunterricht ... dies genauso machen. Das hat aber auch die Gefahr der Entstehung von Vorurteilen. ... Ich weiß gar nicht, ob ich mich Ihnen gut verständlich mache ... diese Kinder und Jugendliche sind ja wenig ... so wie Sie es schildern ... wenig gefährdet ... in diesen groben Vorurteilen zu denken.
Frau X.: Ja. Ich glaube, ich verstehe, was Sie meinen. Sie nehmen einfach wahr, dass z. B. für die deutsche Kultur oder auch für die deutsche Mentalität *andere Sachen* wichtig sind, die *auch* einen großen Wert haben ... und sie entscheiden, was für sie selbst wichtig ist ... nützlich ist. Sie waren z. B. beim Nibelungenlied sehr beeindruckt, wie sehr der Begriff Ehre wichtig war und sie haben gefragt, warum eigentlich Ehre *so* wichtig ist und in dem Zusammenhang (...) Und in Italien, warum ist Familie wichtig ... ja, wir haben uns zurückbezogen auf die Geschichte Italiens ... den Verfall des Römischen Reiches, dann war ... existierte der römische Staat nicht ... oder war als Feind empfunden ... dann hat man sich in die Familie zurückgezogen und dann war die Familienbeziehung wichtiger als der Rest ... und sind die Kinder natürlich klüger und dann können sie für sich selbst entscheiden, was sollen sie von diesen Weltanschauungen ... von den Traditionen behalten ... was wird für sie wichtig sein. Sie haben die Möglichkeit, einen Bezug zu verschiedenen Haltungen zu haben ... daraus eine eigene Entwicklung zu machen, sie wird nicht mehr aus italienischen oder deutschen Traditionen entstehen, sondern aus verschiedenen ... wird eine akzeptierte Persönlichkeit ... stelle ich mir vor.

Die Lehrerin ist davon überzeugt, dass im Literaturunterricht die Interpretation deutscher und italienischer Texte im Vergleich den Schülerinnen und Schülern das Verständnis beider Kulturen ermöglicht. Wenn die Lernenden von der Lehrerin richtig begleitet werden, dann begreifen sie gefühlsmäßig, »welche Welt ... eine Kultur einschließt.« Die Brücke zum Fach Sozialkunde stellt die in der Literatur behandelte Thematik Vater – Sohn, Geschwister und damit Familie dar. Den unterschiedlichen Stellenwert der Familie in den beiden Kulturen erklärt sie mit den unterschiedlichen historischen oder traditionellen Wurzeln in Italien und Deutschland.

Im Zusammenhang mit der Auseinandersetzung von Fremdenfeindlichkeit wird allgemein in den Sozialkundeunterricht wie in den Deutsch- bzw. Literaturunterricht gesellschaftlich die Erwartung gesetzt, Vorurteile zu enttarnen (Ahlheim 1999). Die Beschäftigung im Unterricht damit, wie Vorurteile entstehen und wie sie vermieden werden können, scheint als präventive Maßnahme gegen Diskriminierungen in der Gesellschaft akzeptiert zu sein. Der Gefahr, grobe Vorurteile gegenüber der deutschen und/oder der italienischen Mentalität im Literaturunterricht zu zementieren, begegnet die Lehrerin mit dem Argument der Wertschätzung. Jede Kultur ist anders und in ihrer Andersartigkeit zu respektieren. Als Erklärung dient der Lehrerin der Verweis auf historische Epochen, einzelne ausgewählte Ereignisse oder historische Persönlichkeiten. Entscheidend für die Lehrerin ist, dass die Schülerinnen und Schüler auf Grundlage ihrer literarischen und historischen Kenntnisse Traditionen in den beiden Kulturen kennen. Auf dieser Basis sollen die Lernenden sich frei für die Übernahme der einen oder der anderen Tradition in ihr eigenes Leben entscheiden. Dabei ist von ihr durchaus erwünscht, dass die Tatsache, aus welcher Kultur diese Tradition stammt, immer mehr in den Hintergrund rückt. Sie stellt sich vor, dass aus der Wahl der verschiedenen Traditionen die Entwicklung einer Persönlichkeit entsteht.

Ob in einer anderen Europa-Klasse der Albert-Einstein-Oberschule im Literaturunterricht das Fach Sozialkunde integriert wird und in welcher Form wurde nicht überprüft. Die Langfassung des Interviews mit der Lehrerin Frau Y. ergibt in Bezug auf das fächerübergreifende Prinzip Sozialkunde keine neuen Erkenntnisse. Aus Gründen der Fairness muss an dieser Stelle darauf hingewiesen werden, dass Frau Y. als Lehrerin aus Italien die Fächer Literatur und Geschichte vertritt. Der marginale Stellenwert der politischen Bildung in deutschen und besonders an Berliner Schulen in der Sekundarstufe I soll und kann Frau Y. nicht angelastet werden. Trotzdem muss festgestellt werden, dass der Geschichts- und Literaturunterricht der Lehrerin Frau Y. ohne jedes Element von Sozialkunde und politisches Lernen auskommt. Die Auseinandersetzung mit Traditionen und Vorurteilen ist ein notwendiges Unterfangen in der Schule. Wie das soziale Lernen und die Lebenshilfe sind diese Aufgaben für alle Schulfächer relevant. Die das Fach Sozialkunde konstituierenden Inhalte werden über solche Themenwahlen nicht vermittelt.

5. Politische Schülerinnen und Schüler – Autodidakten in freier Entfaltung des Politischen?

Zwei Schülerinnen und ein Schüler des 8. Jahrgangs einer Europa-Klasse werden als Gruppe interviewt. Der Schüler ist erst seit einem halben Jahr in Deutschland und entschuldigt sich zu Beginn des Interviews dafür, dass seine deutschen Sprachkenntnisse noch sehr gering sind.

Mit dem Gruppeninterview der Schülerinnen und des Schülers wird versucht zu klären, ob Inhalte und Themen des fächerübergreifenden Sozialkundeunterrichts wiederzuerkennen sind. Aus dem Interview, das insgesamt ungefähr 45 Minuten dauerte, ist der Ausschnitt ausgewählt, der Fragen und Antworten zu Europa und Politik beinhaltet.

I.: Woran merkt Ihr, dass Berlin nicht nur die Hauptstadt Deutschlands ist, sondern auch mitten in Europa liegt?
Schülerin A: Im Alltag denke ich weniger, aber dadurch, dass wir die Schule haben, in der Schule merkt man es doch sehr. Weil diese Schule auch sehr darauf orientiert, dass man Kontakte mit anderen Ländern, anderen Schulen dort hat und dadurch merkt man das sehr. Auch ist ein großer Austausch mit Polen, also wir weniger, wir hatten Austausch mit Italien, mit Frankreich. Aber sonst so im Alltag merkt man das weniger.
Schülerin B.: Aber z. B. als ich in Sizilien war, waren da nur Sizilianer und Italiener, hier in Berlin gibt es auf der Straße viele Türken, Berliner, Italiener, Engländer, ja. Da merke ich es. Und in der Politik merkt man das.
I.: B., Du hast jetzt eben gesagt, dass man das in der Politik merkt, wie meinst Du das?
Schülerin B.: Bei der Außenpolitik halt.
I.: Hast Du mal ein Beispiel?
Schülerin B.: Beim Irak-Krieg, da hat man gleich im Fernsehen . . . in den Nachrichten gezeigt, wie die anderen europäischen Länder . . . jeweils für Meinungen haben, und mir fiel auf, dass es sehr *unterschiedlich* ist, also ich finde, das ist der ganze Gegensatz zu Amerika, das man wirklich als *ein* Land sehen kann . . . ist Europa ganz gespalten. Die Meinungen sind anders . . . und ja, sind alles noch kleine Länder für sich, die auch eine eigene Meinung haben . . . Mentalität . . . und ich finde, es fällt mehr auf als jetzt nur Amerika vielleicht. Obwohl ich dies schön finde, dass es anders ist . . . mehr so . . . verschiedene Sachen gibt, als wenn es so einheitlich ist. Mir gefällt es ganz gut dann.
I.: Wenn wir über den Irak-Krieg sprechen, wie ist denn Eure eigene Meinung dazu?
Schüler C.: Also, Amerika will eigentlich so . . . den Ölmarkt bestimmen. In Afghanistan war es genauso und jetzt fängt er einen Krieg in Irak an. Ich finde, die Demos nutzen ja gar nicht, weil . . . die Politiker . . . es interessiert sie gar nicht.

Schülerin A.: Ich will da bei dem Öl anschließen. Klar ist es gut, dass Saddam Hussein weg ist . . . auf jeden Fall, es ist wichtig für das irakische Volk . . . aber man sollte vielleicht . . . man hätte versuchen sollen vielleicht friedlich zu lösen . . . noch länger . . . na ja, ich weiß, dass es schon Jahre versucht wurde, aber trotzdem, wo es jetzt gerade anfing zu funktionieren, hätte man meiner Meinung nach länger versuchen sollen, weil es wird dem irakischen Volk immer schaden . . . ist klar, bei so einem Krieg . . . ich bin da nicht dafür. Mit dem Öl . . . also man hat das Gefühl, dass sie wirklich nur das ganze Öl besitzen wollen . . . für Geld machen sie es, weil sie den Ölmarkt beherrschen wollen.
Mit der Einteilung . . . also mit der Achse des Bösen und des Guten . . . also mit dem Bösen und Guten . . . das finde ich . . . na ja . . . fast kindisch . . . wie im Märchen. Das sind die Guten und das sind die Bösen. Die böse Hexe und wir sind die gute Prinzessin. Seh ich auch nicht so, weil die ganzen Terrorzellen sind ja verbreitet, wir haben in Deutschland auch bestimmt welche . . . die auch dazu bereit wären . . . die man so natürlich nicht weiß, aber die man sucht . . . und auch schon welche gefunden hat. Deswegen ist das für mich völliger Blödsinn mit der Achse des Bösen, das ist zu einfach. Ja, das ist zu einfach . . . und auch nicht *verantwortbar.*
Schüler C.: Ja, er will die Weltherrschaft.
Schülerin A.: Man hat das Gefühl, also als das anfing, dass Europa anfing, wichtig zu werden, dass die . . . in Anführungszeichen . . . Weltherrschaft der USA bisschen geringer wird. Es beginnt ja langsam . . . und man hat das Gefühl auch irgendwie . . . dass die USA das nicht will und irgendwie davor Angst hat . . . und das nicht möchte . . . dass Europa genauso stark wird und sie zusammen agieren können als gleich . . . ja als gleichberechtigt . . . oder mit der Macht . . . oder gleichen Einfluss.
I.: Vorhin habt Ihr gesagt, dass Europa nicht mit einer Stimme gesprochen hat, sondern mit ganz verschiedenen Stimmen.
Schülerin A.: Ja, Europa war ganz gespalten. Gut, Deutschland, Russland und Frankreich waren halt ganz ganz strikt dagegen,
Schülerin B.: Spanien . . . Portugal
Schülerin A.: Und die ganzen neuen europäischen Länder waren eigentlich auf der Seite der Amerikaner. Ja, Italien hat eigentlich nie . . . hat eigentlich nicht genau gesagt, was sie wirklich wollen. Man dachte, sie waren auch für die Amerikaner mal für den Krieg, mal hat Berlusconi mal ja, mal nein gesagt, also variierte sehr.

Die Einstiegsfrage für das Gruppeninterview mit den Schülerinnen und dem Schüler ist offen und zielt auf Alltagswahrnehmungen. In der Antwort von Schülerin A. ist das ausgeprägte Schulprofil zu erkennen. Schülerin B. schildert aus ihrer Alltagswahrnehmung den Unterschied zwischen dem Straßenbild auf Sizilien und dem Straßenbild in Berlin. Während auf Sizilien ihr im Straßenbild ausschließlich Italiener in Erinnerung sind, fallen ihr auf Berliner Straßen viele unterschiedliche Personen auf, die sie als Türken, Berliner, Italiener und Engländer glaubt identifizieren zu können.

Sie kommt dann schnell und unvermittelt auf Politik zu sprechen. Die Aktualität des Irak-Krieges und die Tatsache, dass in zeitlicher Nähe zum Interview in Berlin spontane Friedensdemonstrationen von Schülerinnen und Schülern stattfanden, ist eine mögliche Erklärung dafür, dass Schülerin B. von selbst Politik im Zusammenhang mit Europa zum Thema macht. Die Situation ist zum Zeitpunkt des Interviews hoch politisiert. Daher ist es unmöglich festzustellen, ob der Beitrag durch den aktuellen Konflikt überlagert ist oder ob und in welcher Form der fächerübergreifende Sozialkundeunterricht einen Anteil an der politischen Meinungsäußerung der Schülerin B. beanspruchen kann. Auch der Hinweis auf die Informationsquelle Fernsehen gibt keinen Aufschluss darüber, ob ein eigenständiges Interesse an politischen Nachrichten und Themen vorherrscht, ob ein eventuelles Interesse durch den Schulunterricht erzeugt wurde oder ob die Tatsache des Irak-Krieges die Aufmerksamkeit der Schülerin für die begrenzte Zeit des militärischen Konfliktes auf die politischen Informationen lenkt.

Das große Interesse der Schülerinnen und des Schülers an Politik ist unüberhörbar. Die Furcht vieler Lehrerinnen und Lehrer, bei Schülerinnen und Schülern mit politischen Unterrichtsinhalten auf Abwehr und Politik- oder Politikerverdrossenheit zu stoßen, ist hier völlig unbegründet. Die Vermutung liegt nahe, dass die Schülerinnen und der Schüler ihre Neugier auf Politik über die Medien befriedigen (Sarcinelli 1995). Vorstellbar ist ebenfalls, dass sie mit ihren Eltern und Freunden über Politik diskutieren. Das Gruppeninterview deutet darauf hin, dass politische Themen und Meinungen über politische Ereignisse nicht zum ersten Mal miteinander ausgetauscht werden.

Das Ziel der Lehrerin X, für verschiedene Kulturen und Mentalitäten die Schülerinnen und Schüler zu sensibilisieren, kann möglicherweise in der Aussage der Schülerin B. wieder erkannt werden. » . . . mir fiel auf, dass es sehr *unterschiedlich* ist, also ich finde, das ist der ganze Gegensatz zu Amerika, das man wirklich als ein *Land* sehen kann . . .« Der Blick der Schülerin ist hier deutlich europazentriert. Schülerin B. setzt Europa und Amerika in einen Gegensatz. Amerika nimmt sie in Bezug auf die Haltung zum Irak-Krieg als ein Land mit einer Meinung wahr. In Europa fällt ihr dagegen auf, dass viele verschiedene und gegensätzliche Meinungen zum Irak-Krieg vorherrschen. Sie bezieht eindeutig Stellung für Europa, weil sie die Unterschiedlichkeit, die verschiedenen Meinungen und Mentalitäten in Europa »schön findet.«

Es kann zwar nicht eindeutig dem Literatur- und Geschichtsunterricht der Lehrerin X. zugeschrieben werden, dass Schülerin B. unterschiedliche Meinungen toleriert, auch wenn sie nicht ihrer eigenen Meinung entsprechen, aber dass der Unterricht hier überhaupt keinen Einfluss nimmt, kann auch nicht zweifelsfrei behauptet werden.

Der Schüler C. stellt einen Zusammenhang zwischen der Entscheidung der USA, gegen den Irak einen Krieg zu beginnen und den Ölmarkt zu beherrschen, her. Diese Meinung ist Gegenstand der Diskussionen in den Medien. Inwiefern er diese Meinung auf der Grundlage politischer Informationen und Kenntnisse gebildet hat oder ob er hier eine Meinung von anderen, sei es seinen Eltern, Freunden oder Journalisten übernommen hat, kann nicht beurteilt werden. In Demonstrationen sieht er keinen Sinn, weil Politiker sich nach seiner Ansicht durch Demonstrationen in ihren Entscheidungen nicht beeinflussen lassen.

Schülerin A. kritisiert das grob vereinfachende Weltbild, das zwischen den Bösen und den Guten unterscheidet. Sie deklariert diese fehlende Differenzierung als kindisch und fühlt sich an Märchen erinnert. Ihre Informationen über mögliche Terroristen in Deutschland lassen auf eine längere Phase schließen, in der sie politische Nachrichten verfolgt. Sie artikuliert klar ihre Meinung und begründet sie. Die »Achse des Bösen« nennt sie »völligen Blödsinn.« Die Schülerin A. bezeichnet die Vereinfachung als politisch nicht verantwortbar, allerdings wählt sie selbst im Zusammenhang mit dem Wort »verantwortbar« nicht das Wort »politisch«. Da das Bild von der »Achse des Bösen« durch den Präsidenten der USA in die öffentliche Debatte geworfen wurde, könnte die Schülerin A. hier über die Verantwortung des Politikers W. Bush reflektieren. Sie führt nicht aus, auf wen oder was sie das Wort Verantwortung bezieht.

Die Kategorie Macht wird von Schülerin A. herangezogen, als sie über die Motive der amerikanischen Regierung spekuliert, Europa als gleichberechtigten Partner nicht zu akzeptieren. Es fällt auf, dass die Schülerinnen einen hohen Differenzierungsgrad wählen, wenn sie über Europa sprechen. Dagegen sind die USA für sie ein Land mit einer Meinung. Alle US-Bürgerinnen und Bürger scheinen für die Schülerinnen und den Schüler ohne Ausnahme mit der Regierungspolitik der USA übereinzustimmen. Die Schülerin B. spricht von den USA wie von einer einzelnen Person: » . . . dass die USA das nicht will und davor irgendwie Angst hat . . . und das nicht möchte . . . dass Europa genauso stark wird . . .«

Die sensible und differenzierte Wahrnehmung von europäischen Ländern, europäischen Völkern, Meinungen von Individuen weisen darauf hin, dass die Lehrerin X. und der Lehrer Y. den Blick für Unterschiede in

Europa geschärft haben. Die Schülerinnen und der Schüler lassen in dem Interview nicht erkennen, dass sie die differenzierte Wahrnehmung auf die USA transformieren können. Während Berlusconi namentlich genannt wird, ist die Rede vom Präsidenten der USA nur unpersönlich: »Ja, er will die Weltherrschaft.« Diese Pronomen »er, sie, man« haben Stellvertreterfunktion und bleiben daher unpräzise. Im Zusammenhang mit den USA werden weder Personen in der Regierungsfunktion, noch Parteien noch Bundesstaaten unterschieden. Die Vorstellung von den USA als monolithischer Block kann ein Hinweis darauf sein, dass die Schülerinnen und der Schüler ihre Informationen und Kenntnisse über Politik und gesellschaftliche Systeme weitgehend autodidaktisch erworben haben.

Es fällt den Schülerinnen und dem Schüler im Interview selbst nicht auf, dass das vereinfachende Weltbild des amerikanischen Präsidenten kritisiert wird, das Bild der Schülerinnen und des Schülers von den USA nicht minder vereinfachend ist. Wäre dies ein Unterrichtsgespräch im Politikunterricht, könnte ein Fachlehrer oder eine Fachlehrerin z. B. an dieser Stelle ansetzen. Das Interview zeigt sehr nachhaltig, dass Schülerinnen und Schüler einen fachlich fundierten und didaktisch gut überlegten Zugang zum Politischen benötigen. Hohe mediale Aufmerksamkeit und intelligente Wahrnehmung aktueller politischer Ereignisse reichen allein nicht aus, um sich in weltpolitischen Dimensionen sicher bewegen zu können. Studien über hochbegabte Schülerinnen und Schüler beweisen, dass auch diese Schülerinnen und Schüler professionelle Wissensvermittlung benötigen (Stern 2003).

Das politische Interesse, die Freude an der Meinungsäußerung, die Fähigkeit zur lebendigen Diskussion sind für Schülerinnen und Schüler einer 8. Klasse sehr beeindruckend. Der Sprachschatz beinhaltet Fachbegriffe der Politik und der Soziologie. Der abstrakte Begriff Mentalität wird selbstverständlich benutzt, die wichtige politische Kategorie Macht wird sachlich im richtigen Zusammenhang verwendet, und zwischen Europa und den USA wird von dem angestrebten Ziel der Gleichberechtigung gesprochen. Offen bleibt, ob die komplexen Bedeutungen der Fachbegriffe den Schülerinnen und dem Schüler bewusst sind (Massing 1995).

6. Europaschulen – ein Schulprofil ohne politische Dimension?

Sozialkundeunterricht als fächerübergreifendes Prinzip ist auf die Inhalte und Themen angewiesen, die in der Logik des fremden Faches einer Systematik folgt. Steht im Mittelpunkt einer literarischen Interpretation ein unpolitischer Sachverhalt, kommt Politik nicht vor. Wird wie im oben genannten Beispiel der Stellenwert der Familie in Italien zum Thema gemacht, ist für Schülerinnen und Schüler nicht unbedingt identifizierbar, dass dieses Thema unter einem politisch-gesellschaftlichen Aspekt betrachtet wird. Es besteht die Gefahr, dass dieser Aspekt untergeht, weil weder der Lehrende noch die Lernenden die politische Dimension benennen. Ein ähnliches Schicksal erleidet die Politik im Fach Geschichte. Zwar ist nicht völlig von der Hand zu weisen, dass Geschichte als eine Aneinanderreihung von politischen Prozessen und Entscheidungen definiert werden kann, die in der Vergangenheit abgeschlossen sind. Der Transfer zur Politik in der Gegenwart ist jedoch von Schülerinnen und Schülern im Alleingang nicht zu bewältigen. Es ist unbestritten, dass Politik, z. B. Umweltpolitik in naturwissenschaftlichen Fächern einen hohen Stellenwert haben sollte (Sander 1995). Allerdings hängt hier der politische Inhalt wiederum vom Stoff des Fremdfaches ab und bleibt daher zufällig.

Das Gruppeninterview mit den Schülerinnen und Schülern beweist eine große Aufgeschlossenheit gegenüber politischen Themen. Diese Ressourcen der Schülerinnen und Schüler werden dann nicht genutzt, wenn Politik mehr zufällig und punktuell in anderen Schulfächern mit unterrichtet wird, ohne dass das Profil dieses Faches von den Schülerinnen und Schülern erkannt wird.

Die Verwendung von einzelnen Vokabeln, die in der Alltagssprache identisch mit Fachbegriffen der Politik und Soziologie sind, reichen zum Verständnis von komplexen Gesellschaften nicht aus. Das demokratische System kann mit all seinen Chancen und Grenzen nur durch systematische Kenntnisse, die Fachlehrer vermitteln, erfasst werden.

Politische Diskussionen ohne fundierte Kenntnisse werden zwar täglich und an vielen Orten – auch an der Schule – geführt, jedoch sind diese Diskussionen selten besser als Stammtischdiskussionen. Vergleiche sind immer angreifbar, aber man stelle sich einen Englischunterricht vor, der immer mal wieder in anderen Fächern in Teilaspekten von einem fachfremden Lehrer oder einer fachfremden Lehrerin praktiziert wird. Vokabeln werden regelmäßig nach dem jeweiligen fachfremden Thema eingeführt, Grammatik wird in längeren Zeitabschnitten nicht vermittelt oder fällt ganz aus.

Sozialkunde und politische Bildung haben den Vor- oder immensen Nachteil, der in der Interviewpasssage mit den Schülerinnen und dem Schüler deutlich wird: Es ist kaum erkennbar, ob die Schülerinnen und der Schüler Alltagssprache oder bewusst Fachsprache verwenden. Erst ein erfahrener Fachlehrer oder eine Fachlehrerin kann in einer längeren Phase und in vertiefenden Unterrichtsgesprächen feststellen, welche Kenntnisse diesen Äußerungen der Schülerinnen und Schüler zugrunde liegen.

Die Schülerinnen und der Schüler treten im Gruppeninterview den Gegenbeweis zu der sehr unter Lehrerinnen und Lehrern verbreiteten These an, sie würden an Politik desinteressiert sein. In sehr beeindruckender Weise zeigen sie einen hohen Informationsgrad in Bezug auf aktuelle politische Ereignisse und wirken im politischen Diskurs geübt (Habermas 1981). Dieses ausgeprägte Interesse und das Potential zur politischen Urteilsbildung wird in der Schule entweder nicht erkannt oder ignoriert (Kuhn 2003).

Die Frage drängt sich auf, weshalb eine Europaschule, die ihren Schülerinnen und Schülern im musischen, kulturellen und fremdsprachlichen Bereich herausragende Lernangebote auf hohem Niveau macht, auf diese Chance in der politischen Bildung verzichtet. Es wäre ein Experiment wert, die »vielfältigen« Themen wie Starkult oder Fanverhalten ab und zu den peer-groups zu überlassen. In der Jugendkultur kennen sich die Schülerinnen und Schüler auch ohne Lehrerinnen und Lehrer aus. Hier ernten die Erwachsenen eher den Vorwurf, sich in die Welt der Jugendlichen drängen zu wollen oder gar an dieser Jugendlichkeit partizipieren zu wollen. Dagegen bietet sich die politische Bildung als ein Gegenstand an, der sich von allein nicht erschließt. Analysen und Instrumentarien zum Verständnis von Politik kann ausschließlich ein didaktisch gut geplanter und durchdachter Sozialkundeunterricht bieten (Breit und Weißeno 2003).

Das Zusammenwachsen der europäischen Länder und die Osterweiterung der EU machen das Verstehen politischer Prozesse in Demokratien nicht einfacher (Schmuck 1997). Zum Verständnis der Welt, in der die Schülerinnen und Schüler aufwachsen, kann politische Bildung einen wichtigen Beitrag leisten. Wird in der Schule und insbesondere in einer Europaschule weitgehend in der Sekundarstufe I auf diesen Beitrag verzichtet, bleibt es dem Zufall und den Medien überlassen, auf welcher Basis von Kenntnissen Bürgerinnen und Bürger Politik analysieren und bewerten (Buchstein 2000).

Literaturhinweise

Ahlheim, Klaus 1999: Vorurteile, in: Lexikon der politischen Bildung, Band 2, Schwalbach/Ts., 240–242.

Breit, Gotthard/Weißeno, Georg 2003: Planung des Politikunterrichts, Schwalbach/Ts., 34–37.

Buchstein, Hubertus 2000: Bürgergesellschaft und Bürgerkompetenz, in: Politische Bildung, Heft 4, 8 – 18.

Grammes, Tilmann 1998: Kommunikative Fachdidaktik, Opladen, 334–409.
Habermas, Jürgen 1981: Theorie des kommunikativen Handelns, Frankfurt a. Main.
Henkenborg, Peter 1997: Politische Bildung durch Demokratie-Lernen im Schulalltag, in: Sander, a. a. O., 241–257
Kuhn, Hans-Werner 2003: Urteilsbildung im Politikunterricht, Schwalbach/Ts.
Massing, Peter 1995: Politikbegriffe als Arbeitsbegriffe, in: Ders./Weißeno, Georg: Politik als Kern der politischen Bildung, Opladen, 72 – 78.
Sander, Wolfgang 1997: Politische Bildung als fächerübergreifende Aufgabe der Schule, in: Ders. (Hrsg.):, Handbuch politische Bildung, Schwalbach/Ts., 230 – 240.
Sarcinelli, Ullrich 1995: Politikvermittlung durch Massenmedien, in: bpb (Hrsg.): Verantwortung in einer unübersichtlichen Welt, Bonn, 443–458.
Schmuck, Otto 1997: Vom Europa der Bürger: Einstellungen, Haltungen, Rechte und Möglichkeiten der Bürgerinnen und Bürgern in der EU, in: Politische Bildung, Heft 4, 86 – 96.
Stern, Elsbeth 2003: Kompetenzerwerb in anspruchsvollen Inhaltsgebieten bei Grundschulkindern, in: Cech, Diethard/Schwier, Hans-Joachim (Hrsg.): Lernwege und Aneignungsformen im Sachunterricht, 37 – 58.

Reinhard Neebe/Gabriele Schreder

Europa aus Schülersicht

Ein Europäisches Bildungsprojekt mit Schülerinnen und Schülern aus dem »alten« und »neuen« Europa

1. Einleitung: Jugend und Europa

Laut Shell-Jugendstudie 2000 ist das Gros der deutschen Jugendlichen Europa gegenüber desinteressiert bis teilnahmslos eingestellt. Der Prozess des Zusammenwachsens hat, so die Shell-Studie, mit seinen Erfolgen bei den 12–24-Jährigen auch ein Bewusstsein für die Ambivalenzen von Chancen und Nachteilen dieses Zusammenwachsens entstehen lassen. Für das eigene Leben wird die Alltagsbedeutung und Relevanz dieser Einigung für eher gering und nicht wichtig erachtet. Es überwiegt der Trend zur utilitaristischen Bewertung der EU. (vgl. Shell 2000: 329; Münchmeier 2000: 327–348; Schneekloth 2002: 127 ff.)

Nur etwas mehr als die Hälfte (54 %) (Shell 2000: 329) der Befragten bekunden ihr Interesse für die Diskussion um die europäische Einigung. In Westdeutschland ist das Interesse höher als in Ostdeutschland, bei männlichen Jugendlichen stärker als bei weiblichen, bei älteren höher als bei jüngeren. Insgesamt ermittelt Shell noch weitere Unterschiede in der Bewertung: Bei Jugendlichen mit niedrigerem »Ressourcenindex« ist die Skepsis gegenüber Europa deutlich größer als bei Jugendlichen mit höherem Bildungsabschluss und besseren Ressourcen auf Grund ihrer Herkunft, Arbeitsplatzsituation und Einkommens. Laut Shell gedeiht das Interesse für Europa am besten vor einem Mittelschicht- und Oberschichtsozialisationshintergrund. (vgl. eb. 335) Für diese Jugendlichen ist es offensichtlich lohnender sich für Europa zu interessieren. Sie können auf Grund besserer Ausbildung und besserer Sprachkenntnisse Chancen wahrnehmen, die z. B. mit einer erhöhten europäischen Mobilität, Zugang zu besseren Jobs, verbunden sind.

Diese in regelmäßigen Abständen durchgeführten Shell-Studien dokumentieren das große Interesse der Öffentlichkeit an der Jugend. Sie zeichnen ein aufschlussreiches und genaues Profil der Politikbilder und Lebensmuster heutiger Jugendlicher und liefern insofern auch wertvolles Material für den Politikunterricht. Angesichts der fortschreitenden europäischen Integration sowie der zunehmenden Bedeutung der Globalisierung für die Ausprägung der Jugendkulturen ist es allerdings bedauerlich, dass sich diese Untersuchungen ausschließlich auf in Deutschland lebende Jugendliche beschränken. Für Wertmuster und Lebensorientierungen europäischer Jugendlicher gibt es bisher kein ähnlich aufschlussreiches Material, das zugleich einen Ansatzpunkt für »interkulturelles Lernen« in der europäischen Dimension bieten könnte.

Der Wunsch, mehr über Jugendliche in Europas, über ihre Einstellungen, Zukunftssichten und Lebenskonzepte zu erfahren, war ausschlaggebend für die Entwicklung und Durchführung des hier vorzustellenden Projekts. Die damit verbundene pädagogische Absicht bestand darin, über die Erstellung und Durchführung einer vergleichenden Befragung von Jugendlichen in Europa diese miteinander in Kontakt zu bringen und zum miteinander Kommunizieren und gemeinsamen Reflektieren anzuregen.

2. Comenius-Projekt »Jugend in Europa«

2.1 Projektidee: Jugendliche in den osteuropäischen Transformationsländern und Westeuropa im Vergleich

Das Comenius-Projekt »Jugend in Europa 2000«, das hier in Umrissen dargestellt werden soll, ist vom Gymnasium Philippinum in Marburg federführend entwickelt und in den Jahren von 1998 bis 2001 europaweit durchgeführt worden. Teilgenommen haben insgesamt 13 Schulen in Ost- und Westeuropa, wobei noch verschiedene Partnerschulen des Gymnasium Philippinum in den USA hinzukamen.

Wie entstand diese Idee eines europaweiten Schulprojektes und in welchem administrativen Kontext (EU- Förderprogramme) war eine Realisierung möglich? Am Beginn waren konkrete Schülererfahrungen in der »Begegnung mit Osteuropa« (Böcker/Ikelle u. a. 1994: 202 ff.), wie diese nach der Epochenwende von 1989/90 und dem Ende der europäischen Teilung möglich wurden: So wagte sich ein Leistungskurs Geschichte/Gemeinschaftskunde des Marburger Gymnasiums Mitte der 90er Jahre erstmals auf Entdeckungsreise nach Litauen, Russland (Kaliningrad) und Polen, in die »Terra incognita« des neuen Europa. Eine Begegnung mit Schülerinnen und Schülern in Vilnius und eine Aufnahme in litauischen Gastfamilien gehörte mit zum Programm. Anfängliche Skepsis wich zunehmender Begeisterung, das einhellige Resümee dieser Fahrt war: Osteuropa gehört zu Europa, die

Öffnung des westlichen Europa nach Osten ist eine notwendige Zukunftsaufgabe, die sich lohnt – und zwar für beide Seiten. (Neebe 1996: 2)

2.2 Europäische Fördermaßnahme »Comenius«

Das Comenius-Programm der EU (Comenius I) bot den geeigneten Ansatzpunkt, die Projektidee einer vergleichenden Untersuchung zu Jugendkulturen in unterschiedlichen Regionen Europas zu realisieren. Im Rahmen eines Europäischen Bildungsprojektes (EBP) arbeiten dabei mindestens drei Schulen aus drei der teilnehmenden Staaten möglichst fächerübergreifend an einem selbstgewählten Thema mit europäischem Bezug, das den Interessen und Möglichkeiten der Beteiligten entspricht. Auch Arbeitsweisen, Art des Informationsaustausches, erwartetes Ergebnis etc. werden von den Schulen selbst bestimmt. Eine multilaterale Schulpartnerschaft wird in der Regel 3 Jahre lang finanziell von der EU unterstützt. Die Projektzuschüsse können unter anderem für Kommunikationskosten, Unterrichtsmaterialien oder Material zur Herstellung von Projektergebnissen verwendet werden. Für Lehrermobilitätsmaßnahmen der am Projekt beteiligten Kollegen aus den verschiedenen europäischen Ländern – insbesondere zur Durchführung der Projektkonferenzen – können zusätzliche Zuschüsse der EU gewährt werden.

Tab. 1: Partnerschulen im Comenius-Projekt

Schule	Land	Befragungen
1. Bundesgymnasium Schwechat	Austria	89
2. SSOSZ Prerov	Czechia	150
3. Lycee Polyvalent Henri Vincenot	France	102
4. Gymnasium Philippinum Marburg	Germany	344
5. Ellinogermaniki Agogi, Chalandri (Athen)	Greece	149
6. Dr. Hetényi Geza Fachmittelschule und Gymnasium, Budapest	Hungary	51
7. Rice College Christian Brothers, Ennis	Ireland	20
8. Liceo Scientifico Statale »Giuseppe Peano«, Rom	Italy	160
9. Simon-Dach-Schule, Klaipeda	Lithuania	172
10. Gdanskie Liceum Autonomiczne, Gdansk	Poland	163
11. Tynecastle High School, Edinburgh	Scotland	35
12. I.E.S. »Gabriel Garcia Marquez«, Leganes (Madrid)	Spain	197
13. Gullmarsgymnasiet, Lysekil	Sweden	40
14. Buchholz High School, Gainesville FL. u. a.	USA	71
Total		1 743

Ein großes Manko des Comenius-Programms ist allerdings, dass Schülerreisen und -begegnungen grundsätzlich nicht finanziert werden können.

Eine aktuelle Übersicht zu dem Förderprogramm der EU »Comenius – European Cooperation on School Education« findet sich unter: http://europa.eu.int/comm/education/programmes/socrates/comenius/index en.html. Deutsche Interessenten erhalten den aktuellen Informationsstand zum SOKRATES-Programm der EU unter: http://www.kmk.org/pad/sokrates2/sokrates/fr-comenius_1.htm

2.3 Transeuropäisches und -atlantisches Netzwerk: Vom Baltikum bis Florida

Von besonderer Bedeutung für das Gelingen des Vorhabens war der Umstand, dass das Gymnasium Philippinum in Marburg bereits über ein ausgebautes Netzwerk von Schulpartnerschaften und Schüleraustauschen im westlichen Europa verfügte. Für die angesprochenen Schulen aus Ostmitteleuropa war das Projekt »Jugend in Europa« vor allem auch deshalb von besonderem Interesse, stellte es für sie im Jahre 1997/98 doch die erste Möglichkeit überhaupt dar, am Sokrates/Comenius-Programm der EU mitverantwortlich zu partizipieren und selbstständige Kontakte nach Westeuropa aufzubauen.

Ein zentraler Aspekt des Vorhabens war die intensive Nutzung der neuen Informations- und Kommunikationstechnologien, insbesondere des Internets. Dies erleichterte die Kommunikation bei mehr als 14 Partnern in entscheidender Weise und machte ein arbeitsteiliges Verfahren auf professioneller Basis überhaupt erst möglich. Dabei stellten die Partnerschulen ihre Auswertungen und Kommentare z. T. auch in eigener Regie auf ihren Schulwebseiten ins Netz – neben der vom Gymnasium Philippinum in Kooperation mit der Universität Marburg zentral eingerichteten und verwalteten Comenius-Seite (http.www.philippinum.de/jugend2000/index.html). Zusätzlich veröffentlichte jede Schule Fragebogen und Ergebnisse in der jeweiligen Landessprache.

3. Fragebogen und Evaluation: Jugend in Europa 2000

3.1 Der »Fragebogen« und die Durchführung der Projektes

Inhaltlicher Kern des Projektes »Jugend in Europa 2000« war eine vergleichende Untersuchung zu den Lebenslagen und Zukunftsperspektiven von Jugendlichen aus unterschiedlichen Regionen Europas. Hierzu wurde ein

Befragungskatalog in Anlehnung an die 12. Shell-Studie (Opladen 1997), aber auch anderer Erhebungen (Noelle-Neumann 1994; Jaide/Hille 1997; Walther 1996) der vergleichenden Jugendforschung, entwickelt.

Wichtige inhaltliche und methodische Anregungen – insbesondere zum Themenschwerpunkt 10 »Historisch-politischer Erfahrungs- und Bewusstseinshorizont« – vermittelte hierbei nicht zuletzt das europäische Forschungsprojekt »Youth and History« (Hamburg: 1998).

Inhalt und Themenbereiche des Fragebogens »Jugend in Europa 2000« Lebenslagen – Orientierungen – Zukunftsperspektiven

1. *Fragen nach der »Identität«* (europäische-nationale-religiöse-ethnische o. a.) – Wechselseitige Auslandsbilder – Länderspezifische Sympathien und Bedrohungsängste
2. *Politische Kultur und Partizipation,* Interesse für Politik, Verhältnis von Bürger und Staat, Akzeptanz demokratisch-pluralistischer Systeme, Autoritarismus
3. *Wirtschaftsordnung und soziale Gerechtigkeit* – die Herausforderung der Globalisierung
4. *Soziale Orientierungsmuster* (u. a. Familie, Rolle der Frau, Chancengleichheit, gesellschaftliche Zielvorstellungen)
5. *Einstellung zu Ausländern* (Problemwahrnehmung, diskriminierende Aussagen, Ausländerfeindlichkeit)
6. *Ethische Normen,* Kirche und Religion
7. *Schule und Arbeitswelt*
8. *Freizeitkultur:* Kulturelle Interessen, Literatur, Kunst, Musik – Drogen
9. *Ökologie:* Wahrnehmung lokaler, nationaler, globaler Umweltprobleme, Lösungsvorschläge, Zielkonflikte zwischen Ökonomie und Ökologie
10. *Historisch-politischer Erfahrungs- und Bewusstseinshorizont* (Nationalsozialismus und Europa, Ost-West-Konflikt und Kalter Krieg, 1989/90, Deutsche Einheit)
11. *Europa – Europabilder,* Europäische Integration, EURO und Nato
12. *Diagnosen zur Zeitlage und aktuellen Politik.* Prognose und Handlungsperspektiven für die Zukunft. Lebensziele (Pessimismus- Optimismus)

Entsprechend den Möglichkeiten, die auf schulischer Ebene generell bzw. im Rahmen des Comenius-Partnerschaftsprogramms gegeben waren, konnte es sich bei dem Projekt »Jugend in Europa 2000« selbstverständlich nicht um eine Erhebung mit »wissenschaftlichen Anspruch« handeln, insbesondere im Hinblick auf die Valenz und Repräsentativität der ermittelten Daten. Auch ganz offensichtliche Probleme bei der Erhebung in einzelnen

Tab. 2: Comenius-Projekt »Jugend in Europa 2000« (Survey Data)

1.	»Identität« *(europäische-nationale-religiöse-ethnische o. a.) – Wechselseitige Auslandsbilder – Länderspezifische Sympathien und Bedrohungsängste*		AUSTRIA 89	CZECHIA 150	FRANCE 102	GERMANY 344	GREECE 149	HUNGARY 51	IRELAND 20	ITALY 160	LITHUANIA 172	POLAND 163	SCOTLAND 35	SPAIN 197	SWEDEN 40	USA 71
1.	Wer sind Sie in erster Linie? *(nur 1 Feld ankreuzen)*	1. ein Deutscher/Pole/Grieche (jeweils nur das eigene Land)	18 21 %	116 76 %	73 72 %	104 30 %	108 72 %	39 76 %	15 75 %	12 7 %	130 76 %	82 52 %	17 57 %	100 52 %	6 15 %	4 5 %
		2. ein Europäer	42 48 %	19 13 %	12 12 %	111 32 %	3 2 %	5 10 %	– 0 %	62 38 %	26 15 %	19 12 %	5 17 %	21 11 %	20 50 %	– 0 %
		3. ein Christ	2 2 %	3 2 %	1 1 %	19 6 %	21 14 %	5 10 %	3 15 %	18 11 %	6 3 %	21 13 %	1 3 %	2 1 %	4 10 %	17 25 %
		4. ein Kosmopolit/Weltbürger	14 16 %	4 3 %	10 9 %	61 18 %	11 7 %	1 2 %	– 0 %	53 33 %	5 3 %	27 18 %	2 7 %	43 22 %	6 15 %	17 25 %
		5. ganz einfach: »der Hiesige/Ortsansässige«	5 6 %	7 5 %	4 4 %	27 8 %	5 3 %	1 2 %	2 10 %	12 7 %	4 2 %	6 4 %	4 13 %	24 13 %	2 5 %	17 25 %
		6. weiß nicht	6 7 %	1 1 %	2 2 %	22 6 %	3 2 %	– 0 %	– 0 %	6 4 %	1 1 %	2 1 %	1 3 %	2 1 %	2 5 %	14 20 %
2.	Was verbinden Sie mit dem Begriff »Vaterland«? *(nur 1 Feld ankreuzen)*	1. Das Land, in dem ich lebe	28 31 %	94 62 %	32 31 %	99 28 %	19 13 %	8 16 %	– 0 %	80 51 %	97 57 %	46 29 %	5 15 %	62 32 %	20 51 %	24 35 %
		2. Heimat	38 43 %	37 25 %	41 40 %	102 29 %	93 63 %	36 72 %	6 30 %	27 17 %	62 36 %	85 54 %	6 18 %	70 36 %	11 28 %	12 17 %
		3. Stolz	6 7 %	14 9 %	21 21 %	13 4 %	33 22 %	3 6 %	3 15 %	39 25 %	4 2 %	15 10 %	3 8 %	30 15 %	2 5 %	13 19 %
		4. Geborgenheit	3 3 %	1 1 %	– 0 %	6 2 %	– 0 %	3 6 %	2 10 %	3 2 %	5 3 %	3 2 %	– 0 %	2 1 %	1 3 %	2 3 %
		5. Spießertum	2 2 %	3 2 %	3 3 %	36 10 %	2 1 %	– 0 %	– 0 %	1 1 %	– 0 %	1 1 %	– 0 %	– 0 %	– 0 %	2 3 %
		6. Ablehnung/Abscheu	3 4 %	– 0 %	– 0 %	45 13 %	– 0 %	– 0 %	9 45 %	2 1 %	– 0 %	2 1 %	– 0 %	4 2 %	– 0 %	1 1 %
		7. gar nichts	9 10 %	1 1 %	5 5 %	49 14 %	2 1 %	– 0 %	– 0 %	5 3 %	4 2 %	4 3 %	20 59 %	28 14 %	5 13 %	15 22 %
3.	Patriotismus ist: *(nur 1 Feld ankreuzen)*	1. Ein anachronistischer Begriff . . .	6 7 %	28 19 %	22 22 %	51 15 %	14 9 %	6 12 %	– 0 %	28 18 %	11 6 %	13 8 %	5 16 %	66 34 %	10 26 %	8 11 %
		2. Positive Wertung des eigenen Landes	55 61 %	50 34 %	41 40 %	105 31 %	122 81 %	39 78 %	12 60 %	86 56 %	87 51 %	123 79 %	20 63 %	69 35 %	10 26 %	39 55 %
		3. Bemühung um Verbesserung des Lebensstandards, der Wirtschaft?	– 0 %	3 2 %	8 8 %	19 6 %	2 2 %	3 6 %	5 25 %	6 4 %	23 13 %	9 6 %	3 9 %	11 6 %	– 0 %	14 20 %
		4. Ein »virtueller Wert«,	6 7 %	3 2 %	5 5 %	52 15 %	8 5 %	– 0 %	3 15 %	11 7 %	25 15 %	9 6 %	2 6 %	5 2 %	1 3 %	5 7 %
		5. Weiß nicht	23 25 %	65 43 %	26 25 %	115 33 %	4 3 %	2 4 %	– 0 %	22 15 %	26 15 %	1 1 %	2 6 %	46 23 %	17 45 %	5 7 %

Quelle: © Koordination: Gymnasium Philippinum Marburg – Assoziierte Europaschule des Landes Hessen, www.philippinum.de/jugend2000/index.html

Ländern (z. B. Befragungsbreite von nur 20 Schüler/innen in Irland und auffällig geringe Streuung der Antworten) sind nicht zu übersehen. Dies eröffnete zugleich aber auch die Chance zum methodisch reflektierten Umgang in der Interpretation der Befragungsergebnisse.

Der große Vorteil des Projektes lag darin, dass die Befragungen unter aktiver Beteiligung der Schüler/innen durchgeführt werden konnten, die Datenevaluation und -Interpretation im Kontext spezifischer Informationen zum Sozialprofil der jeweils beteiligten Schulen und ihrer Schülerklientel erfolgte – und die befragte Altersgruppe aussagekräftig beschränkt war auf Jugendliche zwischen 14–19 Jahren. Demgegenüber umfasst die Shell-Studie mit einer Alterspanne von 12–25 Jahren mehrere Jugend-Generationen zugleich.

Graphische Aufbereitungen der statistischen Daten, Kommentare und Evaluation finden sich im Internet unter www.philippinum.de/jugend 2000/index.html.

3.2 Evaluation des Projektes und Erfahrungen für europazentrierten Politikunterricht

Eine wichtige Frage bei der Evaluation derartiger Vorhaben ist zunächst, inwieweit die Projektarbeit in den regulären Unterricht, aber auch das Schulleben insgesamt einbezogen werden konnte. In der Hauptphase des Projektes organisierten die Schüler/innen die Befragung und Auswertung der Daten selbstständig mit und erarbeiteten – unter Anleitung des Projektkoordinators – auch die Datensynopse. Inhaltlich ausgewertet wurden die Survey Data insbesondere im Fachunterricht Gemeinschaftskunde der Jg.St. 11 (Thema: Sozialisation, Jugendkulturen) sowie in den bilingualen Kursen Gemeinschaftskunde der Jg.St. 12. Hierbei konnten verschiedene Ergebnisse mit Daten der Shell-Studie »Jugend 2000« und anderen Veröffentlichungen der Jugendforschung in Bezug gebracht werden.

Die fachlichen Auswirkung des Projektes für die Schüler/innen bestanden zunächst darin, dass sie genauere Kenntnisse über die Konzeptionen verschiedener Jugendstudien (insbesondere Shell-Studie) und die Abfolge der verschiedenen »Jugendgenerationen« in der Geschichte der Bundesrepublik nach 1945 (von der »skeptischen Generation« – Schelsky – der 50er Jahre über die »kritische 68-Generation« bis zur »Jugend 2000« erhielten. Die z. T. signifikant unterschiedlichen Befragungsergebnisse in den verschieden Regionen des »alten« und »neuen« Europa ermöglichten Erkenntnisse über Veränderungen von gesellschaftlichen und individuellen Leitbildern im Kontext sich wandelnder Wertemuster, über die Interdependenz von Ökonomie, Politik und Gesellschaft und persönlichen Wertvorstellungen. Ein gutes Beispiel hierfür bildet die Interpretation der griechischen Befragungsergebnisse, die sich u. a. in der Bewertung der politischen Rolle der USA auffällig von den meisten anderen Ländern abheben.

Die abweichenden Wertungen und Sichtweisen von Jugendlichen in den verschiedenen Regionen Europas eröffneten Ansatzpunkte für weitergehende Diskussionen, erste Hypothesenbildungen in der Interpretation der Frageergebnisse und ein beginnendes Bewusstsein dafür, was »Identität« in einem zusammenwachsenden Europa bedeuten kann. Insgesamt dokumentierte das Projekt, dass sich die Hypothese eines signifikanten »Modernisierungsgefälles« in den europäischen Jugendkulturen – etwa von West nach Ost oder von Nord nach Süd – auf der Grundlage der Befragungsergebnisse nicht aufrecht erhalten ließ.

Methodisch war vor allem ein Zugewinn an Erfahrungskompetenz in der Anwendung von Methoden der empirischen Sozialforschung zu registrieren. Hierzu gehörte die Einsicht in die grundsätzlichen Probleme und Fehlerquellen bei empirischen Befragungen und auch das mögliche Verwertungsinteresse von Befragungsergebnissen. (Vorgaben durch Formulierung und Ausrichtung der Fragen, Unklarheiten im Hinblick auf Frageinhalte). Insgesamt kann gesagt werden, dass Schüler/innen und Lehrer/innen die »Europäische Dimension« des Lernens im Rahmen des Projektes »Jugend in Europa« auf den unterschiedlichsten Ebenen als sehr konkrete, positive Erfahrung erleben konnten.

Der Brückenschlag in die »Terra incognita« Osteuropas konnte im Rahmen des Projektes erfolgreich vollzogen werden, gegenseitige Vorurteile abgebaut und gleichzeitig Verständnis für abweichende Sichtweisen und Bewertungen in anderen Ländern entwickelt werden. Zur Gesamtbilanz gehört vor allem auch, dass sich aus dem Comenius-Projekt auf bilateraler Ebene verschiedene neue Anknüpfungspunkte für Schülerbegegnungs- und Austauschfahrten ergeben haben. Das weiter reichende Ziel, ein verlässliches Netzwerk von Schulpartnerschaften und transnationalen Kooperationen im sich erweiternden Europa aufzubauen, konnte somit erreicht werden.

4. Unterrichtsvorschläge für den Umgang mit der Datenbank

Die folgenden Ausführungen enthalten Überlegungen und Vorschläge, wie die ins Netz gestellten Daten auch für Schülerinnen und Schüler, die nicht an diesem Projekt teilgenommen haben, didaktisch aufbereitet und im Politikunterricht eingesetzt werden können.

Die umfangreich angelegte Befragung mit 12 verschiedenen Themenbereichen (s. Seite 343) ermöglicht eine Vielzahl unterschiedlicher didaktischer und methodischer Herangehensweisen mit diversen Zielsetzungen und ist ab Klasse 9 auf unterschiedlichen Jahrgangsstufen einsetzbar. Variierbar ist die Auswahl des in Frage kommenden Materials wie auch die Entscheidung stärker inhaltsbezogen oder methodenorientiert zu arbeiten, sich auf wenige Einzelfragen oder größere Fragekomplexe zu beziehen.

Auf alle Themenbereiche gleichermaßen anwendbar ist die zentrale Fragestellung der Untersuchung: Interdependenz von persönlichen Wertvorstellungen und der Entwicklung ökonomischer, politischer und gesellschaftlicher Gegebenheiten.

An verschiedenen Themenbereichen und einzelnen Fragestellungen kann jeweils konkret untersucht werden, inwieweit die Lebensmuster und Wertvorstellungen der Jugendlichen in Ost- und West-, Nord- und Südeuropa sich unterscheiden, sie stärker nationale und kulturelle Voraussetzungen widerspiegeln, oder sich im Rahmen der Globalisierung aufeinander zu bewegen oder eventuell Ansätze eines sich entwickelnden europäischen Bewusstseins widerspiegeln. Je nach Intensität einzelner Bearbeitungsansätze richtet sich auch die Möglichkeit, über die hier vorgestellten interkulturellen Ansätze hinaus eine Brücke zum Politischen zu bauen.

Unter den Fragestellungen Orientierungen, Lebensmuster und Einstellungen von Jugendlichen wurden aus dem Material der Befragung 4 Themenbereiche ausgewählt und daraus 2 Unterrichtseinheiten für die Mittel- und Oberstufe entwickelt. Beide Unterrichtseinheiten bestehen jeweils aus einem Grundmodell (Modell I für die Jahrgangsstufe 9/10 und Model II für die Jahrgangsstufe 11/12) und unterschiedlichen Alternativen oder Zusatzaufgaben. Die Unterrichtsvorschläge sind bereits als Arbeitsaufträge für die Hand des Schülers formuliert.

Beide Unterrichtsvorschläge orientieren sich am didaktischen Prinzip der Handlungsorientierung und dem selbstständigen Lernen. Sie stellen den Versuch dar, das Thema Europa in Form von konkreten Erfahrungen den Schülern nahe zu bringen und so auf eine direktere Art zum Gegenstand von Unterricht werden zu lassen.

4.1 Didaktisch-methodische Überlegungen

4.1.1 Europa als Erfahrungsraum und Lebensbereich

Europa hat zahlreiche Facetten. Als Unterrichtsgegenstand steht Europa vielfach für eine phantasielose Institutionenkunde und wird von Schülern erfahren als Organisation oder als politische Gremien, die weit entfernt in

Straßburg oder Brüssel anzusiedeln sind und mit der eigenen Lebensrealität wenig bis gar nichts zu tun haben. Auf der anderen Seite stellt Europa außerhalb der Schule für Schüler/innen längst einen Erfahrungs- und Aktionsraum dar, in dem sie sich selbstverständlich bewegen und die Ebene von Alltagserfahrungen längst erreicht hat.

Die steigende Zahl von Schülerkontakten und Schüleraustauschen im Rahmen von diversen europäischen Programmen ermöglichen direkte Europaerfahrungen auch im schulischen Raum und stellen ein erfrischendes Gegenprogramm zu der als trocken empfundenen Institutionenkunde im Politikunterricht dar. Mit Hilfe derartiger Projekte kann ein Erfahrungs- und Bewegungsraum für junge Menschen auf europäischer Ebene geschaffen werden, der die europäische Dimension auch im Kontext von Schule und Unterricht konkret erfahrbar werden lässt und sie zum reflektierten Bestandteil des Lebensbereiches von Jugendlichen macht.

4.1.2 Der Einsatz des Internets im Politikunterricht

Der Einsatz des Internets bietet dem Politikunterricht eine Reihe von Chancen für eine Veränderung der Lehr-, Lern-, und Kooperationsformen. Das Internet stellt Lernumgebungen zur Verfügung, die es Schülerinnen und Schülern ermöglichen, sich zunehmend selbstständig und eigenverantwortlich Kenntnisse und Fertigkeiten anzueignen. Problemorientiertes, zunehmend selbstgesteuertes Lernen und Teamarbeit sind Lernformen, die durch den Einsatz des Internets gefördert werden. Folge ist eine zunehmende Binnendifferenzierung von Unterricht und eine stärkere Berücksichtigung individueller Interessen und Bedürfnisse von Schülern im Unterricht. Damit einher geht auch eine Veränderung der Lehrerrolle. Der Lehrer ist nicht mehr in erster Linie Wissensvermittler, sondern Lehrer/innen und Schüler/innen unterstützen und helfen sich gegenseitig beim Umgang mit dem Internet.

Die technische Ausstattung der meisten Schulen ermöglicht mittlerweile einen problemlosen Zugang zum Internet während der Unterrichtsstunden und bietet damit eine kostengünstige bzw. kostenlose Möglichkeit der Informations- und Datenbeschaffung, die jederzeit in der Schule und auch zu Hause abrufbar ist. In dieser durch digitale Medien gestalteten Lernumgebung ist der Computer Kommunikationswerkzeug, wie auch Instrument zur systematischen Recherche, Analyse und Auswertung von Daten.

Das Material selbst entfaltet bei entsprechender medialer Aufbereitung eine hohe Motivationskraft und kann zu einer abwechslungsreichen Gestaltung des Unterrichts beitragen. Der mit der Nutzung neuer Medien im

Unterricht verbundene Erwerb von Medienkompetenz ist eine methodische Kompetenz und hat in der politischen Bildung den Stellenwert einer Basisqualifikation: »Zur demokratischen Handlungskompetenz und zum Demokratie-Lernen gehört die Medienkompetenz« (Weißeno 2001: 30).

Im Politikunterricht speziell können Medien gleichermaßen Gegenstand und Arbeitsmittel sein. Dieter Baake unterscheidet 4 Dimensionen von Medienkompetenz:

- Medienkritik und Medienkunde als Unterrichtsgegenstand. Hier leistet der Politikunterricht einen Beitrag zur Allgemeinbildung im Sinne von Klafkis Auseinandersetzung mit Schlüsselproblemen (vgl. Klafki 1991);
- Mediennutzung und kreative Mediengestaltung als Arbeitsmittel (Baake 2001: 29).

Als Arbeitsmittel besitzen Medien keine eigenständige pädagogische Wertigkeit im Sinne politischer Bildung, sondern sind Hilfsmittel ohne eine inhaltliche, methodische und eine Zieldimension. Sie bilden eine vermittelnde Instanz zwischen Lernendem und dem zu lernenden Gegenstand und sind Mittel zur Zielerreichung und methodischen Gestaltung von Unterricht (vgl. Weißeno 2001: 26) Insofern ist ein didaktisch sinnvoller Einsatz von Medien im Unterricht ohne Orientierung an den Planungsgrößen Inhalt – Ziele – Methode und einer sorgfältigen Aufbereitung und Strukturierung des medialen Materials nicht denkbar. Ohne eine solch sorgfältige didaktische Vorbereitung würde selbst ein Medium mit hohem Neuigkeitswert wie das Internet rasch seine Attraktivität für Schüler/innen verlieren.

Auf eine weitere Möglichkeit das Internet im Politikunterricht zu nutzen weist Thilo Harth hin; Es besteht bei online- Kommunikation oder -Kooperation die Chance der Ausdehnung des Lernortes über die Institution hinaus, wodurch neue Formen der sozialen Interaktion realisierbar (Koch 2001: 17) und damit Formen von sozialem Lernen ermöglicht werden. »Im Kontext politischer Bildung ist besonders die Öffnung in den realen gesellschaftlichen und politischen Bereich hinein interessant.« (ebd.: 18)

4.1.3 Mögliche Zielvorgaben

Mit der Benutzung des Internet im Unterricht zeichnen sich neue Möglichkeiten von interkulturellen Begegnungen ab. Erwies es sich bisher als denkbar schwierig, interkulturelle Begegnungen im Schulalltag zu arrangieren auf Grund von Rahmenbedingungen und speziellen Zwängen der Institution Schule, bringt das Internet nun neue Möglichkeiten, Kontakte und Austausch mit Jugendlichen in anderen Ländern zu ermöglichen und in den Unterricht zu integrieren.

Mit dem Internet arbeiten und seine Vorteile nutzen bedeutet, Aktualität, Authentizität und Möglichkeiten zur Interaktion und Kommunikation zur Verfügung zu haben. Dies gestaltet sich dann als besonders Gewinn bringend, wenn es gelingt, mit Schüler/innen unterschiedlicher Kulturkreise über geografische Distanzen hinweg zu kommunizieren oder ein gemeinsames Projekt durchzuführen und die Ergebnisse, die als Ergebnisse eines interkulturellen Kommunikations- und Verständigungsprozess zustande gekommen sind, zu veröffentlichen.

Im Laufe eines solchen Austauschprozesses versuchen die Schüler die fremden Wertmuster, Einstellungen und Verhaltensweisen, mit denen sie im Rahmen des Projektes konfrontiert werden, zu evaluieren und zu verstehen. Dies führt mit Sicherheit zu einer Reflexion der eigenen Wertvorstellungen. In der Auseinandersetzung mit dem Fremden werden sie sich der Begrenztheit und Relativität der eigenen Weltbilder bewusst (vgl. Böcker 1994: 203).

Eine Weiterführung des Lernprozesses bietet sich in der Oberstufe an: Bei dem Versuch das Fremde zu erfassen, können Klischees und Stereotypen in den Fremdbildern problematisiert werden und die Frage bearbeitet werden, wie man sich fremden Weltbildern annähern kann ohne sie mit vorgefertigten Analyse- und Denkkategorien aufzuschlüsseln.

Lehr- und Lernziele auf 4 Ebenen

1. *Mediale Kompetenz:* Umgang, Nutzung des Internets zur Informationsbeschaffung und als Mittel zur Interaktion und Kommunikation (Mediennutzung und Mediengestaltung)
2. *Wissenschaftspropädeutische Kompetenz:* Umgang mit Daten: Recherchieren, interpretieren, analysieren, aufbereiten
3. *Inhalte reflektieren:* Selbstwahrnehmung, Fremdwahrnehmung, Auseinandersetzung mit Identitäten in Europa, Umgang mit dem Thema Europa
4. *Komplementär: Projektgestaltung:* Konstruktion eigener Nachfragen, Kontaktaufnahme mit europäischer Partnerschule per Internet, Gedanken- und Meinungsaustausch, handelnder Umgang

4.1.4 Moderne interkulturelle Kommunikation in Anlehnung an Freinets Klassenkorrespondenz

Die didaktische Umsetzung des Projekts »Jugend in Europa« eröffnet Wege, die Sterilität des Themas Europa im Unterricht aufzubrechen und eine neue Ebene reflektierter Erfahrungsmöglichkeiten im Politikunterricht einzurichten. Gleichermaßen stellt es den Versuch dar, die Lücke zwischen starker Verkopftheit im normalen Unterrichtsgeschehen und dem häufig beklagten inhaltsleeren Aktionismus interkultureller Begegnungen durch eine neue Ebene medial vermittelter Erfahrungen zu schließen. Die Einbeziehung neuer Medien in diesem Projekt bietet eine Vielzahl unterschiedlicher Erfahrungs- und Handlungsräume für Schülerinnen und Schüler.

- Selbstständiges Arbeiten mit der Datenbank;
- Möglichkeit der Kommunikation und direkten Kontaktaufnahme mit Gleichaltrigen;
- Erweiterung von Alltagserfahrungen in Gruppen von Gleichaltrigen;
- Interkulturelles Lernen.

Erfahrungs-, Handlungs- und Reflektionsmöglichkeiten für Schülerinnen und Schüler im Unterricht zu erzeugen ist keine neue Erfindung, sondern ein bereits seit der Reformpädagogik bekanntes Konzept, das vor allem in der Pädagogik Freinets weitgehend umgesetzt wurde. Freinet ging es darum, durch die Bereitstellung angemessener Arbeitsmaterialien und Unterrichtstechniken eine Lernumgebung zu schaffen, die es den Schülern ermöglichen, bestimmte Erfahrungen selbstständig zu machen, die ihrem Bedürfnis nach Handeln entsprechen. Kern der Freinet-Techniken bildeten die Druckerei und die Schulkorrespondenz (vgl. Koitka 1977: 23 f.)

Die modernen Medien – E-Mails, Chats – vereinfachen die Kommunikation ganz erheblich und können als Weiterentwicklung der Klassenkorrespondenz im Sinne der Freinet-Pädagogik betrachtet werden. Aus der kol-

Abb. 1: Lesegewohnheiten

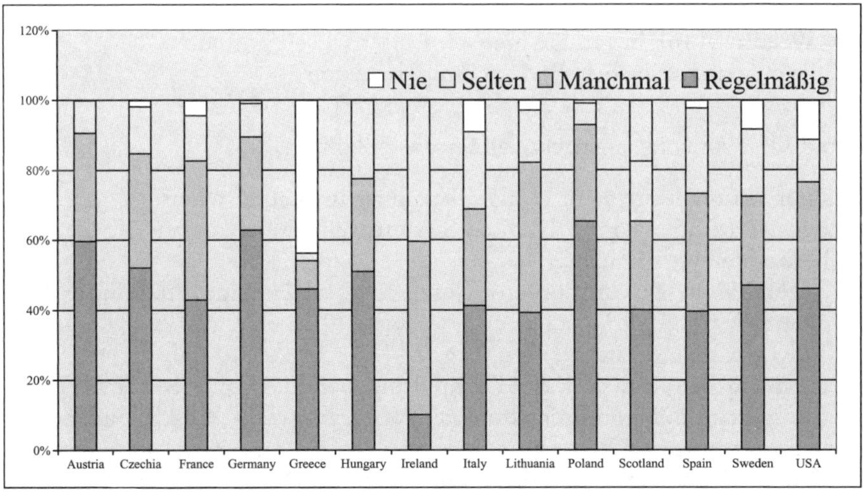

lektiven Kontaktaufnahme über e-mails und chats zwischen Klassen können sich persönliche Kontakte zwischen einzelnen Schülern ergeben, die über den Unterrichtsrahmen hinausgehen.

5. Unterrichtsmodell: Europa aus Schülersicht

Ausgewählte Fragen aus der Datenbank

(http://www.philippinum.de/jugend2000/index.html)

KLASSE 9–10: Freizeitkultur/Zukunftsperspektiven

Fragen zu Topic 8 und 12

Topic 8: Kulturelle Interessen, Freizeit

1. Lesen Sie in Ihrer Freizeit?
2. Sehen Sie Fernsehen?
3. Gehen Sie ins Kino?
4. Besuchen Sie Diskotheken?
5. Rauchen Sie?
6. Trinken Sie Alkohol?
7. Finden Sie, dass Trinken und Feiern zusammen gehört?
8. Treiben Sie in Ihrer Freizeit Sport?
9. Sind Sie Mitglied in einem Verein?
10. Welche Musik hören Sie in erster Linie?
11. Benutzen Sie in Ihrer Freizeit den Computer?

Topic 12: Handlungsperspektiven für die Zukunft

1. Hier auf der Liste steht einiges, was man im Leben wichtig und erstrebenswert finden kann. Könnten Sie bitte alles angeben, was Sie für ganz besonders wichtig halten
2. Sehen Sie die Zukunft unserer Gesellschaft im 21. Jhdt. Eher düster oder eher zuversichtlich?
3. Wovor haben Sie am meisten Angst?
4. In vielen Ländern sind die Themen umstritten. Wofür würden Sie abstimmen: Sofortige Abschaltung der Atomkraftwerke, Geschwindigkeitsbegrenzungen usw.
5. Wie denken Sie, wird das Leben in Europa in 40 Jahren sein?

KLASSE 11–12: Europäische Identitäten

Fragen zu Topic 1 und 11

Topic 1: Selbstbilder – Fremdbilder innerhalb der europäischen Gemeinschaft

1. Wer sind Sie in erster Linie (Europäer . . .)
2. Was ist für Sie eine Nation?
3. Heimat ist für mich
4. Worauf in Ihrem Land sind Sie besonders stolz?
5. Eigenschaftsprofil Ihres Landes: Wie ist Ihr Land am besten beschrieben?
6. Wie ist Ihrer Meinung nach die Frage nach der Staatsbürgerschaft in Europa am besten zu lösen?
7. Es ist wichtig, stolz auf sein Land zu sein.
8. Anderen europäischen Ländern kann man nicht trauen, weil sie versuchen uns zu übervorteilen.
9. Europäer müssen zusammenarbeiten wegen der wirtschaftlichen Vorteile
10. Was sind typische Eigenschaften Ihres Landes?
11. Welche der folgenden Länder sind Ihnen besonders sympathisch/unsympathisch?
12. Können Sie sich ein Leben im Ausland grundsätzlich vorstellen?
13. Angenommen, Sie könnten/müssten sich für ein Leben im Ausland entscheiden. In welchem der folgenden Länder/Regionen würden sie am liebsten leben und arbeiten?

Topic 11: Was bedeuten für Sie Europa und die europäische Einigung

1. Europa ist ein geografischer Ausdruck, mehr nicht
2. Europa ist der Geburtsort der Demokratie, der Aufklärung und des Fortschritts
3. Europ. Einigung ist der einzige Weg zum Frieden zwischen Nationen, die vorher versucht haben, sich gegenseitig zu zerstören.
4. Die EU hat politisch keine Bedeutung und kann ohne die USA kaum etwas bewegen.
5. Die Balkanstaaten gehören nicht zum europäischen Kulturkreis.
6. Die europäische Einigung wird die wirtschaftliche und soziale Krise der Länder in Europa beseitigen.
7. Ist die europäische Integration für Sie ein historisch notwendiger, grundsätzlich positiver oder eher negativer Vorgang?

8. Sollte es eine von den EU-Bürgern gewählte europ. Regierung geben, die auch die nationalen Regierungen überstimmen kann?
9. Die Europäer sollten eine eigene Sicherheitsorganisation mit eigenen Streitkräften bilden, weil sie sonst nur Vasallen der USA bleiben.

Unterrichtsmodell I (Klasse 9–10): Freizeitkultur und Zukunftsperspektiven europäischer Jugendlicher (Topic 8 und 12)

Modell I: Erstellung eines Freizeitprofils europäischer Schülerinnen und Schüler (Topic 8), Quelle: www.philippinum.de/jugend2000/index.html

Arbeitsaufträge:

– Suche in der Datenbank (Topic 8) die in der Fragenübersicht abgedruckten Fragen und die dazu gehörenden Auswertungen heraus.
– Sieh dir die Befragungsergebnisse der deutschen Schüler an und stelle ihre Freizeitaktivitäten in einem Säulendiagramm dar. Auf der x-Koordinate trage die einzelnen Freizeitaktivitäten (z. B. Lesen, Disco usw.) ein und fertige für die Kategorien »regelmäßig« bis »nie« jeweils eine Säule in blauer Farbe an. Auf der senkrechten Koordinate kannst du die Prozentzahlen angeben.
– In Arbeitsgruppen sucht ein weiteres europäisches Land, das ihr weiter bearbeiten wollt, heraus und tragt die Werte dieses Landes mit einer anderen Farbe zu den deutschen Werten in das Arbeitsblatt ein. Vergleicht diese Werte mit den Werten der deutschen Schüler. Was fällt euch auf? Welche Unterschiede und Gemeinsamkeiten gibt es? Wie könnt ihr die Unterschiede erklären?
– Im Plenum könnt ihr eure Ergebnisse vergleichen und Freizeitprofile für verschiedene Länder erstellen. Kopiert dazu euer Blatt auf Folie und projeziert es auf einen Overhead-projektor und erläutert vor der Klasse euer Ergebnis.

Zusatzaufgaben: Enquete zum Thema »Freizeit«

– Als nächstes könnt ihr über die E-Mail-Adressen in der Datenbank Kontakt zu den Schülerinnen an der Schule dieses Landes aufnehmen und euch mit einer Klasse dieser Schule noch weiter zu diesem Thema austauschen. So könnt ihr als erstes eure Ergebnisse mailen, weitere Fragen zum Thema »Freizeit« vorbereiten und ebenfalls mit senden.
– Eine weitere Möglichkeit ist die Einrichtung eines Chatrooms, in dem ihr euch über eure Freizeit austauschen und euch gegenseitig Fragen stellen könnt.

Alternative I: Zukunftsperspektiven europäischer Jugendlicher (Topic 12)

Arbeitsauftrag:

analoge Bearbeitung der Fragen und Ergebnisse von Topic 12
Im Anschluss an die Bearbeitung der oben stehenden Fragen könnt ihr auch selbst die entsprechenden Fragen des Fragebogens ausfüllen, ihn der von euch ausgewählten europäischen Schule zusenden, dort die Schüler bitten, ihn ebenso auszufüllen.

Alternative II: Umweltproblematik am Beispiel der Benzinpreiserhöhung

Gesellschaftliche Tragweite individuellen Handelns am Beispiel des Autofahrens (Topic 8, Frage 2. . . .» . . .der Benzinpreis soll steigen, um das Autofahren zu reduzieren«)

Bearbeitungshinweis:

1. In dem länderspezifischen Vergleich der Ergebnisse zeichnen sich Items ab, bei denen es von Land zu Land eine recht große Streubreite gibt (z. B. »Alkohol« und solche, bei denen die Jugendlichen länderübergreifend relativ homogen geantwortet haben (z. B. Rauchen). Hier bietet sich an, mit den Schüler/innen nach möglichen Erklärungsansätzen zu suchen. Interessant dürfte auch sein, die Fernsehgewohnheiten näher zu betrachten und zu interpretieren.
2. Zu diesen Themen bietet sich an, einen neuen Kontakt zu den am Projekt beteiligten europäischen Schulen aufzunehmen (E-Mail-Adresse und Name unter www.philippinum.de/jugend2000/index.html) und mit den jüngeren Klassen sich über diese Themen auszutauschen. Hier kann auf die an den Schulen befindlichen, in die Nationalsprachen übersetzten Fragebögen zurückgegriffen werden. Die verantwortlichen Lehrer/innen sind meist Deutschlehrer/innen.

Unterrichtsmodell II (Klasse 11–12): »Selbstbilder – Fremdbilder innerhalb der europäischen Gemeinschaft« (Topic 1 und 11)

Quelle: www.philippinum.de/jugend2000/index.html

Arbeitsaufträge

1. Partnerarbeit: Suchen Sie die aufgeführten Fragen (s. Fragenübersicht) in der Datenbank aus Topic 1 heraus und vergleichen Sie die Auswertungen. Achten Sie dabei besonders auf divergierende und ähnliche Ergeb-

nisse. Welche Länder divergieren ganz offensichtlich? Welche Tendenzen stellen Sie fest?

2. Suchen Sie zwei unterschiedliche Länder aus Ost- und Westeuropa heraus und erstellen Sie jeweils ein Profil der Selbst- und Fremdwahrnehmung dieses Landes. Fertigen Sie mit den gefundenen Ergebnissen Säulendiagramme an, in denen die Unterschiede zwischen den beiden Ländern deutlich zum Ausdruck kommen.
3. Nun können Sie versuchen folgende Fragen zu beantworten: Welche Schüler sind am »europäischsten«? Welche Schüler sind am »nationalistischsten«? Welche Schüler sind am »modernsten«? Welche Schüler sind am »rückständigsten«? Gibt es offensichtliche Unterschiede zwischen ost- und westeuropäischen Schülern?
4. Erarbeiten Sie nun in Partnerarbeit Erklärungsversuche für unterschiedliche Einstellungen und Denkmuster in diesen Ländern heraus, indem Sie weitere Materialien heranziehen, die ihnen Auskunft geben über: politische und historische Erfahrungen und kulturelle Besonderheiten dieser Länder.
   Weitere Informationen können Sie auch in den von den einzelnen Schulen angefertigten Kommentaren finden (z. B. Spanien und Griechenland).
5. Kopieren Sie Ihre Säulendiagramme auf Folie und präsentieren Sie Ihre Ergebnisse vor der gesamten Gruppe.

Zusatzaufgabe: Bearbeitung von Topic 11

Erstellen Sie analoge Profile für Topic 11 mit Hilfe der Aufgaben 1–5).

Alternative I: Einstellungen zu Europa in der 13. Shell-Jugendstudie

Arbeitsauftrag:

Ermitteln Sie, welche Einstellungen zu Europa in der 13. Shell-Jugendstudie im Kapitel »Europa – Fassade oder Chance« zum Ausdruck kommen, und vergleichen Sie diese Ergebnisse mit den Ergebnissen der befragten Schüler in der Datenbank. (Frage 25, 26, 28 des Fragebogens sowie Kommentar in: 13. Shell-Studie 2000, S. 327–343). Alternative II: »Altes« und »neues Europa

Alternative II: »Altes« und »neues Europa«, Einstellungen zu Amerika

Topic 1, Fragen 12 und 14. Aussagen über das Verhältnis zu Amerika untersuchen

Arbeitsauftrag:

Untersuchen Sie, welche Einstellungen zu Amerika in diesen Fragen zum Ausdruck kommen. Versuchen Sie für unterschiedliche Einstellungen der Schülerinnen und Schüler Erklärungsansätze in der Geschichte und Politik dieses Landes zu finden

Alternative III: Methoden der empirischen Sozialforschung

Planung, Durchführung und Auswertung einer Befragung – als methodisches Problem exemplarische Behandlung des Datenmaterials als Beispiel für eine Studie empirischer Sozialforschung

Alternative IV: Jugendgenerationen in der Bundesrepublik nach dem 2. Weltkrieg

Arbeitsauftrag:

Vergleichen Sie die Ergebnisse der Datenbank und die Charakterisierung der heutigen Jugendgeneration in der Shell-Studie mit den Jugendgenerationen der Nachkriegszeit

Literaturhinweise

Angvik, Magne/Borries, Bodo von 1998: YOUTH and HISTORY. A Comparative European Survey on Historical Consciousness and Political Attitudes among Adolescents, 2 Vol., Hamburg.

Ackermann, Heike 1998: Jugend und Politik. Über einige Schwierigkeiten aus der Shell-Jugendstudie didaktische Erkenntnisse für den Politikunterricht zu gewinnen, in: SoWi 27, H. 1, 9–17.

Albert, Mathias/Linssen, Ruth/Hurrelmann, Klaus 2003: Jugend und Politik, in: Aus Politik und Zeitgeschichte B 15, 3–5.

Böcker, Elisabeth/Ikelle-Matiba-Kohlhausen, Anke 1994: Der »Begegnungsansatz« im interkulturellen Lernen, in: Lernen für Europa, Bonn, 202–208.

Harth, Thilo 1999: Das Internet als Herausforderung politischer Bildung, Schwalbach.

Hornstein, Walter 1999: Jugendforschung und Jugendpolitik. Entwicklungen und Strukturen in der zweiten Hafte des 20. Jhdts., München.

Jaide, Walter/Hille, Barbara (Hrsg.) 1997: Jugend im doppelten Deutschland, Opladen.

Jugend '97: 12. Shell-Jugendstudie, Opladen.

Jugend 2000: 13. Shell-Jugendstudie, Opladen.

Jugend 2002: 14. Shell-Jugendstudie, Opladen.

Klafki, Wolfgang 1991: Neue Studien zur Bildungstheorie und Didaktik, Weinheim/Basel.

Koitka, Christine (Hrsg.)1977: Freinet-Pädagogik, Berlin.

Massing, Peter 2001: Jugend und Politik, Jugenddebatten, Jugendforschung, Jugendpolitik, Schwalbach/Ts.

Melzer, W./Heitmeyer, W./Liegle, L./Zinnecker, J. (Hrsg.) 1991: Osteuropäische Jugend im Wandel, Ergebnisse vergleichender Jugendforschung in der Sowjetunion, Polen, Ungarn und der ehemaligen DDR, München.

Merkens, Hans/Schmidt, Folker (Hrsg.) 1995: Lebenslagen Schuljugendlicher und sozialer Wandel im internationalen Vergleich, Hohengehren.

Neebe, Reinhard (Hrsg.) 1996: Baltic Adventure 95. Entdeckungsreise nach Litauen, Lettland und Russland, Marburg

Noelle-Neumann, Elisabeth 1994: Verwandt und zugleich durch Schicksal und Sozialisation voneinander getrennt – Die junge Generation in West- und Ostdeutschland, in: Jugend im vereinten Deutschland, Köln, 15–34.

Ruprecht, Gisela 2000: Politische Bildung im Internet, Schwalbach.

Schneekloth, Ulrich 2002, Einstellungen zu ausgewählten politischen Tagesfragen: Europäische Integration, in: Jugend 2002, Frankfurt, 127–129.

Walther, Andreas (Hrsg.) 1996, Junge Erwachsene in Europa. Jenseits der Normalbiographie, Opladen.

Weidenfeld, Werner (Hrsg.) 2002: Europahandbuch, Bonn.

Weißeno, Georg (Hrsg.) 2001: Politikunterricht im Informationszeitalter, Bonn/Schwalbach.

Woyke, Wichard (Hrsg.) 1999: Internet und Demokratie, Schwalbach.

Volker Meierhenrich

»Was erwarten wir von der künftigen EU-Verfassung?«

Exemplarische Vorschläge zur Planung von Verfassungsdiskursen im Politikunterricht

I. Eine Einführung zum Verfassungskonvent der Europäischen Union

I.1 Die Erklärung von Laeken

Der Europäische Rat der Staats- und Regierungschefs der Europäischen Union beschloss auf seiner Tagung am 14./15. Dezember 2001 in Laeken, einen Konvent einzuberufen, dem die Hauptakteure der Debatte über die Zukunft der Union angehören sollten. Diesem Konvent komme die Aufgabe zu, »die wesentlichen Fragen zu prüfen, welche die künftige Entwicklung der Union aufwirft, und sich um verschiedene mögliche Antworten zu bemühen.« (http://european-convention.eu.int/LKNDE.pdf: 5) Dabei gehe es insbesondere darum, dass die Union demokratischer, transparenter und effizienter werde und auf die grundlegenden Herausforderungen eine Antwort finde: »Wie können dem Bürger, vor allem der Jugend, das europäische Projekt und die europäischen Organe näher gebracht werden? Wie sind das politische Leben und der europäische politische Raum in einer erweiterten Union zu strukturieren? Wie kann die Union zu einem Stabilitätsfaktor und zu einem Vorbild in der neuen multipolaren Welt werden?« (http://european-convention.eu/int/LKNDE.pdf: 2)

I.2 Was ist der Europäische Konvent?

Der Konvent zur Zukunft der Europäischen Union trat am 28. Februar 2002 zu seiner konstituierenden Sitzung in Brüssel zusammen. Er hat sich das Ziel gesetzt, eine Verfassung für Europa zu erarbeiten (Zimmermann-Steinhard

2002: 70), deren Entwurf er dem Europäischen Rat auf dessen nächster Gipfelkonferenz am 20. Juni 2003 vorlegen soll. In der darauf folgenden Regierungskonferenz der Mitgliedstaaten soll über die Umsetzung der Konventsempfehlungen entschieden werden.

1.3 Wer ist am EU-Konvent beteiligt?

Im Gegensatz zu den Regierungskonferenzen, die bisher die Verträge der EU ausgearbeitet haben, setzt sich der Konvent nicht aus Diplomaten der Mitgliedstaaten, sondern in erster Linie aus Parlamentariern zusammen. Er hat insgesamt 105 Mitglieder. Neben dem Präsidenten (Valéry Giscard d'Estaing) und zwei Vizepräsidenten (den ehemaligen Ministerpräsidenten Belgiens und Italiens, Jean-Luc Dehaene und Guilano Amato) besteht er aus 15 Vertretern der Regierungen der Mitgliedstaaten, 16 Mitgliedern des Europäischen Parlaments, 30 Vertretern der nationalen Parlamente, 2 Vertretern der EU-Kommission, 13 Vertretern der Regierungen der Beitrittskandidaten und 26 Vertretern der nationalen Parlamente der Beitrittskandidaten.

1.4 Wie hat der EU-Konvent bisher gearbeitet?

Die Staats- und Regierungschefs gaben dem Konvent einen sehr knappen Zeitrahmen vor. Ein dreiteiliger Arbeitsplan wurde durch die Anhörungsphase (Februar bis Juli 2002) eingeleitet, in der sich die Delegierten zunächst kennen lernen sollten und die Möglichkeit hatten, ihre Meinungen zur europäischen Integration auszutauschen. Die Analysephase (September bis Dezember 2002) diente der Diskussion erster Arbeitsergebnisse, die in der Formulierungsphase (bis voraussichtlich Juni 2003) zu konkreten Textvorschlägen ausgearbeitet werden sollen. (Wolff/Leiße 2003: 323 f.) Schon während der ersten Sitzungen des Konvents wurde deutlich, dass viele der angesprochenen Themen zu komplex waren, um in den Plenarsitzungen differenziert erörtert werden zu können. Deshalb wurden insgesamt elf Arbeitsgruppen gebildet, die entsprechend ihrem Thema (zum Beispiel »Europäische Charta der Grundrechte«, »Außenbeziehungen«, »Verteidigungspolitik«, »Soziales Europa«) in ihren Abschlussberichten detaillierte Vorschläge für den Verfassungsentwurf des Konvents formulierten.

2. Didaktisch-methodische Überlegungen

Wie können Schülerinnen und Schüler im Politikunterricht der Oberstufe dazu motiviert und angeleitet werden, sich mit einem faszinierenden politischen Vorgang auseinander zu setzen: Dem Entstehen einer Verfassung für eine Europäische Union von 27 oder mehr Mitgliedstaaten? Ein Blick auf die Arbeit des Berliner Jugendkonvents bietet eine hilfreiche Anregung zur Beantwortung dieser didaktisch-methodischen Fragestellung: Im Berliner Jugendkonvent erarbeiteten Jugendliche aus elf Berliner Schulen in der Zeit vom Oktober 2002 bis Februar 2003 ihre Erklärung für den Europäischen Konvent. Während der Tagungen des Jugendkonvents simulierten Berliner Schülerinnen und Schüler in Arbeitsgruppen und im Plenum die Arbeit des Brüsseler Konvents. Dabei erarbeiteten sie eigene Vorschläge in den Politikbereichen Umwelt- und Verbraucherschutz, Soziales, Außen- und Verteidigungspolitik, Einwanderungspolitik und Reform der Institutionen der Europäischen Union. (http://berlinerjugendkonvent.de/sites/a_i.htm) Diese Vorschläge mündeten in einen Abschlussbericht, die »Erklärung des Berliner Jugendkonvents an den EU-Konvent«, die die Vertretung der Europäischen Kommission in der Bundesrepublik Deutschland dem Europäischen Verfassungskonvent direkt zukommen ließ.

Abb. 1: Die Planung europäischer Verfassungsdiskurse – ein Unterrichtsmodell

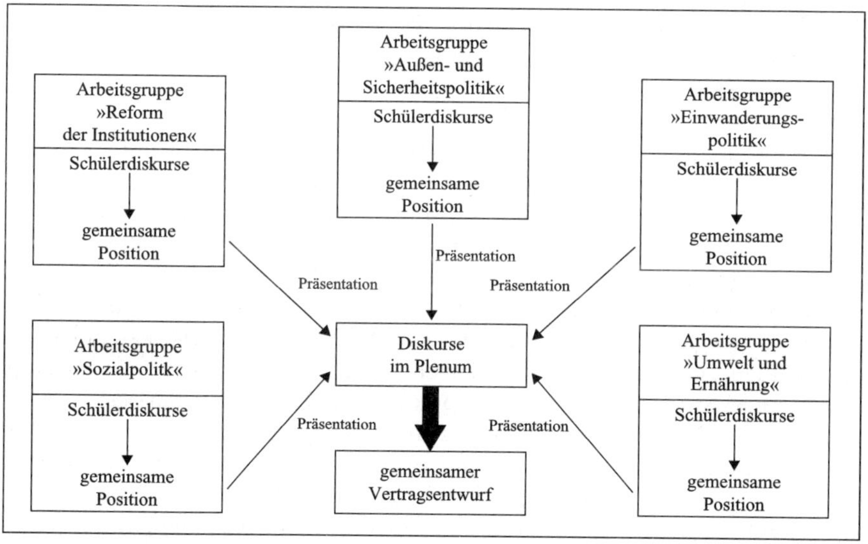

2.1 Der Aspekt des Schülerinteresses für didaktisch-methodische Entscheidungen

Befragt man Schülerinnen und Schüler in der Oberstufe im Fach Politik/Sozialkunde danach, worin sie im Hinblick auf die unterrichtliche Auseinandersetzung mit der künftigen EU-Verfassung ein besonders motivierendes Moment sehen, so fällt die Antwort eindeutig aus: Sie legen vor allem Wert darauf, aus einem Angebot verschiedener Politikfelder dasjenige auswählen zu dürfen, welches am stärksten ihr Interesse weckt, konkrete Verfassungsvorschläge für die Europäische Union zu entwickeln. Die Interessen der Schülerinnen und Schüler müssen als eine wichtige ›Lernbedingung interpretiert werden, der auf Grund ihres selbstbestimmten, emotional angenehmen und zu handelnder Auseinandersetzung veranlassenden Charakters besondere pädagogische Bedeutung zukommt‹. (Massing 1999: 116) Die sich auf die Lernmotivation der Schülerinnen und Schüler positiv auswirkende Interessenorientierung sollte auch im Rahmen der Auseinandersetzung mit der künftigen EU-Verfassung Berücksichtigung finden. Aus diesem Grund ist es ratsam, den Schülerinnen und Schülern aktuelle europapolitische Themen anzubieten, zu denen sie in Gruppenarbeiten bzw. als »Arbeitsgruppen« Verfassungsvorschläge entwickeln, die anschließend – entsprechend den Plenartagungen des Konvents – im Kursplenum diskutiert werden.

2.2 Die Planung und Durchführung der Unterrichtssequenz als Dreischritt von Situationsanalyse, Möglichkeitserörterung, und Urteilsbildung bzw. Entscheidung

Wie können die Schülerinnen und Schüler dazu angeleitet werden, in der Rolle von Konventsmitgliedern zu einzelnen EU-Reformthemen einen Kapiteltext für die europäische Verfassung zu entwerfen, der auf die Beantwortung aktueller europapolitischer Fragestellungen bzw. auf die zukünftige Lösung entsprechender Probleme abzielt? Im Hinblick auf die Beantwortung dieser didaktisch-methodischen Fragestellung liegt es nahe, sich als planender Lehrer/planende Lehrerin für eine Unterrichtsstruktur zu entscheiden, die »der praxisorientierten Politikwissenschaft und damit dem allgemeinen handlungsorientierten politischen Denken« entspricht (Detjen 2000: 197): Das heißt den von Bernhard Sutor formulierten Dreischritt von Situationsanalyse, Möglichkeitserörterung und Urteilsbildung als unterrichtspraktisches Modell politischer Problemlösung und Entscheidung anzuwenden. (Sutor 1997: 14f.). Im Folgenden soll beispielhaft dargelegt werden, wie die Schülerinnen und Schüler mit Hilfe dieses Modells politischer Problemlösung dazu motiviert werden können, Verfassungsvorschläge für die Gestaltung des Politikfeldes bzw. Themenbereiches »Europäische Außen- und Sicherheitspolitik« zu entwickeln.

2.2.1 Die erste Phase der Gruppenarbeit: Informationsbeschaffung/Situationsanalyse

Schülerinnen und Schüler, die daran interessiert sind, in Gruppenarbeit gemeinsam über notwendige Grundlinien zukünftiger europäischer Außen- und Sicherheitspolitik nachzudenken und diesen in Form einzelner Artikelentwürfe Ausdruck zu verleihen, benötigen dafür ein erforderliches Fachwissen bzw. Problembewusstsein. Aus diesem Grund verschaffen sich die beteiligten Schülerinnen und Schüler in der Informations- bzw. Analysephase (Situationsanalyse) zunächst einen Überblick über die Situation bzw. die Probleme der gegenwärtigen Außen- und Sicherheitspolitik der Europäischen Union (Analyse des »Ist-Zustandes«). Die Gruppenmitglieder können sich mittels eines Einführungstextes, der im Rahmen der Arbeiten des Berliner Jugendkonvents verfasst worden ist, über die derzeitigen Entscheidungsstrukturen in der europäischen Außen- und Sicherheitspolitik informieren. (http://berlinerjugendkonvent.de/sites/a_i.htm/Hintergrund informationen) Darüber hinaus können sie das notwendige Orientierungswissen zur aktuellen Außen- und Sicherheitspolitik der EU erwerben, indem sie entsprechende Zeitungsartikel suchen und lesen, die Rundfunk- und Fernsehnachrichten aufmerksam verfolgen und in den Internetarchiven der überregionalen Tageszeitungen recherchieren. So beschafften sich zum Beispiel im Rahmen der unterrichtlichen Thematisierung der Rolle der EU im Irak-Krieg interessierte Schülerinnen und Schüler in kürzester Zeit detaillierte Informationen zur aktuellen Außen- und Sicherheitspolitik der Europäischen Union. Ein solches Informationsverhalten bzw. Orientierungswissen ist eine erste notwendige Voraussetzung dafür, dass Schülerinnen und Schüler sich ein sachkundiges Urteil zur Außen- und Sicherheitspolitik der EU bilden können.

2.2.2 Die zweite Phase der Gruppenarbeit: Erörterung politischer Reformmöglichkeiten (Möglichkeitserörterung)

Eine zweite Voraussetzung für die Bildung eines Urteils bzw. für die Abfassung von Artikelentwürfen zur zukünftigen Außen- und Sicherheitspolitik der EU besteht in der rationalen Erörterung politischer Reformmöglichkeiten. Die zweite Phase der Gruppenarbeit (Möglichkeitserörterung) dient der Erfüllung dieser Voraussetzung: Das heißt die Schülerinnen und Schüler setzen sich mit sachkundigen bzw. politikwissenschaftlich begründeten Vorschlägen zur Reform der europäischen Außen- und Sicherheitspolitik auseinander. Die Forschungsgruppe Politik der Bertelsmann Stiftung und das Centrum für angewandte Politikforschung (CAP) der Universität München haben im Internet eine Textreihe (Konvent-Spotlight) veröffentlicht, in dessen Rahmen sie zu den wichtigsten Themen, die gegenwärtig im EU-Konvent diskutiert werden, Stellung beziehen. Diese Texte werden insbesondere denjenigen Konventsmitgliedern zugesandt, die in ihrer Arbeitsgruppe für den im jeweiligen Text erörterten Politikbereich zuständig sind. Gleichzeitig erhalten auch andere Politiker sowie Politikwissenschaftler und interessierte Bürgerinnen und Bürger diese Reformvorschläge.

Franco Algieri, Janis Emmanouilidis und Claus Giering (www.cap.uni muenchen.de/konvent/spotlight/Spotlight-02-03-d.pdf) schreiben in einem Aufsatz dem Konvent die Aufgabe zu, einen konstitutionellen Rahmen für die gemeinsame Außenpolitik zu entwerfen, der langfristig eine tragfähige EU-Politik gegenüber Nachbarstaaten und -regimen, weltweiten Handelspartnern sowie internationalen Organisationen ermögliche. Ein zentraler Erfolgsfaktor einer künftigen europäischen Außen-, Sicherheits- und Verteidigungspolitik werde die differenzierte Integration sein: Die Parallelität der Erweiterung und Vertiefung der Europäischen Union sei nämlich ohne das Prinzip der Differenzierung nicht mehr denkbar. Nachdem bereits in der Vergangenheit wichtige Integrationsschritte nur von einer begrenzten Zahl von Mitgliedstaaten umgesetzt worden seien (Schengener Abkommen, Sozialpolitik, Wirtschafts- und Währungsunion), werde die Bedeutung von Flexibilität in einer Europäischen Union der 25 und mehr Mitgliedstaaten weiter zunehmen. (Algieri/Emmanouilidis/Giering 2003: 1) Im Bereich der Außen- und Sicherheitspolitik müsse über Formen der Flexibilität nachgedacht werden, die es den integrationswilligen und -fähigen Mitgliedsländern ermöglichten, in der Gemeinsamen Außen- und Sicherheitspolitik (GASP) sowie beim Aufbau einer Europäischen Sicherheits- und Verteidigungspolitik (ESVP) voranzuschreiten. Im Bereich der GASP/ESVP solle zwischen vier Dimension differenzierter Integration unterschieden werden (Algieri/Emmanouilidis/Giering 2003: 2 ff.):

1. Auf Dauer angelegte Integrationsprojekte (Anwendungskategorie einer verstärkten Zusammenarbeit, um Blockadehaltungen aufzulösen und den kooperationswilligen bzw. -fähigen Mitgliedstaaten die nötige Gestaltungsfähigkeit zu verschaffen)
2. Flexible Krisenreaktionsfähigkeit (Der Verfassungsvertrag solle in kon-

kreten Krisensituationen denjenigen Staaten, die willig und fähig seien, sich aktiv am konkreten Krisenmanagement zu beteiligen, ein höheres Maß an Flexibilität zugestehen.)

3. Differenzierung als Katalysator der Finalität (Zum einen könne das Prinzip der Differenzierung dem Zweck dienen, die Zusammenarbeit der kooperationswilligen Staaten in der Außen-, Sicherheits- und Verteidigungspolitik zu vertiefen. Zum anderen schlössen sich bei erfolgreichen Differenzierungsprojekten andere Mitgliedstaaten an.)
4. Einbindung von Nicht-EU-Mitgliedstaaten unterhalb der Vollmitgliedschaft (Das Prinzip der Differenzierung könne des Weiteren dazu genutzt werden, Drittstaaten und Beitrittskandidaten, die auf absehbare Zeit keine Vollmitgliedschaft anstreben oder aus politischen beziehungsweise ökonomischen Gründen nicht erreichen können, durch verstärkte Partizipationsmöglichkeiten an bestimmten Gemeinschaftspolitiken vorab zu beteiligen.)

Franco Algieri und Thomas Bauer (www.cap.uni-muenchen.de/konvent/spotlight/Spotlight_04-03-d.pdf) haben in einem Text begründet, inwiefern für »Reformen der außen-, verteidigungs- und sicherheitspolitischen Gestaltungsmöglichkeiten des großen Europa« (Algieri/Bauer: 2003) die Erfüllung der folgenden Kernforderungen unabdingbar sei:

- Definition der schützenswert erscheinenden gemeinsamen Interessen und Werte. (Um dem Anspruch einer globalen Gestaltungsmacht gerecht zu werden, solle die Europäische Union nicht nur dazu fähig sein, die Integrität ihres Territoriums und die Unversehrtheit ihrer Bürger zu garantieren, sondern sie solle darüber hinaus überall auf der Welt Krisen durch den Einsatz militärischer und nicht-militärischer Mittel bewältigen können – und falls es notwendig sei, auch mit militärischen Mitteln. (Algieri/Bauer 2003: 2). Zu diesem Zweck solle eine European Strategy Group (EGSG) eingesetzt werden.
- Ausweitung der verstärkten Zusammenarbeit auf den Bereich der ESVP (Europäische Sicherheits- und Verteidigungspolitik), um der Gefahr der Handlungsunfähigkeit entgegenzutreten.
- Bildung eines ständigen Rates der Verteidigungsminister.
- Aufnahme sowohl einer Solidaritätsklausel als auch einer Klausel zur kollektiven Verteidigung in das Vertragswerk, um auf konventionelle sowie auf nicht-konventionelle Bedrohungen reagieren zu können. (Während die Solidaritätsklausel im Falle unkonventioneller Bedrohungen wie etwa Terrorismus oder Naturkatastrophen angewandt werden könnte, würde sich die Klausel zur kollektiven Verteidigung auf klassische militärische Bedrohungen beziehen.) (Algieri/Bauer 2003: 4)

- Stärkung des politischen Einflusses Europas durch die Verknüpfung der NATO Defence Capability Initiative mit der European Capability Initiative, um dadurch nicht nationale, sondern europäische Fähigkeiten zu schaffen. (Um die Defizite der EU auf dem Feld der militärischen Fähigkeiten und Kapazitäten zu beseitigen, wurde im Juli 1999 die European Capability Initiative gestartet, drei Monate nach Beginn der NATO Defence Capability Initiative. Beide Untersuchungen ergaben eine siebzigprozentige Überschneidung gemeinsamer Defizite.) (Algieri/Bauer 2001: 4)
- Bildung einer europäischen Agentur für Rüstungsbeschaffung, Rüstungstechnologie und strategische Forschung.
- Aufbau einer europäischen Rüstungsexportstrategie.
- Bildung eines europäischen Etats für Verteidigung und Forschung und Entwicklung.
- Bildung einer strategischen Analysegruppe sowie einer Gruppe für moderne Kriegsführung in einem gestärkten EU-Institut für Sicherheitsforschung. (Algieri/Bauer 2003: 1)

Annette Heuser (www.cap.uni-muenchen.de/konvent/spotlight/Spotlight 06-03-d.pdf) betont in einem Aufsatz, dass in der Außen- und Sicherheitspolitik bisher eine kohärente Konzeption fehle und »gerade in diesem sensiblen Politikfeld« klare und transparente Verfahren und Strukturen erforderlich seien. Eine europäische Außen- und Sicherheitspolitik, die traditionelle Blockaden überwinde, Handlungsfähigkeit demonstriere sowie von den Partnern in der Welt als »Instrument der Außenpolitik der Union« respektiert werde, müsse fünf Voraussetzungen erfüllen:

- Klare Strukturen
- Eine einheitliche Außenvertretung
- Effektive Entscheidungsverfahren/Institutionen
- Flexibilisierung durch alternative Handlungsformen
- Sicherung finanzieller Ressourcen (Heuser 2003: 1)

Annette Heuser schlägt in diesem »Konvent-Spotlight« konkrete Regelungen zur Erfüllung dieser Voraussetzungen vor.

Die kategoriale Struktur der Möglichkeitserörterung

Die Schülerinnen und Schüler sollten dazu angeleitet werden, die oben skizzierten wissenschaftlichen Reformvorschläge mit Hilfe derjenigen Kategorien zu beurteilen, die der Europäische Rat in seiner Erklärung von Laeken als die drei wesentlichen Herausforderungen der Europäischen Union bezeichnete: Er erklärte, dass die Union »demokratischer, transparenter und effizienter« werden müsse. (http://european-convention.eu.int./pdf/

LKNDE.pdf., S. 2) Das heißt den Schülerinnen und Schülern sollte vermittelt werden, dass sich mit Hilfe dieser Kategorien Herausforderungen benennen lassen, die in den kommenden Jahren für die konstitutionelle bzw. konzeptionelle Entwicklung der europäischen Integration von zentraler Bedeutung sein werden: Es geht im Einzelnen um

- die Stärkung der demokratischen Legitimation und öffentlichen Akzeptanz europäischer Entscheidungen (»demokratischer«)

Übersicht: Arbeitsaufträge für die Gruppe »Außen- und Sicherheitspolitik«

Gruppenarbeitsphase	Arbeitsaufträge	Materialien/Medien
Situationsanalyse (Informations- und Analysephase/ Ermittlung des »Ist-Zustandes«) Zeitdauer: 1 Unterrichtsstunde	»Analysiert die Außen- und Sicherheitspolitik der EU« hinsichtlich a) ihrer jetzigen Entscheidungsstrukturen b) ihrer aktuellen Praxis	– Einführungstext mit Informationen zu ihren jetzigen Entscheidungsstrukturen – Fernseh-, Rundfunknachrichten – aktuelle Zeitungsartikel – Internetrecherche zur aktuellen Außen- und Sicherheitspolitik der EU (z. B. in den Internet-Archiven der überregionalen Tageszeitungen)
Möglichkeitserörterung (Auseinandersetzung mit konkreten Reformoptionen/ Strategien) Zeitdauer: 3 Unterrichtsstunden	»Überprüft die euch vorliegenden Reformvorschläge« (u. a. »Konvent-Spotlights«) daraufhin, inwieweit sie hinsichtlich der Kriterien *demokratische Legitimation, Transparenz und Effizienz* eine Verbesserung der europäischen Außen- und Sicherheitspolitik ermöglichen.«	– EU-Reformvorschläge (»Konvent-Spotlights«: 02/2003, 04/2003, 06/2003) – aktuelle Reformvorschläge (Zeitungsartikel, Internetrecherche)
Urteilsbildung/ Entscheidung (Entwicklung gemeinsamer Positionen zur Zukunft der europäischen Außen- und Sicherheitspolitik) Zeitdauer: 2 Unterrichtsstunden	»Formuliert in einem Text Verfassungsvorschläge zur Gestaltung der europäischen Außen- und Sicherheitspolitik. Gliedert euren Text in die zwei folgenden Teile: 1. Welche (Reform-)ziele sollen aus welchen Gründen angestrebt werden? 2. Mit welchen Mitteln bzw. Verfassungsbestimmungen sollen sie erreicht werden?	Vgl. die für die 2. Phase (Möglichkeitserörterung) angeführten Materialien/ Medien

- die gleichzeitige Verbesserung der Handlungsfähigkeit und Effizienz europäischer Entscheidungen (»effizienter«)
- die Definition der Aufgaben und Strukturen politischer Führung in Europa (»transparenter«)

Die Planung einer kategorial strukturierten Auseinandersetzung der Schülerinnen und Schüler mit konkreten Reformoptionen und Strategien für die zukünftige europäische Außen- und Sicherheitspolitik erfordert die Formulierung entsprechender Arbeitsaufträge:

2.2.3 Die 3. Phase der Gruppenarbeit: Formulierung von Verfassungsvorschlägen zur Gestaltung der Europäischen Außen- und Sicherheitspolitik (Urteilsbildung bzw. Entscheidung)

Nachdem die Schülerinnen und Schüler in der zweiten Phase ihrer Gruppenarbeit über verschiedene denkbare Reformen der außen- und sicherheitspolitischen Handlungsmöglichkeiten der zukünftigen EU nachgedacht haben, besteht ihre Aufgabe in der dritten Phase der Gruppenarbeit nun darin, konkrete Verfassungsvorschläge zur Gestaltung der europäischen Außen- und Sicherheitspolitik zu formulieren. Das heißt, sie beschränken sich nicht auf die Rolle des beobachtenden Bürgers, dessen Situationsanalyse und Erörterung von Gestaltungs- bzw. Handlungsmöglichkeiten in ein *Urteil* über Lösungsmöglichkeiten einmündet, sondern sie handeln in der Rolle des politischen Akteurs, der *Entscheidungen* trifft (Sutor 1997: 16): Wie die Mitglieder des Konvents müssen sie einen Schlussbericht mit konkreten Verfassungsvorschlägen vorlegen und ihre gemeinsamen Positionen im Plenum vertreten.

3. Diskurse im Plenum

Auf der Grundlage solcher Schlussberichte stellen die Schülerinnen und Schüler der verschiedenen Arbeitsgruppen ihre Verfassungsvorschläge im Kursplenum zur Diskussion. Ebenso wie die Brüsseler Konventsmitglieder nutzen sie die Diskussion als Gesprächsform, um in diskursiver Verständigung zu einem Konsens zu gelangen. (Massing 2000: 25; Richter 2000: 24 f.) Das heißt sie entsprechen in ihrem Handeln dem Entscheidungsfindungsprozess, den sich auch der Brüsseler Konvent auferlegt hat: Auch in der Schlussphase der Plenartagungen des Konvents soll nicht über einzelne Kapitel abgestimmt, sondern eine Verständigung »auf einen Text« erreicht werden, »der von der breiten Mehrheit der Mitglieder getragen wird.« (Information des Konventsekretariats in Brüssel vom 6. 6. 2003 an Frau Friedrich, Mitarbeiterin des Europäischen Informationszentrums im Jean-Monnet-Haus in Berlin.)

Literaturhinweise

Detjen, Joachim 2000: Internationale Beziehungen – Ein vernachlässigtes Feld der politischen Bildung?, in: Frech, Siegfried/Hesse, Wolfgang u. a. (Hrsg.): Internationale Beziehungen in der politischen Bildung, Schwalbach/Ts. 172–202.

Leiße, Olaf/Wolff, Jann 2003: Europas Konvent – eine Bericht, in: Blätter für deutsche und internationale Politik, Heft 3, 323-333.

Massing, Peter 1999: Interesse, in: Richter, Dagmar/Weißeno, Georg (Hrsg.): Didaktik und Schule, Lexikon der politischen Bildung, Schwalbach/Ts., 115 f.

Ders. 2000: Diskussion, in: Kuhn, Hans-Werner/Massing, Peter (Hrsg.): Methoden und Arbeitstechniken, Lexikon der politischen Bildung, Schwalbach/Ts., 25.

Richter, Dagmar 2000: Diskursive Verständigung, in: Kuhn, Hans-Werner/Massing, Peter (Hrsg.): Methoden und Arbeitstechniken, Lexikon der politischen Bildung, Schwalbach/Ts., 24.

Sutor, Bernhard 1997: Kategorien politischer Urteilsbildung, in: Aus Politik und Zeitgeschichte, Heft 32, 11–18.

Zimmermann-Steinhart, Petra 2002: Der Konvent: Die neue EU-Methode?, in: Gesellschaft-Wirtschaft-Politik, Heft 1, 65–71.

Internet-Adressen

Algieri, Franco/Emmanouilidis, Janis/Giering, Claus: Flexibilität in der Außen- und Sicherheitspolitik, http://www.cap-uni-muenchen.de/konvent/spotlight/Spotlight-02-03-d.pdf

Algieri, Franco/Bauer, Thomas: Die strategischen Sicherheitsinteressen der EU, http://www.cap-uni-muenchen.de/konvent/spotlight/Spotlight_04-03 d.pdf

Der Berliner Jugendkonvent, http://berlinerjugenkonvent.de.sites/a_i.htm

Die Erklärung von Laeken, http://european-convention.euint/pdf, LKNDE.pdf

Heuser, Annette: Europäische Außen- und Sicherheitspolitik. Reformpotenzial ausbauen – Blockaden bereinigen – Kohärenz schärfen, http://www.cap-uni-muenchen.de/konvent/spotlight/Spotlight_06-03_d.pdf

Anhang

Sabine Manzel

Einstiege in die Internetrecherche

Das Internet hält eine Fülle an Informationen und Material bereit. Die unübersichtliche Datenmenge überfordert oft die Nutzer/innen. Eine Auswahl zum Thema »Europa« soll Lehrer/innen die erste Suche im WWW nach Informationen für den praktischen Unterricht erleichtern. Auf allen Seiten finden sich zahlreiche Unterlinks, um tiefer in das Thema einzusteigen. Viel Spaß beim Surfen!

Auswärtiges Amt
http://www.auswaertiges-amt.de/www/de/eu_politik/jugend/index_html

Quizspiel zum Wissen über Europa
E-Postkarte für einen Brief an Europaabgeordnete Planspiele zum Thema Europa

Bundeszentrale für Politische Bildung
http://www.bpb.de/methodik/S1U76I.html

Vielfältige Publikationen können kostengünstig direkt online bestellt werden. Das »Thema im Unterricht« und »Informationen zur politischen Bildung« werden von Lehrer/innen gerne für die Unterrichtsvorbereitung eingesetzt.

Comenius
http://www.europa.eu.int/comm/education/socrates/comenius/index_de.html

Schulpartnerschaften
- Handbuch für Schulen, die sich an Comenius-1-Projekten beteiligen
- Handbuch für gemeinsame Bildungsprojekte für Comenius-Fremdsprachenprojekte (früher Lingua E)

Aus- und Weiterbildung des Schulpersonals
- »Survival Kit« für transnationale Kooperationsprojekte (Handbuch für sämtliche Aspekte des Projektmanagements) Nur in englischer und französischer Sprache verfügbar
- Handbuch der Evaluierungs- und Verbreitungsstrategien für Comenius-2-Projekte
- Leitfaden der guten Durchführungspraxis für Aufenthalte von Comenius-Fremdsprachenassistenten (früher Lingua C)

Evaluierung der Comenius-Netze (Pilotphase) und Verbreitung der Ergebnisse

Council of Europe

http://www.coe.int/T/E/Cultural_Co-operation/education/

Das Projekt »Education for Democratic Citizenship« wurde 1997 gestartet. Ziel war es, Werte und Kompetenzen zu bestimmen, die die einzelnen Bürger/innen für eine aktive Partizipation am Gemeinwesen benötigen. Neben theoretischen Hintergründen werden Methoden, Ansätze der Schul- und Erwachsenenbildung vorgestellt sowie länderübergreifende »good practices« in Europa exemplarisch aufgelistet.

Deutscher Bildungsserver

http://www.bildungsserver.de/index.html

Der Gemeinschaftsservice von Bund und Ländern (Sitz ist das Deutsche Institut für Internationale Pädagogische Forschung in Frankfurt/M. und Berlin) bietet sehr ausführliches Unterrichtsmaterial unter dem Stichpunkt »Schule/Unterricht« ab Page 13.

Ein Beispiel: Homepage der Grund- und Hauptschule Amstetten
http://home.t-online.de/home/amstetten/eustart.html
Das Projekt wurde als Ergebnis einer Unterrichtseinheit für eine Homepage aufbereitet. Außerdem wird ein Rätsel zum Thema EU angeboten.

Bildungsbereich: Sekundarstufe I, Sprache: Deutsch
Schlagwörter: EU, Europäische Union, Euro, Europa, Gemeinschaft

Dialogue

http://europa.eu.int/comm/igc2000/dialogue/info/newsletter/5compo_de.htm

Was verändert sich nach der Regierungskonferenz in Nizza? Eine animierte Darstellung über die Zusammensetzung der EU-Organe findet man in diesem Angebot ebenso wie einen virtuellen Spaziergang unter http://europa.eu.int/virtvis/ durch die EU-Institutionen mit einem kleinen Online-Lexikon. Neben diesen direkt im Unterricht einsetzbaren Seiten stellt das Angebot der Europäischen Union gut strukturierte und inhaltlich sehr vielfältige Informationen zur Verfügung. Einen Besuch lohnt auch das Forum »Die Zukunft Europas« mit Chats, Newsletter, u. v. m.

Das Angebot ist überwiegend, aber nicht durchgängig, deutschsprachig. Interessant für den Unterricht ist zudem das übersichtliche Angebot des Europäischen Parlaments des Informationsbüros Deutschland. Wer dann immer noch mehr wissen möchte, schaut im Europäischen Dokumentationszentrum der Universität Mannheim nach.

Europäische Staatsbürger-Akademie

http://www.esta-edu.org/beginn.htm

Esta bietet Lehrer/innen-Fortbildungseminare an, z. B. ein Seminar in Thüringen zur »Bildung in Europa«, um ausgewählte Methoden zur Vermittlung europäischer Lerninhalte im Unterricht zu erlernen.

In diesem Seminar setzen sich die Teilnehmer mit den Bildungssystemen verschiedener europäischer Länder auseinander, insbesondere mit denen der teilnehmenden Nationen Finnland, Frankreich, der Tschechischen Republik und Deutschland. Die Teilnehmer sollen die Bildungssysteme kennen lernen und miteinander vergleichen unter Beachtung von Lernbedingungen, historisch Gewachsenem, Mentalität, etc. ...

Die Teilnehmer sollen voneinander für den pädagogischen Alltag lernen. Es geht einerseits um die Diskussion zur Vision einer modernen europäischen Bildung, mehr aber noch um konkretes voneinander Lernen (z. B. Lehrerrolle, Projekte im Unterricht, Medieneinsatz). Partnerschaften zwischen Schulen und Unterrichtsprojekte sollen initiiert werden.

Die Inhalte werden an konkret für den Unterricht relevanten und umsetzbaren Methoden bearbeitet, so dass dieses Seminar gleichzeitig ein Baustein zur Erweiterung der Methodenkompetenz der Lehrerinnen ist.

Europäisches Dokumentationszentrum
http://www.uni-mannheim.de/users/ddz/edz/edz.html

Arbeitsblätter, Dokumente, Gesetzestexte, umfassende Datenbank für Literatursuche

Europäisches Parlament – Informationsbüro für Deutschland
http://www.europarl.de/index.php?rei=5&vers=norm&PHPSESSID=e7b84_c1a9f9bc5b87ce6cbc12610544e

Planspiel zur Erweiterung und Zukunft der Europäischen Union Jugend gestaltet Europa: Macht Euer Klassenzimmer zur europäischen Entscheidungszentrale und probt die Erweiterung der EU!

European Schoolnet
http://www.eun.org/eun.org2/eun/de/Insight_SchoolPractice/entry_page.cfm?id_area=392

Aktuelle Informationen über Bildungspolitiken und Schlüsselthemen im Bereich neue Medien für Schulen sind hier für Entscheidungsträger aufbereitet. Eine Darstellung innovativer Methoden praktiziert in ›Insight‹ Schulen in Europa, ›Schulportraits‹ und Forschungsergebnisse für Schulen. Unterstützt wird das European Schoolnet von der Europäischen Kommission.

Eurydice, Programm der EU
http://www.eurydice.org

Neu veröffentlicht im Februar 2003: Schlüsselzahlen zum Bildungswesen in Europa 2002. Die Lehrerfortbildung in der Europäischen Union und in den EFTA/EWR-Staaten. Januar 1995, ISBN 2-87116-225-5.

Die Studie bezieht sich auf die 15 Mitgliedstaaten der Europäischen Union und die Staaten der Europäischen Freihandelszone, die mittlerweile Teil des Bildungsinformationsnetzes EURYDICE sind. Sie umfasst folgende Elemente:

- Übersicht über die Organisation der Fortbildung für die Bereiche Vorschulerziehung, Primarstufe, Sekundarstufe I und Sekundarstufe II;
- Überblick über Weiterbildungsmaßnahmen, die zum Erwerb von zusätzlichen Qualifikationen führen;
- Analyse der verschiedenen Maßnahmen, Modalitäten und Inhalte der Lehrerfortbildung;
- Einzeldarstellungen der Lehrerfortbildung einschließlich Übersichtstabellen über die Erstausbildung der Lehrer in den einzelnen Staaten.

Goethe-Institut Inter Nationes

http://www.goethe.de/deindex.htm

Gibt man das Schlagwort »Unterrichtsbeispiele« in die Suchmaschine ein, so erhält man eine Übersicht über weiterführende Links und Verzeichnisse, z. B. den Deutschen Bildungsserver unter http://www.bildungsserver.de/index.html, http://www.deutschland.de Offizielles und unabhängiges Portal der Bundesrepublik Deutschland im Internet.

SchulWeb http://www.schulweb.de/de/deutschland/index.html Schulen und Schulmaterialien im Internet, Schülerzeitungen, Unterrichtsmaterialien, Wettbewerbe, Forum, Chat.

Lehrer/innen auf dem Prüfstand: Die neue Studie bewertet nicht den Einzelnen, sondern das System. An der Studie, deren Durchführung schon im März 2002 durch das Education Committee der OECD beschlossen wurde, nehmen insgesamt 24 Länder teil. Mitte 2004 soll sie abgeschlossen sein.

Webforum Jugend

http://www.webforum-jugend.de

Zuständig ist die Deutsche Agentur JUGEND für Europa.
Das Büro ist der deutsche Partner eines europäischen Netzwerkes von nationalen Agenturen in momentan 30 Ländern Europas und unterstützt die Europäische Kommission bei der Umsetzung des Aktionsprogramms JUGEND.

Die Autorinnen und Autoren

Borries, Bodo von, Prof. Dr., Universität Hamburg

Breit, Gotthard, Prof. Dr., Universität Magdeburg

Detjen, Joachim, Prof. Dr., Katholische Universität Eichstätt

Grammes, Tilman, Prof. Dr., Universität Hamburg

Juchler, Ingo, Dr., Pädagogische Hochschule Weingarten

Kroll, Karin, Dr., Berufsbildungswerk Potsdam

Langner, Frank, Wüllenweber-Gymnasium Bergneustadt

Manzel, Sabine, Pädagogische Hochschule Karlsruhe

Massing, Peter, Prof. Dr., Freie Universität Berlin

Meierhenrich, Volker, Dr., Bodelschwingh-Gymnasium Herchen

Müller, Holger, Herderschule Lüneburg

Neebe, Reinhard, PD Dr., Gymnasium Philippinum Marburg

Richter, Dagmar, Prof. Dr., Technische Universität Braunschweig

Sander, Wolfgang, Prof. Dr., Universität Gießen

Schelle, Carla, Prof. Dr., Universität Mainz

Schreder, Gabriele, Universität Marburg

Weißeno, Georg, Prof. Dr., Pädagogische Hochschule Karlsruhe

Weller, Dirk, Karl-von-Frisch-Gymnasium Dußlingen

Woyke, Wichard, Prof. Dr., Universität Münster

Yenal, Alparslan, Prof. Dr., Freie Universität Berlin/Universität Leipzig